AF592722

₹ 375
ISBN : 9788170281658

संस्करण : 2025 © राजपाल एण्ड सन्ज़
YODDHA SANYASI VIVEKANAND (Biography)
by Hansraj Rehbar
मुद्रक : जी.एस. ऑफसेट, दिल्ली

राजपाल एण्ड सन्ज़
1590, मदरसा रोड, कश्मीरी गेट, दिल्ली-110006
फोन : 011-23869812, 23865483, 23867791
e-mail : sales@rajpalpublishing.com
www.rajpalpublishing.com
www.facebook.com/rajpalandsons

# योद्धा संन्यासी विवेकानन्द

हंसराज रहबर

राजपाल

# अपनी बात

विवेकानन्द पर मैंने अपनी पुस्तक लिखना शुरू ही की थी कि वह चर्चा का विषय बन गई।

"क्या विवेकानन्द को भी बेनकाब करोगे ?" यह प्रश्न बार-बार पूछा जाता था और पूछा इसलिए जाता था कि मैं इससे पहले 'गांधी बेनकाब', 'नेहरू बेनकाब' और 'गालिब बेनकाब' पुस्तकें लिख चुका हूं। लेकिन प्रश्न का स्वर दो प्रकार का था। एक स्वर उन व्यवस्था से जुड़े हुए सुविधा-सेवी बुद्धिजीतियों का था जो परोक्ष तथा अपरोक्ष रूप से मेरा विरोध करते हैं और जो यह भ्रान्ति फैलाते हैं कि मेरे विश्लेषण एक-पक्षीय होते हैं, हालांकि वे मेरी उक्त पुस्तकों में ऐसा एक भी उदाहरण प्रस्तुत नहीं कर पाए। दूसरा निरीह स्वर उन सहृदय मित्रों तथा पाठकों का था जो विवेकानन्द के बारे में मेरा मत जानना चाहते थे। इन्हीं में एक लघु पत्रिका के सम्पादक धर्मेन्द्र गुप्त भी थे, जिन्होंने मुझे लिखा–"आपके मन में विवेकानन्द पर लिखने का विचार कैसे आया जबकि आप कम्युनिस्ट धर्म, और विशेषकर हिन्दू धर्म, को प्रतिक्रियावादी मानते हैं ? आप विवेकानन्द की ऐतिहासिक भूमिका के बारे में अपने दृष्टिकोण की व्याख्या कीजिए। उसे मैं 'जो मैं लिख रहा हूं' स्तम्भ के अंतर्गत प्रकाशित करना चाहता हूं।"

अतएव मैंने निम्नलिखित व्याख्या लिख भेजी, जो इस प्रकार के प्रश्नों का उत्तर है और इससे यह पुस्तक लिखने का उद्देश्य भी स्पष्ट हो जाता है। विवेकानन्द के बारे में मेरी यह धारणा है कि हमारे इस महान देश की धरती पर उनके बाद प्रथम कोटि का विचारक पैदा नहीं हुआ। विवेकानन्द ने हमारे देश में लगभग वही भूमिका अदा की है, जो जर्मनी में हेगल ने। हेगल ने जर्मन आदर्शवाद को द्वन्द्वात्मक सिद्धान्त द्वारा भौतिकवाद के कगार तक पहुंचा दिया था। हेगल की मान्यता थी कि समाज विचार का प्रतिबिम्ब मात्र है और चूंकि विचार का निरन्तर विकास हो रहा है, इसलिए समाज और उसकी विभिन्न संस्थाओं का भी निरन्तर विकास होता रहता है। यह विकास तब तक होता रहेगा जब तक वह अपनी चरम सीमा को नहीं पहुंच जाता। और हेगल की दृष्टि में जर्मन की तत्कालीन प्रूशियन सरकार विकास की चरम सीमा थी, इसलिए उसके आगे विकसित होने अथवा बदलने का सवाल ही पैदा नहीं होता था।

हेगल ने चूंकि सामती, प्रूशियन सरकार को विकास की चरम सीमा कहा था, इसलिए जर्मन वामपंथियों ने उन्हें सरकारी चिंतक बताया और उनके समूचे दर्शन

को रद्द कर दिया। लेकिन मार्क्स ने इस भूल को सुधारा। मार्क्स ने कहा कि छिलके के साथ गूदा मत फेंको। हेगल का दर्शन सिर के बल खड़ा है, उसे टांगों के बल खड़ा करने की ज़रूरत है। मतलब यह कि समाज विचार का प्रतिबिम्ब नहीं, बल्कि विचार समाज का प्रतिबिम्ब है। जैसे-जैसे मनुष्य ने प्रकृति के विरुद्ध अपने संघर्ष में आर्थिक और भौतिक उन्नति की है, वैसे-वैसे समाज और उसकी विभिन्न संस्थाओं का विकास हुआ है और उसके साथ ही विचार का भी विकास हुआ है। यों मार्क्स ने हेगल के द्वन्द्वात्मक आदर्शवाद को द्वन्द्वात्मक भौतिकवाद में बदल दिया, यानी उसे पांव के बल सीधा खड़ा कर दिया।

अब देखिए, विवेकानन्द कहते हैं : "मेरे मत में बाह्य जगत् की एक सत्ता–हमारे मन के विचार के बाहर भी उसका एक अस्तित्व है। चैतन्य के क्रमविकास रूपी महान विधान का अनुवर्ती होकर यह समग्र विश्व उन्नति के पथ पर अग्रसर हो रहा है। चैतन्य का यह क्रमविकास जड़ के क्रमविकास से पृथक है। जड़ का क्रमविकास चैतन्य की विकास प्रणाली का सूचक या प्रतीक-स्वरूप है, किन्तु उसके द्वारा इस प्रणाली की व्याख्या नहीं हो सकती। वर्तमान पार्थिव परिस्थिति में बद्ध रहने के कारण हम अभी तक व्यक्तित्व नहीं प्राप्त कर सके।"

और शिकागो धर्म-महासभा में भाषण देते हुए विवेकानन्द ने अपने इस क्रमविकास के सिद्धान्त की व्याख्या यों की थी : "विज्ञान एकत्व की खोज के सिवा और कुछ नहीं है। ज्यों ही कोई विज्ञान पूर्ण एकता तक पहुंच जाएगा, त्योंही उसकी प्रगति रुक जाएगी, क्योंकि तब वह अपने लक्ष्य को प्राप्त कर लेगा। उदाहरणार्थ, रसायन शास्त्र यदि एक बार उस मूल तत्त्व का पता लगा ले, जिससे और सब द्रव्य बन सकते हैं, तो वह फिर और आगे नहीं बढ़ सकेगा। भौतिकी जब उस एक मूल शक्ति का पता लगा लेगी, अन्य शक्तियां जिसकी अभिव्यक्ति हैं, तब वह वहीं रुक जाएगी। वैसे ही, धर्मशास्त्र भी उस समय पूर्णता को प्राप्त कर लेगा, जब वह उसको खोज लेगा, जो इस मृत्यु के इस लोक में एकमात्र जीवन है, अन्य सब आत्माएं जिसकी प्रतीयमान अभिव्यक्तियां हैं। इस प्रकार अनेकता और द्वैत में होते हुए इस परम अद्वैत की प्राप्ति होती है। धर्म इससे आगे नहीं जा सकता। यही समस्त विज्ञानों का चरम लक्ष्य है।"

विवेकानन्द ने पहली बार क्रमविकास का सिद्धान्त भारतीय दर्शन पर लागू किया और अद्वैत को धर्मशास्त्र की चरम सीमा बताया।

ऐसा अनायास नहीं हुआ। इसके भौतिक और आर्थिक कारण थे, एक विशेष प्रयोजन था। इसे समझने के लिए हमें उस समय की सामाजिक और राजनैतिक परिस्थिति को समझना होगा।

उन्नीसवीं सदी के उत्तरार्द्ध में हमारे देश में पूंजीवादी वर्ग अस्तित्व में आया था और वह स्वभावतः विस्तार चाहता था। पर उसके विस्तार का मार्ग विदेशी

साम्राज्यवादी शासकों ने अवरुद्ध कर रखा था। अंग्रेज शासक सैन्य बल में बढ़े-चढ़े थे, उनकी औद्योगिक सभ्यता निश्चित रूप से हमारी सामंती सभ्यता से श्रेष्ठ थी। अर्थतंत्र और व्यापार पर उनका अधिकार था। इसके अलावा उन्होंने हमारे आत्मविश्वास को तोड़ने अर्थात् हमारी राष्ट्रीय भावना को नष्ट करने के लिए सांस्कृतिक आक्रमण भी शुरू कर दिया। इस क्षेत्र में उनका नारा था कि हम मूर्ति-पूजक तथा जंगली हैं, वे हमें सभ्य बनाने के मिशन पर आए हैं, लूट-खसोट उनका उद्देश्य कदाचित नहीं है।

हमारे देश के उभरते हुए पूंजीपति वर्ग को इस विदेशी आक्रमण से अपनी सांस्कृतिक परम्पराओं की रक्षा करनी थी, क्योंकि राष्ट्रीयता का विकास उन्हीं के आधार पर सम्भव था और राजनीतिक लड़ाई भी उन्हीं के आधार पर लड़ी जा सकती थी।

इसी विदेशी सांस्कृतिक आक्रमण के प्रतिक्रियास्वरूप उन्नीसवीं सदी के प्रारम्भ ही में पुनर्जागरण की चेतना का प्रादुर्भाव हुआ, जिसके प्रथम प्रवक्ता राजा राममोहन राय और अंतिम विवेकानन्द थे। रूपक की भाषा में यों कह लीजिए कि विवेकाननद पुनर्जागरण के सुविकसित कमल थे—सुन्दर भी और सुगंधित भी।

अतएव उक्त परिस्थितियों में हमारे उभरते हुए बुर्जुवा ने अपनी राजनीतिक लड़ाई धर्म के माध्यम से लड़ी। विवेकानन्द ने अपने मद्रास के भाषण में कहा था कि पुनर्जागरण की तरंग ने मुझे ज़बरदस्ती बाहर फेंक दिया था। "सच्ची बात यह है कि मैं धर्म-महासभा का उद्देश्य लेकर अमेरिका नहीं गया, वह सभा तो मेरे लिए गौण वस्तु थी, उससे हमारा रास्ता बहुत कुछ साफ हो गया और कार्य करने की बहुत कुछ सुविधा हो गई।"

विवेकानन्द ने धर्म-महासभा में आक्रामक रुख अपनाकर मिशनरियों के इस दावे को झुठलाया कि ईसाई धर्म चूंकि विजेताओं का और समृद्धि का धर्म है, इसीलिए यह सच्चा धर्म है और इसी को विश्व धर्म बनना है। विवेकानन्द ने उनके इस दावे को झुठलाते हुए कहा कि क्रमविकास के सिद्धान्त के अनुसार द्वैत, विशिष्टाद्वैत, अद्वैत, एक के बाद एक, धर्म के तीन सोपान—तीन स्थितियां हैं। ईसाई धर्म तो अभी पहली ही सीढ़ी पर मंडरा रहा है और वह हिन्दू धर्म के एक विद्रोही सम्प्रदाय बुद्ध मत की नगण्य नकल मात्र है जबकि हिन्दू धर्म आज से हज़ारों साल पहले अद्वैतवाद की चरम सीमा तक पहुंच चुका था। धर्म तुम हमें क्या सिखाओगे, वो तुम जितना चाहे हमसे ले लो। भारत की जनता को तो रोटी चाहिए, कपड़ा चाहिए, सो तुम और तुम्हारी सरकारें उन्हें देने के बजाए उल्टा उनसे छीन रही हैं।

फिर उन्होंने अपना दावा पेश किया और वेदान्त दर्शन की तात्विक व्याख्या करते हुए बताया कि मनुष्य स्वभाव ही से पवित्र और आत्मस्वरूप है। जब प्रत्येक मनुष्य वेदान्त की चरम सीमा—उच्चतम स्थिति में पहुंचकर अपने इस आत्मस्वरूप

को पहचान लेगा तब आपस की घृणा, मतमतान्तर के झगड़े और भौगोलिक सीमाएं मिट जाएंगी। आध्यात्मिक अद्वैतवाद के आधार पर एक विश्व धर्म और विश्वबंधुत्व का स्वप्न साकार होगा।

विवेकानन्द ने स्वदेश लौटकर अपने कलकत्ता के भाषण में इसी आध्यात्मिक अद्वैतवाद के आधार पर विश्व की आध्यात्मिक विजय को भारत की वैदेशिक नीति का प्रारम्भ और अखंड राष्ट्रीय एकता स्थापित करना अपना प्रधान जीवनोद्देश्य बताया।

अब इतिहास इस बात का साक्षी है कि उन्नीसवीं सदी के अंत तक जो लड़ाई धर्म के क्षेत्र में लड़ी जा रही थी 1905 में उसने स्वदेशी आंदोलन का राजनीतिक रूप धारण किया। इसमें राष्ट्रीय एकता का जो प्रदर्शन हुआ उसके कारण ब्रिटिश सरकार को बंग-भंग की योजना रद्द करनी पड़ी। और इसी आंदोलन से स्वदेशी, बहिष्कार, राष्ट्रीय शिक्षा तथा स्वराज्य का चारसूत्री कार्यक्रम निर्धारित हुआ।

इसके अलावा 1908 से क्रान्ति के जो गुप्त संगठन बने उनकी मुख्य प्रेरणा भी विवेकानन्द की शिक्षाएं थीं। पुलिस ने जिन क्रान्तिकारी नौजनवानों के घरों की तलाशियां लीं उनमें विवेकानन्द साहित्य ज़रूर मिला। इकबाल का कौमी तराना–'सारे जहां से अच्छा हिन्दोस्तां हमारा' (1905) और 'विजयी विश्व तिरंगा प्यारा' इसी आध्यात्मिक विजय से प्रेरित होकर लिखे गए। सारांश यह कि विवेकानन्द को स्वामी या धार्मिक कहकर उनकी अवहेलना करना, छिलके के साथ गूदे को–अपनी राष्ट्रीय परम्परा को अलग फेंक देने की भूल करना है, और वह हमने की।

अब यहां अपने राष्ट्रीय बुर्जुवा और उनके सर्वश्रेष्ठ प्रवक्ता विवेकानन्द के अंतर्विरोधों पर बहस करने की गुंजाइश नहीं। इतना ही कह देना काफी होगा कि बुर्जुवा ने अपने वर्ग स्वभाव ही से कपिल के 'अद्वैतवाद' के साथ 'आध्यात्मिक' जोड़कर उसे 'आध्यात्मिक अद्वैतवाद' बनाया और अपने राजनीतिक शस्त्र के तौर पर इस्तेमाल किया। इसे अलग फेंक देने के बजाय चाहिए यह कि 'आध्यात्मिक' शब्द हटाकर कपिल के अद्वैतवाद को 'भौतिक' शब्द जोड़कर मेहनतकश वर्ग के संघर्ष का शस्त्र 'भौतिक अद्वैतवाद' बनाया जाए, जो द्वन्द्वात्मक भौतिकवाद ही का दूसरा नाम है। चूंकि यह अपने ही दार्शनिक विचार की ऐतिहासिक विकास-प्रक्रिया है, इसलिए परम्परा से जुड़ी हुई जनता इसे सहज में ग्रहण कर लेगी और क्रान्तिकारी भौतिक शक्ति में बदल सकेगी।

यही सब सोचकर मैंने 'योद्धा संन्यासी विवेकानन्द' पुस्तक लिखना शुरू की। अब सवाल यह है कि जब हमारे देश के अधिकांश मार्क्सवादी विवेकानन्द की अवहेलना करते हैं और हिन्दू धर्म को घोर प्रतिक्रियावादी धर्म बताते हैं, मेरी यह समझ कैसे बनी ?

द्वन्द्वात्मक भौतिकवाद के नियम के अनुसार साहित्य, दर्शन तथा

राजनीति–किसी भी क्षेत्र में सही समझ गलत समझ के साथ संघर्ष में विकसित होती है। प्रगतिशील साहित्यक आंदोलन और कम्युनिस्ट पार्टी में मैने प्रवृत्तियों के विरुद्ध जो संघर्ष किया उसी के परिणाम-स्वरूप मेरी यह समझ बनी है। संघर्ष औरों ने भी किया और इसी के परिणामस्वरूप संसदीय मार्ग छोड़ देने वाले क्रान्तिकारी तत्त्वों ने तीसरी कम्युनिस्ट पार्टी (मार्क्सवादी-लेनिनवादी) बनाई। और मैंने स्वभावतः उनका साथ दिया। लेकिन जब कलकत्ता में विवेकानन्द और विद्यासागर इत्यादि की मूर्तियां तोड़ी गईं तो मैंने महसूस किया कि क्रांतिकारी तत्त्वों में भी विरासत में मिली गलत प्रवृत्तियां मौजूद हैं जो ऐतिहासिक परम्परा से जुड़ने के बाद संघर्ष की लम्बी प्रक्रिया ही में दूर होंगी।

विवेकानन्द बीसवीं सदी के अंत तक हमारे चिंतन को विकसित करके जहां पहुंचा गए हैं। उससे सूत्र जोड़कर ही द्वन्द्वात्मक भौतिकवाद और हमारी संस्कृति तथा परम्परा का विकास संभव है; यही सोचकर मैंने विवेकानन्द पर पुस्तक लिखना तय किया। वामपक्षी छिछले छोकरों और कुछ संजीदा लोगों ने भी इसका विरोध किया। मैंने इस विरोध को भी तर्क से काट दिया। लेनिन ने कहा है, "कम्युनिस्ट तभी नेतृत्व की भूमिका अदा कर सकते हैं, जब वे उसकी सही व्याख्या करें, जिसे लोग पहले से जानते-पहचानते हैं।"

दरअसल हिन्दू धर्म को प्रतिक्रियावादी मान लेने की भ्रान्ति ही इस विरोध का कारण है। ये तथाकथित मार्क्सवादी यह नहीं समझ पाये कि धार्मिक विचारधारा जब विभिन्न संस्थाओं का भौतिक रूप धारण कर लेती है तो संस्कृति और परम्परा इन संस्थाओं के द्वारा ही विकसित होती और उन्हीं में सुरक्षित रहती है। जब समाज की आर्थिक और भौतिक उन्नति रुक जाए तो इन संस्थाओं और धार्मिक मान्यताओं पर सीधा प्रहार करने से कोई लाभ नहीं। जब भौतिक और आर्थिक परिवर्तन आएगा, तभी इन संस्थाओं का नई संस्थाओं में रूपान्तर हो पाएगा। और जनसाधारण अपनी धार्मिक मान्यताओं को तभी छोड़ेंगे जब उन्हें यह विश्वास हो आएगा कि हम जो नई वैज्ञानिक मान्यताएं उन्हें दे रहे हैं, उनकी पहली मान्यताओं से बेहतर हैं और उनकी सांस्कृतिक परम्परा को आगे बढ़ाने और समृद्ध करने वाली हैं, अन्यथा नहीं।

ये तथाकथित मार्क्सवादी यह नहीं समझ पाए कि धर्म के कर्मकांड और ज्ञानकांड–दो पक्ष हैं; आदर्शवादी विचारधारा और भौतिकवादी विचारधारा एक ही सिक्के के दो पहलू हैं। जब तक आदर्शवादी विचारधारा और उसके विकास को भली-भांति समझ न लिया जाए, भौतिकवादी विचारधारा और उसकी विकास प्रक्रिया को भी भली-भांति समझ लेना सम्भव नहीं है। सिर्फ मार्क्सवाद–लेनिनवाद और माओ त्से तुंग विचारधारा पढ़ लेने से जो एकपक्षीय समझ बनती है, उससे आदमी कठमुल्ला और रूढ़िवादी बन जाता है।

त्रासदी यह है कि हमारे ये तथाकथित वामपक्षी न मार्क्सवाद को समझते हैं

और न अध्यात्मवाद को। उन्होंने उल्टे-सीधे दो-चार वाक्य रटकर अपना सरलीकरण कर लिया है। वे और कुछ जानने की ज़रूरत ही महसूस नहीं करते। करें भी क्यों, जानने के लिए जानमारी करनी पड़ती है। चूहे की तरह हल्दी की एक गांठ लेकर पंसारी बन बैठना बहुत आसान है। हमारे इन दोस्तों की भी यही हालत है। वे अपने दो-चार रटे-रटाए वाक्यों ही को देश की सारी समस्याओं का हल बता रहे हैं।

विवेकानन्द ने ज्ञानकांड को कर्मकांड से अलग करके उसकी तात्त्विक मीमांसा की है और उसे विकसित किया है। विवेकानन्द कोई साधारण विचारक नहीं थे, वह अपने समय का चलता-फिरता ज्ञान-कोश थे। उन्होंने न सिर्फ अपने देश का बल्कि दुनिया-भर का इतिहास और दर्शन खंगाल डाला था। उन्हें पढ़ते समय लगता है कि उन्हें समझे बिना हमारे देश में सही मार्क्सवादी बनना सम्भव नहीं है।

अतएव मेरा यह विश्वास है कि विवेकानन्द पर मेरी यह पुस्तक हमारे देश के वामपक्षी चिंतन में ऐतिहासिक मोड़ की महत्त्वपूर्ण भूमिका अदा करेगी।

**–हंसराज रहबर**

एस.16, नवीन शाहदरा
दिल्ली

# क्रम

# पुरखे और बचपन

**"छोटी अवस्था ही से मैं बड़ा साहसी था। यदि ऐसा न होता तो खाली हाथ सारी दुनिया घूम आना क्या मेरे लिए कभी संभव होता !"**

**विवेकानन्द**

12 जनवरी, 1863, प्रभात का समय। स्त्री-पुरुषों के दल के दल मकर सप्तमी के स्नान के लिए गंगा की ओर जा रहे थे। इसी समय कलकत्ता के गण्यमान्य दत्त परिवार में एक बालक का जन्म हुआ, जिसका नाम नरेन्द्रनाथ रखा गया। आगे चलकर यही नरेन्द्रनाथ विवेकानन्द के नाम से प्रसिद्ध हुआ। बालक की मां का नाम भुवनेश्वरी देवी था। नरेन्द्र से पहले उनके दो लड़कियां थीं। बेटे का मुंह देखने की उनके मन में बड़ी अभिलाषा थी, इसलिए सुबह-शाम शिव-मंदिर जाकर प्रार्थना करने लगीं। कहते हैं कि एक दिन वह पुत्र-कामना में इतनी ध्यान-मग्न हुईं कि उन्हें कैलाशपति शिव सामने खड़े दिखाई दिए। धीरे-धीरे उन्होंने शिशु-रूप धारण किया और भुवनेश्वरी देवी की गोद में बैठ गए। इससे मां का यह विश्वास बना कि बेटे का जन्म शिव के वरदान से हुआ है, इसलिए उन्होंने उसका नाम वीरेश्वर रखा। घर में यही नाम चलता था और प्रियजन 'बिले' कहकर पुकारते थे।

कलकत्ता में कायस्थ वंश के कई दत्त परिवार थे। इन परिवारों में बहुत से योग्य और विद्वान व्यक्ति पैदा हुए। विवेकानन्द के समकालीन इतिहासकार रमेशचन्द्र दत्त उनमें से एक थे। विवेकानन्द का जन्म इसी कायस्थ परिवार में हुआ था। पर रोमां रोलां ने उन्हें क्षत्रिय वंश में उत्पन्न हुआ बताया है। शायद उन्हें यह भ्रान्ति इसलिए हुई कि खुद विवेकानन्द ने विदेश-यात्रा से लौटकर अपने मद्रास के भाषण में प्रसंगवश कहा था:

"एक बात और। मैंने समाज-सुधारकों के मुख-पत्र में पढ़ा कि मैं शूद्र हूं, और मुझसे पूछा गया था कि एक शूद्र को संन्यासी होने का क्या अधिकार है ? तो इस पर मेरा उत्तर यह है कि मैं उन महापुरुष का वंशधर हूं, जिनके चरणकमलों पर प्रत्येक ब्राह्मण 'यमाय धर्मराजाय चित्रगुप्ताय वै नमः' उच्चारण करते हुए पुष्पांजलि प्रदान करता है, और जिनके वंशज विशुद्ध क्षत्रिय हैं। यदि अपने पुराणों पर विश्वास हो, तो इन समाज-सुधारकों को जान लेना चाहिए कि मेरी जाति ने पुराने ज़माने में अन्य सेवाओं के अतिरिक्त, कई शताब्दियों तक आधे भारत का शासन किया था। यदि मेरी जाति की गणना छोड़ दी जाए, तो भारत की वर्तमान

सभ्यता का क्या शेष रहेगा ? अकेले बंगाल ही में मेरी जाति में सबसे बड़े दार्शनिक, सबसे बड़े कवि, सबसे बड़े इतिहासज्ञ, सबसे बड़े पुरातत्त्ववेत्ता और सबसे बड़े धर्म-प्रचारक उत्पन्न हुए हैं। मेरी ही जाति ने वर्तमान समय में सबसे बड़े वैज्ञानिकों से भारतवर्ष को विभूषित किया है। इन निन्दकों को थोड़ा अपने देश के इतिहास का तो ज्ञान प्राप्त करना था; ब्राह्मण, क्षत्रिय तथा वैश्य इन तीनों वर्णों के संबंध में ज़रा अध्ययन तो करना था, ज़रा यह तो जानना था कि तीनों ही वर्णों को संन्यासी होने और वेद के अध्ययन करने का समान अधिकार है, ये बातें मैंने यों ही प्रसंगवश कह दीं। वे जो मुझे शूद्र कहते हैं, इसकी मुझे तनिक भी पीड़ा नहीं। मेरे पूर्वजों ने गरीबों पर जो अत्याचार किया था, इससे उसका कुछ परिशोध हो जाएगा। यदि मैं पैरिया (नीच चाण्डाल) होता, तो मुझे और भी आनन्द आता, क्योंकि मैं उन महापुरुष का शिष्य हूं, जिन्होंने सर्वश्रेष्ठ ब्राह्मण होते हुए भी एक पैरिया (चाण्डाल) के घर को साफ करने की अपनी इच्छा प्रकट की थी..." (विवेकानन्द साहित्य, पंचम खंड, पृष्ठ 106 )

नरेन्द्र को विचारकों तथा वैज्ञानिकों की समृद्ध परम्परा विरासत में मिली थी। उसके परदादा राममोहन दत्त कलकत्ता सुप्रीमकोर्ट के नामी वकील थे। जहां धन-ऐश्वर्य और ख्याति प्राप्त थी, वहां ज्ञान-चर्चा और शास्त्र-चर्चा भी इस परिवार की विशेषता थी। समय के साथ-साथ चलते हुए अर्थ और मोक्ष, भोग और त्याग तथा आधुनिकता और प्राचीनता दत्त परिवार के स्वभाव तथा चरित्र में घुल-मिल गई थीं। राममोहन के इकलौते बेटे दुर्गाचरण ने समय की प्रथा के अनुसार जहां संस्कृत और फारसी पढ़ी थीं, वहां कामचलाऊ अंग्रेजी भी सीखी थी और वे छोटी ही उम्र में वकालत के धंधे में पड़ गए थे। पर उनका स्वभाव पिता से भिन्न था, धन कमाने में उनकी अधिक रुचि नहीं थी। धर्मानुरागी युवक दुर्गाचरण सत्संग और शास्त्र-चर्चा के अवसर और सुयोग खोजते रहते थे। परिणाम यह कि जब उनकी अवस्था सिर्फ पच्चीस बरस थी तो उत्तर-पश्चिम प्रदेशों से आए वेदान्ती साधुओं से वे इतने प्रभावित हुए कि घर-बार छोड़कर संन्यास ग्रहण कर लिया। पतिवियोग में तड़पती हुई जवान पत्नी के लिए गोद का नन्हा बालक ही एकमात्र सहारा रह गया। संन्यासी प्रथा के अनुसार बारह बरस बाद जब दुर्गाचरण अपनी जन्मभूमि का दर्शन करने आए तो पत्नी का एक साल पहले देहान्त हो चुका था। उन्होंने अपने बालक पुत्र विश्वनाथ को आशीर्वाद दिया और चले गए। इसके बाद उन्होंने फिर कभी घर में कदम नहीं रखा और न किसी ने उन्हें देखा।

यह विश्वनाथ ही नरेन्द्रनाथ के पिता थे। उन्होंने भी वकालत का पैत्रिक धंधा अपनाया था। लेकिन वकालत में व्यस्त रहते हुए भी पारिवारिक परम्परा के अनुसार शास्त्र-चर्चा तथा अध्ययन के प्रति उनका विशेष अनुराग था। राजा राममोहन राय के समय से प्राचीनता और आधुनिकता में प्राच्य तथा पाश्चात्य में जो संघर्ष शुरू हुआ था, वह अब तीव्र रूप धारण करके एक निर्णायक स्थिति में पहुंच चुका था।

राजा राममोहन राय जिस पुरानी शिक्षा पद्धति को बदलना चाहते थे, उसका स्थान अब मैकॉले की शिक्षा प्रणाली ने ले लिया था। संस्कृत तथा फारसी की शिक्षा गौण हो गई थी और अंग्रेजी का बोलबाला था। राजामोहन राय क्या चाहते थे और मैकॉले की शिक्षा प्रणाली ने हमें क्या दिया, इस पर हम आगे चलकर 'पुनर्जागरण' परिच्छेद में विचार करेंगे। यहां सिर्फ इतना कह देना काफी है कि राजा राममोहन राय प्राचीनता और आधुनिकता में समन्वय और सामंजस्य की जिस स्वस्थ भावना को लेकर चले थे, वह उपेक्षित और विकृत होती जा रही थी। धर्मांधता और रूढ़िवाद के स्थान पर भूगोल, इतिहास, साहित्य, गणित तथा विज्ञान की शिक्षा संकीर्णता तथा छिछले विद्याअभिमान को जन्म दे रही थी। चिंतन के क्षितिज पर यह भय स्पष्ट मंडरा रहा था कि कहीं प्राच्य पाश्चात्य से पराजित न हो जाए। ब्रह्मसमाज, जो वास्तव में इस संघर्ष का संगठित रूप था, अब इस भय के कारण आदि ब्रह्मसमाज और अखिल भारतीय ब्रह्मसमाज–दो में विभाजित हो गया था। इन दोनों के आपसी संघर्ष का परिणाम यह था कि आदि ब्रह्म समाज वाले प्राचीनता के खोल में सिकुड़ते जा रहे थे और अखिल भारतीय ब्रह्मसमाज वाले परम्परा से संबंध-विच्छेद करके आधुनिकता के नशे में लड़खड़ाते पाश्चात्य की ओर झुक रहे थे। पढ़े-लिखे बंगाली युवक अपने स्वभाव और संस्कार के अनुसार इन दोनों में से किसी एक को चुनते थे। लेकिन ऐसे लोगों की संख्या भी दिन-दिन बढ़ती जा रही थी, जिनका न आदि ब्रह्मसमाज से कोई सरोकार था और न अखिल भारतीय ब्रह्मसमाज से। और अगर था तो वह भी अत्यन्त औपचारिक और ऊपरी। उन्हें न प्राचीनता से कुछ लेना-देना था और न अपने को आधुनिक दिखाने की विशेष चिन्ता थी। व्यक्तिगत सुख-साधन उनके जीवन का एकमात्र आधार और शिक्षा तथा ज्ञान-चर्चा धन और यश अर्जित करने का साधन मात्र थे। वे अतीत और भविष्य की सरदर्दी मोल न लेकर निश्चित भाव से क्षण में जीते थे।

नरेन्द्र के पिता विश्वनाथ इस तीसरी श्रेणी के व्यक्ति थे। धार्मिक कट्टरता का उनमें लेशमात्र न था। अंग्रेज़ी साहित्य और इतिहास आदि के अध्ययन के अलावा उन्होंने फारसी सीखी थी। हाफिज़ की कविताएं उन्हें विशेष रूप से पसन्द थीं। ऊंचे खानदानों के कई मुसलमान मुवक्किल थे। और फिर लखनऊ, इलाहाबाद, दिल्ली, लाहौर इत्यादि शहरों की यात्रा के कारण वे अनेक शरीफ मुसलमान परिवारों के घनिष्ठ सम्पर्क में आ चुके थे। यों वे मुसलमानों के रीति-रिवाजों से भली-भांति परिचित थे और उनका सम्मान करते थे। बाइबिल पढ़कर उन्होंने ईसाई धर्म के बारे में भी अच्छी जानकारी प्राप्त कर ली थी। लेकिन इस जानकारी का तात्पर्य सिर्फ इतना ही था कि वह उन्हें एक व्यवहारकुशल तथा सफल वकील बनाने में उपयोगी सिद्ध हुई। उन्होंने जिस आदर्श का आजीवन पालन किया, वह धड़ल्ले से कमाना और अधिकाधिक सुख-सुविधाएं जुटाना। घर पर अतिथियों तथा सगे-संबंधियों की भीड़ लगी रहती थी। ज़रूरत से ज्यादा नौकर-चाकर और

गाड़ी-घोड़े रखकर ठाठ-बाट से जीना, उनका स्वभाव बन चुका था। वे खुले हाथ से खर्च करते और खुले हाथ से दान भी देते थे। बचाकर रखने की, भविष्य अथवा परलोक की चिंता उन्हें नहीं थी। एक वाक्य में यों कह लीजिए कि वे भोग और त्याग का 'आधुनिक समिश्रण' थे—उदार, स्वच्छंद और मिलनसार !

इसके विपरीत भुवनेश्वरी देवी एक धर्मपरायणा महिला थीं। नरेन्द्र के बाद दो छोटे भाई और दो बहनें और थीं। मां बेटे-बेटियों की स्नेह-पूर्वक देख-भाल करती थीं। रामायण, महाभारत, भागवत आदि पुराणों का पाठ वे नियमित रूप से किया करती थीं। और पति तथा पुत्रों से चर्चा चलाकर तत्कालीन हलचलों और आधुनिक विचारधारा से भी अवगत रहती थीं। नरेन्द्र को मां के मुख से रामायण और महाभारत की कहानियां सुनना बहुत पसन्द था। मां भी अपने लाड़ले बेटे को गोद में बैठाकर ये कहानियां बड़े चाव से सुनाया करती थीं। दत्त-भवन में प्रायः प्रतिदिन दोपहर को रामायण और महाभारत की कथा होती थी। कोई बुढ़िया अथवा खुद भुवनेश्वरी देवी पढ़तीं और मुहल्ले की दूसरी औरतें सुनतीं। नरेन्द्र वैसे चंचल स्वभाव का बालक था, लेकिन इस छोटी-सी महिला-सभा में वह चुपचाप और शान्त बैठा रहता था। इन ग्रन्थों की कहानियों का उसके मन पर गम्भीर प्रभाव पड़ता, इनके पात्र उसकी कल्पना में सजीव हो उठते और वह घंटों मंत्रमुग्ध-सा बैठा सुना करता।

रामायण सुनते-सुनते नरेन्द्र को सीता और राम से इतनी श्रद्धा हो गई कि वह एक दिन बाज़ार से उन दोनों की एक मूर्ति खरीद लाया। मकान की छत पर एक सूने कमरे में उसने यह मूर्ति स्थापित कर दी और वह उसके सामने घंटों ध्यान-मग्न बैठा रहता। अपने एक कोचवान से नरेन्द्र बहुत हिल-मिल गया था। बालक को सीताराम से यह प्रेम देखकर वह कोचवान बहुत प्रसन्न होता। नरेन्द्र के मन में कोई समस्या, कोई प्रश्न उठता तो कोचवान मित्र ही उसका उत्तर दिया करता था। एक दिन अचानक ब्याह पर चर्चा चली। कोचवान को जाने क्यों ब्याह पसन्द नहीं था। उसने ब्याह का ऐसा भयानक चित्र खींचा कि नरेन्द्र बेचैन हो उठा और रोता हुआ मां के पास आया। मां ने बेटे से रोने का कारण पूछा तो उसने कोचवान की बात सुनाकर कहा, "मां, मैं सीताराम की पूजा कैसे करूं ? सीता तो राम की पत्नी थीं।" मां ने उसे गोद में बैठाकर आंसू पोंछे और बड़े दुलार से कहा, "सीताराम की पूजा न भी करो तो कोई हानि नहीं। कल से शिव की पूजा करना, बेटा !"

मां जब किसी काम में व्यस्त हो गईं तो नरेन्द्र दबे पांव ऊपर गया। सीताराम की मूर्ति, जो उसने इतने चाव और श्रद्धा से खरीदी थी, कमरे से उठा लाया। मुंडेर पर आकर उसने मूर्ति बिना संकोच नीचे फेंक दी, जो गिरते ही चूर-चूर हो गई।

नरेन्द्र बड़ा नटखट था। उसके ऊधम के मारे सबकी नाक में दम था। बड़ी बहनें उसके पीछे दौड़तीं कि पकड़कर पीटें। नरेन्द्र चट से नाली में उतरकर बदन पर कीचड़ लगा लेता। बहनें अपवित्र होने के डर से उसे छू न पातीं। वह विजय-गर्व

से ताली बजाकर कहता, "लो, पकड़ो न मुझे !"

घर में जाने कब से चले आ रहे देशाचार और लोकाचार के नियमों को नरेन्द्र बचपन ही से नहीं मानता था। इसके लिए मां अगर झुंझलाती या डांटती-डपटती, तो वह निरीह भाव से पूछता–भात की थाली छूकर बदन पर हाथ लगाने से क्या होता है ? बायें हाथ से गिलास उठाकर जल पीने से हाथ क्यों धोना पड़ता है ? हाथ में तो जूठन नहीं लगती ?–मां इन प्रश्नों का कोई संतोषजनक उत्तर न दे पातीं तो नरेन्द्र उद्दंड हो उठता और नियमों का उल्लंघन करता।

विश्वनाथ के मुवक्किलों में एक पठान भी था। नरेन्द्र के प्रति उसका विशेष स्नेह था। उसके आने की खबर सुनते ही नरेन्द्र दौड़ा जाता और उसकी गोद में बैठकर पंजाब और अफगानिस्तान के हाथियों और ऊंटों की कहानियां बड़े चाव से सुनता। कई बार वह उसके साथ जाने का अनुरोध करता था। वह मुसलमान सज्जन हंसते हुए कहता, "तुम दो अंगुल और बड़े हो जाओ, तब मैं तुम्हें अपने साथ ज़रूर ले जाऊंगा।" नरेन्द्र कभी-कभी अगले ही दिन पंजों के बल खड़ा होकर कहता, "देखिए, मैं रात भर में दो अंगुली बड़ा हो गया हूं। अब आप मुझे अपने साथ ले चलिए।" इस पठान मुवक्किल से नरेन्द्र का अनुराग इतना बढ़ गया कि वह उसके हाथ से संदेश या फल लेकर निस्संकोच खा लेता था। विश्वनाथ कट्टर नहीं थे, उनकी दृष्टि में सभी जाति के लोग समान थे। इसलिए उनके नज़दीक नरेन्द्र का मुसलमान के हाथ से खाना कोई अपराध नहीं था। पर परिवार के दूसरे लोगों को इस पर बड़ी आपत्ति थी। वे नरेन्द्र को तरह-तरह के भय दिखाकर दूसरी जाति के हाथ का खाने से मना करते थे।

पर यह बात नरेन्द्र के मन में न बैठती। जाति-भेद उसके लिए एक पहेली बन गया। वह सोचता–एक व्यक्ति किसी दूसरे के हाथ का क्यों नहीं खाता ? अगर कोई दूसरी जात-बिरादरी के हाथ का खा ले, तो उसका क्या होगा ? क्या उसके सिर पर छत टूट पड़ेगी ? क्या वह मर जाएगा ?

अनेक जातियों के मुवक्किल मुकदमों के सिलसिले में 'दत्त-भवन' आते रहते थे। रिवाज के अनुसार बैठक-घर के एक कोने में उनके लिए चांदी-जड़ाऊ अलग-अलग हुक्के रखे रहते थे। एक दिन उक्त विचार मन में लिए नरेन्द्र बैठक-घर में गया। वहां कोई दूसरा नहीं था। नरेन्द्र ने एक-एक हुक्के को अपने होंठों से लगाकर गुड़गुड़ाया। यह देख उसे बड़ा ही आश्चर्य हुआ कि वह जैसा पहले था, वैसा ही बना रहा। उसमें कोई परिवर्तन तो हुआ नहीं। एकाएक विश्वनाथ बाबू उधर आ निकले और बेटे को इस स्थिति में देख उन्होंने पूछा, "अरे, यह क्या कर रहा है, बिले ?" बेटे ने चट उत्तर दिया, "मैं यह परीक्षा कर रहा था कि अगर मैं जाति-भेद न मानूं तो मेरा क्या होगा।" बाप ने सस्नेह बेटे की ओर देखा और वह मुस्कराते हुए पठन कक्ष में चले गए।

लगातार रामायण और महाभारत सुनते-सुनते नरेन्द्र को उनका बहुत-सा भाग

कंठस्थ हो गया था। कथा के समय वह कई बार इन्हें अपने बाल मधुर स्वर में श्रोताओं को सुनाता तो बहुत ही भला लगता। उसने भिक्षुक-गायकों से राधाकृष्ण और सीताराम की लीला संबंधी कितने ही गाने सीख लिए थे। जब वह इन्हें अपने मधुर स्वर में गाता तो सुननेवाले मुग्ध हो उठते। उसे सभी का लाड़-प्यार प्राप्त था। उसपर किसी तरह का कठिन नियंत्रण न था। घर का वातावरण चाहे धार्मिक था, पर किशोर नरेन्द्र की स्वच्छंदता और स्वाधीनता पर किसी प्रकार का अंकुश नहीं था।

नरेन्द्र को रामायण का हनुमान बहुत पसन्द था। उसके अलौकिक कार्यों की कथाएं मन लगाकर सुनता था। फिर मां ने उसे बताया कि हनुमान अमर हैं और अब भी जीवित हैं। तब से वह उसे देखने के लिए बड़ा उत्सुक था। पर देखे तो कहां देखे। कुछ समझ में नहीं आ रहा था। एक दिन वह कथा सुनने गया तो कथाकार पंडित अपनी अलंकारिक भाषा में हास्य-रस मिलाकर हनुमान के चरित्र का वर्णन कर रहा था। नरेन्द्र के मन में जाने क्या आई, वह धीरे-धीरे कथाकार के पास गया और पूछा, "पंडित जी, आपने जो कहा है कि हनुमान केला खाना पसन्द करते हैं और केले के बगीचे में रहते हैं, तो क्या मैं वहां उनके दर्शन कर सकता हूं ?" पंडित ने भोले बालक को बहलाने के लिए उत्तर दिया, "हां बेटा, बगीचे में तुम उन्हें पा सकते हो।"

मकान के पास ही एक बगीचा था। नरेन्द्र तुरंत वहां गया और केले के एक पेड़ के तले बैठकर हनुमान की प्रतीक्षा करने लगा। समय बीतता गया, हनुमान को न आना था, न आए। सरल हृदय नरेन्द्र काफी रात बीते घर लौटा। उसने सारी घटना मां को सुनाई और हनुमान के न आने का कारण पूछा। मां बेटे के निरीह विश्वास पर आघात नहीं करना चाहती थीं, वह उसका माथा चूमकर बोलीं, "कोई बात नहीं, बेटा ! आज हनुमान रामचन्द्रजी के किसी काम से दूसरी जगह गए होंगे, किसी और दिन मिल जाएंगे।"

नरेन्द्र ने इसके बाद भी हनुमान को बगीचे में ढूंढ़ा हो या न ढूंढ़ा हो, पर यह तय है कि वह हमेशा उनके प्रियपात्र बने रहे। जैसे-जैसे आयु बढ़ी, उनके प्रति श्रद्धा भी बढ़ती गई। मृत्यु से कुछ महीने पहले शिष्य शरच्चन्द्र चक्रवर्ती ने जब पूछा, "हमारे लिए इस समय किस आदर्श को ग्रहण करना उचित है ?" तो उन्होंने उत्तर दिया, "महावीर के चरित्र को ही तुम्हें इस समय आदर्श मानना पड़ेगा। देखो, न, वे राम की आज्ञा से समुद्र लांघकर चले गए ! जीवन-मृत्यु की परवाह कहां ? महाजितेन्द्रिय, महाबुद्धिमान, दास्य-भाव के उस महान आदर्श से तुम्हें अपना जीवन गठित करना होगा। वैसा करने पर दूसरे भावों का विकास स्वयं ही हो जाएगा...अवलम्बन करने योग्य और दूसरा पथ नहीं। एक ओर हनुमान जी जैसा सेवा भाव और दूसरी ओर उसी प्रकार त्रैलोक्य को भयभीत कर देने वाला सिंह जैसा विक्रम ! ... राम की सेवा के अतिरिक्त अन्य सभी विषयों के प्रति उपेक्षा,

यहां तक कि सगत्व, ब्रह्मत्व, शिवत्व प्राप्ति के प्रति उपेक्षा ! केवल रघुनाथ के उपदेश का पालन ही जीवन का एकमात्र व्रत। उसी प्रकार एकनिष्ठ होना चाहिए। ढोल, मृदंग, करताल बजाकर उछल-कूद मचाने से देश पतन के गर्त में जा रहा है। एक तो यह पेट के रोगी मरीजों का दल और उसपर इतनी उछल-कूद ! भला कैसे सहन होगी ? कामविहीन उच्च साधना का अनुकरण न करके देश घोर तमोगुण से भर गया है। देश-देश में, गांव-गांव में–जहां भी जाओगे, देखोगे, ढोल-करताल ही बज रहे हैं। दुन्दुभी-नगाड़े क्या देश में तैयार नहीं होते ? तुरही-भेरी क्या भारत में नहीं मिलतीं ? वही सब गुरु-गम्भीर ध्वनि लड़कों को सुना। बचपन से जनाने बाजे सुन-सुनकर, कीर्तन सुन-सुनकर, देश स्त्रियों का देश बन गया है। इससे अधिक और क्या अधःपतन होगा ! कवि-कल्पना भी इस चित्र को चित्रित करने में हार मान गई है। डमरू, शृंग बजाना होगा, नगाड़े में ब्रह्मरुद्र ताल का दुन्दुभिनाद उठाना होगा। 'महावीर', 'महावीर', की ध्वनि तथा 'हर हर बम बम' शब्द से दिग्दिगन्त कम्पित कर देना होगा...(वि० सा०, षष्ठ खंड, पृ० 186)

हनुमान को शिव का अवतार भी कहा जाता है।

पांच बरस पूरे होने पर नरेन्द्र की शिक्षा कुछ दिन घर पर हुई। इसके बाद उसे मेट्रोपोलिटन इंस्टिट्यूशन में भेज दिया गया। वहां नरेन्द्र को बहुत से हमउम्र सहपाठी मिले। नये साथी पाकर उसके आनन्द की सीमा न रही और उसने जल्दी ही अपना एक छोटा-सा दल संगठित कर लिया। उसके ये साथी सुबह-शाम घर पर खेलने आते। 'दत्त-भवन' का विशाल आंगन उनके कोलाहल से गूंज उठता।

खेल में अगर कोई लड़का किसी प्रकार की धांधली करता तो नरेन्द्र बहुत बिगड़ता और आगे बढ़कर फैसला करता। अगर देखता कि उसकी बात नहीं मानी जा रही और लड़के आपस में मार-पीट पर उतारू हैं तो वह निर्भीक भाव से बीच में खड़ा होकर उन्हें रोक देता। शारीरिक बल में नरेन्द्र अपने किसी भी हमजोली से हेठा न था, बल्कि उसका असीम साहस देख बड़े भी दंग रह जाते थे। घूंसा-घूंसी में निपुण होने के कारण दुष्ट लड़के उससे दबते थे।

जब उसकी अवस्था केवल छह बरस थी, वह अपने हमजोलियों के साथ 'चड़क' का मेला देखने गया। मेला देखा और मिट्टी की बनी हुई शिव की मूर्तियां खरीदीं। शाम को जब वे घर लौट रहे थे तो एक छोटा-सा लड़का दल से अलग हो गया और फुटपाथ से रास्ते में चला गया। ठीक उसी समय सामने से एक घोड़ागाड़ी आई, जिसे देख बालक घबरा गया। राह चलते राही रुक गए और 'बचाओ ! बचाओ ! चिल्लाने लगे। शोरगुल सुनकर नरेन्द्र ने पीछे की ओर देखा और सारी स्थिति भांप ली। एक क्षण की भी देर नहीं लगाई। महादेव की मूर्तियां फेंककर वह तेज़ी से लपका। बालक घोड़े के पैरों तले रौंदा ही जानेवाला था कि नरेन्द्र ने उसे बाल-बाल बचा लिया।

बालक को सुरक्षित देखकर लोग बड़े खुश हुए और सभी ने नरेन्द्र के साहस

की दाद दी।

नरेन्द्रनाथ के अपूर्व साहस की एक घटना और है।

कलकत्ता के दक्षिण मटिया बुर्ज में लखनऊ के भूतपूर्व नवाब वाज़िद अली शाह की पशुशाला थी। नरेन्द्र की उम्र कोई सात-आठ बरस होगी कि वह अपने हमजोलियों के साथ एक दिन यह पशुशाला देखने गया। लड़कों ने आपस में चन्दा करके चांदपाल घाट से एक छोटी-सी नाव किराये पर ले ली। लौटते समय एक बच्चे ने नाव में उलटी कर दी। मुसलमान मल्लाह बहुत भिन्नाया और कहा, "नाव साफ किए बिना किसी को उतरने नहीं दूंगा।" किसी दूसरे आदमी से साफ करा लेने के लिए लड़कों ने पैसे देना चाहे। पर वह नहीं माना और घाट के दूसरे मल्लाहों को इकट्ठा करके उन्हें मारने पर उतारू हो गया। झगड़ा बढ़ते देखा तो नरेन्द्र नाव से उतर गया। वह चूंकि सबसे छोटा था इस लिए मल्लाहों ने उसे नहीं रोका।

किनारे पर पहुंचकर नरेन्द्र अपने साथियों की रक्षा का उपाय सोचने लगा। उसने देखा कि दो गोरे सिपाही मैदान के रास्ते से टहलने जा रहे हैं। वह दौड़कर उनके पास आया और नमस्ते करके एक का हाथ पकड़ लिया। अंग्रेज़ी तो जानता न था, नरेन्द्र ने उन्हें इशारों से अपनी बात समझाई और घाट की तरफ चलने के लिए खींचने लगा। एक छोटे-से सुन्दर बालक के इस आग्रह से सिपाही बहुत खुश हुए। वे तुरन्त नाव के पास आए और सारी बात समझ गए। उन्होंने हाथ का बेंत उठाकर मल्लाहों को डांटा और बच्चों को छोड़ देने का आदेश दिया। गोरे सिपाहियों को देखकर मल्लाह लोग डरे और अपनी-अपनी नावों में चले गए। यों नरेन्द्र के साथियों ने संकट से छुटकारा पाया। दोनों सिपाही नरेन्द्र के इस आचरण से बहुत प्रसन्न हुए। वह उसे अपने साथ थियेटर ले जाना चाहते थे। पर वह अपने हमजोलियों के साथ घर लौट आया।

नरेन्द्र को भय दिखाकर किसी काम से रोकना संभव नहीं था। इस सिलसिले की एक घटना इस प्रकार है।

उसके एक पड़ोसी साथी के घर में चम्पक फूल का एक पेड़ था। पेड़ की टहनी में पैर की गोंफ डालकर सिर और हाथ नीचे लटकाकर झूलना नरेन्द्र का प्रिय खेल था। एक दिन वह पेड़ की ऊंची टहनी पर इसी प्रकार झूल रहा था कि उसके एक साथी का दादा उधर आ निकला। बूढ़े का हृदय भय से कांप गया। एक तो ऊंचाई और दूसरे नरेन्द्र के उत्पात से टहनी टूटने की काफी आशंका थी। बूढ़ा यह भी जानता था कि नरेन्द्र डराने-धमकाने से मानने वाला नहीं। इसलिए उसने दुलार से कहा, "बेटा, इस पेड़ पर न चढ़। इस पर तो ब्रह्मराक्षस रहते हैं।" नरेन्द्र बोला, "कहां हैं ब्रह्मराक्षस ! हमने तो देखा नहीं"। बूढ़े ने फिर कहा, "ब्रह्मराक्षस दिखाई थोड़े ही देता है। वह तो बिना दिखाई दिए ही गर्दन झपट लेता है"। बूढ़े ने ब्रह्मराक्षस की विकट आकृति का वर्णन किया और क्रूरता के दो-चार उदाहरण देकर समझाया कि वह अपने आश्रित पेड़ का अपमान कभी सहन नहीं करेगा। नरेन्द्र को चुप देखकर

बूढ़े ने समझा कि सीख काम कर गई। पर जैसे ही बूढ़ा वहां से हटा नरेन्द्र फिर उसी ऊंची चोटी पर चढ़ बैठा। लेकिन उसके साथी की हिम्मत नहीं पड़ी। वह भयभीत-सा नीचे खड़ा रहा। "आओ न ऊपर" नरेन्द्र ने उससे कहा। "नहीं भाई, ब्रह्मराक्षस की बात कौन जाने ? न मालूम कब किधर से आकर गर्दन मरोड़ डाले"। साथी ने उत्तर दिया। "धत् ! तू भी निपट मूर्ख है।" नरेन्द्र बोला, "तेरे दादा डराने के लिए झूठ-मूठ बात बना गए। अगर पेड़ पर सचमुच ब्रह्मराक्षस रहता तो उसने मेरी गर्दन कब की मरोड़ दी होती।"

नरेन्द्र का यही स्वभाव सारी उम्र बना रहा। किसी भी बात पर विश्वास करने से पहले वह उसे तर्क की कसौटी पर कसता था।

महेन्द्र और भूपेन्द्र उसके छोटे भाई भी हर तरह चुस्त-दुरुस्त थे। पर नरेन्द्र से उनका कोई मुकाबला न था। वह जब नरेन्द्र से स्वामी विवेकानन्द बन गया तो बाल्यकाल के बारे में उसने एक शिष्य से बातें करते हुए कहा, "मैं बचपन ही से जिद्दी शैतान था। नहीं तो क्या खाली हाथ सारी दुनिया घूम आना संभव था।"

# शिक्षा

**"चूंकि हम लोगों ने अपना आधा जीवन विश्वविद्यालयों में बिता दिया है, अतः हमारा मन दूसरों के विचारों से भर गया है।"**

–विवेकानन्द

नरेन्द्रनाथ जब चौदह बरस का था तो उसे पेट का भयंकर रोग हुआ। यह रोग कई दिन तक रहा और इससे शरीर सूखकर कांटा हो गया। उस समय उसके पिता अपने काम से रायपुर में थे और उन्हें वहां अभी काफी दिन रहना था। इस ख्याल से कि हवा बदलने से स्वास्थ्य ठीक हो जाएगा, उन्होंने परिवार के लोगों को भी रायपुर बुला लिया। 1877 में नरेन्द्र अपने पिता के पास रायपुर पहुंचे।

रायपुर मध्यप्रदेश का एक नगर है। उस समय सारे मध्यप्रदेश में रेलगाड़ी नहीं थी। इलाहाबाद और जबलपुर होते हुए कलकत्ता से नागपुर तक गाड़ी आती थी। नागपुर से रायपुर जाने में दो हफ्ते से अधिक लगते थे और हिंसक जन्तुओं वाले घने जंगल में से बैलगाड़ी द्वारा जाना पड़ता था। बाद में इस यात्रा का उल्लेख करते हुए नरेन्द्रनाथ ने लिखा है, "वनस्थली का सौंदर्य देखकर मुझे रास्ते के कष्ट, कष्ट ही मालूम नहीं हुए। विंध्य पर्वत की आकाश को चूमती हुई चोटियां, फूलों और फलों से लदी हुई तरह-तरह की बेलें, कुंज-कुंज में चहचहाते हुए रंग-बिरंगे पक्षी, जो कभी-कभी आहार की खोज में भूमि पर उतर जाते थे। नरेन्द्र ने यह सब कुछ पहले-पहल देखा था। देश के अतीत की कहानियां उसके मन पर पहले ही से अंकित थीं, अब उसका रूप, उसका वैभव, विशालता और महानता भी अंकित हो गई। देश को और अधिक देखने की इच्छा भी यहीं से पैदा हुई।

यह वह अवस्था थी, जब चरित्र का निर्माण होता है। नरेन्द्र के चरित्र का वास्तविक निर्माण भी रायपुर में हुआ। उस समय वहां कोई स्कूल नहीं था इसलिए विश्वनाथ बेटे को खुद ही घर पर पढ़ाया करते थे। उन्हें वहां न तो अदालत जाना होता था और न मुवक्किलों से माथा-पच्ची करनी पड़ती थी। फुरसत ही फुरसत थी। पाठ्य-पुस्तकों के अलावा वे नरेन्द्र को इतिहास, दर्शन और साहित्य संबंधी विभिन्न पुस्तकें पढ़ाने लगे। बेटे की ग्राह्य-शक्ति देखकर विश्वनाथ दंग रह गए और उन्हें पढ़ाने में आनन्द भी आने लगा। उन्होंने बड़े परिश्रम से जितना ज्ञान अब तक अर्जित किया था। वह अपने इस सुयोग्य पुत्र को सौंप दिया।

उनके घर में हर रोज़ रायपुर के गुण-ज्ञानी व्यक्तियों का जगघट होता था।

साहित्य, दर्शन आदि विभिन्न विषयों पर चर्चा चलती थी। घंटों वाद-विवाद होता और सूक्ष्म विवेचन किया जाता था। उस समय प्रायः नरेन्द्र भी वहीं उपस्थिति होता और वाद-विवाद ध्यान से सुना करता था। कभी-कभी विश्वनाथ नरेन्द्र से भी किसी विषय पर उसकी राय पूछ लेते और यों उसे विवाद में भाग लेने के लिए प्रोत्साहित करते थे। नरेन्द्र उम्र में चाहे छोटा था, पर उसके विचार इतने साफ-सुथरे और सुलझे हुए थे कि सुनकर बड़े-बूढ़े भी आनन्द से झूम उठते थे।

विश्वनाथ के मित्रों में एक सज्जन बंग-साहित्य के प्रसिद्ध लेखक थे। एक दिन जब वे साहित्य पर वाद-विवाद कर रहे थे तो उसमें भाग लेने के लिए नरेन्द्र को भी बुला लिया गया। बस, अब क्या था, नरेन्द्र ने थोड़े ही समय में यह सिद्ध कर दिखाया कि उसने अधिकांश प्रसिद्ध लेखकों की पुस्तकें न सिर्फ पढ़ ली हैं, बल्कि उनके बहुत-से अंश उसे कंठस्थ हैं और वह उनकी तर्कसंगत आलोचना भी कर सकता है। उन लेखक महोदय ने विस्मय और आनन्द में भरकर कहा, "बेटा ! आशा है, एक दिन बंग भाषा तुम्हारे द्वारा गौरवान्वित होगी।"

और अब यह कहने की कोई आवश्यकता नहीं कि उन लेखक महोदय की भविष्यवाणी सही सिद्ध हुई।

नरेन्द्र रायपुर में दो बरस तक रहा। इस बीच में उसने पुस्तकों और वाद-विवाद द्वारा जो कुछ सीखा वह तो सीखा ही, पर इस संबंध में विशेष रूप से उल्लेखनीय बात यह है कि उसके किशोर मन पर पिता के व्यक्तित्व की गम्भीर छाप पड़ी। एक दिन नरेन्द्र ने जाने कैसे पिता से पूछा, "पिताजी, आप हमारे लिए क्या छोड़ रहे हैं ?" विश्वनाथ ने दीवार पर लगे आइने की तरफ इशारा करते हुए उत्तर दिया, "जा, आइने में अपना चेहरा देख, तभी समझेगा कि मैंने तुझे क्या दिया है।"

विश्वनाथ बेटों को सामंती ढंग से कभी डांटते-डपटते या बुरा-भला नहीं कहते थे, बल्कि उन्हें सुधारने और उनमें आत्मविश्वास पैदा करने का उनका अपना ही ढंग था। अपने उद्दंड स्वभाव के कारण नरेन्द्र ने एक दिन मां को कुछ कटु शब्द कह दिए। विश्वनाथ ने इसके लिए बेटे को कुछ नहीं कहा, पर जब नरेन्द्र अपने सहपाठियों के साथ अपने पढ़ने के कमरे में गया तो कोयले से दीवार पर यह लिखा मिला : "नरेन्द्र बाबू ने अपनी माता के प्रति आज इन दुर्वचनों का प्रयोग किया है।"

नरेन्द्र की गर्दन लज्जा से झुक गई और वह इस शिक्षा को उम्र भर नहीं भूल पाया।

अगर कोई व्यक्ति नरेन्द्र की युक्तिपूर्ण बातों को बच्चे की धृष्टता समझकर उपेक्षा करता तो वह क्रोध के मारे आपे से बाहर हो जाता। उस समय उसे छोटे-बड़े का भी ध्यान न रहता। कई बार वह अपने पिता के मित्रों तक को खरी-खरी सुना देता। विश्वनाथ इस उद्दंडता के लिए बेटे को क्षमा नहीं करते थे। वे नरेन्द्र को दंड देकर आगे के लिए सावधान कर देते थे। पर बेटे की आत्मनिष्ठा को देखते हुए मन ही मन में वे प्रसन्न भी होते थे।

विश्वनाथ पाकविद्या में भी निपुण थे। नरेन्द्र ने उनसे तरह-तरह के भोजन बनाने सीखे। कालेज में वे अपने मित्रों को समय-समय पर अपने हाथ से भोजन बनाकर खिलाया करते थे। फिर जब वे स्वामी विवेकानन्द बनकर विश्व-भ्रमण पर गए तो विदेशियों को भारतीय खानों का स्वाद चखाया करते थे। अमेरिका में 'सहस्रद्वीप उद्यान' में दो महीने के सहवास में वह अपने शिष्यों को प्रायः अपने हाथ से विभिन्न भारतीय व्यंजन तैयार करके खिलाते रहे।

दो बरस के बाद जब नरेन्द्रनाथ रायपुर से लौटा तो वह शारीरिक और मानसिक रूप से बहुत बदल चुका था। मित्र उसे अपने बीच पाकर बहुत प्रसन्न हुए। वह स्कूल में दाखिल हुआ और नवीं और दसवीं कक्षा की तैयारी एक साल में की। लेकिन स्कूल में सिर्फ वही एक विद्यार्थी था, जिसने मैट्रिक की परीक्षा प्रथम श्रेणी में पास की। इससे न सिर्फ सगे संबंधियों बल्कि स्कूल के अधिकारियों को भी बड़ी खुशी हुई।

नरेन्द्रनाथ शरीर से हृष्ट-पुष्ट था और सोलह बरस की आयु में बीस बरस का जान पड़ता था। कारण यह कि वह नियमित रूप से व्यायाम किया करता था। बचपन ही से वह कुश्ती का अभ्यास करता आ रहा था। यह राजनैतिक चेतना का युग था। सुरेन्द्रनाथ बैनर्जी और आनन्दमोहन बसु ने विद्यार्थी संघ की स्थापना की थी और वे नौजवानों को शारीरिक और मानसिक रूप से सबल होने की शिक्षा देते थे। शिमला मोहल्ला में कार्नवालिस स्ट्रीट के पास एक अखाड़ा था। हिन्दू मेले के प्रवर्तक नवगोपाल मित्र ने उसकी स्थापना की थी। नरेन्द्रनाथ अपने मित्रों के साथ वहीं व्यायाम का अभ्यास किया करता। बॉक्सिंग (मुक्केबाज़ी) में वह एक बार सर्वप्रथम आया और उसे चांदी की तितली पुरस्कार में मिली। अपने समय में वह क्रिकेट का भी अच्छा खिलाड़ी था। उसे घोड़े की सवारी का शौक था। पिता ने उसके लिए एक अच्छा-सा घोड़ा खरीद दिया था, जिसपर सवार होकर वह हवाखोरी के लिए जाया करता था। विश्वविख्यात लेखक रोमां रोलां ने अपनी पुस्तक 'विवेकानन्द' में लिखा है :

"नरेन्द्र का शैशव और बाल्यकाल यूरोपीय पुनर्जागरण काल के कलाप्रेमी राजकुमार का-सा रहा। उनकी प्रतिभा बहुमुखी थी और सभी दिशाओं में उन्होंने उसका विकास किया। उनका रूप सिंह-शावक का-सा प्रभावशाली और मृग छौने-सा कोमल था। बलिष्ठ सुगठित शरीर कसरतों से और भी मंज गया था—कुश्ती, घोड़े की सवारी, तैरने और नाव खेने का उन्हें शौक था। युवकों के वे नेता और फैशन के नियंता थे। नृत्योत्सवों में वे कलापूर्ण नृत्य करते थे और उनका कंठ बड़ा सुरीला था, जिसपर अनन्तर रामकृष्ण भी मुग्ध हुए। उन्होंने चार-पांच वर्ष तक हिन्दू और मुसलमान संगीताचार्यों के साथ गायन और संगीत का अभ्यास किया। वह स्वयं गीत लिखते भी थे और उन्होंने भारतीय संगीत के दर्शन और विज्ञान पर एक संदर्भ ग्रंथ भी प्रकाशित किया..."(पृष्ठ 36)

संगीत में नरेन्द्र के मुसलमान उस्ताद 'बंनी' और हिन्दू उस्ताद कांसी घोषाल थे। कांसी घोषाल आदि ब्रह्मसमाज की संगीत-साधना में पखावज बजाया करते थे। नरेन्द्र ने पखावज और तबला इन्हीं से सीखी। साहित्य इतिहास और दर्शन पारिवारिक परम्परा थी। इस विषय में उसके गुरु भाई स्वामी सारदानन्द ने अपनी पुस्तक 'श्री रामकृष्ण लीला प्रसंग' में लिखा है :

"बड़े होने पर परीक्षा के दो-तीन मास पहले वे अपनी पाठ्य-पुस्तकों को पढ़ना आरम्भ करते थे, अन्य समय अपनी इच्छा के अनुसार दूसरी पुस्तकें पढ़कर समय बिताते थे। इस प्रकार मैट्रिक परीक्षा देने के पहले उन्होंने अंग्रेज़ी और बंगला के अनेक साहित्यिक तथा ऐतिहासिक ग्रंथ पढ़ डाले थे। फलतः परीक्षा के पूर्व उन्हें कभी-कभी बहुत अधिक परिश्रम करना पड़ता था। हमें स्मरण है, एक दिन उन्होंने इस विषय का प्रसंग उठने पर हमें बताया था, 'मैट्रिक परीक्षा के आरम्भ होने के दो-तीन दिन पहले मैंने देखा कि रेखागणित कुछ भी नहीं पढ़ा गया है। तब सारी रात जागकर उसे पढ़ने लगा और 24 घंटे में उसकी चार पुस्तकें पढ़कर परीक्षा दे आया।' ईश्वर-कृपा से उन्हें दृढ़ शरीर तथा अपूर्व मेघा प्राप्त थी, इसलिए वे ऐसा कर सके थे, इसमें कोई संदेह नहीं।" (तृतीय खंड, पृष्ठ59-60)

मैट्रिक पास करने के बाद नरेन्द्रनाथ जनरल असेम्बली कालेज में भर्ती हुआ और एफ० ए० में पढ़ने लगा। इस समय उसकी उम्र अठारह बरस थी। उसकी तेज बुद्धि और आकर्षक व्यक्तित्व ने अध्यापकों और छात्रों दोनों का ध्यान आकर्षित किया। थोड़े ही समय में बहुत-से विद्यार्थी उसके मित्र बन गए। दरअसल विद्यार्थी उसे अपना मित्र बनाने में गर्व महसूस करते थे। प्रियनाथ सिन्हा नाम के एक मित्र सहपाठी ने इन दिनों के अपने संस्मरण में लिखा है :

"नरेन्द्रनाथ हेदो तालाब के पास जनरल असेम्बली कालेज में पढ़ते हैं। एफ० ए० वहीं से पास किया है। उनके असंख्य गुणों के कारण बहुत से सहपाठी उनमें अत्यन्त अनुरक्त हैं। वे उनका गाना सुनकर इतना आनन्दप्रद मानते हैं कि अवकाश पाते ही नरेन्द्र के घर पर उपस्थिति हो जाते हें। बैठकर एक बार नरेन्द्र की तर्क-युक्ति या गाना-बजाना आरम्भ होते ही समय कैसे निकल जाता है, वे समझ नहीं पाते।

"नरेन्द्र इस समय अपने पिता के घर केवल दो बार भोजन करने जाते हैं और शेष समय समीप की गली में अपनी नानी के घर में रहकर अध्ययन करते हैं। अध्ययन के लिए ही वह यहां रहते हों ऐसी बात नहीं, नरेन्द्र एकान्त में रहना अधिक पसन्द करते हैं।"

कमरा बहुत छोटा था। नरेन्द्र ने उसका नाम 'तंग' रख लिया था और मित्रों से कहा करते थे, "चलो, तंग में चलें।" अब इस 'तंग' की एक बैठक देखिए :

"नरेन्द्र आज मन लगाकर पढ़ रहे थे। इसी समय किसी मित्र का आगमन हुआ। लगभग ग्यारह बजे होंगे। भोजन करके नरेन्द्र पढ़ रहे थे। मित्र ने आकर नरेन्द्र से कहा, 'भाई, रात में पढ़ लेना, अभी ज़रा एक-दो गाने तो सुना दो।'

"उसी समय नरेन्द्र ने पुस्तक बंद कर उसे एक ओर सरका दिया। तानपूरे के तारों को संभालकर, उन्हें स्वर में बांधकर गाना गाने से पहले उन्होंने अपने मित्र से कहा, 'अच्छा तू तबला उठा।'

"मित्र ने कहा, 'भाई मैं तो बजाना जानता नहीं। स्कूल में मेज़ का तबला बजा लेता हूं, तो क्या तुम्हारे साथ तबला भी बजा सकूंगा ?'

"तब नरेन्द्र ने स्वयं थोड़ा-सा बजाकर दिखा दिया और कहा, 'अच्छी तरह से देख ले। अवश्य बजा सकेगा। क्यों नहीं बजा सकेगा ? कोई कठिन काम तो है नहीं। इस तरह बस ठेका दिए जा, हो गया।' साथ ही साथ बजाने के बोल भी बतला दिए। मित्र एक-दो बार चेष्टा करने के बाद किसी तरह ठेका देने लगा। गाना आरम्भ हुआ। तानलय में उन्मुक्त होकर और दूसरों को उन्मुक्त बनाकर नरेन्द्र के हृदयस्पर्शी स्वर में टप्पा, ढप, ख्याल, ध्रुपद, बंगला, हिन्दी और संस्कृत गानों का प्रवाह चलने लगा।" (विवेकानन्द साहित्य, अष्टम खंड, पृष्ठ 259-60)

गम्भीर चिंतन शक्ति और तीक्ष्ण बुद्धि के कारण नरेन्द्र सभी विषय बहुत थोड़े समय में सीख लेता था। संगीत, स्वच्छंद भ्रमण, मित्रों के साथ खेल-कूद और हंसी-मज़ाक के लिए उसे काफी समय मिल जाता था। दूसरे लड़के इससे यह समझ लेते थे कि नरेन्द्र की अध्ययन में बिलकुल रुचि नहीं है। उनकी देखा-देखी जो दूसरे लड़के खेल-कूद में समय बिताते उनके लिए इसका परिणाम अच्छा नहीं होता।

पाठ्य पुस्तकें तो परीक्षा पास करने का साधनमात्र थीं, वरना जैसा कि उसका स्वभाव बन चुका था, नरेन्द्रनाथ साहित्य, दर्शन और इतिहास की पुस्तकें अधिक पढ़ता था। देकार्त का अहम्‌वाद, ह्यूम और वेन की नास्तिकता, डॉर्विन का विकासवाद और इसके अलावा हर्बर्ट स्पेन्सर का अज्ञेयवाद उसने एफ० ए० की परीक्षा देने से पहले पढ़ डाला था। उसके मित्र ब्रजेन्द्र बाबू ने 'प्रबुद्ध भारत' पत्रिका में अपने संस्मरण लिखे थे, जिनमें नरेन्द्र की अशान्ति और ज्ञान-पिपासा का चित्र, प्रस्तुत करते हुए उन्होंने बताया है कि नरेन्द्र ने शेली की कविताओं, हेगल के दर्शन और फ्रांसिसी क्रान्ति के इतिहास का अध्ययन भी इसी अवस्था में कर लिया था। इसके अलावा संस्कृत कविता, उपनिषद् और राममोहन राय की पुस्तकें भी वह बड़े चाव से पढ़ा करता था। पढ़ते समय वह चंचल और खिलाड़ी नरेन्द्र से एकदम भिन्न दूसरा ही व्यक्ति होता था।

ब्रजेन्द्र बाबू कालेज में नरेन्द्र से दो-तीन बरस आगे थे। पर इन दोनों में खूब पटती थी। वे दोनों 'दार्शनिक क्लब' में जाया करते थे। रोमां रोलां ने लिखा है कि ब्रजेन्द्र फ्रांसिसी क्रान्ति से प्रभावित थे और अराजकतावादी थे। बाद में उन्होंने एक बुद्धिवादी के रूप में नाम पाया।

मैट्रिक पास करके-करते नरेन्द्र की बुद्धि इतनी विकसित हो गई थी कि कोई पुस्तक पढ़ने में अधिक समय नहीं लगाना पड़ता था। अपनी अध्ययन-पद्धति की चर्चा करते हुए वह अपने गुरु-भाइयों से कहा करता था :

"अब से कोई पुस्तक पढ़ते समय प्रत्येक पंक्ति क्रमशः पढ़कर ग्रंथकार का वक्तव्य समझने की मुझे आवश्यकता नहीं होती थी। हर अनुच्छेद की प्रथम और अंतिम पंक्तियां पढ़ते ही उसके भीतर क्या कहा गया है, मैं समझ लेता था। शनैः-शनैः वह शक्ति परिपक्व होने पर हर अनुच्छेद पढ़ने का भी प्रयोजन नहीं होता था। हर पृष्ठ की प्रथम और अंतिम पंक्तियां पढ़कर ही मैं आशय समझ सकता था। फिर पुस्तक के जिस स्थान पर ग्रंथकार ने कोई विषय तर्क-युक्तियों द्वारा समझाया है, वहां यदि प्रमाण-प्रयोग की सहायता से किसी की युक्ति के समझाने में 4-5 या उससे अधिक पृष्ठ लगे हों तो उस युक्ति का आरम्भ मात्र पढ़ कर ही उन पृष्ठों की सारी बातें मैं समझ लेता था।" (श्री रामकृष्ण लीला प्रसंग, तृतीय खंड, पृष्ठ. 60-61)

अपनी इस असाधारण प्रतिभा से नरेन्द्र ने विवेकानन्द बनने पर जर्मनी के प्रसिद्ध वेदान्ती डॉ० डायसन को कैसे चकित किया, यह बात हम डॉ० डायसन से भेंट के समय लिखेंगे।

अध्ययन का उद्देश्य सत्य की खोज था और नरेन्द्र जिसे सत्य समझ लेता था, उसकी जी-जान से रक्षा करता था। जब देखता था कि कोई दूसरा उसके विपरीत भाव या मत व्यक्त कर रहा है तो नरेन्द्र चट विवाद पर उतर आता था और अपने सशक्त तर्कों और युक्तियों द्वारा उसे परास्त करके दम लेता था। पराजित व्यक्ति कई बार बिलबिला उठते थे और नरेन्द्र पर दम्भी होने का आरोप लगाने में भी संकोच नहीं करते थे। पर नरेन्द्र के मन में किसी के प्रति द्वेष भाव नहीं था। और अपनी ही बात को ऊंचा रखने के लिए वह कभी कुतर्क का सहारा नहीं लेता था। उसे जो कहना होता था दूसरे के सामने साफ-साफ कहता था। कोई उसकी बात से चिढ़ता है, उसके बारे में क्या राय रखता है या उसकी निन्दा करता है–इस बात की उसे ज़रा भी परवाह नहीं थी। उसका हृदय शुद्ध था और वह खुद पीठ-पीछे किसी की निंदा या बुराई नहीं करता था। धीरे-धीरे जब उसका यह स्वभाव उजागर हुआ तो विद्यार्थी उसकी बात ध्यान से सुनते और उसका आदर करने लगे।

जनरल असेम्बली कालेज के अध्यक्ष विलियम हेस्टी सज्जन व्यक्ति होने के अलावा बड़े विद्वान, कवि और दार्शनिक थे। नरेन्द्र, ब्रजेन्द्र आदि कुछ प्रतिभाशाली विद्यार्थी नियमित रूप से उनके पास जाते और दर्शनशास्त्र का अध्ययन किया करते थे। हेस्टी नरेन्द्र की बहुमुखी प्रतिभा के बहुत प्रशंसक थे और इसीलिए उसे सबसे अधिक चाहते थे। एक मर्तबा नरेन्द्र ने जब कालेज के 'दार्शनिक क्लब' में किसी मत विशेष का सूक्ष्म विश्लेषण किया तो हेस्टी खुशी से झूम उठे और मुक्त कंठ से बोले, "यह (नरेन्द्र) दर्शनशास्त्र के अत्युत्तम छात्र हैं। जर्मनी और इंग्लैंड के तमाम विश्वविद्यालयों में एक भी ऐसा छात्र नहीं है जो इनके समान मेधावी हो।" (विवेकानन्द-जीवन चरित्र, पृष्ठ 78)

अध्ययन और आयु बढ़ने के साथ-साथ नरेन्द्र की जिज्ञासा तीव्र से तीव्रतर

होती चली गई। मानव जीवन का उद्देश्य क्या है ? क्या सचमुच इस जड़ जगत को चलाने वाली कोई शक्तिमान सत्ता है ? इस प्रकार के अनेकों सवाल उसके मस्तिष्क में उठने लगे। पाश्चात्य विज्ञान और दर्शनशास्त्र ने उसके मन में संदेह उत्पन्न कर दिए। नरेन्द्र जब किसी धर्म-प्रचारक को ईश्वर के बारे में भाषण देते सुनता तो झट पूछ बैठता, "क्यों महाशय, आपने ईश्वर के दर्शन किए हैं ? "हां" या "ना" में उत्तर देने के बजाय धर्म-प्रचारक उपदेश वाक्यों से उसे संतुष्ट करना चाहते और अपना पुस्तक-ज्ञान बघारने लगते। नरेन्द्र को तो प्रत्यक्षवादी की खोज थी। धर्म-प्रचरकों की रटी-रटाई सम्प्रदायगत बोलियां सुनकर वह प्रबल संदेहवादी हो गया।

पिता से विरासत में पाई हुई आलोचना-वृत्ति पर पाश्चात्य विचारों की सान चढ़ चुकी थी, अतएव पुस्तक-ज्ञान नरेन्द्र को शान्त नहीं कर पा रहा था। उसे अब एक जीते-जागते आदर्श की खोज थी। इसी खोज का वह कुछ मित्रों के साथ आदि ब्रह्मसमाज का सदस्य बन गया।

ब्रह्मसमाज चंद साल पहले आदि ब्रह्मसमाज और अखिल भारतीय ब्रह्मसमाज में विभाजित हो गया था। पहले के नेता देवेन्द्रनाथ ठाकुर और दूसरे के केशवचन्द्र सेन थे। केशव बहुत बड़े वक्ता थे और उस समय उनकी ख्याति शिखर पर थी। बंगाली नौजवान उनसे बेहद प्रभावित थे। रोमां रोलां का कथन है कि नरेन्द्रनाथ उनसे ईर्ष्या करते थे और स्वयं केशव बनने की महत्त्वाकांक्षा रखते थे। लेकिन इसके बावजूद वह उनके अखिल भारतीय ब्रह्मसमाज के सदस्य नहीं बने। कारण यह था कि अखिल भारतीय ब्रह्मसमाज राजा राममोहन राय के आदर्श और परम्परा से हट चुका था। केशव और उनके अनुयायी ईसाइयत में रंगे हुए थे और उनका चलन सनातन हिन्दू धर्म की उच्चतम मान्यताओं के प्रतिकूल था। लेकिन नरेन्द्र की बचपन ही से इन मान्यताओं में आस्था थी। संदेहवादी होते हुए भी उसमें दूसरे नौजवानों-सी उच्छृंखलता और अराजकता न थी।

नरेन्द्रनाथ ब्रह्मसमाज की रविवारीय उपासना में शामिल होता था और अपने मधुर कंठ से ब्रह्म संगीत सुनाकर सदस्यों का मन प्रसन्न किया करता था। पर उपासना के विषय में वह दूसरे सदस्यों से सहमत नहीं था। उसे ब्रह्मसमाज में त्याग और धर्मनिष्ठा की कमी महसूस होती थी। नरेन्द्र जो कुछ देखता था, उसकी वह निर्भीक आलोचना करता था। उसका मन अब भी अशान्त था। और जिस जीते-जागते सत्य की उसे खोज थी, वह यहां भी दिखाई नहीं पड़ा। एक दिन देवेन्द्रनाथ ठाकुर ने उसे उपदेश देते हुए कहा "तुम्हारे अंग-प्रत्यंग में योगियों के चिह्न मौजूद हैं। ध्यान करने ही से तुम्हें शान्ति और सत्य की प्राप्ति होगी।"

नरेन्द्र लगन का पक्का था। उसी दिन से ध्यानानुराग में रंग गया। थोड़ा खाना, चटाई पर सोना, सफेद धोती और चद्दर पहनना और शारीरिक कठोरता का पालन करना उसका नियम बन गया।

उसने अपने घर के निकट नानी के मकान में एक कमरा किराये पर ले रखा

था। परिवार के लोग समझते थे कि घर पर पढ़ाई की असुविधा के कारण ही नरेन्द्र अलग रहने लगा है। विश्वनाथ बाबू ने बेटे की स्वाधीनता में कभी हस्तक्षेप नहीं किया था। इसलिए नरेन्द्र अध्ययन, संगीत आदि की चर्चा करने के बाद शेष समय साधना-भजन में बिताता था। सत्येन्द्रनाथ मजूमदार अपनी 'विवेकानन्द-चरित' पुस्तक में लिखते हैं :

"इस प्रकार दिन पर दिन बीतते गए, पर सत्य को जानने की उनकी इच्छा तृप्त तो हुई नहीं, अपितु अधिकाधिक बढ़ने लगी। धीरे-धीरे उन्होंने समझा कि अतींद्रिय सत्य को प्रत्यक्ष करने के लिए एक ऐसे व्यक्ति के चरणों के पास बैठकर शिक्षा-लाभ करना आवश्यक है, जिसने स्वयं उस सत्य का साक्षात्कार किया है। उन्हेांने अपने मन-प्राण से यह भी निश्चय कर लिया कि इसी जीवन में सत्य को प्राप्त करना होगा। नहीं तो इसी प्रयत्न में प्राण दे देने होंगे।" (पृष्ठ 83-84)

सुरेन्द्रनाथ मित्र रामकृष्ण परमहंस के भक्त थे और वे शिमला मोहल्ला में ही रहते थे। नवम्बर 1881 के एक दिन उन्होंने रामकृष्ण परमहंस को अपने मकान पर बुलाया और इस उपलक्ष में एक आनन्दोत्सव का आयोजन किया। कोई अच्छा गायक न मिलने के कारण उन्होंने अपने पड़ोसी नरेन्द्रनाथ को बुला लिया। रामकृष्ण परमहंस से यों नरेन्द्रनाथ का पहली बार साक्षात्कार हुआ। गाना सुना तो उन्होंने इस युवक की प्रतिभा को पहचान लिया। वह उठकर नरेन्द्र के पास आए, कुछ देर बातें की और फिर दक्षिणेश्वर आने का अनुरोंध करके चले गए।

एफ० ए० की परीक्षा निकट थी, नरेन्द्र उसमें इतना व्यस्त रहा कि इस बात को भूल ही गया। परीक्षा समाप्त हुई तो पिता ने ब्याह की बात चलाई। नरेन्द्र का भावी ससुर दहेज में दस हज़ार रुपये नकद देने को तैयार था। पर नरेन्द्र इस झंझट में कैसे पड़ता ? वह मित्रों से कहा करता था, "मैं विवाह नहीं करूंगा, और तुम लोग देखोगे कि मैं क्या बनता हूं।" विश्वनाथ बाबू बेटे पर किसी प्रकार का दबाव नहीं डालते थे। अब इस मामले में नरेन्द्र की राय जान लेने का काम उन्होंने अपने संबंधी डाक्टर रामचन्द्र दत्त को सौंपा। जब यह प्रसंग छिड़ा तो नरेन्द्र ने साफ कह दिया कि मैं ब्याह के बंधन में नहीं पड़ूंगा, क्योंकि मैंने जीवन का जो उद्देश्य बना रखा है, ब्याह उसमें बाधक बनेगा। उत्तर सुनकर डाक्टर रामचन्द्र ने कहा, "यदि वास्तव में सत्य की प्राप्ति ही तुम्हारा उद्देश्य है तो ब्रह्मसमाज आदि में भटकना व्यर्थ है। तुम दक्षिणेश्वर में श्री रामकृष्ण देव के पास जाओ।"

नरेन्द्र को सुरेन्द्रनाथ के मकान पर हुई भेंट याद आई और वह तीन-चार मित्रों के साथ दक्षिणेश्वर पहुंचा।

रामकृष्ण चिरपरिचित की तरह सहज भाव से मिले। नरेन्द्र को अपने करीब चटाई पर बैठा लिया और गाना सुनाने को कहा। नरेन्द्र ने ब्रह्मसमाज का 'मन चलो निज निकेतन' गीत गाया। फिर नरेन्द्र के अपने बताए अनुसार जब गाना समाप्त हुआ तो वह उसे हाथ पकड़कर एकान्त में ले गए और भीतर से कमरा बंद करके

बोले, "अरे तू इतने दिन कहां रहा ? मैं कब से तेरी बाट जोह रहा हूं। विषयी लोगों के साथ बात करते-करते मेरा मुंह जल गया। आज तेरे समान सच्चे त्यागी के साथ बात करके मुझे शान्ति मिलेगी।" यह कहते-कहते उनकी आंखों से आंसू बह निकले। नरेन्द्र हतबुद्धि-सा उनकी ओर ताकता रहा।

देखते ही देखते रामकृष्ण परमहंस ने हाथ जोड़कर नरेन्द्र को सम्मान से सम्बोधित किया, "मैं जानता हूं, तू सप्तर्षि-मंडल का महर्षि है–नर रूपी नारायण है, जीवों के कल्याण की कामना से तूने देह धारण की है..."

नरेन्द्र का कहना है कि उनके मुख से ऐसी बातें सुनकर मैं एकदम अवाक् और स्तम्भित रह गया। सोचा, यह तो निरा पागलपन है। मैं विश्वनाथ दत्त का पुत्र, मुझसे वे यह क्या कह रहे हैं ! उन्होंने मेरा हाथ पकड़कर दोबारा कहा, "मुझे वचन दे कि तू मुझसे मिलने फिर अकेला आएगा और शीघ्र।"

नरेन्द्र ने इस अद्भुत स्थिति से छुटकारा पाने के लिए वचन तो दे दिया, पर मन में सोचा कि फिर यहां नहीं आऊंगा।

वे बैठक में लौट आए। वहां दूसरों की मौजूदगी में जो बातें हुईं, उनमें पागलपन का लेशमात्र भी न थीं।

रामकृष्ण ने नरेन्द्र के जन्म के बारे में अपने शिष्यों को भावावेश में एक अद्भुत कथा सुनाई थी। वह कथा रोमां रोलां ने अपनी पुस्तक 'विवेकानन्द' में यों बयान की है :

"एक दिन समाधि में मैंने पाया कि मेरा मन प्रकाश के पथ पर ऊंचा उठ रहा है। तारा जगत् को पार करके वह शीघ्र ही विचारों की सूक्ष्मतर जाति में प्रविष्ट हुआ तथा और ऊंचा उठने लगा। पथ के दोनों ओर मुझे देव-देवताओं के सूक्ष्म शरीर दीख पड़ने लगे। उस मंडल को भी पार करके मन वहां पहुंच गया, जहां प्रकाश की एक मर्यादा-रेखा सापेक्ष्य अस्तित्व को निरपेक्ष्य से पृथक कर रही थी। उस रेखा का भी उल्लंघन करके मन वहां पहुंच गया, जहां सरूप कुछ भी नहीं दीखता था। देवगण भी उस क्षेत्र तक जाने का साहस नहीं करते थे और नीचे अपने-अपने आसन पर ही संतुष्ट थे। किन्तु क्षण-भर बाद ही मैंने सात ऋषियों को समाधि लगाए बैठे देखा। मुझे ध्यान हुआ कि इन ऋषियों ने ज्ञान और पवित्रता में, त्याग और प्रेम में न केवल मानवों को वरन् देवों को भी पीछे छोड़ दिया होगा। मैं मुग्ध भाव से उनकी महत्ता का चिंतन कर ही रहा था कि उस अरूप प्रकाश-क्षेत्र के एक अंश ने घनीभूत होकर एक दिव्य शिशु का रूप ग्रहण कर लिया। वह शिशु एक ऋषि के समीप आकर उनके गले से लिपटकर मधुर स्वर से पुकारता हुआ समाधि से जगाने का प्रयत्न करने लगा। समाधि से जागकर ऋषि ने अपने अर्द्धोन्मीलित नेत्र शिशु पर स्थित कर दिए। उनकी वात्सल्यभरी मुद्रा से स्पष्ट था कि शिशु उन्हें कितना प्रिय है। आनन्द-विभोर होकर शिशु ने कहा, "मैं नीचे जा रहा हूं। आप भी मेरे साथ चलें" ऋषि ने उत्तर नहीं दिया, पर उनकी वत्सल दृष्टि में स्वीकार का भाव था। शिशु की ओर देखते-देखते

वह फिर समाधिस्थ हो गए। मुझे यह देखकर आश्चर्य हुआ कि उनका एक अंश एक प्रकाश-पुंज के रूप में धरती की ओर उतर रहा है। जब मैंने नरेन्द्र को देखा तब देखते ही पहचान लिया कि ऋषि का रूप वही है।" (पृष्ठ 35)

नरेन्द्र एक महीना बाद दक्षिणेश्वर गया। रामकृष्ण एक खटोले पर लेटे हुए थे, पास में कोई नहीं था। लिखा है, "मुझे देखते ही आनन्द से बुलाकर अपने पास बिठाया। बैठने के बाद ही मैंने देखा–न जाने किस प्रकार के भाव से वह तन्मय हो गए हैं और धीरे-धीरे सरकते आ रहे हैं। मैंने सोचा, सम्भवतः यह पागल पहले दिन की तरह फिर कोई पागलपन कर बैठेगा।" हुआ यह कि उन्होंने अपने दाहिने पैर से नरेन्द्र के शरीर का स्पर्श किया और क्षण-भर में घर की दीवारों के साथ सारी चीज़ें, सारा संसार और नरेन्द्र का व्यक्तित्व शून्य में विलीन होता जान पड़ा।

नरेन्द्र घबराया और भय से चिल्ला उठा, "अजी, आपने यह मेरी कैसी अवस्था कर डाली, मेरे तो मां-बाप हैं।"

अब वह अद्भुत पागल खिलखिलाकर हंस पड़ा और नरेन्द्र का हाथ अपनी छाती पर रखकर बोला, "अच्छा, तो फिर अभी रहने दे।"

इसके बाद रामकृष्ण परमहंस फिर सामान्य स्थिति में आ गए। उन्होंने नरेन्द्र को पहले ही दिन की तरह प्रेमपूर्वक खिलाया-पिलाया, विभिन्न विषयों पर बातचीत की, प्यार और हास-परिहास किया और शाम को जब नरेन्द्र ने विदा चाही तो उन्होंने अप्रसन्न होकर कहा, "बोल, फिर शीघ्र ही आएगा तू !" लिखा है, "लाचार होकर पहले दिन की तरह वचन देकर ही लौटना पड़ा।"

नरेन्द्र के विस्मय की सीमा न थी। वह लौटते समय मन ही मन सोचने लगा कि आखिर यह पहेली क्या है ? इस पहेली को तो समझना ही होगा। नरेन्द्र की इस समय की मनःस्थिति को स्वामी सारदानन्द ने अपने ग्रंथ 'श्री रामकृष्ण लीला प्रसंग' में यों व्यक्त किया है :

"मैं सोचने लगा कि इच्छा मात्र से यह पुरुष यदि मेरे जैसे प्रबल इच्छाशक्ति-सम्पन्न चित्त को दृढ़ संस्कारयुक्त गठन को इस तरह तोड़-फोड़ कर मिट्टी के लौंदे की तरह अपने भाव में ढाल सकते हैं तो इन्हें पागल ही कैसे समझूं ? किन्तु प्रथम दर्शन के दिन मुझे एकान्त में ले जाकर इन्होंने जिस प्रकार सम्बोधित करते हुए बातें की थीं, उससे इन्हें पागल के अतिरिक्त और क्या मान सकता हूं। बुद्धि का उन्मेष होने के अनन्तर खोज तथा तर्कयुक्ति की सहायता से प्रत्येक वस्तु तथा व्यक्ति के संबंध में एक मतामत स्थिर किए बिना मैं कभी निश्चिन्त नहीं हो सका। इसी स्वभाव में आज एक प्रचंड आघात प्राप्त हुआ है। इससे संकल्प का उदय हुआ–जैसे भी हो सके, इस अद्भुत पुरुष के स्वभाव और शक्ति की बात अवश्य ही समझनी होगी।"

दरअसल यह अद्भुत पुरुष ही वह जीता-जागता आदर्श था, नरेन्द्र जिसे खोजता हुआ दक्षिणेश्वर पहुंचा था। लेकिन इस दृढ़ संस्कारयुक्त युवक ने इस अद्भुत

पुरुष को तब तक गुरु के रूप में धारण नहीं किया जब तक उनके स्वभाव और शक्ति को भली प्रकार समझ नहीं लिया।

अब देखना यह है कि इस अद्‌भुत पुरुष का स्वभाव और शक्ति क्या थी। नरेन्द्र ने उसे कैसे पहचाना और इस अद्‌भुत पुरुष ने नरेन्द्र को विवेकानन्द बनाने में क्या भूमिका अदा की ? यह न सिर्फ़ हमारा, बल्कि भारतीय दर्शन के इतिहास का आवश्यक रोचक विषय है। गुरु और शिष्य–रामकृष्ण और विवेकानन्द, व्यक्ति नहीं युग-पुरुष हैं, हमारे राष्ट्रीय विचार के विकास-क्रम की ऐसी ऐतिहासिक कड़ियां हैं, जिन्हें समझे बिना उस पहेली को सुलझाना मुमकिन नहीं, जिसे तथाकथित आध्यात्मवादियों ने बुरी तरह उलझा दिया है, और तथाकथित बामपंथियों ने जिसकी निरन्तर अवहेलना तथा उपेक्षा की है।

# द्वन्द्व

**"सत्य तो केवल उन्हीं को प्राप्त होता है, जो निर्भय होकर, बिना दुकानदारी किए उसके मंदिर में जाकर केवल उसी के हेतु उसकी पूजा करते हैं।"**

–विवेकानन्द

रामकृष्ण परमहंस एक सच्चे मनीषी थे। वह अपने मनन और भिन्न-भिन्न समाधियों द्वारा इस निष्कर्ष पर पहुंचे थे कि 'एक ही सत्ता एक साथ एक भी है और अनेक भी है' और फिर घोषणा की थी कि हिन्दू, मुसलमान, ईसाई तथा वैष्णव आदि सम्प्रदायों का धर्म के नाम पर आपस में लड़ना व्यर्थ है। उन्होंने एक ही सत्ता के ईश्वर, अल्लाह तथा गॉड–अलग-अलग नाम रख लिये हैं और अपने-अपने मार्ग से एक उसी की खोज कर रहे हैं।

अब अपने इस आदर्श को कार्य-रूप देने के लिए उन्हें संगठन की ज़रूरत महसूस हुई। इसके लिए उन्होंने 1884 में शिष्य बनाना शुरू किए और 1886 में अपनी मृत्यु के समय तक 25 शिष्य जुटा लिये थे। नरेन्द्र उन सबमें श्रेष्ठ था और परमहंस ने उसके निर्माण में अपनी पूरी शक्ति लगा दी। नरेन्द्र से उनका प्यार जुनून की हद तक बढ़ गया था। प्रियनाथ सिन्हा अपने संस्मरण में लिखते हैं :

"नरेन्द्र बहुत दिनों से श्री रामकृष्ण देव के पास नहीं गए थे। इसीलिए वे स्वयं एक दिन सवेरे रामलाल के साथ कलकत्ता में नरेन्द्र के 'तंग' में आए। उस दिन सवेरे नरेन्द्र के कमरे में दो सहपाठी, हरिदास चट्टोपाध्याय और दशरथि सान्याल बैठे थे। ये लोग कभी पढ़ते थे, तो कभी वार्तालाप करते थे। इसी समय बहिर्द्वार पर 'नरेन', 'नरेन' शब्द सुनाई पड़ा। स्वर सुनते ही नरेन्द्र हड़बड़ाकर तेज़ी से नीचे पहुंचे। उनके मित्रों ने भी समझ लिया कि श्री रामकृष्ण देव आए हैं, इसलिए नरेन्द्र इतने अस्त-व्यस्त होकर उन्हें अभ्यर्थनापूर्वक लाने के लिए गए हैं। मित्रों ने देखा कि बीच सीढ़ी पर दोनों का परस्पर साक्षात्कार हुआ। श्री रामकृष्ण नरेन्द्र को देखते ही अश्रुपूर्ण लोचनों से गद्गद स्वर में कहने लगे, 'तू इतने दिनों तक आया क्यों नहीं, तू इतने दिनों तक आया क्यों नहीं ?' बार-बार इस तरह कहते-कहते कमरे में आकर बैठ गए, बाद में अंगोछे में बंधे संदेश को खोलकर नरेन्द्र को 'खा', 'खा' कहकर खिलाने लगे। वे जब कभी नरेन्द्र को देखने आते, तो कुछ-न-कुछ अति उत्तम खाद्य वस्तु उनके लिए अवश्य बांधकर ले आते थे, बीच-बीच में लोगों के द्वारा भी भेज देते थे। नरेन्द्र अकेले खाने वाले तो थे नहीं, उनमें से कुछ संदेश लेकर पहले अपने मित्रों

को दिए, फिर स्वयं खाया। श्री रामकृष्ण इसके बाद बोले, 'अरे तेरा गाना तो बहुत दिनों से नहीं सुना, जरा गाना तो गा।' उसी समय तानपूरा लेकर, उसका कान ऐंठ, स्वर बांधकर नरेन्द्र ने गाना प्रारम्भ किया :–

**जागो मां कुल कुंडलिनी**

.....................................

.....................................

"ज्योंही गाना आरम्भ हुआ, श्री रामकृष्ण भी भावास्थ होने लगे। गाने के स्तर-स्तर में उनका मन ऊपर उठने लगा, आंखें भी अपलक हो गईं, अंग स्पंदनहीन हो गए, मुख ने अलौकिक भाव धारण किया, और धीरे-धीरे संगमरमर की मूर्ति के समान निस्पंद हो वे निर्विकल्प समाधि में लीन हो गए। नरेन्द्र के मित्रों ने इससे पहले किसी मनुष्य को इस प्रकार भावास्थ नहीं देखा था। वे श्री रामकृष्ण की यह अवस्था देखकर मन में सोचने लगे–मालूम होता है, शरीर में किसी प्रकार की वेदना सहसा उत्पन्न हो गई है, इसलिए वे संज्ञाशून्य हो गए हैं। वे बहुत डरे। दशरथि तो जल्दी-जल्दी पानी लाकर उनके मुख पर छींटा देने का प्रयत्न करने लगे। यह देखकर नरेन्द्र उनको रोककर कहने लगे, 'उसकी कोई आवश्यकता नहीं। वे संज्ञाशून्य नहीं हुए हैं, वे भावास्थ हुए हैं। फिर से गाना सुनते-सुनते वे चेतनायुक्त हो जाएंगे।' नरेन्द्र ने इस बार श्यामा-विषयक गाना प्रारम्भ किया। उन्होंने एक बार 'तेमनि तेमनि तेमनि करे नाचो मां श्यामा' इस प्रकार के बहुत से श्यामा-विषयक गाने गाये। कृष्ण-संबंधी भी बहुत से गीत गाए। गाना सुनते-सुनते श्री रामकृष्ण कभी भावविष्ट हो जाते थे और कभी स्वाभाविक अवस्था प्राप्त कर लेते थे। नरेन्द्र बहुत देर तक गाना गाते रहे। अंत में गाना समाप्त होने पर श्री रामकृष्ण देव बोले, "दक्षिणेश्वर चलेगा ? कितने दिनों से नहीं गया है। चल न, फिर अभी लौट आना।" नरेन्द्र उसी समय तैयार हो गए। पुस्तक आदि उसी तरह पड़ी रही। केवल तानपूरे को यत्नपूर्वक रखकर उन्होंने श्री गुरुदेव के साथ दक्षिणेश्वर प्रस्थान किया।" (विवेकानन्द साहित्य, अष्टम खंड, पृष्ठ 260-62)

नरेन्द्र अगर कुछ दिन तक दक्षिणेश्वर नहीं जाता था तो रामकृष्ण बहुत व्याकुल हो उठते थे। 1883 की बात है, वे एक दिन बरामदे में बेचैन घूम रहे थे और रोते हुए कह रहे थे, "मां, उसे देखे बिना मैं रह नहीं सकता।" कुछ क्षण बाद उन्होंने अपने को सम्भाला और कमरे में शिष्यों के पास आकर बैठ गए, "इतना रोया, पर नरेन्द्र नहीं आया" वे बेसुध से कह रहे थे, "उसे एक बार देखने के लिए मेरे हृदय में बड़ी पीड़ा होती है, छाती के भीतर मानो कोई मरोड़ रहा है, पर मेरे खिंचाव को वह नहीं समझता।" जब नरेन्द्र आ जाता तो पहले उससे गाने सुनते और फिर खूब खिलाते-पिलाते थे। कई बार उसे ढूंढ़ने खुद भी शहर जाते थे।

रामकृष्ण नरेन्द्र को अपने शिष्यों में सबसे अधिक प्यार करते थे। उन्होंने सुरेन्द्रनाथ के मकान पर पहली ही नज़र में पहचान लिया था कि नरेन्द्र एक सत्यनिष्ठ

और दृढ़-चरित्र युवक है और उसमें लोकनायक बनने की बड़ी सम्भावनाएं हैं। रामकृष्ण ने अपनी अंतर्दृष्टि से भांप लिया कि उनके 'जितने मत उतने पथ' सार्वभौम संदेश का प्रचार करने के लिए नरेन्द्र एक योग्य अधिकारी है। सिर्फ इतना ही नहीं, उनकी मिथक-स्रष्टा समृद्ध कल्पना ने उसे 'सप्तर्षि-मंडल में से एक नर-रूपी नारायण' बना दिया।

जिस तरह रामकृष्ण परमहंस को देखकर नरेन्द्र की एक राय बनी थी, उसी तरह नरेन्द्र को देखकर परमहंस की जो राय बनी, उसे उन्होंने यों व्यक्त किया है: "मेरे नरेन्द्र के भीतर थोड़ी भी कृत्रिमता नहीं है। बजाकर देखो तो ठन-ठन शब्द होता है। दूसरे लड़कों को देखता हूं, मानो आंख-कान दबाकर किसी तरह दो-तीन परीक्षाओं को पार कर लिया है, बस वहीं तक–उतना करते ही सारी शक्ति निकल गई है। परन्तु नरेन्द्र वैसा नहीं है, हंसते-खेलते सब काम करता है, पास करना उसके लिए कोई बात ही नहीं। वह ब्रह्मसमाज में भी जाता है, वहां भजन गाता है। परन्तु दूसरे ब्रह्मों की तरह नहीं–वह यथार्थ ब्रह्मज्ञानी है। ध्यान के लिए बैठते ही उसे ज्योति दर्शन होता है, उसे मैं यों ही प्यार नहीं करता।" (रामकृष्ण लीला प्रसंग, तृतीय खंड, पृ० 101)

नरेन्द्र के इन्हीं गुणों के कारण रामकृष्ण अपने शिष्यों में उसे सबसे अधिक प्यार करते और उसे अपनाकर अपने युग-कार्य के लिए तैयार करना चाहते थे। लेकिन नरेन्द्र भी सहज में हाथ लग जाने वाला नहीं था। वह भी दृढ़ संस्कारयुक्त गठन का असाधारण युवक था, जिसके बाहरी आचरण से लोग उसे उद्दंड, हठी, दम्भी तथा अनाचारी समझ लेते थे। उन्हें क्या मालूम कि सत्य की खोज में उसका हृदय कैसे तड़प रहा है और जीवन रहस्य पा जाने के लिए सुख-भोग तो क्या, वह प्राण तक होम कर सकता है।

रामकृष्ण किसी भी व्यक्ति को जांच-परखकर अपना शिष्य बनाया करते थे। नरेन्द्र की असाधारण प्रतिभा को चाहे उन्होंने पहचान लिया था और चाहे वे उसे तन-मन से प्यार करते थे, उसे देखे बिना चैन न पड़ता था, लेकिन शिष्य के रूप में ग्रहण करने से पहले उसकी भी परीक्षा लेना आवश्यक था। हो सकता है कि दृष्टि ने धोखा खाया हो। इसी तरह जो व्यक्ति शिक्षा देने का योग्य अधिकारी न हो, नरेन्द्र उसे गुरु धारण करने को तैयार नहीं था, इसलिए उसने भी रामकृष्ण के स्वभाव और शक्ति की परीक्षा लेना आवश्यक समझा। यों कहिए कि एक अद्भुत पुरुष और एक असाधारण युवक अपने-अपने कक्षपथ में घूमने वाले नक्षत्रों की तरह सहसा एक दूसरे से आ टकराए और उन दोनों में गुरु-शिष्य का संबंध होने से पहले वे एक-दूसरे की परीक्षा लेते–एक दूसरे को समझते-परखते रहे।

नरेन्द्र दक्षिणेश्वर आने से पहले ब्रह्मसमाज का सदस्य था और उसके प्रतिज्ञा-पत्र, 'निराकार अद्वितीय ईश्वर रखकर केवल उसी की उपासना करूंगा' पर हस्ताक्षार भी किए थे। अब रामकृष्ण ने उसे अष्टावक्र संहिता आदि ग्रंथ पढ़ने को

दिए। लेकिन इनमें व्यक्त मान्यताएं नरेन्द्र के पूर्व संस्कारों तथा मान्यताओं के विपरीत थीं, इसलिए वह झुंझला उठता, "मैं ये पुस्तकें नहीं पढ़ूंगा। मनुष्य को ईश्वर कहना, इससे बड़ा पाप और क्या होगा ? ग्रंथकर्ता ऋषि-मुनियों का मस्तिष्क अवश्य ही विकृत हो गया था, नहीं तो ऐसी बातें वे कैसे लिख पाते ?" रामकृष्ण मृदु मुस्कान होंठों पर लाकर शान्त भाव से उत्तर देते, "तू इस समय उनकी बातें न लेना चाहे तो न ले, पर ऋषि-मुनियों की निंदा क्यों करता है ? तू सत्य स्वरूप भगवान को पुकारता चल, उसके बाद वे जिस रूप में तेरे सामने प्रकट होंगे, उसी पर विश्वास कर लेना।"

राखालचन्द्र घोष नरेन्द्र के साथ ही ब्रह्मसमाज का सदस्य बना था! अब नरेन्द्र से कुछ दिन पहले ही वह दक्षिणेश्वर आने-जाने लगा था। एक दिन नरेन्द्र ने देखा कि वह रामकृष्ण के पीछे-पीछे मंदिर में जाकर देवमूर्तियों को प्रणाम कर रहा है। नरेन्द्र का पारा चढ़ गया। उसने राखाल पर प्रतिज्ञा भंग करने का दोष लगाया और उसे मिथ्याचारी कहा। राखाल ने अप्रतिभ होकर गर्दन झुका ली। उससे कहते न बन पड़ा। लेकिन रामकृष्ण ने उसका पक्ष लेकर नरेन्द्र से कहा, "उसको यदि अब साकार में भक्ति हो, तो वह क्या करेगा ? तुम्हें अच्छा न लगे, तो तुम न करो। पर इस प्रकार दूसरों का भाव नष्ट करने का तुम्हें क्या अधिकार है ?"

रामकृष्ण अपने विचार किसी पर थोपते नहीं थे और अगर कोई दूसरा किसी पर थोपे तो वे उसका विरोध करते थे। अपने शिष्यों के प्रति रामकृष्ण के व्यवहार के बारे में रोमां रोलां लिखते हैं, "उस समय तक भारतवर्ष में गुरु का उसके शिष्य माता-पिता से भी बढ़कर आदर करते थे। परन्तु रामकृष्ण ऐसा कुछ न चाहते थे। वे अपने-आपको अपने शिष्यों के समान समझते थे। वे उनके साथी, उनके भाई थे। वे घनिष्ठ मित्र के रूप में उनसे बातें करते थे और किसी प्रकार के बड़प्पन का भाव प्रदर्शित नहीं करते थे।" (रामकृष्ण, पृष्ठ 214)

एक दिन की बात है कि केशवचन्द्र सेन, विजयकृष्ण गोस्वामी आदि ब्रह्मसमाज के कुछ प्रसिद्ध नेता रामकृष्ण के पास बैठे हुए थे। नरेन्द्र भी वहां मौजूद था। परमहंस भावावेश में उनकी ओर देखते और बातें करते रहे। लेकिन जब वे चले गए तो रामकृष्ण ने अपने भक्तों को मुखातिब करके कहा, "भाव में मैंने देखा, केशव ने जिस एक शक्ति के बल पर प्रतिष्ठा प्राप्त की है, नरेन्द्र में उस प्रकार की अठारह शक्तियां हैं। कृष्ण और विजय के मन में ज्ञान-दीप जल रहा है, नरेन्द्र में ज्ञान-सूर्य विद्यमान है।"

नरेन्द्र ने प्रतिवाद किया, "क्या कहते हैं आप ? कहां विश्वविख्यात केशव सेन और कहां स्कूल का एक नगण्य लड़का नरेन्द्र। लोग सुनेंगे तो आपको पागल कहेंगे।" रामकृष्ण ने मृदुहास्य कर सरल भाव से उत्तर दिया, "मैं क्या करूं भला ? मां ने दिखा दिया, इसीलिए कहता हूं।"

"मां ने दिखा दिया या आपके मस्तिष्क का ख्याल है, कैसे समझूं ?" नरेन्द्र

बोला, "मुझे तो, महाराज यदि ऐसा होता तो यही विश्वास कर लेता तो यह मेरे मस्तिष्क ही का ख्याल है। पाश्चात्य विज्ञान और दर्शन ने इस बात को निस्संदेह प्रमाणित कर दिया है कि कान, आंख आदि इंद्रियां कई बार हमें भ्रम में डाल देती हैं। ये हमें पग-पग पर धोखा देती रहती हैं। आप मुझे प्यार करते रहते हैं और प्रत्येक विषय में मुझे बड़ा देखने की इच्छा करते हैं–इसीलिए सम्भवतः आपको ऐसे दर्शन होते रहते हैं।"

जो बात तर्क की कसौटी पर खरी न उतरे उस पर विश्वास कर लेना नरेन्द्र के स्वभाव के विपरीत था। वह रामकृष्ण के हर शब्द को तोलता था और संदेह व्यक्त करने में सकुचाता नहीं था। रामकृष्ण भी नाराज़ होने या बुरा मानने के बजाय, इसी से उसे अधिक चाहते थे। नरेन्द्र के आने से पहले उन्हें काली से यह प्रार्थना करते सुना गया था :

"मां, मैंने जो कुछ उपलब्धियां प्राप्त की हैं, उनमें संदेह करने वाले किसी व्यक्ति को मेरे पास भेज दो।"

नरेन्द्र ने विज्ञान और पाश्चात्य दर्शन पढ़ा था। उसने जब दक्षिणेश्वर आना-जाना शुरू किया तो वह अंधविश्वास और मूर्ति-पूजा से सख्त घृणा करता था। उस समय न सिर्फ भक्तगण रामकृष्ण को अवतार मानते थे, बल्कि वे खुद भी अपने को अवतार मानते थे और शिष्यों से कहते थे, "जो राम था, जो कृष्ण था वही अब रामकृष्ण है।" लेकिन नरेन्द्र ने इस बारे में उन्हें साफ-साफ कहा, "चाहे सारी दुनिया आपको अवतार कहे, पर जब तक मुझे इसका प्रमाण नहीं मिलता, मैं आपको वैसा न कहूंगा।"

रामकृष्ण ने मुस्कराते हुए नरेन्द्र की बात का समर्थन किया और शिष्यों से कहा :

"किसी भी बात को केवल मेरे कहने के कारण स्वीकार न करो। तुम स्वयं हर एक बात की परीक्षा करो।"

रामकृष्ण अद्वैत सिद्धान्त की जो ब्रह्म की एकता सूचक शिक्षा देते थे, नरेन्द्र उस पर तनिक भी ध्यान नहीं देता था बल्कि कई बार उसका मज़ाक उड़ाते हुए अपने मित्र हाज़रा से कहा करता था, "क्या यह सम्भव है ? लोटा ईश्वर है ? कटोरा ईश्वर है, जो कुछ दिखाई पड़ रहा है तथा हम सब भी ईश्वर हैं ?"

नरेन्द्र की इस प्रकार की आलोचना से रामकृष्ण के भक्त और शिष्य उससे चिढ़ गए थे। शुरू-शुरू में वे उसे हठी तथा अहंकारी समझने लगे थे। पर नरेन्द्र का ज्ञान देखकर स्वयं रामकृष्ण का आनन्द इतना तीव्र हो उठता था कि वे बीच-बीच में भावाविष्ट हो जाते थे। रोमां रोलां लिखते हैं :

"नरेन्द्र की तीव्र आलोचना और उसके आवेगमय तर्क उन्हें आनन्द से मग्न कर देते थे। नरेन्द्र की उज्ज्वलतम तर्क बुद्धि और सत्य के अनुसंधान के लिए उसकी अथक निष्ठा के प्रति उनकी गहरी श्रद्धा थी, वे उसे शैव-शक्ति का प्रकाश मानते

थे और कहते थे कि यह शक्ति ही अंत में माया को पराभूत करेगी। वे कहते थे–देखो ! देखो ! कैसी अंतर्भेदी दृष्टि है। यह एक प्रज्वलित अग्निशिखा है, जो समस्त अपवित्रता को भस्म कर देगी। महामाया, स्वयं भी उसके पास दस कदम के अंदर तक नहीं घुस सकती। उसने उसे जो महिमा दी है उसकी शक्ति ही उसे पीछे रोक रखती है।" (रामकृष्ण, पृष्ठ 255)

यह भी लिखा है :

"तथापि कभी-कभी जब उसकी आलोचना दूसरों का कोई ख्याल न करते हुए कठोर भाव से प्रयुक्त होती थी, तो उससे वृद्ध रामकृष्ण को दुख अनुभव होता था। नरेन्द्र ने रामकृष्ण के मुंह पर ही कहा था, 'आप कैसे जानते हैं कि आपकी उपलब्धियां केवल आपके अस्वस्थ मस्तिष्क ही की उपज या केवल दृष्टिभ्रम मात्र नहीं हैं" ?

इस मतभेद के बावजूद अद्भुत पुरुष और असाधारण युवक के आपसी संबंध दिन-दिन कैसे घनिष्ठ और स्निग्ध होते जा रहे थे, इसके दो उदाहरण लीजिए।

नरेन्द्र कोई दो हफ्ते से दक्षिणेश्वर नहीं आया था। रामकृष्ण उसे देखने के लिए व्याकुल हो उठे। कलकत्ता जाकर देखने का निश्चय किया। इतवार का दिन था। सोचा कि नरेन्द्र शायद घर पर न मिले, पर शाम को साधारण ब्रह्मसमाज की उपासना में भजन गाने अवश्य जाएगा। अतएव रामकृष्ण शाम को ब्रह्मसमाज के उपासना-भवन में उसे खोजने गए। जब वे वहां पहुंचे, उस समय आचार्य वेदीसे व्याख्यान दे रहा था। वे अपने सीधे-स्वभाव से वेदी की ओर बढ़ चले। उपस्थित सज्जनों में से कइयों ने उन्हें पहचान लिया। खुसर-पुसर शुरू हुई और लोग उचक-उचककर उन्हें देखने लगे।

रामकृष्ण वेदी के निकट पहुंचकर सहसा भावाविष्ट हो गए। उन्हें इस अवस्था में देखने की उत्सुकता और भी बढ़ी। उपासना-गृह में गड़बड़ी मचते देख संचालकों ने गैस की बत्तियां बुझा दीं। अंधेरा हो जाने के कारण जनता में मंदिर से निकलने के लिए हड़बड़ी मच गई।

नरेन्द्र को रामकृष्ण के वहां आने का कारण समझने में देर नहीं लगी। उसने आकर उन्हें सम्भाला। जब समाधि भंग हुई तो वह मंदिर के पिछले दरवाज़े से किसी तरह उन्हें बाहर लाया और गाड़ी में बैठाकर दक्षिणेश्वर पहुंचाया। ब्रह्मों ने रामकृष्ण के प्रति तनिक भी शिष्टाचार नहीं दिखाया बल्कि उनका आचरण अभद्रता और उपेक्षा का था। नरेन्द्र के मन पर इससे बड़ी चोट लगी और उसने इसके बाद ब्रह्मसमाज में जाना छोड़ दिया।

रामकृष्ण ने नरेन्द्र की परीक्षा लेने के लिए एक बार ऐसा भाव अपनाया कि उसके दक्षिणेश्वर आने पर वे उसकी ओर कुछ भी ध्यान नहीं देते थे। न उसका गाना सुनते और न उससे बातें करते। नरेन्द्र ने भी इसकी कोई परवाह नहीं की। वह आता और शिष्यों से हंस-बोलकर लौट जाता। प्रतापचन्द्र हाज़रा से उसकी

खासतौर पर पटती थी। वह कभी-कभी उसके साथ बातचीत और बहस में तीन-चार घंटे बिता देता। जब इस प्रकार जाते-जाते लगभग एक महीना बीत गया। एक दिन हाज़रा से बातें करने के बाद वह कुछ देर के लिए रामकृष्ण के पास भी जा बैठा। जब नरेन्द्र उठकर जाने लगा, तब वे बोले, "जब मैं तुझसे बात नहीं करता, तो फिर किसलिए यहां आता है ?" नरेन्द्र ने चट उत्तर दिया, "आपको चाहता हूं, इसीलिए देखने को आता हूं, बात सुनने के लिए नहीं।" उसका यह उत्तर सुनकर रामकृष्ण भावानन्द से गद्गद हो उठे।

अपने पर रामकृष्ण का इतना स्नेह देखकर एक दिन नरेन्द्र ने उनसे मज़ाक में कहा, "पुराण में लिखा है, राजा भरत दिन-रात अपने पालित हिरण की बात सोचते-सोचते मरने के बाद हिरण हुए थे। आप मेरे लिए जितना करते हैं, उससे आप की भी वही दशा होगी।" शिशु के समान सरल रामकृष्ण चिंतित होकर बोले, "तू ठीक कहता है, ठीक ही तो कहता है, तो फिर क्या होगा ? मैं तो तुझे देखे बिना रह नहीं सकता।" संदेह का उदय होते ही रामकृष्ण चट काली मंदिर में मां के पास गए और कुछ क्षण बाद हंसते हुए लौट आए। बोले, "अरे मूर्ख, मैं तेरी बात नहीं मानूंगा। मां ने कहा, तू उसे (नरेन्द्र को) साक्षात् नारायण मानता है, इसीलिए प्यार करता है। जिस दिन उसके भीतर नारायण नहीं देखेगा, उस दिन उसका मुंह देखने की भी तुझे इच्छा न होगी।"

1881 से 1884 तक, तीन वर्ष इसी तरह चलता रहा। जब नरेन्द्र ने दक्षिणेश्वर आना-जाना शुरू किया तो उसे एफ० ए० की परीक्षा देनी थी। तब तक वह मिल आदि पाश्चात्य नैयायिकों के मतवाद का अध्ययन कर चुका था। दक्षिणेश्वर आते हुए भी उसने विज्ञान और पाश्चात्य दर्शन का अध्ययन बराबर जारी रखा। बी० ए० पास करते-करते उसने देकार्त का अहंवाद, ह्यूम और बेनथैन की नास्तिकता, स्पिनोजा का अद्वैत चिद्वस्तुवाद, डारविन का विकासवाद, काम्टे और स्पेन्सर का अज्ञेयवाद और आदर्श समाज की अभिव्यक्ति के संबंध में बहुत कुछ पढ़ लिया था। उन दिनों जर्मन दार्शनिकों की बड़ी चर्चा थी, इसलिए नरेन्द्र ने कान्ट, फिक्टे, हेगेल, शॉपेनहावर के मतवादों से भी परिचय प्राप्त किया था। इसके अलावा स्नायु और मस्तिष्क की गठन एवं कार्यप्रणाली को समझने के लिए मेडिकल कालेज में जाकर व्याख्यान सुने और विषय का अध्ययन किया। लेकिन इस सबसे ज्ञान की प्यास बुझने के बजाय और तीव्र हो उठी। उसके हृदय में सत्य तत्त्व-निर्णय करने का प्रबल उत्साह था। एक तरफ पश्चिम का भौतिकवाद और दूसरी तरफ दक्षिणेश्वर का अध्यात्मवाद–दोनों के बीच डोल रहा उसका मन अत्यन्त अशान्त था। बिना अनुभव किए ईश्वर को मानने की अपेक्षा नरेन्द्र नास्तिक बन जाना बेहतर समझता था।

निर्णय कर लेना सहज नहीं था। घर का वातावरण और पारिवारिक परम्परा भी दो परस्पर विरोधी आदर्श प्रस्तुत कर रही थी। एक तरफ दादा का त्याग था, जिन्होंने सब कुछ छोड़कर संन्यास धारण किया था। दूसरी तरफ पिता का भोगवाद

था, जिन्होंने वकालत जमाई थी, ज़्यादा से ज़्यादा रुपया कमाना और ठाठ से खर्च करना ही उनके जीवन का लक्ष्य था। पाश्चात्य शिक्षा के प्रभाव से उन्होंने अतीत को भुलाकर वर्तमान में रहना सीखा था। वे संस्कृत नहीं जानते थे, इसलिए गीता और उपनिषद् आदि का अध्ययन उन्होंने नहीं किया था और न करने की आवश्यकता ही महसूस की थी। वे चाहे अपने को स्वतंत्र चिंतक मानते थे, पर आत्मा तथा शरीर का क्या संबंध है ? ईश्वर है या नहीं ?–यह जानने की चिंता उन्होंने कभी नहीं की। फारसी के सूफी कवि हाफिज़ की कविता और बाइबिल में दर्ज ईसा मसीह की वाणी ही उनके आध्यात्मिक भाव की चरम सीमा थी। नरेन्द्र को धर्म में प्रवृत्त देखकर उन्होंने एक दिन उसे बाइबिल उपहार में दिया और कहा, "ले, धर्म-कर्म सब इसी में है।" दरअसल हाफिज़ की कविता तथा बाइबिल भी वे मन बहलावे अथवा फैशन के तौर पर पढ़ते थे। उनकी स्वार्थ प्रिय बुद्धि को इन दो ग्रंथों की भी और कोई व्यावहारिक उपयोगिता दिखाई नहीं देती थी। वे नितान्त आत्मसेवी थे, धन और यश उनकी जीवन-नौका के दो चप्पू थे। पहले आप सुख भोग से रहो, फिर जो धन बचे उसे दान में देकर दूसरों की दृष्टि में सुखी और श्रेष्ठ बनो। कलकत्ता के शिक्षित समाज में ऐसे ही लोगों की संख्या दिन-दिन बढ़ रही थी। इन लोगों की यह धारणा बन गई थी कि विज्ञान, स्वतंत्र, चिंतन और आध्यात्मिकता भी अगर है तो पश्चिम के पास है, हमारे प्राचीन ऋषियों तथा शास्त्रों से अंधविश्वास और दुर्बलता के सिवा और कुछ नहीं सीखा जा सकता। इसी पाश्चात्य शिक्षा के कारण ब्रह्मसमाज दो में विभाजित हो गई थी। एक खुल्लम-खुल्ला हिन्दू धर्म शास्त्रों की निंदा करती और ईसा मसीह उसका आध्यात्मिक साध्य था। दूसरी की आस्था चाहे गीता, उपनिषदों आदि में थी, पर यह आस्था भी यश और कीर्ति का साधन मात्र थी। त्याग और सत्यनिष्ठा उनमें भी नहीं थी। भावावेश में आनन्द-विभोर हो जाने वाले रामकृष्ण का अद्वैतवाद ही ऐसा था जो आत्मत्यागी और सत्यनिष्ठ युवकों को अपनी ओर आकृष्ट कर रहा था, पर नरेन्द्र की तर्क-बुद्धि उससे भी अपना सामंजस्य स्थापित नहीं कर पा रही थी।

नरेन्द्र ने अठारह बरस की आयु में दक्षिणेश्वर जाना शुरू किया था, अब बी० ए० की परीक्षा देते समय उसकी आयु इक्कीस बरस थी। यह तय था कि व्यक्तिगत सुख भोग को उसने अपने आदर्श के रूप में कभी ग्रहण नहीं किया था। सत्य का अनुसंधान समाज, राष्ट्र और मानव जाति का कल्याण ही उसके जीवन का परमध्येय था। अपने आपको इस ध्येय के अनुरूप बनाने के लिए, जिस तरह सोना कुठाली में पिघलाया जाता है, नरेन्द्र ने अपने मस्तिष्क को ज्ञान की कुठाली में पिघला डाला था, लेकिन इस चमकते-मचलते तरल पदार्थ को कुठाली से निकालकर ठोस रूप देने वाला आदर्श पुरुष उसे अभी नहीं मिला था और यह अधिकार उसने अभी रामकृष्ण को भी नहीं दिया था।

इन दिनों वह पाश्चात्य दार्शनिक हेमिल्टन से अधिक प्रभावित था। हेमिल्टन

ने अपने दर्शन-ग्रंथ के उपसंहार में लिखा है, "संसार का नियामक ईश्वर है–इस सत्य सिद्धांत का आभास पाकर मनुष्य की बुद्धि निरस्त हो जाती है। ईश्वर का स्वरूप क्या है, यह प्रकट करने की शक्ति उसमें नहीं है। अतः दर्शन शास्त्र की वहीं इतिश्री है–और जहां दर्शन की समाप्ति है,वहीं आध्यात्मिकता का प्रारम्भ है।" दक्षिणेश्वर में वह रामकृष्ण के शिष्यों से इसकी चर्चा खूब करता था। देखा जाए तो वह जाने-अनजाने इस माध्यम से भी अद्वैतवादी सिद्धान्त के निकट पहुंच गया था। अब थोड़ा ही फासला तय करना बाकी रह गया था।

ऐसी मनःस्थिति में कई बार जीवन-घटनाएं भी निर्णायक भूमिका अदा करती हैं। बी० ए० पास कर लेने से पहले ही विश्वनाथ ने बेटे को प्रसिद्ध अटार्नी निमाईचरण बसु के पास जाकर कानून की शिक्षा पाने का आदेश दिया ताकि वह भी पिता की तरह सफल वकील बने। फिर वे यह भी चाहते थे कि नरेन्द्र रामकृष्ण के चक्कर से निकले और विवाह करके गृहस्थ बने। उसके स्वतंत्र स्वभाव को जानते हुए विश्वनाथ ने इस संबंध में सीधे बात करना उचित नहीं समझा और नरेन्द्र को ढर्रे पर लाने का काम उसके एक प्रिय सहपाठी मित्र को सौंपा।

एक दिन नरेन्द्र 'तंग' में बैठा परीक्षा की तैयारी के लिए पाठ्य पुस्तक पढ़ रहा था, उसका यह सहपाठी मित्र आया और गम्भीर मुद्रा धारण करके कहने लगा, "नरेन्द्र, साधु संग, धर्म, अर्चना आदि पागलपन छोड़! ऐसा काम कर जिससे सांसारिक सुख-सुविधा प्राप्त हो।" तथाकथित अनुभवी व्यक्तियों से ऐसी बातें सुनते-सुनते नरेन्द्र के कान पक चुके थे, अब एक प्रिय मित्र के मुंह से भी वही उपदेश सुनकर वह स्तब्ध रह गया। कुछ क्षण मौन और स्थिर बैठा रहा, फिर बोला, "सुन मेरा विचार तुझसे एकदम भिन्न है। मैं संन्यास को मानव जीवन का सर्वोच्च आदर्श मानता हूं। परिवर्तनशील अनित्य संसार के सुख की कामना में इधर उधर दौड़ने की अपेक्षा उस अपरिवर्तनीय 'सत्यं, शिवं, सुन्दरम्' के लिए प्राणपण से प्रयास करना कहीं श्रेष्ठ है।"

परममित्र तो उसे समझाने का कर्त्तव्य अपने ऊपर ओढ़कर आया था, वह उत्तेजित होकर बोला, "देखो नरेन्द्र, तुम्हारी जितनी बुद्धि और प्रतिभा है, उससे तुम जीवन में कितनी उन्नति कर सकते हो। दक्षिणेश्वर के रामकृष्ण ने तुम्हारी बुद्धि बिगाड़ दी है। कुशल चाहते हो तो उस पागल का संग छोड़ दो, नहीं तो तुम्हारा सर्वनाश हो जाएगा।"

नरेन्द्र पुस्तक छोड़कर कमरे में टहलने लगा। मित्र अपनी बात कहता रहा और उसने रामकृष्ण के बारे में कई प्रश्न पूछे। नरेन्द्र रुका और शांत भाव से बोला, "भाई, उस महापुरुष को तुम नहीं समझते। वास्तव में मैं भी उन्हें पूरी तरह समझ नहीं पाया। फिर भी उनमें कुछ ऐसी बात है कि मैं उन्हें चाहता हूं।"

कई युवक सदस्य ब्रह्मसमाज को छोड़कर रामकृष्ण के शिष्य बन गए थे। जब विजय गोस्वामी ने भी धर्म परिवर्तन करके साधारण समाज से संबंध विच्छेद

किया तो ब्राह्म नेता शिवनाथ ब्राह्म को रामकृष्ण के पास जाने से रोकने लगे। उन्हें मालूम था कि नरेन्द्र भी दक्षिणेश्वर जाता है, इसलिए एक दिन उसे वहां जाने से मना करते हुए कहा, "वह सब समाधि भाव, जो कुछ तुम देखते हो, स्नायु की दुर्बलता ही के चिह्न हैं। अत्यधिक शारीरिक कठोरता का अभ्यास करने के कारण परमहंस का मस्तिष्क बिगड़ गया है।"

नरेन्द्र ने शिवनाथ बाबू की बात का कोई उत्तर नहीं दिया। वह उठकर वहां से चला आया। उसके मस्तिष्क में आंधी चल रही थी। और नाना प्रकार के प्रश्न उठ रहे थे। "ये सरल-हृदय महापुरुष क्या हैं ? क्या वे सचमुच विकृत मस्तिष्क हैं ? मुझ जैसे तुच्छ व्यक्ति से वे इतना प्यार किसलिए करते हैं ? यह रहस्य क्या है ?"

ब्रह्मसमाज के अधिकांश नेताओं से नरेन्द्र का परिचय था। वह उनके पाण्डित्य से प्रभावित था, लेकिन उनमें से किसी के प्रति भी नरेन्द्र के मन में इतनी श्रद्धा नहीं थी, जितनी रामकृष्ण के प्रति। अब उन सबके चेहरे एक-एक करके उसकी आंखों के सामने घूमने लगे। उसने अपने आपसे पूछा कि इतने दिन ब्रह्मसमाज में उपासना-प्रार्थना करके भी उसका हृदय शान्त क्यों नहीं हुआ ? क्या इनमें से किसी को भी ईश्वर-प्राप्ति हुई है ?

सत्येन्द्रनाथ मजूमदार अपनी पुस्तक 'विवेकानन्द-चरित' में लिखते हैं :

"एक दिन ईश्वर प्राप्ति के लिए तीव्र व्याकुलता लेकर नरेन्द्र घर से निकल पड़े। महर्षि देवेन्द्रनाथ उस समय गंगाजी पर एक नौका में रहा करते थे, नरेन्द्र गंगा किनारे पहुंचकर जल्दी से नौका पर चढ़ आए। उनके ज़ोर से धक्का देने पर दरवाज़ा खुल गया। महर्षि उस समय ध्यानमग्न थे, एकाएक शब्द सुनकर चौंक उठे। देखा, सामने उन्मत की तरह ताकते हुए नरेन्द्रनाथ खड़े हैं। महर्षि को थोड़ी देर के लिए भी सोच-विचार या प्रश्न करने का अवसर न दे वे आवेगरुद्ध कंठ से बोल उठे, 'महाशय, क्या आपने ईश्वर के दर्शन किए हैं ?' विस्मयचकित महर्षि ने न जाने क्या उत्तर देने के लिए दो बार चेष्टा की, परन्तु शब्द मुख ही में रह गए। अंत में बोले, 'नरेन्द्र, तुम्हारी आंखें देखकर समझ रहा हूं कि तुम योगी हो।' उन्होंने नरेन्द्र को कई तरह के आश्वासन देकर कहा कि वे यदि नियमित रूप से ध्यान का अभ्यास करें तो ब्रह्मज्ञान के अधिकारी बन सकेंगे, इत्यादि। नरेन्द्र प्रश्न का कोई ठीक उत्तर न पाकर घर लौट आए।

" घर लौटकर नरेन्द्र ने दर्शन शास्त्र और धर्म-संबंधी पुस्तकों को दूर फेंक दिया। यदि वे ईश्वर प्राप्ति में उन्हें सहायता न दे सकीं तो व्यर्थ में उनके पाठ से क्या लाभ ? रात-भर जागकर नरेन्द्र कितनी ही बातें सोचने लगे। एकाएक उन्हें दक्षिणेश्वर के उस अद्भुत प्रेमिक की बात स्मरण हो आई। सारी रात असहनीय उत्कंठा में बिताकर नरेन्द्र भोर होते ही दक्षिणेश्वर की ओर दौड़ पड़े। गुरुदेव के श्री चरण कमलों के पास पहुंचकर उन्होंने देखा, सदानन्दमय महापुरुष भक्तों में घिरे

हुए अमृत मधुर उपदेश प्रदान कर रहे हैं।

" नरेन्द्र के हृदय में मानो समुद्र मंथन आरम्भ हुआ। यदि वे भी 'नहीं, कह दें, तो फिर क्या होगा ? वे फिर किसके पास जाएंगे ? अंततः प्रकृति के साथ बहुत देर तक संग्राम करने के बाद अंत में जिस प्रश्न को वे अनेक धर्माचार्यों से पूछ चुके थे, पर आज तक कोई भी जिस प्रश्न का संतोषजनक उत्तर देने में समर्थ न हुआ था, उसी प्रश्न को दोहराकर उन्होंने कहा, "महाराज ! क्या आपने ईश्वर के दर्शन किए हैं ?'

" मृदुहास्य से महापुरुष का प्रशान्त मुखमंडल अपूर्व शान्ति और पुण्य की आभा से उद्‌भासित हो उठा। उन्होंने तनिक भी सोच-विचार न करते हुए उत्तर दिया, 'बेटा, मैंने ईश्वर के दर्शन किए हैं। तुम्हें जिस प्रकार प्रत्यक्ष देख रहा हूं, इससे भी कहीं अधिक स्पष्ट रूप से उन्हें देखा है।' नरेन्द्र का विस्मय सौ गुना बढ़ाते हुए उन्होंने फिर कहा, 'क्या तुम भी देखना चाहते हो ? यदि तुम मेरे कहे अनुसार काम करो, तो तुम्हें भी दिखा सकता हूं। " (पृष्ठ 93-94)

इस वाणी में विश्वास का बल था। नरेन्द्र ने रामकृष्ण परमहंस को मन से गुरु धारण किया, अपनी साभिमान स्वतंत्रता उन्हें सौंप दी और उनके बताए अनुमार साधना आरम्भ की।

थोड़े ही दिन बाद उसके पिता हृदय रोग से अचानक चल बसे। नरेन्द्र के लिए यह भयंकर आघात था। सारे परिवार पर मुसीबत का पहाड़ टूटा। विश्वनाथ ने धन बहुत कमाया था, पर जितना कमाते थे उससे कहीं अधिक खर्च करते थे। उनके मरते ही कर्ज़ख्वाहों ने आ घेरा। कर्ज़ चुकाना तो दूर रहा, छः-सात व्यक्तियों के लिए अन्न जुटाना समस्या बन गई। कहां रईसी ठाठ थे और कहां अब फाकों की नौबत आ गई। नरेन्द्र ने पहली बार दरिद्रता का स्वाद चखा। मित्र भी आजमाए गए, सबने इस संकट में मुंह फेर लिया। नरेन्द्र ही अब परिवार में सबसे बड़ा था, इसलिए आजीविका का भार उसी पर आ पड़ा। इसके लिए जो दौड़-धूप करनी पड़ी और उन दिनों उसकी जो मानसिक दशा थी उसका नरेन्द्र ने स्वयं विस्तारपूर्वक वर्णन किया है। उसका कुछ अंश रोमां रोलां ने इस प्रकार उद्धृत किया है :

"मैं भूख से मरा जा रहा था। नंगे पैर मैं एक दफ्तर से दूसरे दफ्तर तक दौड़ता, परन्तु सब तरफ से घृणा के अतिरिक्त और कुछ न मिलता। मैंने मनुष्य की सहानुभूति का अनुभव प्राप्त किया। जीवन की वास्तविकताओं के साथ यह मेरा प्रथम सम्पर्क था। मैंने देखा कि इस जगह दुर्बल, गरीब और परित्यक्तों के लिए कोई स्थान नहीं है। वे व्यक्ति जो कुछ ही दिन पूर्व मेरी सहायता करने में गर्व अनुभव करते थे, उन्होंने सहायता करने की शक्ति के विद्यमान रहने पर भी अपने मुख फेर लिये। यह संसार मुझे शैतान की सृष्टि दिखाई देने लगा। एक दिन जलती दोपहरी में जब मैं मुश्किल से अपने पैरों पर खड़ा हो सकता था, मैं एक स्मारक की छाया में बैठ गया। वहां पर मेरे कई मित्र भी थे और उनमें से एक

मित्र भगवान की अपार करुणा का गान करने लगा। यह गान मुझे अपने सिर पर जान-बूझकर किया गया प्रहार जान पड़ा। अपनी माता और भाइयों की असहाय अवस्था याद कर मैं चिल्ला उठा, 'यह गाना बंद करो ? जो लोग अमीरों के घरों में पैदा हुए हैं और जिनके माता-पिता भूख से नहीं मर रहे हैं, उनके कानों में यह गान सुधावर्षण कर सकता है। हां ! एक समय था, जब मैं भी इसी प्रकार सोचा करता था ! परन्तु अब जब मैं जीवन की निष्ठुरताओं के सम्मुख खड़ा हुआ हूं, यह गाना मेरे कानों में एक भयानक उपहास के समान चोट करता है। "मेरे मित्र को इससे चोट पहुंची। उसे मेरी भयानक आपत्ति का कोई ज्ञान न था। अनेक बार जब मैं देखता था कि घर में खाने को पर्याप्त भोजन नहीं है, मैं अपनी मां से यह बहाना करके कि मुझे एक दोस्त ने निमंत्रित किया है, भूखा रह जाता था। मेरे धनी मित्र मुझे अपने घरों पर गाने के लिए आमंत्रित करते थे, परन्तु उनमें से एक ने भी कभी मेरे दुर्भाग्य के बारे में कौतूहल व चिंता प्रकट नहीं की। और मैं अपनी इस दुरवस्था को किसी पर प्रकट न करता था..."(रामकृष्ण, पृष्ठ 262)

नरेन्द्र के चरित्र-गठन में मां का प्रभाव सबसे अधिक था। वे एक धर्मप्राण महिला थीं। पर इस घोर संकट में उनका विश्वास भी डगमगा गया। एक दिन सुबह जब नरेन्द्र बिस्तर पर बैठा प्रार्थना कर रहा था, मां ने चिढ़कर कहा, 'चुप रह छोकरे, बचपन ही से केवल भगवान-भगवान ! भगवान ही ने तो यह सब किया है !' मां की यह बात नरेन्द्र को कौंच गई। वह सोचने लगा–क्या भगवान सचमुच है ? अगर है तो मैं जो इतनी प्रार्थनाएं करता हूं, वह सुनता क्यों नहीं ? शिव के संसार में इतना अशिव क्यों है ? उसे ईश्वरचन्द्र विद्यासागर के शब्द स्मरण हो आए–'यदि भगवान दयामय और मंगलमय है तो अकाल में लाखों आदमी बिना अन्न क्यों मर जाते हैं ?'

उसके मन में ईश्वर के विरुद्ध प्रचंड विद्रोह की भावना उत्पन्न हुई और वह सोचने लगा–ईश्वर यदि है भी तो उसे पुकारना व्यर्थ है, क्योंकि इससे कुछ लाभ नहीं होता।

अब नरेन्द्र ठहरा निडर और निर्भीक। मनोगत भावनाओं को छिपाए रखना उसके स्वभाव के विपरीत था। अपनी इस ईश्वर विरोधी भावना को उसने लोगों के सामने युक्ति द्वारा प्रमाणित और सिद्ध करना शुरू किया। परिणाम यह हुआ कि नरेन्द्र की न सिर्फ नास्तिक के रूप में निंदा फैली बल्कि बात को बढ़ा-चढ़ाकर कहा जाने लगा कि दुष्ट लोगों की संगत में पड़कर वह शराबी और दुराचारी बन गया है। इस बेईमानी से नरेन्द्र और हठ पकड़ गया और वह लोगों के सामने सगर्व कहने लगा कि 'अगर कोई अपना दुख-कष्ट कुछ समय तक भूल जाने के लिए शराब पीता है या वेश्या के पास जाता है, तो मैं इसमें कुछ भी दोष नहीं समझता। अगर वैसे ही उपायों से मैं भी अपना दुख भूल सकूं, जिस दिन यह बात मेरी समझ में आ जाएगी, मैं भी ऐसे काम करने से पीछे नहीं हटूंगा।'

उसकी ये बातें विविध प्रकार से विकृत होकर दक्षिणेश्वर में परमहंस के शिष्यों और कलकत्ता में उनके भक्तों तक पहुंची। लिखा है, "कोई-कोई मेरी स्थिति जानने के लिए मुझसे भेंट करने आए और जो निंदा फैली है, वह पूर्णतः सही न होने पर भी, उसमें से कुछ अंशों पर उनका विश्वास है, इस बात को वे इशारे से व्यक्त कर गए। मुझे वे लोग इतना हीन समझते हैं यह जानकर दंड पाने के भय से ईश्वर पर विश्वास करना दुर्बलता का लक्षण है। मैं ह्यूम बेन, मिल, काम्टे आदि पाश्चात्य दार्शनिकों के मतों को उद्धृत करने लगा और ईश्वर के अस्तित्व का कोई प्रमाण नहीं है, यह दिखाने के लिए उनके साथ प्रचंड युक्ति तर्कों की अवतारणा करने लग जाता था। यह जानकर कि वे लोग इस बात पर विश्वास करके चले गए कि मैं पतित हो गया हूं—मुझे प्रसंन्नता ही हुई और सोचा कि ठाकुर भी उनके मुख से सुनकर इस पर विश्वास कर लेंगे। पर ऐसी चिंता मन में उठने से मैं फिर हताश हो गया। निश्चय किया—वे जो चाहे माने—मनुष्यों के मता-मतों को मूल्य ही जब तुच्छ है तो उससे मेरी क्या हानि है ? परन्तु बाद में सुनकर मैं स्तम्भित हो गया कि ठाकुर ने उन बातों को सुनकर पहले कुछ नहीं कहा। बाद में भवनाथ ने रोते हुए जब उनसे कहा, 'महाराज, नरेन्द्र की ऐसी गति होगी, यह तो स्वप्न में भी संभव नहीं था।' तो उस समय ठाकुर ने उत्तेजित होकर कहा था, 'चुप रह मूर्ख ! मां ने कहा है कि वह कभी वैसा नहीं हो सकता ! यदि फिर कभी ऐसी बात मुझसे कही तो तेरा मुंह नहीं देख सकूंगा।" (रामकृष्ण लीला प्रसंग, तृतीय खंड, पृष्ठ 177)

नरेन्द्र को दूसरों की निंदा-प्रशंसा की कोई परवाह नहीं थी। गर्मी के बाद बरसात आई और चली गई, पर सब तरफ भटकते रहने के बावजूद उसे कोई काम नहीं मिला। आखिर उसने सोचा कि साधारण मनुष्य की तरह धनोपार्जन के लिए उसका जन्म नहीं हुआ है। उसे अपने दादा की तरह संन्यास धारण करना होगा। जाने का दिन भी निश्चित हो गया। पर उसी दिन परमहंस पड़ोस के एक मकान में आए। नरेन्द्र उनके दर्शन करने गया और वे उसे आग्रहपूर्वक अपने साथ दक्षिणेश्वर ले आए। दक्षिणेश्वर पहुंचकर मैं दूसरों के साथ कमरे में बैठा था। इतने में ठाकुर को भावावेश हुआ, देखते-देखते वे एकाएक मेरे पास आए और मुझे प्रेम से पकड़कर आंसू बहाते हुए गाने लगे :

**कथा कहिते डराई,**
**ना कहिते ओ डराई,**
**(आमार) मने सन्देह हय**
**बुझि तोमाय हाराई, हा-राई।**

(बात कहने में डरता हूं, न कहने में भी डरता हूं, मेरे मन में संदेह होता है कि शायद तुम्हें खो बैठूं।)

"अन्तर की प्रबल भाव राशि को अब तक मैंने रोक रखा था। अब उसका

वेग नहीं सम्भाल सका। ठाकुर की तरह मेरे भी नेत्रों से आंसुओं की धाराएं बह चलीं। हमारे इस प्रकार के आचरण से दूसरे लोग अवाक् रह गए। प्रकृतिस्थ होने पर उन्होंने हंसते हुए कहा, 'हम दोनों में वैसा ही कुछ हो गया।' बाद में सब लोगों के चले जाने पर मुझे पास बुलाकर उन्होंने कहा, 'जानता हूं, तू मां के काम के लिए संसार में आया है। संसार में तू कभी नहीं रहेगा, परन्तु जब तक मैं हूं तब तक मेरे लिए रह।' इतना कहकर वे हृदय के आवेग से पुनः आंसू रोक न सके।" (वही, पृष्ठ 179-80)

नरेन्द्र दक्षिणेश्वर से घर लौटा। फिर वही आजीविका की चिंता। एक एटर्नी के आफिस में कुछ काम करके और कुछ पुस्तकों के अनुवाद से थोड़ा पैसा मिलने लगा। लेकिन इतने बड़े परिवार के लिए यह काफी न था। सोच-सोचकर नरेन्द्र दक्षिणेश्वर पहुंचा और हठपूर्वक ठाकुर से कहा, "मां, भाइयों का कष्ट दूर करने के लिए आपको मां जगदम्बा से प्रार्थना करनी होगी।" रामकृष्ण ने सस्नेह उत्तर दिया "अरे, मैंने तो कितनी ही बार कहा है, 'मां! नरेन्द्र का दुख-कष्ट दूर कर दो। तू मां को नहीं मानता, इसलिए मां नहीं सुनती। अच्छा, आज मंगलवार है, मैं कहता हूं, आज रात को काली-मंदिर में जाकर मां को प्रणाम करके तू जो कुछ मांगेगा, वहीं मां तुझे देगी। मेरी मां चिन्मयी ब्रह्मशक्ति है, उन्होंने अपनी इच्छा से संसार का प्रसव किया है। वे चाहें तो क्या नहीं कर सकतीं ?"

परमहंस के आग्रह से नरेन्द्र एक बार नहीं, दो बार, तीन बार मंदिर में गया, पर वह एक बार भी स्वार्थपूर्ति के लिए प्रार्थना नहीं कर पाया। लिखा है, "मंदिर में प्रवेश करते ही लज्जा ने हृदय को व्याप्त कर लिया, मैंने सोचा, यह कैसी तुच्छ बात है—मैं जगद्जननी को कहने आया। ठाकुर कहते हैं, 'राजा की प्रसन्नता प्राप्त करके उनसे कह दूं—कोहंड़ा मांगना।'—यह भी वैसी ही मूर्खता की बात है। मेरी भी वैसी हीन बुद्धि हुई है। लज्जा से प्रणाम करते हुए मैंने फिर कहा, 'मैं और कुछ नहीं मांगता मां, केवल ज्ञान और भक्ति दो... ।

आगे की बात परमहंस के एक भक्त तारापद घोष के मुख से सुनिए, "आज दोपहर को दक्षिणेश्वर जाकर मैंने देखा—श्रीरामकृष्णदेव अकेले कमरे में बैठे हैं और नरेन्द्र बाहर एक ओर पड़ा सो रहा है। पास जाकर प्रणाम करते ही उन्होंने नरेन्द्र को दिखाकर कहा, 'देख, यह लड़का बड़ा अच्छा है, इसका नाम नरेन्द्र है। पहले मां को नहीं मानता था, कल मान गया है। कष्ट में है, इस कारण मां से पैसा-रुपया मांगने के लिए कह दिया था, परन्तु मांग नहीं सका, कहा लज्जा आती है। मंदिर से लौटकर मुझसे कहा, मां का गाना सिखा दीजिए। 'मांर्तवं ही तारा' यह गाना सिखा दिया। कल रात भर वही गाना गाया, अब पड़ा सो रहा है। (प्रसन्नता से हंसते हुए) नरेन्द्र ने काली को मान लिया, बहुत अच्छा हुआ न ?' उन्हें इस बात से बालक के समान आनन्दित होते देख मैंने कहा, 'हां, महाराज ! बहुत अच्छा हुआ।' कुछ देर बाद पुनः हंसते हुए बोले, 'नरेन्द्र ने मां को मान लिया, बहुत अच्छा

हुआ—क्यों ?' उसी बात को बारम्बार घुमा-फिराकर कहते हुए वे आनन्द प्रकट करने लगे।

" निद्रा भंग होने पर लगभग दिन के चार बजे नरेन्द्र कमरे में आकर ठाकुर के पास बैठ गए। ठाकुर उन्हें देखते ही भावाष्टि होकर उनसे सटकर प्रायः उन्हीं की गोद में आ बैठे और कहने लगे, 'अपना शरीर और नरेन्द्र का शरीर क्रमशः दिखाकर—देखता हूं कि यह मैं हूं, फिर भी मैं हूं, सच कहता हूं—कुछ भी भेद नहीं देख पा रहा हूं। जैसे गंगा के जल में एक लाठी का आधा भाग डुबा देने से दो भाग दिखाई पड़ते हैं—पर यथार्थ में दो भाग नहीं हैं, एक ही हैं। समझा, मां के सिवाय और है ही क्या—क्यों ?'

" बातचीत में आठ बज गए। उस समय ठाकुर की भावास्था कम होते देखकर नरेन्द्र और मैं उनसे विदा लेकर पैदल कलकत्ता लौट आए। इसके बाद हमने नरेन्द्र को अनेक बाद कहते सुना है—'अकेले ठाकुर ही प्रथम दिन की भेंट से हर समय समान भाव से मेरे ऊपर विश्वास करते आए हैं, अन्य कोई नहीं—अपने मां-भाई भी नहीं। उनके इस प्रकार के विश्वास और प्यार ही ने मुझे जन्म भर के लिए बांध लिया है। केवल वही प्यार करना जानते हैं और कर सकते हैं—संसार के दूसरे लोग केवल अपने स्वार्थ साधन के लिए प्यार करते हैं।' "(वही पृष्ठ 182 से 185)

मूर्ति पूजा से घृणा करने वाला नरेन्द्र अंत में खुद मूर्तिपूजक बन गया। प्रेम से तर्क पराजित हुआ। बाद को जब वे नरेन्द्र विवेकानन्द बन गए थे, तब उन्होंने कुमारी मेरी हेल को लांस एंजिलिस से 18 जून, 1900 के पत्र में लिखा था :

"काली-पूजा किसी भी धर्म का आवश्यक साधन नहीं है। धर्म के विषय में जितना कुछ भी जानने योग्य है, उपनिषद् उसकी शिक्षा देते हैं। काली-पूजा मेरी अपनी विशिष्ट 'सनक' है। तुमने कभी भी उसके विषय में मुझे प्रवचन करते या भारत में उसकी शिक्षा देते हुए नहीं सुना होगा। मैं केवल उन्हीं चीज़ों की शिक्षा देता हूं, जो विश्वमानवता के लिए हितकर हैं। यदि कोई ऐसी विचित्र विधि है, जो केवल मुझी पर लागू होती है, तो मैं उसे गुप्त रखता हूं, और यहीं पर बात खत्म हो जाती है। मैं तुम्हें नहीं बताऊंगा कि काली-पूजा क्या है, क्योंकि कभी मैंने इसकी शिक्षा किसी को नहीं दी।" (वि० सा०, अष्टम खंड, पृष्ठ 339-40)

शिक्षा में वे सिद्धान्त ही को प्रमुख मानते थे, यह बात स्वामी त्रिगुणातीतानन्द को न्यूयार्क से लिखे 14 अप्रैल, 1896 के पत्र से भी स्पष्ट हो जाती है :

"रामकृष्ण परमहंस ईश्वर हैं, भगवान हैं—क्या इस प्रकार की बातें यहां चल सकती हैं ?"

"सबके हृदय में बलपूर्वक उस प्रकार की भावना को बद्धमूल कर देने का झुकाव 'मैं' में विद्यमान है। किन्तु इससे हम एक क्षुद्र सम्प्रदाय के रूप में परिणत हो जाएंगे। तुम लोग इस प्रकार के प्रयत्न से हमेशा दूर रहना। यदि लोग भगवद् बुद्धि से उनकी पूजा करें, तो कोई हानि नहीं है। उनको न तो प्रोत्साहित करना

और न निरुत्साहित। साधारण लोग तो सर्वदा 'व्यक्ति' ही चाहेंगे, उच्च श्रेणी के लोग 'सिद्धान्तों' को ग्रहण करेंगे। हमें दोनों ही चाहिए, किन्तु सिद्धान्त ही सार्वभौम है, व्यक्ति नहीं। इसलिए उनके द्वारा प्रचारित सिद्धान्तों ही को दृढ़ता से पकड़े रहो, लोगों को उनके व्यक्तित्व के बारे में अपनी-अपनी धारणा के अनुसार सोचने दो..." (वि० सा०, चतुर्थ खंड, पृष्ठ 394)

गुरु-भाइयों के नाम 27 अप्रैल, 1896 को इंग्लैंड से लिखे एक लम्बे पत्र में रामकृष्ण के व्यक्तित्व और सिद्धान्तों पर उन्होंने इस प्रकार प्रकाश डाला है :

"मतों आदि के बारे में मुझे यही कहना है कि यदि कोई रामकृष्णदेव को अवतार आदि स्वीकार करे तो भी ठीक ही है। परन्तु सच बात तो यह है कि चरित्र के विषय में श्री रामकृष्ण देव सबसे आगे बढ़े हुए हैं। उनके पहले जो अवतारी पुरुष हुए हैं, उनसे वे अधिक उदार, अधिक मौलिक और अधिक प्रगतिशील थे। अर्थात् प्राचीन आचार्य एकदेशीय थे, परन्तु इस नये अवतार या आचार्य की शिक्षा यह है कि योग, भक्ति, ज्ञान और कर्म के सर्वोच्च भावों का सम्मिलन होना चाहिए, जिससे एक समाज का निर्माण हो सके।... प्राचीन आचार्य निस्संदेह अच्छे थे, परन्तु यह इस युग का नया धर्म है–अर्थात् योग, ज्ञान, भक्ति और कर्म का समन्वय आयु और लिंगभेद के बिना, पतित से पतित तक में ज्ञान और भक्ति का प्रचार। पहले के अवतार ठीक थे, परन्तु श्री रामकृष्ण देव के व्यक्तित्व में उनका समन्वय हो गया है।" (वही, पृष्ठ 401)

यहां प्रश्न उठ सकता है कि जब ईश्वर ही अवतार धारण करता है तो एक अवतार को दूसरे से–ईश्वर का ईश्वर से आगे अथवा प्रगतिशील होने का क्या अर्थ ? विवेकानन्द ने इस प्रश्न का उत्तर भी दिया है। उन्होंने एक बार अपने एक शिष्य से कहा था :

"गुरु को लोग अवतार कह सकते हैं अथवा जो चाहे मानकर धारण करने की चेष्टा कर सकते हैं। परन्तु भगवान का अवतार कहीं भी और किसी समय नहीं होता। एक ढाका ही में सुना है तीन-चार अवतार पैदा हो गए हैं। (वि० सा०, षष्टम खण्ड पृष्ठ, 176)

दरअसल विवेकानन्द अवतार को आचार्य के अर्थ में लेते हैं। यह सच है कि एक आचार्य के बाद दूसरा आचार्य आगे है–उनके द्वारा ज्ञान चाहे आध्यात्मिक हो या भौतिक उसकी निरन्तर प्रगति हुई है। अपने गुरु रामकृष्ण के बारे में भी लिखते हैं। "श्री रामकृष्ण अपने को अवतार शब्द के स्थूल अर्थ में एक अवतार कहा करते थे, यद्यपि मैं यह बात समझ नहीं पाता था। मैं कहता था कि वे वेदान्त की दृष्टि से ब्रह्म हैं, किन्तु उनकी महा समाधि से ठीक पूर्व, जब उन्हें सांस लेने में कष्ट हो रहा था, मैं अपनेमन में सोच रहा था कि क्या इस वेदना में भी वे अपने को अवतार कह सकते हैं। उस समय उन्होंने मुझसे कहा, अरे, जो राम था, जो कृष्ण था, वही रामकृष्ण हो गया, लेकिन तेरे वेदान्त की दृष्टि से नहीं।... (वही, सप्तम खण्ड, पृष्ठ

269)

नरेन्द्र की कहानी को आगे बढ़ाने से पहले ईश्वर-दर्शन के बारे में भी विवेकानन्द का अभिमत जान लेना चाहिए ताकि भ्रम-भ्रान्ति की गुंजाइश न रहे। लिखा है :

"यदि तुम मुझसे पूछो कि ईश्वर है या नहीं और मैं यह कह दूं कि हां, ईश्वर है तो तुम झट मुझे अपनी युक्तियां बताने के लिए बाध्य करोगे और मुझ बेचारे को कुछ युक्तियां पेश करने के लिए अपनी सारी शक्ति लगा देनी पड़ेगी। किन्तु यदि कोई ईसा से यही प्रश्न पूछता तो ईसा तत्काल उत्तर देते, 'हां, ईश्वर है।' और यदि तुम ईसा से इसका प्रमाण मांगते तो निश्चय ही ईसा ने कहा होता, 'लो, यह ईश्वर तुम्हारे सम्मुख खड़ा है, दर्शन कर लो।' इस प्रकार हम देखते हैं कि इन महापुरुषों की ईश्वर-विषयक धारणा साक्षात् उपलब्धि, प्रत्यक्ष दर्शन पर आधारित है, तर्क जन्य नहीं।" (वही, सप्तम खंड, पृष्ठ 180)

और फिर लिखा है :

"ये महान शिक्षक इस पृथ्वी पर जीवंत ईश्वर रूप हैं इनके अतिरिक्त हम और किनकी उपासना करें ? मैं अपने मन में ईश्वर की धारणा करने का प्रयत्न करता हूं और अन्त में पाता हूं कि मेरी धारणा अत्यन्त क्षुद्र और मिथ्या है। वैसे ईश्वर की उपासना करना पाप होगा। फिर जब मैं अपनी आंखें खोलकर पृथ्वी की इन महान आत्माओं के चरित्र देखता हूं तो मुझे प्रतीत होता है कि ईश्वर विषयक मेरी उच्च से उच्चतर धारणा सें भी वे कहीं उच्चतर और महान् हैं।" (वि० सा०, पृष्ठ, 181-82)

वेदान्त सिद्धान्त के अनुसार प्रत्येक मनुष्य, चूंकि वह आत्मस्वरूप है, अपने को 'शिवोऽहम'–मैं ईश्वर हूं कह सकता है। इस सिद्धान्त का तात्त्विक विवेचन हम 'आध्यात्मिक अद्वैतवाद बनाम भौतिक अद्वैतवाद, परिच्छेद में करेंगे। प्रत्येक सिद्धान्त चूंकि व्यक्तियों में मूर्तरूप धारण करता है, इसलिए नरेन्द्र अर्थात् विवेकानन्द की जीवन-कथा भी इस सिद्धान्त को समझने का ठोस माध्यम है और हम अपनी इस कहानी को आगे बढ़ाते हैं।

कुछ दिनों बाद मेट्रोपॉलिटन स्कूल की एक शाखा चांपातला मुहल्ले में खुली। ईश्वरचन्द्र विद्यासागर की सिफारिश से नरेन्द्र वहां प्रधानाध्यापक नियुक्त हो गया। इससे पारिवारिक समस्या हल हो गई।

इस संकटकाल में कुछ संबंधियों ने नरेन्द्र और उसके घरवालों को खूब सताया। उन लोगों ने छलबल से उनके पैतृक मकान पर कब्ज़ा कर लिया। मां-भाइयों और नरेन्द्र को नानी के मकान में शरण लेनी पड़ी। नरेन्द्र ने संबंधियों के विरुद्ध हाईकोर्ट तक मुकदमा लड़ा, जिसमें कई बरस लगे और तब वह मकान उन्हें मिला।

रामकृष्ण के जितने शिष्य थे, वे सब 1884 तक उनके पास आ चुके थे। वे उन्हें काम-कांचन, भोग-विलास आदि से हटाकर धीरे-धीरे भक्ति मार्ग पर ला

रहे थे। एक दिन परमहंस भक्तों से घिरे बैठे थे। नरेन्द्र भी मौजूद था। इधर-उधर की चर्चा और हंसी-मज़ाक हो रहा था कि वैष्णव धर्म की बात उठी। रामकृष्ण ने इस धर्म का सारतत्त्व बताते हुए कहा, "इस मत में तीन विषयों का पालन आवश्यक बताया गया है--नाम में रुचि, जीवन के प्रति दया और वैष्णव पूजा।" इसके बाद यह बताते हुए कि शिव ही का यह जगत्-संसार है, ऐसी धारणा हृदय में रखकर, 'सब जीवों पर दया' करनी चाहिए वे भावाविष्ट हो गए और कहने लगे, "जीव पर दया–जीव पर दया ? धत् तेरी, कीटाणु-कीट होकर तू जीव पर दया करेगा ! दया करने वाला तू कौन है ? नहीं, नहीं, जीवन पर दया नहीं, शिव ज्ञान से जीव की सेवा।"

भावाविष्ट रामकृष्ण के ये शब्द सभी ने सुने, पर उनके गूढ़ अर्थ को केवल नरेन्द्र ही ने समझा। उसने कमरे से बाहर आकर शिवानन्द से कहा, "आज मैंने एक महान सत्य को सुना है। मैं इस जीवित सत्य की सारे संसार में घोषणा करूंगा।"

और फिर व्याख्या की, "आज ठाकुर ने भावावेश में जैसा बताया, उससे जान गया हूं कि वन के वेदान्त को घर में लाया जा सकता है। सबसे पहले हमें यह बात समझ लेनी चाहिए कि ईश्वर ही जीव और जगत् के रूप में प्रकट होकर हमारे सामने विराजमान है। इसलिए शिवरूप जीवों की सेवा ही सबसे बड़ी भक्ति है।"

फिर 3 जुलाई, 1897 को शरच्चन्द्र के नाम पत्र में उन्होंने इसी विचार को यों प्रस्तुत किया है :

"हमारा मूल तत्त्व प्रेम होना चाहिए, न कि दया। मुझे तो 'जीवों के प्रति दया' शब्द विवेकरहित और व्यर्थ जान पड़ता है। हमारा धर्म करुणा नहीं, सेवा करना है।" (वि० सा०, षष्टम खंड, पृष्ठ 340)

इन दिनों नरेन्द्र परमहंस के बताए उपाय से साधना कर रहा था। कभी-कभी वह पंचवटी के नीचे रात-रात भर ध्यान में लीन रहता। उसका यह अनुराग देख रामकृष्ण ने एक दिन उसे अपने पास बुलाकर कहा, "देख, कठिन साधना द्वारा मुझे अष्ट सिद्धियां मिली थीं। उनका किसी दिन कोई उपयोग मैं तो कर नहीं पाया। तू ले ले, भविष्य में तेरे बहुत काम आएंगी।"

नरेन्द्र ने पूछा, "महाराज, क्या उनसे ईश्वर-प्राप्ति में कोई सहायता मिलेगी ?"

रामकृष्ण ने उत्तर दिया, "नहीं, सो तो नहीं होगा, पर इहलोक की कोई भी इच्छा अपूर्ण न रहेगी।"

नरेन्द्र ने निस्संकोच उत्तर दिया, "तब तो महाराज, वे मुझे नहीं चाहिए।"

1885 में रामकृष्ण के गले में कैंसर हो गया। डॉ० महेन्द्र लाल सरकार का इलाज था, पर रोग कम होने के बजाय बढ़ता चला गया। उन्हें पहले कलकत्ता के एक मकान में और फिर काशीपुर के उद्यान-भवन में रखा गया। नरेन्द्र ने अगस्त महीने में अध्यापन कार्य छोड़ दिया था और दूसरे शिष्यों के साथ काशीपुर में रहने

लगा था। गुरु-सेवा के अलावा गम्भीर श्रद्धा के साथ उपनिषद्, अष्टवक्र संहिता, पंचदशी, विवेकचूड़ामणि आदि ग्रंथों का अध्ययन भी हो रहा था। साधना-पूजा पर काफी आगे बढ़ जाने के बाद नरेन्द्र के मन में निर्विकल्प समाधि की इच्छा प्रबल हो उठी। वह जानता था कि परमहंस इसके लिए मना कर रहे हैं, फिर भी वह एक दिन साहस करके उनके पास जा पहुंचा।

रामकृष्ण ने नेह-भरी दृष्टि से उसकी ओर देखते हुए पूछा, "नरेन्द्र, तू क्या चाहता है ?"

उसने उत्तर दिया, "शुकदेव की तरह निर्विकल्प समाधि के द्वारा सदैव सच्चिदानन्द-सागर में डूबे रहना चाहता हूं।"

रामकृष्ण नरेन्द्र को चाहे सबसे अधिक चाहते थे, पर वह क्रुद्ध स्वर में बोले, "बार-बार यही बात कहते तुझे लज्जा नहीं आती ? समय आने पर कहां तू वटवृक्ष की तरह बढ़कर सैकड़ों लोगों को शान्ति की छाया देगा, और कहां आज अपनी मुक्ति के लिए व्यस्त हो उठा। इतना क्षुद्र आदर्श तेरा ?"

नरेन्द्र की विशाल आंखों में आंसू डबडबा आंए और वह आग्रहपूर्वक बोला, "निर्विकल्प समाधि न होने तक मेरा मन किसी भी तरह शान्त नहीं होने का और यदि वह न हुआ तो मैं वह सब कुछ भी न कर सकूंगा।"

"तू क्या अपनी इच्छा से करेगा ? जगंदम्बा तेरी गर्दन पकड़कर करा लेंगी। तू न करे–तेरी हड्डियां करेंगी।"

पर नरेन्द्र की प्रार्थना को वे टाल नहीं पाए। अन्त में बोले, "अच्छा जा, निर्विकल्प समाधि होगी।

एक दिन शाम को ध्यान करते-करते नरेन्द्र अकस्मात निर्विकल्प समाधि में डूब गया। शिष्यों ने देखा तो उन्हें लगा कि नरेन्द्र मर गया है। वे दौड़े-दौड़े रामकृष्ण के पास आए। लेकिन उनकी बात सुनकर भी रामकृष्ण शांत रहे। थोड़ी देर बाद नरेन्द्र की चेतना लौट आई। उसका मुख-मंडल आनन्द से खिला हुआ था। उसने आकर रामकृष्ण को प्रणाम किया। वे बोले, "बस, अब तालाबंद, कुंजी मां के पास रहेगी। काम समाप्त होने पर फिर खोल दिया जाएगा।"

दिन-रात गाना-भजन चलता रहा। नरेन्द्र भावोन्मत्त होकर रामकृष्ण, सीताराम, चैतन्यदेव के लीला संबंधी गीत गाकर भक्तों को आनन्द प्रदान करता रहा। उधर रामकृष्ण काली से प्रार्थना करने लगे, "मां, उसकी अद्वैत की अनुभूति को तू अपनी माया-शक्ति के द्वारा ढक रख। मुझे तो अभी उससे अनेक काम कराने हैं।"

जो बारह शिष्य घर-बार छोड़कर काशीपुर में रहते थे, गुरु-सेवा करते-करते उनमें प्रेम संबंध दृढ़ हो गया। एक दिन इसी उद्यान-भवन में रामकृष्ण संघ की नींव रखी गई। अपने इन तरुण शिष्यों को गेरुआ वस्त्र पहनाकर रामकृष्ण ने उन्हें संन्यास की दीक्षा दी और उनके नेता नरेन्द्र से कहा, "क्या तुम लोग सम्पूर्ण निराभिमान बनकर भिक्षा की झोली कन्धे पर लिये राजपथों पर भिक्षा मांग सकोगे ?"

वे लोग उसी समय भिक्षा मांगने निकल पड़े। उसी कलकत्ता में जिसमें उनका जन्म हुआ था और जिस कलकत्ता में जाने क्या-क्या सपने मन में संजोकर उन्होंने पढ़ना-लिखना शुरू किया था, अब संन्यासी बनकर गली-गली भिक्षा मांगी। जो अन्न मिला, उसे पकाकर उन्होंने परमहंस के सामने रखा और फिर प्रसाद ग्रहण किया। उस दिन रामकृष्ण के आनन्द का ठिकाना न था।

रामकृष्ण की तबीयत बीच में एक बार कुछ सुधरी थी, उसके बाद हालत बिगड़ती चली गई। रोमां रोलां लिखते हैं, "नरेन उनके (शिष्यों) कार्य और उनकी प्रार्थनाओं का निर्देशन करते थे। उन्होंने गुरु से भी प्रार्थना की कि उनके स्वास्थ्य-लाभ की प्रार्थना में वे भी योग दें। समान विचारों के एक पंडित के आगमन से उनके आग्रह को और भी बल मिला।

पंडित ने रामकृष्ण से कहा, "धर्मशास्त्रों का मत है कि आप जैसे सन्त अपने इच्छाबल ही से अपनी चिकित्सा कर सकते हैं।"

रामकृष्ण बोले, "मैंने अपना मन सम्पूर्णतया भगवान को सौंप दिया है। आप क्या चाहते हैं कि वह मैं वापस मांगूं ?"

शिष्यों का उलाहना था कि रामकृष्ण स्वस्थ होना नहीं चाहते हैं।

"तुम क्या समझते हो कि मैं अपनी इच्छा से कष्ट भोग रहा हूं ? मैं तो अच्छा होना चाहता हूं, पर वह मां पर निर्भर है।"

"तो मां से प्रार्थना कीजिए।"

"तुम लोगों का यह कह देना आसान है, पर मुझसे वे शब्द ही नहीं कहे जाते।"

नरेन्द्र ने आग्रह किया, "हम पर दया करके ही आप कहिए।"

गुरु ने मधुर भाव से कहा, "अच्छा, मुझसे जो बन पड़ेगा, प्रयत्न करूंगा।"

शिष्यों ने उन्हें कुछ घंटे अकेले छोड़ दिया। जब वे लौटे तो गुरु ने कहा, "मैंने मां से कहा था, 'मां, कष्ट के कारण मैं कुछ खा नहीं सकता। यह सम्भव कर दे कि मैं कुछ खा सकूं।' मां ने तुम सबकी ओर संकेत करके मुझसे कहा, 'इतने सब मुंह तो हैं, जिनके द्वारा तू खा सकता है।' मैं लज्जित हो गया और फिर मुझसे कुछ नहीं कहा गया।"

कई दिनों के बाद उन्होंने कहा, "मेरी शिक्षा प्रायः समाप्त हो गई है। मैं दूसरों को अब और शिक्षा नहीं दे सकता, क्योंकि मुझे दीखता है कि सभी कुछ प्रभुमय है। तब मैं पूछता हूं, मैं किसे शिक्षा दूं ?" (विवेकानन्द, पृष्ठ 55)

रविवार 15 अगस्त, 1886 को इस महापुरुष के जीवन का सूर्य अस्त हो गया।

अपना समस्त ज्ञान और 'खोल' वे अपने सुयोग्य उत्तराधिकारी विवेकानन्द को विरासत में दे गए। विवेकानन्द ने इस ज्ञान का विकास और खोल का विस्तार कहां तक किया, यह हम आगे देखेंगे। नरेन्द्र को विवेकानन्द बनाने में परमहंस ने जो भूमिका अदा की, रोमां रोलां ने उसका उल्लेख इन शब्दों में किया है :

"जो धारा विवेकानन्द की असाधारण नियति को गढ़ रही थी, वह धरती के पेट ही में समा गई होती यदि रामकृष्ण की अचूक दृष्टि ने मानो अमोघ बाण की भांति पथ-रोचक चट्टान को फोड़कर शिष्य की आत्मा के प्रवाह को मुक्त न कर दिया होता।" (विवेकानन्द, पृष्ठ 34)

रामकृष्ण को आशंका थी कि अगर असाधारण युवक नरेन्द्र को वेदान्त-शिक्षा न दी गई तो उसकी प्रतिभा एकांगी बनी रहेगी।

और वह उसे अपना एक धर्म, एक सम्प्रदाय संगठित करने में नष्ट कर सकता है।

इसका अर्थ यह हुआ कि नरेन्द्र अगर रामकृष्ण परमहंस के सम्पर्क में न आया होता तो उसकी बुद्धि में द्वैत, विशिष्टाद्वैत और अद्वैत का अतीत और वर्तमान तथा प्राच्य और पाश्चात्य का जो समन्वय हुआ, वह शायद न हो पाता।

लेकिन समय का तकाजा तो जैसे हुआ वैसे ही पूरा होना था। हम देखेंगे कि एक अनुगामी ऐतिहासिक कड़ी का अपनी पूर्ववर्ती ऐतिहासिक कड़ी में आकर मिलना अनिवार्य था।

# देश-भ्रमण

**"हमारा सबसे बड़ा राष्ट्रीय पाप जन समुदाय की उपेक्षा है।"**

—विवेकानन्द

नरेन्द्र अब रामकृष्ण-संघ के नेता स्वामी विवेकानन्द थे। रामकृष्ण परमहंस ने विदा होते समय अपने शिष्यों को विवेकानन्द को सौंपते हुए कहा था, "इन बच्चों की देख-भाल करना।"

गुरु की मृत्यु के थोड़े ही दिन बाद काशीपुर का उद्यान-भवन खाली करना पड़ा। रामकृष्ण के शिष्यों में दो तरह के लोग थे—एक वे जिन्होंने संन्यास धारण किया था, उनकी संख्या बारह थी, और विवेकानन्द उनमें से एक थे। दूसरे, लगभग इतनी ही संख्या उनके गृहस्थ शिष्यों की थी। अब यह समस्या सामने आई कि तरुण संन्यासियों के रहने की व्यवस्था क्या हो। सुरेन्द्रनाथ मित्र ने एक मकान वराहनगर में किराए पर ले दिया। नीचे की मंज़िल बेकार थी। ऊपर की मंजिल में तीन कमरे थे, जिनमें ये युवा संन्यासी रहने लगे। भोजन तथा दूसरी आवश्यक वस्तुएं जुटाने की ज़िम्मेदारी भी सुरेन्द्र मित्र ने अपने ऊपर ली थी। पर इन युवा संन्यासियों को जो कुछ मिल जाता था, वे उसी में संतुष्ट रहते थे। अपने अभाव की बात उन्होंने कभी सुरेन्द्र मित्र से जाकर नहीं कही। थाली, बर्तन आदि कुछ न था। उबाले हुए कुंदरव के पत्ते और भात, अरबी के पत्तों पर रखकर खाते थे। इसके बावजूद पूजा, ध्यान, जप बराबर चलता रहता था। उत्साह में भरकर कीर्तन शुरू करते तो बाहर सुनने वालों की भीड़ लग जाती।

कई बार गृहस्थ भक्त भी वराहनगर के इस मठ में आते। अपने गुरु-भाइयों के साथ रामकृष्ण के जीवन और धर्म-संबंधी चर्चा करते। लेकिन अक्सर इधर-उधर के अपरिचित व्यक्ति भी कौतूहलवश मठ में चले आते। वे इन तरुण संन्यासियों से तर्क करते, उनकी परीक्षा लेते और कुछ ऐसे होते जो हंसी-ठिठोली और अशिष्ट आलोचना से भी बाज़ न आते। इसके अलावा इन युवकों के अभिभावक इन्हें समझा-बुझाकर घर लौटा ले जाने के लिए मठ में आते। वे उन्हें गृहस्थाश्रम की श्रेष्ठता और उज्ज्वल भविष्य के सब्ज़बाग दिखाते। विवेकानन्द ने इस परिस्थिति का उल्लेख 'मेरा जीवन और ध्येय' भाषण में इस प्रकार किया है :

"हमारे कोई मित्र न थे। हमें सुनता भी कौन ? कुछ विचित्र-सी विचारधारा को लिये हुए छोकरे जो थे न ? कम से कम भारत में तो छोकरों की कोई गिनती

नहीं। ज़रा सोचिए–बारह लड़के लोगों को सुनावें भी बड़ी-बड़ी बातें, बड़े-बड़े सिद्धान्त, और यह शेखी हांकें कि वे इन विचारों को जीवन में चरितार्थ, साक्षात् करेंगे ! हां, सभी ने हंसी की, हंसी करते-करते वे गम्भीर हो गए–हमारे पीछे पड़ गए–उत्पीड़न करने लगे। बालकों के माता-पिता हमें क्रोध से धिक्कारने लगे और ज्यों-ज्यों लोगों ने हमारी खिल्ली उड़ाई, त्यों-त्यों हम और भी दृढ़ होते गए।" (वि० सा०, दशम खंड, पृष्ठ 10)

पारिवारिक अभाव अभी दूर नहीं हुआ था, इसलिए विवेकानन्द चाहे अधिकांश समय मठ में बिताते और गुरु-भाइयों की शिक्षा-दीक्षा तथा देखभाल पर पूरा ध्यान देते थे, पर वे रहते घर पर थे। मकान का झगड़ा अभी समाप्त नहीं हुआ था। संबंधियों ने मुकदमे की अपील कर दी थी। अपील का फैसला अभी नहीं हुआ था और इस कारण भी उनका घर पर रहना आवश्यक हो गया था। फिर घर वालों की जीविका चलाने वाले वही थे। लेकिन विवेकानन्द के इस उदाहरण को लेकर कुछ दूसरे संन्यासी भी घर लौटकर परिवार वालों के साथ रहने और परीक्षा की तैयारी करने लगे। दूसरे, मठ के टूट जाने का खतरा पैदा हो गया। अब नरेन्द्र चौंके। मठ टूट जाएगा तो गुरु जो कार्य सौंप गए हैं, वह कैसे सम्पन्न होगा और संघ नहीं रहेगा तो उनके विचार हवा में बिखर जाएंगे। लिखा है :

"तभी यह अनुभव हुआ कि इन विचारों का नाश होने देने के बदले कहीं यह श्रेयस्कर है कि कुछ मुट्ठी-भर लोग स्वयं अपने को मिटाते रहें।

क्या बिगड़ जाएगा यदि एक मां न रही, यदि दो भाई मर गए तो ? यह तो बलिदान है, यह तो करना ही होगा। बिना बलिदान के कोई भी महान कार्य सिद्ध नहीं हो सकता। कलेजे को बाहर निकालना होगा और निकालकर पूजा की वेदी पर उसे लहूलुहान चढ़ा देना होगा।" (वि० सा०, पृष्ठ 11)

सब बातों को जानते हुए भी कार्य रूप में परिणत करना सहज नहीं था। मनुष्य पर पूर्व संस्कारों के जाने कितने बंधन होते हैं–सभी ज़ंजीरों को एक साथ तोड़ देना सम्भव नहीं। विवेकानन्द का पहलवान शरीर भी उन्हें नहीं तोड़ पाया। लेकिन अब सभी पारिवारिक संबंधों को झटककर उन्होंने तेईस-चौबीस बरस की आयु में 1886 के दिसम्बर में स्थायी रूप में मठ में आकर रहना शुरू किया।

विवेकानन्द के बारे में दूसरों के मन में जो संदेह तथा भ्रम-भ्रान्तियां उत्पन्न होने लगी थीं, वे उनके वराहनगर मठ में आकर रहने से दूर हो गईं। जो युवा संन्यासी अपने-अपने घर चले गए थे, वे भी अब मठ में लौट आए। विवेकानन्द की सतर्क देख-भाल में वे सब दर्शन शास्त्र, वेदान्त, पुराण, भागवत इत्यादि के पाठ तथा जप, ध्यान, कठोर तपस्या आदि में लग गए। विवेकानन्द सुबह-सवेरे गुरु गम्भीर ध्वनि में उन्हें पुकारते, "हे अमृत के पुत्रगण ! अमृत पान करने के लिए जागो, जागो।" जप, ध्यान आदि के बाद विवेकानन्द गुरु भाइयों को एक साथ बिठाकर किसी दिन उनके सम्मुख गीता का और किसी दिन टामस-ए-केम्पिस के 'ईसानुसरण' का पाठ

करते। रोमां रोलां लिखते हैं :

" एकान्तवास के इस काल को उन्होंने कठिन शिक्षा का, एक उच्चतर के आध्यात्मिक विद्यालय का रूप दे दिया। उनकी प्रतिभा और उनकी ज्ञान की श्रेष्ठता ने शुरू ही से उनको अपने साथियों में अग्रणी का स्थान दे दियां था, यद्यपि उनमें से कई उनसे अधिक उम्र के थे।...

" नरेन्द्र ने दृढ़तापूर्वक इस साधना-केन्द्र का संचालन आरम्भ किया और किसी को भगवत भजन में आलस्य की अनुमति नहीं दी। सभी सदस्यों को वे निरन्तर सतर्क रखते और उनके मन को निरन्तर चेताते रहते। मानवीय चिंतन के आत्म-ग्रन्थ पढ़कर उन्हें सुनाते, विश्वात्मा के विकास का रहस्य समझाते, सभी मुख्य धार्मिक और दार्शनिक समस्याओं पर नीरस किन्तु उत्तेजित वाद-विवाद के लिए बाध्य करते, निरन्तर उस असीम सत्य के विशाल क्षितिज की ओर प्रेरित करते चलते जो जातियों और सम्प्रदायों से बड़ा है, जिसमें सभी विशिष्ट सत्य एकाकार हो जाते हैं। " (विवेकानन्द, पृष्ठ 64)

इसी प्रकार डेढ़ साल बीत गया। लेकिन अब एक नई प्रवृत्ति ने सिर उठाया। उत्साह और जिज्ञासा से ओत-प्रोत तरुण संन्यासी कब तक नीरस वाद-विवाद में उलझे और निर्जीव पुस्तकों से सिर पटकते रहते। पुस्तक ज्ञान आवश्यक होते हुए भी पुस्तक मानव अनुभव का संकलन मात्र है। इन युवा संन्यासियों को भी मठ की चारदीवारी से बाहर निकलकर विस्तृत संसार का अनुभव–सरस और सजीव ज्ञान प्राप्त करना था। उनके गुरु रामकृष्ण परमहंस ने पुस्तकें नहीं पढ़ी थीं। उन्होंने शास्त्र तथा संस्कृति का ज्ञान मौखिक रूप से ग्रहण किया था और फिर उस ज्ञान को हास-परिहास और श्लेषमयी भाषा में सरस और सजीव बनाकर मौखिक रूप ही से भक्तों तक पहुंचाया था। उनके शिष्य मात्र पुस्तक-ज्ञान तक सीमित रहकर अपने को कैसे निर्जीव और आदर्शहीन बना लें। इसलिए दो-एक संन्यासी चुपचाप बिना कानों-कान खबर किए तीर्थ-भ्रमण को चल दिए। फिर एक दिन जब विवेकानन्द किसी काम से कलकत्ता गए हुए थे बहुत छोटी उम्र का संन्यासी सारदाप्रसन्न (स्वामी त्रिगुनातीतानन्द) गुप्त रूप से मठ छोड़कर चला गया। विवेकानन्द बड़े व्याकुल हुए और उन्होंने राखाल से कहा, "तुमने उसे क्यों जाने दिया ? देख राजा, मैं कैसी विकट स्थिति में पड़ गया हूं। एक संसार (घर-द्वार) छोड़कर यहां आया और यहां माया का एक नया संसार जोड़ बैठा हूं। इस लड़के के लिए प्राण बड़े ही व्याकुल हो उठे हैं।"

सारदाप्रसन्न जाते समय एक पत्र लिखकर छोड़ गया था। अब किसी व्यक्ति ने वह पत्र लाकर विवेकानन्द को दिया। लिखा था, "मैं पैदल श्री वृन्दावन जा रहा हूं। यहां पर रहना मेरे लिए असम्भव हो गया है। कौन जाने किस समय मन की गति बदल जाए। मैं बीच-बीच में माता-पिता, घर,स्वजन आदि के स्वप्न देखता हूं। मैं स्वप्न में मूर्तिमति माया द्वारा प्रलोभित हो रहा हूं। मैंने काफी सहन किया

है, यहां तक कि प्रबल आकर्षण के कारण मुझे दो बार घर जाकर स्वजनों से मिलना पड़ा है। अतः अब यहां रहना किसी भी तरह उचित नहीं है, माया के पंजे से छुटकारा पाने के लिए दूर देश में जाने के अलावा और गति नहीं है।"

विवेकानन्द ने पत्र पढ़कर समाप्त किया तो वह एक ज़बर्दस्त झटका लगा और एक और ज़ंजीर टूटकर गिर पड़ी। सोचा, 'ये तो सभी तीर्थ-भ्रमण का आग्रह कर रहे हैं। इससे तो मठ का नाश हो जाएगा। ठीक है, होने दो। मैं कौन हूं, इन्हें बांधकर रखनेवाला ?' उनका अपना मन पिछले दो बरस से उड़ निकलने के लिए छटपटा रहा था। यह क्या कि उन्होंने घर-द्वार की चांदी की ज़ंजीर तोड़ दी और अब यह संघ की सोने की ज़ंजीर पहने रखें ! इस प्रकार एक साथ रहते सभी धीरे-धीरे माया के बंधन में आबद्ध हुए जा रहे हैं। अतएव स्वयं उन्होंने भी मठ छोड़कर दूर चले जाने का संकल्प कर लिया। गुरु-भाइयों का अनुरोध उन्हें रोक नहीं पाया। वे मां (रामकृष्ण की विधवा पत्नी शारदामणि) का आशीर्वाद लेकर तीर्थ-भ्रमण को निकल पड़े।

अब व्यवस्था यह की गई कि दल का एक भाग हमेशा मठ में बना रहेगा। शशि (स्वामी रामकृष्णानन्द) स्थायी रूप से मठ में रहकर उसका संचालन करते रहे। उन्होंने कभी उससे बाहर कदम नहीं रखा। वे मठ की धुरी और उसके एकनिष्ठ संरक्षक थे। दूसरे शिष्य चले जाते और घूम-फिरकर फिर इसी नीड़ में लौट आते थे।

विवेकानन्द 1888 के प्रथम भाग में वराहनगर में परिव्राजक रूप में भ्रमण के लिए चले। बिहार और उत्तर प्रदेश में घूमते हुए वे मुख्य तीर्थ काशी पहुंचे और वहां कुछ दिन रुकने का निश्चय करके द्वारकादास आश्रम में रहने लगे। जप, ध्यान, साधु संग और विद्वानों से शास्त्र चर्चा उनका नित्य कर्म था। एक दिन किसी सज्जन ने उनका परिचय पंडित भूदेव मुखोपाध्याय से करा दिया। युवा संन्यासी विवेकानन्द के साथ धर्म, समाज, नीति तथा देश की उन्नति संबंधी चर्चा करके भूदेव बाबू इतने मुग्ध हुए कि उन्होंने उन सज्जन से कहा, "इतनी छोटी अवस्था में इतनी गम्भीर अंतर्दृष्टि ! मुझे विश्वास है कि भविष्य में वे एक महान व्यक्ति बनेंगे।"

वाराणसी में उन दिनों स्वामी भास्करानन्द के गुणों की बड़ी चर्चा थी। विवेकानन्द एक दिन उनके आश्रम में भी गए। वे अपने शिष्यों तथा भक्तों से घिरे बैठे थे। विवेकानन्द को संन्यास-जीवन संबंधी आदर्श का उपदेश देते हुए भास्करानन्द ने यह कह दिया कि काम कांचन का पूर्णरूप से कोई भी त्याग नहीं कर सकता। विवेकानन्द ने इसका प्रतिवाद करते हुए कहा, "महाराज, ऐसे अनेक संन्यासी हैं, जो सम्पूर्ण रूप से काम-कंचन के बंधनों से मुक्त हैं।" और उदाहरण के लिए उन्होंने रामकृष्ण परमहंस का नाम लिया। भास्करानन्द हंसते हुए बोले, "तुम बच्चे हो, इस उम्र में वह बात नहीं समझ सकोगे। फिर जब उन्होंने रामकृष्ण के चरित्र की आलोचना की तो विवेकानन्द ने निर्भीक दृढ़ता से उसका खंडन किया। स्वामी भास्करानन्द

की बड़ी धाक थी। राजे, महाराजे, पंडित तथा ज्ञानी उनके चरण छूकर कृतार्थ होते थे। तरुण संन्यासी विवेकानन्द के साहस और तर्क से सब विस्मित रह गए। भास्करानन्द उदार हृदय संन्यासी थे। उन्होंने अपने शिष्यों तथा उपस्थित व्यक्तियों से कहा, "इसके कंठ में सरस्वती विराजमान है, इसके हृदय में ज्ञानालोक प्रदीप्त हुआ है।" गुरु के संबंध में अनादरसूचक शब्द विवेकानन्द से सहन नहीं हुए, वे तुरंत वहां से चले आए।

कुछ दिन काशी में रहकर विवेकानन्द वराहनगर मठ में लौट आए। सत्येन्द्रनाथ मजूमदार लिखते हैं :

"वाराणसी हिन्दू-भारत का हृदय-केन्द्र है। यहां मद्रासी, पंजाबी, बंगाली, गुजराती, महाराष्ट्रीय, उत्तर प्रदेशीय व्यक्तिगण आचार-व्यवहार और भाषा की भिन्नता के बावजूद एक ही भाव के भावुक बनकर भगवान विश्वनाथ के मंदिर में सम्मिलित होते हैं। काशी धाम में स्वामी जी ने पारमार्थिकता से भ्रष्ट, विचार-विहीन एवं बाह्य-आचार-परायण इन नर-नारियों के बीच भी धर्म की युग-युगान्तर से संचित महिमा की उपलब्धि की। इसीलिए हम देखते हैं, वराहनगर मठ में लौटकर वे गुरु-भाइयों को प्रचार कार्य के लिए प्रोत्साहित करने लगे। भारतवर्ष को देखना होगा, समझना होगा, इन लाखों, करोड़ों नर-नारियों की जीवनयात्रा के कितने भिन्न-भिन्न स्तरों में कौन-सी वेदना, कौन-सा अभाव दिन-रात एक अपूर्ण लालसा की ज्वाला भड़काकर उन्हें दग्ध कर रहा है, वह समझना होगा। इस कल्याणव्रत की साधना के लिए केवल स्वार्थ त्याग ही नहीं, बल्कि सर्वस्व त्याग करना होगा। यहां तक कि उन्हें अपनी मुक्ति की कामना तक को भूल जाना होगा।" (विवेकानन्द चरित्र, पृष्ठ 146)

मठ से विवेकानन्द दोबारा काशी आए तो उनके एक गुरु-भाई अखंडानन्द ने उनका परिचय प्रभदादास मित्र से करा दिया। प्रभदादास संस्कृत भाषा, साहित्य और वेदान्त दर्शन के प्रकांड पंडित थे। इनसे विवेकानन्द कितने प्रभावित हुए और उनके मन में इनके प्रति कितनी श्रद्धा उत्पन्न हुई, इसका अनुमान वराहनगर, कलकत्ता से 17 अगस्त, 1889 को लिखे गए पत्र से सहज में लगाया जा सकता है। उन्हें 'पूज्यवाद', से सम्बोधित करते हुए लिखा है :

"आपने पिछले पत्र में लिखा है कि जब मैं आपको आदरसूचक शब्दों से संबोधित करता हूं, तो आपको बहुत संकोच होता है। किन्तु इसमें मेरा कुछ दोष नहीं। इसका उत्तरदायित्व तो आपके सद्गुणों पर है। मैंने इस पत्र के पूर्व एक पत्र लिखा था कि आपके सद्गुणों से जो मैं आपकी ओर आकृष्ट होता हूं, उससे यह प्रतीत होता है कि हमारा और आपका कुछ पूर्व जन्म का सम्बन्ध है। इस सम्बन्ध में मैं एक गृहस्थ और संन्यासी में कोई भेद नहीं मानता और जहां कहीं महानता, हृदय की विशालता, मन की पवित्रता एवं शान्ति पाता हूं, वहां मेरा मस्तक श्रद्धा से नत हो जाता है। आजकल जितने लोग संन्यास ग्रहण करते हैं, वे ऐसे लोग हैं

जो वास्तव में मान-सम्मान के भूखे हैं, जीवन-निर्वाह के निमित्त त्याग का दिखावा करते हैं और जो गृहस्थ और संन्यास, इन दोनों के आदर्शों से गिरे हुए हैं–उनमें कम से कम एक लाख में एक तो आपके जैसा निकले, ऐसी मेरी प्रार्थना है। मेरे जिन ब्राह्मण गुरु-भाइयों ने आपके सद्गुणों की चर्चा सुनी है, वे सब आपको सादर प्रणाम करते हैं।(वि० सा०, प्रथम खंड, पृष्ठ 340)

इसके बाद शास्त्र सम्बन्धी कोई संदेह, कोई समस्या उठ खड़ी होती तो स्वामी विवेकानन्द उसका समाधान उनसे पूछा करते थे। लेकिन आठ बरस बाद 30 मई, 1897 के एक पत्र में अल्मोड़ा से लिखा है :

"यद्यपि बहुत दिनों से मेरा आपसे पत्र-व्यवहार नहीं था, परन्तु औरों से आपका प्रायः सब समाचार सुनता रहा हूं। कुछ समय हुआ, आपने कृपापूर्वक मुझे इंग्लैंड में गीता के अनुवाद की एक प्रति भेजी थी। उसकी जिल्द पर आपके हाथ की एक पंक्ति लिखी हुई थी। इस उपहार की स्वीकृति थोड़े से शब्दों में दिए जाने के कारण मैंने सुना कि आपको मेरी आपके प्रति पुराने प्रेम की भावना में संदेह उत्पन्न हो गया है।"

"कृपया इस संदेह को आधाररहित जानिए। उस संक्षिप्त स्वीकृति का कारण यह था कि पांच वर्ष में मैंने आपकी लिखी हुई एक ही पंक्ति उस अंग्रेज़ी गीता की ज़िल्द पर देखी, इस बात से मैंने यह विचार किया कि यदि इससे अधिक लिखने का आपको अवकाश न था तो क्या अधिक पढ़ने का अवकाश हो सकता है ? दूसरी बात, मुझे यह पता लगा कि हिन्दू धर्म के गोरांग मिशनरियों के आप विशेष मित्र हैं और दुष्ट काले भारतवासी आपकी घृणा के पात्र हैं। यह मन में शंका उत्पन्न करने वाला विषय था। तीसरे, मैं म्लेच्छ, शूद्र, इत्यादि हूं–जो मिले सो खाता हूं, वह भी जिस किसी के साथ और सबके सामने–चाहे देश हो या विदेश। इसके अतिरिक्त मेरी विचारधारा में बहुत विकृति आ गई है–मैं एक निर्गुण पूर्ण ब्रह्म को देखता हूं, यदि वे ही व्यक्ति ईश्वर के नाम से पुकारे जाएं तो मैं इस विचार को ग्रहण कर सकता हूं, परन्तु बौद्धिक सिद्धान्तों द्वारा परिकल्पित विधाता आदि की ओर मन आकर्षित नहीं होता।"

जब बौद्धिक अंतर बढ़ जाए तो आपसी संबंध पुराने पड़ जाते हैं। तब उन पुराने संबंधों को झटककर आगे बढ़ जाना ही बेहतर होता है।

अगस्त, 1888 में स्वामी विवेकानन्द काशी ही से तीर्थ-यात्रा पर रवाना हुए। उत्तर भारत के कई स्थानों पर होते हुए वे सरयू नदी के तट पर स्थित अयोध्या पहुंचे। यहां आकर बचपन की अनेक स्मृतियां उनके मन में जाग उठीं। रामायण से उन्हें विशेष अनुराग था, सीता राम की कहानी उन्होंने मां से सुनी थी और महावीर उनका चरित्र नायक था। अयोध्या में कुछ दिन रहकर उन्होंने रामायण संन्यासियों से सत्संग किया और फिर वे लखनऊ और आगरा होते हुए पैदल ही वृन्दावन की ओर चले।

आगरा और फतेहपुर सीकरी में उन्होंने मुगल इमारतों का शिल्प सौंदर्य देखा और फिर आगे बढ़े। वृन्दावन के मार्ग में उन्होंने देखा कि एक व्यक्ति किनारे बैठा तम्बाकू पी रहा है। उनका मन भी कश लगाने को ललचाया और हाथ बढ़ाकर उस आदमी से चिलम मांगी। "महाराज, मैं भंगी हूं।" वह संस्कार-भीरु व्यक्ति बोला। "मेहतर !" विवेकानन्द के भी जन्मगत संस्कार आड़े आए और बढ़ा हुआ हाथ पीछे हट गया। जल्दी-जल्दी कदम बढ़ाते हुए वे आगे बढ़े, पर कुछ ही दूर गए होंगे कि मन ने धिक्कारा, "अरे, तूने तो जाति, कुल, मान,सभी को त्याग कर संन्यास ले लिया है। फिर मेहतर से घृणा कैसी ? यह जाति-अभिमान क्यों ?" विवेकानन्द उल्टे पांव उस व्यक्ति के पास आए। उससे चिलम भरवाकर बड़े प्रेम और आनन्द से तम्बाकू पिया। इसके बाद अपनी यात्रा में वे भंगी, चमारों के झोंपड़ों में रातों ठहरे और उनके मन में छुआछूत का विचार फिर कभी नहीं आया।

वृन्दावन में थोड़े दिन रहकर जब वे हाथरस आए तो वहां के नौजवान स्टेशन मास्टर शरच्चन्द्र गुप्ता से अचानक उनकी भेंट हो गई। शरद उन्हें अपने घर ले गया और विवेकानन्द ने गुप्त परिवार में कुछ दिन बिताए। जब वे वहां से चले तो शरद उन्हें छोड़ने को तैयार नहीं था। वह पिता की आज्ञा लेकर विवेकानन्द का पहला शिष्य बना और दंड-कमंडलु लेकर उनके साथ चला। शरच्चन्द्र का संन्यासी नाम स्वामी सदानन्द रखा गया और बाद में उसने गुरु के बुलावे पर अमेरिका जाकर वेदान्त-प्रचार में उनका हाथ बटाया।

शिष्य और गुरु एक साथ यात्रा पर चल पड़े। लेकिन सदानन्द संन्यासी जीवन और यात्रा की कठिनाइयों का अभ्यस्त नहीं था, इसलिए वह बीमार पड़ गया। विवेकानन्द उसे अपने कंधों पर उठाए-उठाए जंगलों में घूमते रहे। अन्त में वे आप भी बीमार पड़ गए और शिष्यों को साथ लेकर हाथरस लौट आए। गुप्त परिवार और उत्साही युवकों की सेवा सुश्रूषा-से वे स्वस्थ हुए। पहले वह और कुछ दिन बाद सदानन्द भी अगस्त 1888 में वराहनगर मठ में आ गया और रामकृष्ण संघ में सम्मिलित हो गया।

अब विवेकानन्द लगभग एक बरस तक वराहनगर मठ तथा बाग बाज़ार कलकत्ता में बलराम बसु के मकान पर रहे। यह समय उन्होंने गुरु-भाइयों के साथ वेदान्त, पाणिनि व्याकरण तथा शास्त्रों के अध्ययन में बिताया। इस बीच में उन्होंने प्रभदादास मित्र को पत्र लिखे, उनसे मठ के जीवन, कार्य और उनको अपनी मनःस्थिति पर भली भांति प्रकाश पड़ता है। प्रभदादास ने इन संन्यासियों को वेदान्त तथा अष्टाध्यायी के ग्रंथ दान दिए थे। इसके लिए कृतज्ञता व्यक्त करते हुए विवेकानन्द ने उन्हें 19 नवम्बर, 1888 को लिखा था :

"अपने 'वेदान्त' का उपहार भेजकर न केवल मुझे, वरन् श्रीराम-कृष्ण के समस्त संन्यासी-मंडल को आजीवन ऋणी कर दिया है। वे सब आपको सादर प्रणाम करते हैं। मैंने आपसे पाणिनि व्याकरण की जो प्रति मंगाई है, वह केवल अपने ही

लिए नहीं है, वास्तव में इस मठ में संस्कृत धर्मग्रंथों का खूब अध्ययन हो रहा है। वेदों के लिए तो यहां तक कहा जा सकता है कि उनका अध्ययन बंगाल में बिलकुल छूट गया है, इस मठ में बहुत से लोग संस्कृत जानते हैं और उनकी इच्छा है कि वे वेदों के संहितादि भागों पर पूर्ण अधिकार प्राप्त कर लें। उनकी राय है कि जो काम किया जाए पूरी तरह किया जाए। मेरा विश्वास है कि पाणिनि व्याकरण पर पूर्ण अधिकार प्राप्त किए बिना वेदों की भाषा में पारंगत होना असम्भव है और एकमात्र पाणिनी व्याकरण ही इस कार्य के लिए सर्वश्रेष्ठ है। इसीलिए, इसकी एक प्रति की आवश्यकता हुई। मुग्धबोध व्याकरण जो हम लोगों ने बाल्यकाल में पढ़ा था, लघुकौमुदी से कई अंशों में अच्छा है। आप स्वयं एक बड़े विद्वान हैं; अतएव हमारे लिए इस विषय में निर्णय अच्छी तरह कर सकते हैं। अतः यदि आप समझते हैं कि (पाणिनिकृत) अष्टाध्यायी हमारे लिए सबसे अधिक उपयुक्त है, तो उसे भेजकर हमें आप जीवन भर के लिए अनुग्रहीत करेंगे। इस विषय में मैं यह कह दूं कि आप अपनी सुविधा और इच्छा का अवश्य स्मरण रखें। इस मठ में अध्यवसायी, योग्य और कुशाग्रबुद्धि वाले मनुष्यों की कमी नहीं है।..."

इन दिनों विवेकानन्द ने वेदों के साथ-साथ उपनिषद् और शंकर भाष्य का भी गंभीर अध्ययन किया। उनके मन में जो संदेह उठे उन्हें मिटाने के लिए वे बराबर प्रभदादास मित्र को लिखते रहे। ये सब पत्र 'विवेकानन्द साहित्य, प्रथम खंड में संग्रहीत हैं। 17 अगस्त, 1889 के लम्बे पत्र में पूछे गए बारह प्रश्नों में से हम यहां सिर्फ तीन का उल्लेख करते हैं, इससे विवेकानन्द की विचार-पद्धति का पता चलेगा। लिखा है :

"यदि वेद नित्य हैं, तो फिर इन कथाओं में कहां तक सत्य है कि 'धर्म की वह विधि द्वापर के लिए है' और 'यह कलियुग के लिए है' इत्यादि, इत्यादि।

10. जिस परमात्मा ने वेदों का निर्माण किया उसी ने फिर बुद्धावतार धारण कर उनका खंडन किया। इन धर्मोपदेशों में किसका अनुगमन किया जाए ? इसमें से किसको प्रमाणस्वरूप माना जाए ? पहले को या बाद वाले को ?

11. तंत्र कहते हैं कि कलियुग में वेद-मंत्र व्यर्थ हैं। अब भगवान शिव के भी किस आदेश का पालन किया जाए ?

12. "व्यास का वेदान्त सूत्र में यह स्पष्ट कथन है कि वासुदेव संकर्षादि चतुर्व्यूह उपासना ठीक नहीं। फिर वहीं व्यास भागवत् में इसी उपासना के गुणानुवाद गाते हैं। तो क्या व्यास पागल थे ?"

और 13 दिसम्बर का पत्र देखिए :

"आपकी लिखी हुई पुस्तिका मिली। जब से यूरोप में 'ऊर्जा-संधारण' के (Conservation of Energy) के सिद्धान्त का आविष्कार हुआ है, तब से वहां एक प्रकार से वैज्ञानिक अद्वैतवाद फैल रहा है। किन्तु वह सब परिणामवाद है। यह अच्छा हुआ कि आपने उसमें और शंकराचार्य के विवर्तवाद में भेद स्पष्ट कर दिया

है। जर्मन अतींद्रियवादियों (Transcendentalists) के संबंध में स्पेंसर की विडम्बना का जो उद्धरण आपने दिया है, यह मुझे जंचा नहीं। स्पेंसर स्वयं उनसे बहुत कुछ सीखा है, आपका विरोधी 'गफ' (Gough) अपने 'होगल' को समझ सका है या नहीं, इसमें सन्देह है। जो हो, आपका उत्तर काफी तीक्ष्ण एवं अकाट्य है।"

और 4 जुलाई को अपने बारे में लिखा था :

"परन्तु मुझको तो इस समय अब एक नया ही रोग है। परमात्मा की कृपा पर मेरा अखंड विश्वास है। वह कभी टूटने वाला भी नहीं। धर्मग्रन्थों पर मेरी अटूट श्रद्धा है। परन्तु प्रभु की इच्छा से मेरे गत छः-सात वर्ष निरन्तर विभिन्न विघ्न-बाधाओं से लड़ते हुए बीते। मुझे आदर्श शास्त्र प्राप्त हुआ है, मैंने एक आदर्श महापुरुष के दर्शन प्राप्त किए हैं, फिर भी किसी वस्तु का अन्त तक निर्वाह मुझसे नहीं हो पाता, यही मेरे लिए कष्ट की बात है।"

"और विशेषतः कलकत्ता के आस-पास रहकर मुझे सफलता पाने की कोई आशा नहीं। कलकत्ता में मेरी मां और दो भाई रहते हैं। मैं सबसे बड़ा हूं। दूसरा भाई एफ० ए० परीक्षा की तैयारी कर रहा है और तीसरा अभी छोटा है।"

परिवार की दरिद्रता और मकान के झगड़े का उल्लेख करके आगे लिखा है:

"कलकत्ता के पास रहकर मुझे अपनी आंखों उनकी दुख-अवस्था देखनी पड़ती है। उस समय मेरे मन में रजोगुण जाग्रत हो उठता है और मेरा अहंभाव कभी-कभी उस भावना में परिणत हो जाता है, जिसके कारण कार्य-क्षेत्र में कूद पड़ने की प्रेरणा होती है। ऐसे क्षणों में मैं अपने मन में एक भयंकर अंतर्द्वन्द्व का अनुभव करता हूं। यही कारण है कि मैंने लिखा था कि मेरे मन की स्थिति भीषण है। अब उनका मुकदमा समाप्त हो चुका है। आशीर्वाद दीजिए कि कुछ दिन कलकत्ता में ठहरकर उन सब मामलों को सुलझाने के बाद में सदा के लिए विदा ले सकूं।"

इस बीच में उन्होंने छोटी-छोटी यात्राएं कीं। फरवरी, 1889 में वे रामकृष्ण की जन्मभूमि कामारपुकुर, श्री माता शारदामणि की जन्मभूमि जयरामवटी गए। वहां से लौटते समय वे बीमार हुए और काफी दिन चारपाई नहीं छोड़ पाए। जुलाई में शिमलतुल और दिसम्बर के अंत में वैद्यनाथ और इलाहाबाद गए। 1890 में गाजीपुर की दो बार यात्रा की, जो दिलचस्प और महत्त्वपूर्ण है। इसलिए उसकी तनिक विस्तार से चर्चा करनी होगी।

विवेकानन्द 21 जनवरी, 1890 को गाजीपुर पहुंचे। वहां पवहारी बाबा नाम के एक प्रसिद्ध साधु थे, जो गुफा में बन्द रहते थे। विवेकानन्द बाबा जी से मिलने के लिए बड़े उत्सुक थे, पर अवसर नहीं मिल रहा था। 31 जनवरी के पत्र में प्रभदादास मित्र को लिखते हैं, "बाबा जी से भेंट होना अत्यन्त कठिन है, वे मकान के बाहर नहीं निकलते, इच्छानुसार दरवाज़े पर आकर भीतर ही से बोलते हैं। अत्यन्त ऊंची दीवारों से घिरा हुआ, उद्यानयुक्त तथा दो चिमनियों से सुशोभित उनके निवास स्थान को देख आया हूं, भीतर जाने का कोई उपाय नहीं। लोगों का कहना है कि भीतर

गुफा यानी तहखाना जैसी एक कोठरी है, जिसमें वे रहते हैं, वे क्या करते हैं, यह वे ही जानते हैं, क्योंकि कभी किसी ने देखा नहीं। एक दिन मैं यहां बैठा-बैठा कड़ी सर्दी खाकर लौटा था, फिर भी मैं यत्न करूंगा।" इसके बाद 4 फरवरी, 7 फरवरी के पत्र इस प्रकार हैं :

"बड़े भाग्य से बाबाजी का दर्शन हुआ। वास्तव में वे महापुरुष हैं। बड़े आश्चर्य की बात है कि इस नास्तिकता के युग में भी भक्ति एवं योग की अद्‌भुत क्षमता के वे अलौकिक प्रतीक हैं। मैं उनकी शरण में गया और उन्होंने मुझे आश्वासन दिया, जो हर एक के भाग्य में नहीं। बाबा जी की इच्छा है कि मैं कुछ दिन ठहरूं, वे मेरा कल्याण करेंगे। अतएव इन महापुरुष की आज्ञानुसार मैं कुछ दिन और यहां ठहरूंगा। निस्संदेह इससे आप भी आनन्दित होंगे। घटना बड़ी विचित्र है। पत्र में न लिखूंगा। मिलने पर बताऊंगा। ऐसे महापुरुषों का साक्षात्कार किए बिना शास्त्रों पर पूर्ण विश्वास नहीं होता।"

विचित्र घटना क्या थी, यह प्रभदादास मित्र जानें–अगला पत्र यह है :

"बड़ा हर्ष हुआ बाबा जी आचारी वैष्णव प्रतीत होते हैं। उन्हें योग, भक्ति एवं विनय की प्रतिमा कहना चाहिए। उनकी कुटी के चारों ओर दीवारें हैं। उनमें दरवाज़े बहुत थोड़े हैं। परकोटा के भीतर एक बड़ी गुफा है, जहां वे समाधिस्थ पड़े रहते हैं। गुफा से बाहर आने पर ही वे दूसरों से बातचीत करते हैं। किसी को यह मालूम नहीं कि वे क्या खाते-पीते हैं। इसीलिए लोग उन्हें पवहारी (पवन का आहार करने वाले) बाबा कहते हैं। एक बार जब वे पांच साल तक गुफा से बाहर नहीं निकले, तो लोगों ने समझा कि उन्होंने शरीर त्याग दिया है। किन्तु वे फिर उठ आए। पर अब वे लोगों के सामने निकलते नहीं और बातचीत भी द्वार के भीतर ही से करते हैं। इतनी मीठी वाणी मैंने कहीं नहीं सुनी, वे प्रश्नों का सीधा उत्तर नहीं देते, बल्कि कहते हैं 'दास क्या जाने ?' परन्तु बात करते-करते मानों उनके मुख से अग्नि के समान तेजस्वी वाणी निकलती है। मेरे बहुत आग्रह करने पर उन्होंने कहा, "कुछ दिन यहां ठहरकर मुझे कृतार्थ कीजिए।" परन्तु वे इस तरह कभी नहीं कहते। इसलिए मैंने यह समझा कि मुझे आश्वासन देना चाहते हैं और जब कभी मैं हठ करता हूं, मुझे ठहरने के लिए कहते हैं। वे निस्संदेह बड़े विद्वान हैं, पर कुछ प्रकट नहीं होता। वे शास्त्रोक्त कर्मकाण्ड करते हैं। पूर्णिमा से संक्रान्ति तक होम होता रहता है। अतएव यह निश्चय है कि वे इस अवधि में गुफा में प्रवेश करेंगे। मैं उनसे अनुमति किस प्रकार मांगू ? वे तो कभी सीधा उत्तर ही नहीं देते। 'यह दास,' 'मेरा भाग्य' इत्यादि कहते रहते हैं।

विवेकानन्द ने 'पवहारी बाबा' शीर्षक से एक लम्बा निबंध भी लिखा है जो विवेकानन्द साहित्य, नवम खंड में संकलित है। इस निबंध में उन्होंने पवहारी बाबा के डील-डौल और विचित्र मृत्यु का वर्णन इन शब्दों में किया है :

"देखने में वे अच्छे लम्बे-चौड़े तथा दोहरे शरीर के थे। उनके एक ही आंख

थी और अपनी वास्तविक उम्र से वे कुछ कम प्रतीत होते थे। उनकी आवाज़ इतनी मधुर थी कि हमने वैसी आवाज़ अभी तक नहीं सुनी। अपने जीवन के शेष दस वर्ष या इससे भी कुछ अधिक समय से, वे लोगों को फिर दिखाई नहीं पड़े। उनके दरवाज़े के पीछे कुछ आलू तथा थोड़ा-सा मक्खन रख दिया जाता था और रात को किसी समय जब वे समाधि में न होकर अपने ऊपर वाले कमरे में होते थे, तो इन चीज़ों को ले लेते थे। पर जब वे गुफा के भीतर चले जाते थे तब उन्हें इन चीज़ों की भी आवश्यकता नहीं रह जाती थी।..."

"हम पहले कह चुके हैं कि बाहर से धुआं दीख पड़ने ही से मालूम हो जाता था कि वे समाधि से उठे हैं। एक दिन उस जलते हुए धुएं में मांस की दुर्गंध आने लगी। आसपास के लोग इसके संबंध में अनुमान न कर सके कि क्या हो रहा है। अंत में जब वह दुर्गंध असह्य हो उठी और धुआं भी अत्यधिक मात्रा में उठता हुआ दिखाई देने लगा, तब लोगों ने दरवाज़ा तोड़ डाला और देखा कि इस महायोगी ने स्वयं को पूर्णाहुति के रूप में उस होमाग्नि को समर्पित कर दिया है थोड़े ही समय में उनका वह शरीर भस्म राशि में परिणत हो गया।"

"प्रस्तुत लेखक इस परलोकगत संत के प्रति परम ऋणी है। इस लेखक ने जिन श्रेष्ठतम आचार्यों से प्रेम किया तथा जिनकी सेवा की है, उनमें से वे एक हैं। उनकी पवित्र स्मृति में ये पंक्तियां चाहे जैसी भी अयोग्य हों, समर्पित करता हूं।" (वि० सा०, पृष्ठ 270-71)

हमारे देश ने जाने ऐसे कितने अद्भुत और विलक्षण व्यक्ति पैदा किए हैं उनसे सहमत-असहमत होना अलग रहा, पर उनके चरित्र की दृढ़ता और एकनिष्ठा से तो इनकार नहीं किया जा सकता। ये ही वे लोग हैं जिन्होंने ज्ञान के दीप को अपने खून से जलाया, मेंह-आंधी के भयंकर तूफानों में भी बुझने नहीं दिया और जनसाधारण में अपनी संस्कृति तथा परम्परा के प्रति दृढ़ एवं अटूट आस्था बनाए रखी।

इस अद्भुत पुरुष पवहारी बाबा से विवेकानन्द क्या चाहते थे और उनके आपसी संबंध क्या थे, इस बारे में सत्येन्द्रनाथ मजूमदार 'विवेकानन्द-चरित' में लिखते हैं :

"घनिष्ठ परिचय हो जाने से महान तपस्वी पवहारी बाबा पर स्वामी जी बड़े मुग्ध हुए। उन्होंने अपने मन में सोचा, 'क्या कारण है कि भगवान श्री रामकृष्ण की अहैतुकी कृपा के अधिकारी होकर भी आज तक मुझे शान्ति नहीं मिली ? सम्भव है कि इन ब्रह्मज्ञ पुरुष की सहायता से मैं शान्ति प्राप्त कर सकूंगा।"

"स्वामी जी ने सुना था कि पवहारी बाबा ने योगमार्ग की साधना द्वारा सिद्धि लाभ की थी। अतएव उनके हृदय में पवहारी बाबा से योग सीखने की इच्छा हुई। वे बाबा जी को पकड़कर बैठ गए और कहने लगे, 'आपको मुझे योग की शिक्षा देनी ही होगी।' अत्यन्त आग्रह देखकर पवहारी बाबा ने भी 'हां' कह दिया।"

"गम्भीर रात्रि में स्वामी जी पवहारी बाबा की गुफा में जाने के लिए तैयार हुए। श्री रामकृष्ण या पवहारी बाबा ?–यह प्रश्न मन में आते ही उनका उत्साह ठंडा पड़ गया। विह्वल हृदय से, संदेहपूर्ण चित्त से विवेकानन्द भूमि पर बैठ गए...सजल नेत्रों को उठाकर देखा, दिव्य दर्शन–उनके जीवन के आदर्श दक्षिणेश्वर के वही अद्भुत देव मानव उनके सामने खड़े हैं। विवेकानन्द अवाक् रह गए, एक प्रहर तक पत्थर की मूर्ति की तरह वे ज़मीन पर बैठे ही रहे। प्रातःकाल हुआ। मन में संकल्प-विकल्प होने लगा कि भगवान श्री रामकृष्ण का वह दर्शन मस्तिष्क की दुर्बलता ही का फल तो नहीं था ! निदान अगली रात को वे फिर से पवहारी बाबा के पास जाने को तैयार हुए। पर आज भी वही पहले की देखी हुई ज्योतिर्मयी मूर्ति उसी तरह उनके सामने खड़ी हो गई। एक दिन, दो दिन, तीन दिन, लगातार इक्कीस दिन इसी प्रकार व्यतीत होने पर अंत में वे मर्मवेदना से भूमि पर लोट-पोट होकर आर्तस्वर से बोल उठे, "नहीं प्रभु, मैं और किसी के पास नहीं जाऊंगा। हे रामकृष्ण ! तुम ही मेरे एक मात्र आराध्य हो, मैं तुम्हारा ही दास हूं। मेरी इन मानसिक दुर्बलता के अपराध को क्षमा करो, प्रभु।" (विवेकानन्द चरित, पृष्ठ 161-62)

गुरु के जिस आसन पर रामकृष्ण परमहंस आसीन थे, उस पर किसी दूसरे को नहीं बिठाया जा सकता था। विवेकानन्द ने 'गाता हूं गीत मैं तुम्हें ही सुनाने को' कविता इसी घटना से प्रेरित होकर लिखी :

**"बाल-केलि करता हूं तुझसे मैं**
**और क्रोध करके देव**
**तुम से किनारा कर जाना कभी चाहता हूं**
**किन्तु निशा काल में**
**शय्या के शिरो भाग में**
**देखता हूं तुमको मैं खड़े हुए–**
**चुपचाप आंखें छलछलाई हुईं,**
**हेरते हो मेरे तुम मुख की ओर।**
**उसी समय बदल जाता भाव मेरा**
**पैरों पड़ता हूं पर क्षमा नहीं मांगता,**
**तुम नहीं करते हो रोष।**
**पुत्र हूं तुम्हारा, कहो,**
**और कोई कैसे इस प्रगल्भता को**
**सहन कर सकता है ?**
**प्रभु हो तुम मेरे, तुम प्राणसखा मेरे हो।**
**कभी देखता हूं,**
**"तुम मैं हो, मैं तुम हूं।"**

व्यथित हृदय को शान्ति देने की तुच्छ कामना। पलायन निरा पलायन ! दृढ़ चरित्र, एकनिष्ठ नरेन्द्र अर्थात् विवेकानन्द के लिए यह सम्भव नहीं था। गुरु के शब्द स्मरण हो आए, "तेरी निर्विकल्प समाधि अभी ताले में बन्द करके रख दी गई है। काम समाप्त होने ही पर मिलेगी।"

और फिर तू जीवों पर दया करने वाला कौन है ? शिवज्ञान से जीवों की सेवा करो। गुरु के शब्दों की व्याख्या करते हुए नरेन्द्र अर्थात् विवेकानन्द ही ने तो कहा था, "मैंने आज एक महान सत्य को पा लिया है। मैं इस जीवित सत्य की सारे संसार में घोषणा करूंगा।" नरेन्द्र अर्थात् विवेकानन्द अपने ही इन शब्दों को कैसे झुठलाए ! वे ही अगर मन की शान्ति के लिए अपने को गुफा में बन्द कर ले और अन्त में पवहारी बाबा की तरह शरीर को होमाग्नि की भेंट कर दे तो "वन के वेदान्त को घर में लाने और शिवरूपी जीवों की सेवा का कार्य कैसे सम्पन्न होगा ?"

निश्चित ही पवहारी बाबा का मार्ग विवेकानन्द का मार्ग नहीं था। गाजीपुर में रविवार को जो धर्म-सभा होती थी उसमें वे हमेशा देश, समाज तथा राष्ट्र ही को ऊंचा उठाने की बात कहा करते थे। व्यक्तिगत मुक्ति तथा शान्ति उनके जीवन का ध्येय नहीं था। उन्होंने तो कई बार पवहारी बाबा से भी पूछा था कि 'संसार की सहायता करने के लिए वे अपनी गुफा से क्यों बाहर नहीं आते ?' बाबा अगर बाहर नहीं आए तो विवेकानन्द स्वयं गुफा के भीतर कैसे चले जाते ? वे गाजीपुर से जो आग अपने मन में लेकर लौटे उसे काशी में प्रभदादास के सम्मुख इन शब्दों में व्यक्त किया, "मैं इस समाज पर बम की तरह फट जाऊंगा और समाज मेरे पीछे चलेगा।"

इस बार विवेकानन्द यह संकल्प ले चुके थे कि उन्हें हिमालय से लेकर कन्याकुमारी तक पूरे देश की यात्रा करनी है। और जब तक यात्रा पूरी न हो जाए वे लौटकर मठ में नहीं आएंगे। गुरु-भाइयों के आग्रह के बावजूद वे अपने इस निश्चय पर अडिग रहे।

जुलाई, 1890 में वे अपने गुरु-भाई अखंडानन्द के साथ यात्रा पर रवाना हुए। वे भागलपुर से देवघर और देवघर से काशी पहुंचे। उस समय उन्हें हिमालय आकर्षित कर रहा था। इसलिए काशी में वे अधिक नहीं रुके। वे अयोध्या, नैनीताल, बद्री और केदार होते हुए अल्मोड़ा पहुंचे। समाचार पाकर वहां स्वामी सरदानन्द और कृपानन्द भी उनसे आ मिले। अब वराहनगर मठ के अधिकांश संन्यासी तीर्थ-भ्रमण को निकल पड़े थे। छः-सात महीने तक विभिन्न स्थानों पर रहकर उन्होंने हिमालय के प्राकृतिक सौंदर्य का आनन्द ग्रहण किया। कन्याकुमारी की ओर जाने के लिए फिर नीचे उतरे। मेरठ में जब वे एक सेठ के बगीचे में ठहरे हुए थे तो उनके गुरु-भाई भी एक-एक करके वहां पहुंचने लगे। यों वह बगीचा एक तरह दूसरा वराहनगर मठ बन गया। कीर्तन, ध्यान, जप, वेदान्त की चर्चा, शास्त्रालाप और आने

वालों को धर्मोपदेश नित्य की दिनचर्या हो गई। एक दिन विवेकानन्द ने सोचा, यह अच्छा खटराग है, मैं एक बंधन को तोड़कर दूसरे बंधन में पड़ गया। इसलिए उन्होंने गुरु-भाइयों को एकत्रित करके कहा, "मैं जल्दी इस स्थान को छोड़ रहा हूं। मेरी इच्छा अकेले यात्रा करने की है। तुममें से कोई भी मेरे पीछे न आए।"

फरवरी, 1891में वे अकेले यात्रा पर चल पड़े। संक्षेप में इस यात्रा का हाल रोमां रौलां के शब्दों में पढ़िए :

"उनका यात्रा-पथ उन्हें राजपूताना, अलवर (फरवरी-मार्च) जयपुर, अजमेर, खेतरी, अहमदाबाद और काठियावाड़ (सितम्बर के अंतिम दिन) जूनागढ़ और गुजरात, पोरबंदर (आठ-नौ महीने का प्रवास) द्वारका, पालिताना (खम्भात की खाड़ी से सटा मंदिर–बहुल नगर) रियासत बड़ौदा, खंडवा, बम्बई, पूना, बेलगाम (अक्टूबर, 1892) बंगलौर, कोचीन, मालाबार, रियासत त्रिवांकुर, तिरुअनन्तपुरम्, मदुरा ले गया। उन्होंने विराट भारतीय अन्तरीप का अंतिम छोर छू लिया, जहां दक्षिण का वाराणसी, रामायण का रामेश्वरम् है और फिर उसके भी आगे कन्याकुमारी की समाधि तक वे चलते चले गए। (1892 के अंतिम दिन)

"उत्तर से दक्षिण तक भारत की प्राचीन भूमि पर देवी-देवता बिखरे पड़े थे। किन्तु उनकी असंख्य भुजाओं की अभेद्य परिधि केवल एक ईश्वर की प्रतीक थी। विवेकानन्द ने प्राण और मूर्ति की अनन्यता को समझा। उन्होंने उसे समझा सवर्ण और वर्णहीन, सभी प्राणियों से प्रत्यालाप करके। और यही नहीं, उन्हें भी इसे समझना सिखाया। उन्होंने एक से दूसरे तक परस्पर सद्भाव का संदेश पहुंचाया–अविश्वासी आत्माओं को, अमूर्त में आसक्त बौद्धिकों को उन्होंने प्रतिमाओं और देवमूर्तियों का आदर सिखाया। युवकों को वेद, पुराण आदि प्राचीन गौरव ग्रन्थों का और इससे भी अधिक आज के जन समाज का अध्ययन करना सिखाया। और सभी को उन्होंने सिखाया, सम्पूर्ण श्रद्धा से भारतमाता के उद्धार के लिए आत्मोत्सर्ग करने का आनन्द।"

"उन्होंने जितना दिया उससे कम नहीं पाया। उनकी विराट आत्मा ज्ञान और अनुभव की खोज में एक दिन भी थककर रुकी नहीं और उसने भारत की मिट्टी में बिखरी, छिपी समस्त विचारधाराओं को धारण किया क्योंकि उन्होंने जान लिया था कि उन सबका उद्गम एक है। एक ओर खड़े पानी के दुर्गंध कीच में लिप्त पुराण-पंथियों की अंधी श्रद्धा से और दूसरी तरफ अज्ञात शक्ति के रहस्यमय स्रोत को, अनजाने ही; अवरुद्ध करने में संलग्न ब्रह्मसमाजी सुधारकों की पथभ्रष्ट वैज्ञानिकता से, वे एक समान दूर रहना चाहते थे। विवेकानन्द चाहते थे कि धर्मप्राण भारत देश की विविध धाराओं के इस मिले-जुले सरोवर को उलीचकर परिष्कार कर डालें, जो रखने योग्य हो उसे रखें।"

"इतना ही नहीं वे कुछ और भी चाहते थे। वे जहां जाते, 'दि इमिटेशन आफ क्राइस्ट' अपने साथ रखते, भगवद्गीता के साथ-साथ ईसा के विचार भी प्रसारित

करते, और युवकों से वे आग्रह करते कि पश्चिम के विज्ञान का अध्ययन करें।" (विवेकानन्द, पृष्ठ 61)

यात्रा की कठिनाइयों का उल्लेख विवेकानन्द ने अमेरिका में दिए गए एक भाषण, 'मेरा जीवन और ध्येय' में इस प्रकार किया है :

"इस तरह चलता रहा।... कभी रात के नौ बजे खा लिया, तो कभी सवेरे ही एक बार खाकर रह गए, तो दूसरी बार दो रोज़ के बाद खाया–तीसरी बार तीन रोज़ के बाद–और हर बार नितान्त रूखा-सूखा, शुष्क, नीरस भोजन। अधिकांश समय पैदल ही चलते, बर्फीली चोटियों पर चढ़ते, कभी-कभी तो दस-दस मील पहाड़ पर चढ़ते ही जाते, केवल इसलिए कि एक बार का भोजन मिल जाए। बताइए, भिखारी को भला, कौन अपना अच्छा भोजन देता है ? फिर सूखी रोटी ही भारत में उनका भोजन है और कई बार तो सूखी रोटियां बीस-बीस, तीस-तीस दिन के लिए इकट्ठी करके रख ली जाती हैं। और जब वे ईंट की नाईं कड़ी हो जाती हैं, तब उनसे षड्रस व्यंजन का उपभोग सम्पन्न होता है। एक बार का भोजन पाने के लिए मुझे द्वार-द्वार भीख मांगते फिरना पड़ता था। सच कहूं, वैसी रोटी से आप अपने दांत तोड़ सकते हैं। मैं तो रोटी को एक पात्र में रख देता और उसमें नदी का पानी उंडेल देता। इस तरह महीनों गुज़ारने पड़े। पर मेरा स्वास्थ्य गिरता रहा।" (वि० सा०)

विवेकानन्द ने अपनी इस यात्रा में भारत की जनता को हर रूप में देखा। दलित और दरिद्र के झोंपड़ों ही में नहीं, वे राजे-महाराजाओं के प्रासाद-भवनों में भी रहे, जिन्होंने उन्हें फूलों की तरह रखा। विद्वानों के अतिथि बनकर उनके साथ ज्ञानचर्चा की और उनसे आदर-सम्मान पाया। वे चोर-उचक्कों तथा बटमारों की संगत में भी रहे और उनमें ऐसे-ऐसे उदात्त चरित्र व्यक्ति देखे, जिन्हें अगर उचित वातावरण तथा अनुकूल परिस्थितियां मिल जातीं तो जाने क्या से क्या हो जाते।

इस यात्रा में उन्होंने बहुत कुछ सीखा। इसके विस्तार में जाने की गुंजाइश नहीं। समझ लेने के लिए एक-दो घटनाएं काफी होंगी।

खेतरी का राजा विवेकानन्द का भक्त बन गया। वे उसके पास रुके हुए थे। एक दिन राग-रंग की महफिल थी, जिसमें एक नर्तकी बाला को अपनी कला का अभिनय करना था। जब वह आई युवक संन्यासी उठकर दूसरे कमरे में चले गए, महाराजा के अनुरोध पर भी नहीं रुके। नर्तकी को यह तिरस्कार अखरा और उसने गाया :

**"प्रभु मेरे अवगुण चित न धरो,**
**समदरसी है नाम तिहारो..."**

स्वामी जी इस समय पर इस पद के गाए जाने का भाव समझ गए। फिर भजन में आस्था का जो स्वर था, वह उन पर जीवन-भर के लिए छा गया। बाद में कई बरसों तक उसके स्मरण हो आने पर वे भाव-विभोर हो जाते थे। वे तुरन्त

उठकर महफिल वाले कमरे में आए, सबके सामने नर्तकी बाला से क्षमा मांगी और फिर वहीं बैठकर उसका नृत्य देखा, गाना सुना।

हिमालय की लद्दाखी और तिब्बती जातियों में आज भी बहुपति-प्रथा प्रचलित है। विवेकानन्द वहां यात्रा करते हुए पहली बार जिस परिवार में ठहरे, उसमें छः भाइयों की एक ही पत्नी थी। स्वामी जी ने अपने जोश में इन भाइयों को इस अनैतिकता का बोध कराना चाहा। परन्तु वे लोग उनकी बात सुनकर दंग रह गए। कहने लगे, "महाराज, एक स्त्री पर अकेला पुरुष अपना अधिकार जमा रखे, इससे बड़ी स्वार्थपरता और क्या होगी ?"

इस घटना से विवेकानन्द को सदाचार की सापेक्षता का बोध हुआ। उन्होंने जाना कि देश और काल के अनुसार नैतिक मान्यताएं बदलती रहती हैं और फिर एक देश तथा एक ही काल में विभिन्न परिस्थितियों में विभिन्न जातियों की नैतिक मान्यताएं अलग-अलग हो सकती हैं। उनमें पाप-पुण्य ढूंढ़ना व्यर्थ है।

इस यात्रा में और फिर पश्चिम की यात्रा में जैसे-जैसे उनके पूर्वग्रह टूटते रहे वैसे-वैसे वे मनुष्यों के साथ अपने संबंधों में सामंजस्य स्थापित करते रहे। आगामी चार-पांच बरसों में उनके भीतर जो परिवर्तन आया, उसका उल्लेख अपने 6 जुलाई, 1896 के पत्र में उन्होंने यों किया है :

"बीस वर्ष की अवस्था में मैं अत्यन्त असहिष्णु और कट्टर था। कलकत्ता में सड़कों के जिस किनारे पर थियेटर हैं, मैं उस ओर के पैदल-मार्ग ही से नहीं चलता था। अब तैंतीस वर्ष की उम्र में वेश्याओं के साथ एक ही मकान में ठहर सकता हूं और उनसे तिरस्कार का एक शब्द भी कहने का विचार मेरे मन में नहीं आएगा।" (वि० सा०, पंचम खंड, पृष्ठ 353)

उन्होंने शोषित व उत्पीड़ित वर्गों के अभाव और अपमान में हिस्सा बटाया, उनके दुख-दर्द को अपना दुख-दर्द समझकर महसूस किया। रामकृष्ण को भावावेश में ज्योतिर्मय काली का साक्षात्कार हुआ और विवेकानन्द को इस यात्रा में जीर्णवसना भारतमाता का साक्षात्कार हुआ। एक बार वे कलकत्ता में किसी व्यक्ति के भूख से मर जाने की खबर पढ़कर फूट-फूटकर रोए और कातर स्वर में चिल्ला उठे, "मेरा देश, मेरा देश !"

इससे पहले वे अपने गुरु-भाई, रामकृष्ण के गृहस्थ भक्त बलराम बसु के मरने की खबर सुनकर फूट-फूटकर रोए थे। तब प्रमदा बाबू ने कहा था, "यह क्या महाराज ! आप संन्यासी हैं–शोकार्त होना आपको शोभा नहीं देता।" विवेकानन्द ने उन्हें उत्तर दिया था, "क्या आप सोचते हैं कि संन्यासी के हृदय नाम की कोई चीज़ नहीं होती ? प्रकृत संन्यासी दूसरों के लिए साधारण व्यक्ति की अपेक्षा अधिक सहानुभूति का अनुभव करते हैं और मैं तो मनुष्य के अतिरिक्त और कुछ नहीं हूं। वे मेरे गुरु-भाई जो थे। उनके वियोग में जो मैं कातर हूं इसमें विचित्र बात क्या है ? पत्थर की तरह अनुभूतिशून्य संन्यासी का जीवन मुझे नहीं चाहिए।"

और वे संन्यासी वेश में हमेशा अनुभूतिशील मनुष्य बने रहे, उनका हृदय कोमल से कोमलतर होता चला गया। जिसमें भारत की समूची शोषित, उत्पीड़ित, दलित और दरिद्र जनता की पीड़ा समा गई और फिर इस पीड़ा से वे आजीवन विक्षुब्ध और व्याकुल रहे।

सितम्बर, 1892 में वे बम्बई से पूना जा रहे थे। रेलगाड़ी के जिस डिब्बे में वे बैठे थे, उसमें तीन महाराष्ट्रीय युवक भी थे जो संन्यास के विषय पर गरमा-गरम बहस कर रहे थे। उनमें से दो नौजवान पाश्चात्य जीवन-पद्धति की श्रेष्ठता को मानने वाले रानाडे आदि सुधारकों के स्वर में स्वर मिलाकर संन्यास को ढोंग तथा व्यर्थ बता रहे थे। लेकिन तीसरा नौजवान प्राचीन संन्यास की महिमा का गुणगान करके प्रतिवाद कर रहा था। विवेकानन्द कुछ देर चुप बैठे इन नौजवानों का तर्क-वितर्क सुनते रहे। अंत में वे भी तीसरे नौजवान का पक्ष लेकर बहस में उतर पड़े। उन्होंने धीर भाव से समझाया कि विभिन्न प्रान्तों में भ्रमण करने वाले संन्यासियों ही ने जातीय जीवन के उच्च आदर्शों का प्रचार समस्त भारत में किया है। भारतीय संस्कृति की सर्वोच्च अभिव्यक्ति संन्यासी ही है, जो शिष्य परम्परा द्वारा विघ्न-बाधाओं के बीच इतने दिनों तक राष्ट्रीय आदर्शों की रक्षा करता आया है। हां, ठीक है ढोंगी तथा स्वार्थी लोगों के हाथों संन्यास बीच-बीच में लांछित और विकृत भी हुआ है, पर इसके लिए समस्त संन्यासी सम्प्रदाय को ज़िम्मेदार ठहराना उचित नहीं। अंग्रेज़ी बोलने वाले इन संन्यासी की गम्भीर विद्वत्ता से वे नौजवान बड़े प्रभावित हुए और पूना स्टेशन पर गाड़ी रुकी तो तीसरा नौजवान स्वामी जी को अपने घर लिवा ले गया। वेदादि शास्त्रों पर उस नौजवान का अधिकार देखकर विवेकानन्द भी आनन्दित हुए और कई दिन तक उसके घर में रहकर वेद के गूढ़ अर्थों की चर्चा करते रहे। यह नौजवान ही लोकमान्य बाल गंगाधर तिलक थे, जो दरअसल उम्र में विवेकानन्द से सात बरस बड़े थे। भूपेन्द्रनाथ दत्त ने लिखा है कि पूना में बासुदेव ने उन्हें बताया कि विवेकानन्द और तिलक की बातचीत के समय वे भी मौजूद थे। उन दोनों में यह तय पाया कि तिलक राजनीति के मंच से और विवेकानन्द धर्म के माध्यम से राष्ट्र को जगाएंगे।

विवेकानन्द ने शंकराचार्य के महाभाष्य का कुछ भाग इस यात्रा में राजपूताना के नारायण दास से पढ़ लिया था और जो शेष था, वह पोरबंदर के विख्यात विद्वान पंडित शंकर पांडुरंग से पढ़ा। उसे समाप्त करके वे व्यास के वेदान्त सूत्र का अध्ययन करने लगे। इसी बीच में वहां पंडितों की एक विचार सभा हुई। एकत्रित पंडित कितने ही प्रश्नों पर आपस में सहमत नहीं थे। विवेकानन्द ने मधुर कण्ठ से सुललित संस्कृत में बोलते हुए उन्हें बताया कि वेदान्त के विभिन्न सम्प्रदाय परस्पर विरोधी होने के बजाए एक दूसरे के समर्थक हैं। वेदान्त शास्त्र कुछ दार्शनिक मतवादों की समष्टि नहीं, बल्कि साधक जीवन की विभिन्न स्थितियों में अनुभूत सत्यों का समूह है। उनके मुख से वेदान्त की यह नई व्याख्या सुनकर उपस्थित पंडित मंत्रमुग्ध तथा

आश्चर्यचकित रह गए।

इस सभा के बाद विवेकानन्द के अध्यापक पंडित शंकर पांडुरंग ने उनसे कहा, "स्वामी जी, मैं नहीं समझता कि इस देश में धर्म-प्रचार द्वारा आप कुछ कर पाएंगे। समय और शक्ति व्यर्थ में मत गंवाइए। आप पाश्चात्य देशों में जाइए। वहां के लोग प्रतिभा और योग्यता का सम्मान करना जानते हैं। अपने उदार विचारों के कारण आप वहां अवश्य सफल होंगे।"

स्वामी जी ने तनिक रुककर उत्तर दिया, "हां, एक दिन प्रभात में मैं समुद्र तट पर खड़ा तरंगों का नृत्य देख रहा था। एकाएक मन में आया कि मुझे इस विक्षुब्ध समुद्र को लांघकर सुदूर विदेश में जाना चाहिए। देखें, यह साध कब और कैसे पूरी होती है ?"

फिर जब वे मैसूर के राजभवन में अतिथि थे तो पता चला कि शिकागो में धर्म-सभा होने जा रही है। मैसूर का राजा वहां जाने का सारा खर्च वहन करने को तैयार था। स्वामी जी ने उनसे कहा, "महाराज ! मैंने हिमालय से कन्याकुमारी तक के भ्रमण का संकल्प ले रखा है। पहले मुझे इसे पूरा करना है। फिर क्या करना और कहां जाना है, उसके बाद ही सोचूंगा।"

अक्टूबर में वे मैसूर से चले। कोचीन और मदुरा होते हुए दिसम्बर में जब वे कन्याकुमारी पहुंचे तो बहुत थके हुए थे। यात्रा में अंतिम चरण तक पहुंचने के लिए उनके पास नाव का किराया न था। वे समुद्र में कूद पड़े और शार्कों से भरे जलडमरू मध्य को तैरकर पार किया। धरती के अंतिम छोर पर बने स्तम्भ की छत पर चढ़कर जब उन्होंने इधर-उधर दृष्टि डाली तो उनके भीतर आनन्द की तरंगें उठ रही थीं।

सामने समुद्र, पीछे पहाड़, मैदान, नदिया, महल, मंदिर, झोंपड़ियां... भारत की पवित्र भूमि का एक के बाद एक दृश्य सामने आता चला गया।

"उन्होंने देखा—धर्म-क्षेत्र भारतवर्ष दुर्भिक्ष, महामारी, दुख-दैन्य, रोग-शोक से जर्जरित है। एक ओर प्रबल विलास-मोह में उन्मत्त अधिकार मद से मतवाले धनिक लोग गरीबों का खून चूसकर अपने विलास की पिपासा को तृप्त कर रहे हैं, दूसरी ओर अल्पाहार से जीर्ण-शीर्ण फटे वस्त्र वाले, मुखमंडल पर युगयुगान्तर की निराशा लिए अगणित नर-नारी, बालक-बालिकाएं 'हा अन्न, हा अन्न' के चीत्कार से गगनमंडल को विदीर्ण कर रहे हैं। शिक्षा-दीक्षा के अभाव में निम्न जातीय लोग पुरोहित सम्प्रदाय के हृदयहीन कठोर व्यवहार से सनातन धर्म के प्रति श्रद्धाहीन हो गए हैं। केवल यही नहीं, हज़ारों व्यक्ति हिन्दू धर्म ही को अपराधी ठहराकर दूसरे धर्म को ग्रहण करने के लिए तैयार हैं, करोड़ों व्यक्ति अज्ञान के अंधकार में डूब रहे हैं—उनके हृदय में न आशा है, न विश्वास है और न नैतिक बल ही। शिक्षित नामधारी एक अपूर्व श्रेणी के जीवगण उनके प्रति सहानुभूति प्रकट करना तो दूर रहा, पाश्चात्य शिक्षा से स्वेच्छाचारी बन उन्हें छोड़कर नये-नये समाज व सम्प्रदायों की स्थापना

द्वारा हिन्दू धर्म के मस्तिष्क पर अग्निमय अभिशापों की वर्षा करने में लगे हुए हैं। धर्म केवल प्राणविहीन आचार नियमों की समष्टि व कुसंस्कारों की लीला भूमि है। परिणाम में वर्तमान भारत प्रायः आशा, उद्यम, आनन्द व उत्साह के बिखरे हुए ध्वंस अवशेषों से पूर्ण महाश्मशान बना हुआ है।

"...वे सोचने लगे, हम लाखों संन्यासी इन्हीं के अन्न से जीवन धारण करते हुए उनके लिए क्या कर रहे हैं ? इन्हें दर्शन शास्त्र की शिक्षा दे रहे हैं ? धिक्कार है ! भगवान श्रीरामकृष्ण देव कहा करते थे, 'खाली पेट में धर्म नहीं होता, साधारण अन्न व मोटे वस्त्र की व्यवस्था चाहिए।' भूखे व्यक्ति को धर्मोपदेश देने के लिए अग्रसर होना मूर्खता मात्र है। धर्म उनमें यथेष्ट है। आवश्यकता है शिक्षा विस्तार की, चाहिए भोजन, वस्त्र की व्यवस्था परन्तु यह कैसे सम्भव होगा ? इस कार्य में अग्रसर होने के लिए प्रथम चाहिए मनुष्य और द्वितीय धन।" (विवेकानन्द चरित, पृ० 198-99)

1892 के अंत में कन्याकुमारी के मंदिर के एक शिला पर बैठे हुए विवेकानन्द, 1888 के आरम्भ में वराहनगर मठ से देश-भ्रमण पर रवाना होने वाले विवेकानन्द से एकदम भिन्न तो नहीं, लेकिन बहुत भिन्न थे। चार बरस से थोड़े समय में उनका जो अद्भुत मानसिक विकास हुआ, वह केवल जनसम्पर्क द्वारा ही सम्भव था। उन्होंने देश की धरती का चप्पा-चप्पा अपनी देह से स्पर्श किया और राष्ट्रीय समस्याओं को प्रत्यक्ष देखा। पुस्तक-ज्ञान अनुभूत सत्य में और कल्पना ठोस यथार्थ में परिणत हुई।

वे यह सोचकर चले थे कि धर्मप्रचार द्वारा भारत को सोते से जगाना और विभिन्न मतवादों में विभाजित जातियों, सम्प्रदायों तथा धर्मों में अद्वैत वेदान्त की शिक्षा द्वारा एकता स्थापित करना है। यही काम है, जो रामकृष्ण परमहंस उन्हें सौंप गए हैं।

पर इस देश भ्रमण के दौरान उन्होंने अपनी आंखों से देखा कि भारत की जीर्ण-शीर्ण जनता अज्ञान के अंधकार में, अन्न के अभाव में भूख से तड़प रही है। धर्म बाद की बात है, पहला काम उसके अज्ञान और भूख को दूर करना है।

अपनी इस यात्रा में उन्होंने धनी, राजा, महाराजा से द्वार-द्वार जाकर प्रार्थना की थी कि देश के गरीबों, दीन-दुखियों की सहायता करो। पर किसी ने उनकी प्रार्थना पर कान नहीं धरा और मौखिक सहानुभूति के सिवा कुछ हाथ नहीं लगा।

अब उन्होंने सोचा कि पाश्चात्य देशों के पास धन बहुत है, पर धर्म का अभाव है। मैं वहां जाकर उन्हें वेदान्त की शिक्षा दूंगा और उसके बदले में उनसे कहूंगा—भारत की अपढ़, दरिद्र जनता के लिए धन दो, धन दो ! और धन मिल जाएगा।

यों आगे का कार्य निर्धारित हुआ और वे शिकागो की धर्म-महासभा में जाने का निश्चय करके ही तैरकर समुद्र तट पर आए। अब कन्याकुमारी से फ्रांस अधिकृत पांडिचेरी होते हुए वे मद्रास पहुंचे। मद्रास में उनके कितने ही शिष्य थे। उनसे अपना

निश्चय बताया और अमेरिका जाने की तैयारी करने लगे।

राजे और महाजन उन्हें विदेशी यात्रा के लिए सहायता देना चाहते थे, पर उन्होंने अपने शिष्यों से कहा, "मैं देश की जनता, निर्धन जनता का प्रतिनिधि बनकर जा रहा हूं, इसलिए मध्यवित्त जनता ही से सहायता लेना उचित होगा।"

इसकी सूचना उन्होंने अपने वराहनगर मठ के गुरु-भाइयों को नहीं दी। पर इत्तिफाक से जाने से एक दिन पहले बम्बई के निकट एक स्टेशन पर उनकी भेंट अभयनन्द और सूर्यनन्द से हो गई।

"मैं समस्त भारत की प्रदक्षिणा कर चुका हूं–मेरे बंधु, अपनी आंखों से जन समुदाय की भयंकर दरिद्रता और पीड़ा देखने की वेदना मैंने अनुभव की है, आंसू सम्भाल नहीं सका हूं मैं, अब मैं दृढ़ता से कह सकता हूं कि उस जनसमुदाय का क्लेश, उसका काठिन्य दूर करने का यत्न किए बिना उसको धर्म-शिक्षा देना सर्वथा व्यर्थ है। इसी कारण भारत के दरिद्रजनों की मुक्ति का साधन जुटाने मैं अब अमेरिका जा रहा हूं।"

31 मई, 1893 को वे बम्बई से अमेरिका के लिए जहाज़ पर सवार हुए। उस समय उन्होंने रेशमी अंगरखा पहन रखा था और सिर पर गेरुए रंग की पगड़ी थी।

# विदेश यात्रा

**"विस्तार जीवन है और संकोच् मृत्यु।"**

–विवेकानन्द

भारत-भ्रमण के दौरान विवेकानन्द के पास संन्यासी होने के नाते दंड कमंडलु तथा चन्द पुस्तकें रहती थीं, पर अब ट्रंक, सूटकेस, बिस्तर, कपड़े आदि काफी सामान था, जिसे सम्भालने में काफी परेशानी उठानी पड़ रही थी। अपने स्वभाव के अनुसार जहाज़ के यात्रियों से वे शीघ्र हिल-मिल गए और जहाज़ के कप्तान से भी परिचय कर लिया। यूरोपीय आचार-व्यवहार और जहाज़ पर बनने वाले कई प्रकार के भोजन के भी वह धीरे-धीरे आदी हो गए। मद्रास के अपने शिष्य आलासिंगा पेरुमल को लिखे पत्रों में इस यात्रा का वर्णन उन्होंने विस्तार से किया है। बेहतर होगा कि हम उसे उन्हीं के शब्दों में उद्धृत कर दें। 10 जुलाई, 1893 को याकोहामा (जापान) से लिखा है :

"अपनी गतिविधि की सूचना तुम लोगों को बराबर न देते रहने के लिए क्षमा-प्रार्थी हूं। यात्रा में जीवन बहुत व्यस्त रहता है, और विशेषतः बहुत-सा सामान-असबाब अपने साथ रखना और उसकी देखभाल करना तो मेरे लिए एक नई बात है। इसी में मेरी काफी शक्ति लग रही है।"

"बम्बई से कोलम्बो पहुंचा। हमारा स्टीमर वहां प्रायः दिन-भर ठहरा था। इस बीच स्टीमर से उतरकर मुझे शहर देखने का अवसर मिला। हम सड़कों पर मोटर-गाड़ी से गए, वहां की और सब वस्तुओं में बुद्धदेव की निर्वाण के समय की लेटी हुई मूर्ति की याद मेरे मन में अभी तक ताज़ी है।..."

"दूसरा स्टेशन पेनांग था, जो मलय प्रायद्वीप में समुद्र के किनारे एक छोटा-सा टापू है। मलयनिवासी सब मुसलमान हैं। किसी ज़माने में ये लोग मशहूर समुद्र डाकू थे और जहाज़ों में व्यापार करने वाले इनके नाम से घबराते थे। किन्तु आजकल आधुनिक युद्धपोतों की चौमुखी मार करने वाली विशाल तोपों के भय से ये लोग डकैती छोड़कर शान्ति प्रिय धन्धों में लग गए हैं। पेनांग से सिंगापुर जाते हुए हमें उच्च पर्वत-मालाओं से युक्त सुमात्रा द्वीप दिखाई दिया जहाज़ के कप्तान ने संकेत द्वारा मुझे समुद्र डाकुओं के बहुत-से अड्डे दिखाए। सिंगापुर स्टेट्स सेटलमेण्ड की राजधानी है। यहां एक सुन्दर वनस्पति-उद्यान है, जिसमें ताड़जाति के तरह-तरह के शानदार पेड़ लगाए गए हैं। यहां पंखेनुमा पत्तों वाले ताड़ के पेड़ बहुतायत से पाए जाते हैं, जिन्हें 'यात्री ताल-वृक्ष' कहा जाता है और ब्रेड फ्रूट (Bread Fruit) नामक पेड़ तो जहां देखो, वहां मिलता है। मद्रास में जिस प्रकार आम के पेड़ बहुतायत

पेड़ तो जहां देखो, वहां मिलता है। मद्रास में जिस प्रकार आम के पेड़ बहुतायत से होते हैं, उसी तरह यहां मैगोस्टीन नामक फल बहुत होता है। पर आम तो आम ही है, उसके साथ किस फल की तुलना हो सकती है ? यद्यपि वह स्थान भूमध्य रेखा से बहुत निकट है, फिर भी मद्रास के लोग जितने काले होते हैं, यहां के लोग उसके अर्धांश भी काले नहीं। सिंगापुर में एक बढ़िया अजायबघर भी है..."

"इसके बाद हांककांग है। यहां चीनी लोग इतनी अधिक संख्या में हैं कि यह भ्रम हो जाता है कि हम चीन ही पहुंच गए हैं। ऐसा लगता है कि सभी श्रम, व्यापार आदि इन्हीं के हाथों में है। और हांगकांग तो वास्तव में चीन ही है। ज्योंही जहाज़ वहां लंगर डालता है कि सैकड़ों चीनी डोंगियां तट पर ले जाने के लिए घेर लेती हैं। दो-दो पतवारों वाली ये डोंगियां कुछ विचित्र-सी लगती हैं। माझी डोंगी ही पर सकुटम्ब रहता है। पतवारों का संचालन प्रायः पत्नी ही करती हैं। एक पतवार दोनों हाथों से चलाती है और दूसरे को एक पैर से। और उनमें से नब्बे फीसदी औरतों की पीठ पर उनके बच्चे इस प्रकार बंधे रहते हैं कि वे आसानी से हाथ-पैर डुला सकें। मज़े की बात तो यह है कि ये नन्हे-नन्हे चीनी बच्चे अपनी माताओं की पीठ पर आराम से झूलते रहते हैं और उनकी माताएं कभी अपनी सारी शक्ति लगाकर पतवार घुमाती हैं, कभी भारी बोझ ढकेलती हैं, या कभी बड़ी फुर्ती से एक डोंगी से दूसरी डोंगी में कूद जाती हैं। और यह सब होता है, लगातार इधर से उधर जाने वाली डोंगियों और वाष्प नौकाओं की भीड़ के बीच। हर समय उन चीनी बाल-गोपालों के शिखायुक्त मस्तिष्कों के चूर-चूर हो जाने का डर रहता है। पर उन्हें इसकी क्या परवाह ? उन्हें इन बाहर की हलचलों से कोई सरोकार नहीं, वे तो अपनी चावल की रोटी कुतर-कुतरकर खाने में मस्त रहते हैं, जो काम के झंझटों में बौखलाई हुई मां उन्हें दे देती है। चीनी बच्चों को पूरा दार्शनिक ही समझो। जिस उम्र में भारतीय बच्चे घुटनों के बल भी नहीं चल पाते, उस उम्र में वह स्थिर भाव से काम पर जाता है। आवश्यकता का दर्शन वह अच्छी तरह सीख और समझ लेता है। चीनियों और भारतीयों की नितान्त दरिद्रता ही ने उनकी सभ्यताओं को निर्जीव बना रखा है। साधारण हिन्दू या चीनी के लिए उसकी दैनिक आवश्यकताओं की पूर्ति इतनी भयंकर लगती है कि उसे और कुछ सोचने की फुरसत नहीं।"

सोचिए, विवेकानन्द क्या दिल और दिमाग लेकर यात्रा पर निकले थे ! यह पैनी और सूक्ष्म दृष्टि, यह विशाल, विराट हृदय, यह सौंदर्य प्रेम, यह श्रम के प्रति आदर और यथार्थ विश्लेषण ! उनके यात्रा-वर्णन पढ़ते हुए सबुद्ध पाठक को ऐसा लगता है, जैसे वह चेतना के महासागर में तैर रहा हो।

हांगकांग से स्वामी जी कैंटन गए, जो वहां से अस्सी मील हैं लिखा है, "जिस छोटे-से भू-भाग पर हम लोग उतरे, वह चीन सरकार की ओर से विदेशियों के रहने

के लिए दी गई है। हमारे चारों ओर, नदी के दोनों किनारों पर यह नगर बसा हुआ है–एक विशाल जनसमूह, जिसमें निरन्तर कोलाहल, धक्कम-धक्का, चहल-पहल और परस्पर स्पर्धा ही का बोलबाला दिखाई पड़ता है... 'लेकिन' चीनी महिलाएं बाहर दिखाई नहीं देतीं। उनमें उत्तर भारत ही के समान परदे की प्रथा है। केवल मज़दूर वर्ग ही की औरतें बाहर दिखाई पड़ती हैं। उनमें भी एकाध स्त्री ऐसी दिखाई पड़ेंगी, जिनके पांव बच्चों से भी छोटे हैं और वह लड़खड़ाती हुई चलती है।"

वे लौटकर हांगकांग आए और फिर जापान के पहले बंदरगाह नागासाकी पहुंचे। नागासाकी से जहाज़ द्वारा कोबे और कोबे से जापान का मध्य भाग देखने स्थल-मार्ग से कोहामा गए। लिखा है, "इस मध्य भाग में मैंने तीन शहर देखे–महान औद्योगिक नगर ओसाका, भूतपूर्व राजधानी क्योटो और वर्तमान राजधानी टोकियो। टोकियो कलकत्ता से प्रायः दुगुना बड़ा होगा और आबादी भी लगभग दूनी होगी।"

जापान उस समय जर्मनी ही की तरह उत्साह और शक्ति से भरपूर जवान पूंजीवादी देश था। वह पाश्चात्य देशों से हर बात में होड़ ले रहा था। इससे ठीक बारह बरस बाद उसने ज़ारशाही रूस को युद्ध में हराया। जापान की उभरती और पैर फैला रही शक्ति का विवेकानन्द ने यों वर्णन किया है :

"जान पड़ता है, जापानी लोग वर्तमान आवश्यकताओं के प्रति पूर्ण सचेत हो गए हैं। उनकी एक पूर्ण सुव्यवस्थित सेना है, जिसमें यहीं के अफसर द्वारा आविष्कृत तोपें काम में लाई जाती हैं और जो अन्य देशों की तुलना में किसी से कम नहीं हैं। वे लोग अपनी नौसेना बढ़ाते जा रहे हैं। मैंने एक जापानी इंजीनियर की बनाई करीब एक मील लम्बी सुरंग देखी है।"

"दियासलाई के कारखाने तो देखते ही बनते हैं। अपनी आवश्यकताओं की सभी चीज़ें अपने देश में बनाने के लिए वे लोग तुले हुए हैं। चीन और जापान के बीच चलने वाली एक जापानी स्टीमर लाइन है, जो कुछ ही दिनों में बम्बई और याकोहामा के बीच यात्री जहाज़ चलाना चाहती है।"

और एक चित्र उनके राष्ट्रीय जीवन का भी देखिए :

"जापानी लोग ठिगने, गोरे और विचित्र वेश-भूषा वाले हैं। उनकी चाल-ढाल, हाव-भाव, रंग-ढंग सभी सुन्दर हैं। जापान सौंदर्य-भूमि है! प्रायः प्रत्येक घर के पिछवाड़े जापानी ढंग का बढ़िया बगीचा रहता है। इन बगीचों के छोटे-छोटे लता-वृक्ष, हरे-भरे घास के मैदान छोटे-छोटे जलाशय और नालियों पर बने हुए छोटे-छोटे पत्थर के पुल बड़े सुहावने लगते हैं।"

इधर जापान का यह वैभव और उधर जीर्ण-शीर्ण भारत और उसका आत्म-केन्द्रित स्वार्थांध शिक्षित वर्ग। कलम को हृदय के खून में डुबोकर लिखा :

"जापानियों के विषय में जो कुछ मेरे मन में है, वह सब मैं इस छोटे से पत्र में लिखने में असमर्थ हूं। मेरी केवल यह इच्छा है कि प्रतिवर्ष यथेष्ट संख्या में हमारे

नवयुवकों को चीन और जापान में आना चाहिए। जापानी लोगों के लिए आज भारतवर्ष उच्च और श्रेष्ठ वस्तुओं का स्वप्न-राज्य है। और तुम लोग क्या कर रहे हो ?... जीवन-भर केवल बेकार बातें किया करते हो, व्यर्थ बकवास करने वाले, तुम लोग क्या हो ? आओ, इन लोगों को देखो और उसके बाद जाकर लज्जा से मुंह छिपा लो... युगों के सामाजिक अत्याचार से अपनी सारी मानवता का गला घोंटने वाले, भला बताओ तो सही, तुम कौन हो ? और तुम इस समय कर ही क्या रहे हो ? किताबें हाथ में लिये तुम सिर्फ समुद्र के किनारे फिर रहे हो, यूरोपियन के मस्तिष्क से निकली हुई इधर-उधर की बातों को लेकर बेसमझे दोहरा रहे हो ?..."

अपनी इस लम्बी यात्रा में देश को वे एक क्षण भी नहीं भूले।

अब वे अमेरिका जाने के लिए जहाज़ पर सवार हुए, जो प्रशान्त महासागर के उत्तरी भाग से होता हुआ बैंकुवर बन्दरगाह पर जा लगा। यहां से वे कनाडा के बीच में से तीन दिन की रेल यात्रा के बाद शिकागो पहुंचे। अपने गेरुआ वस्त्रों के कारण वे राह चलते लोगों के लिए तमाशा बन गए। वे न सिर्फ उत्सुकता और कौतूहल में भरे देखते थे, बल्कि घेर लेते और सताते थे। बच्चे उनकी हंसी उड़ाते और शोर मचाते हुए पीछे-पीछे चलते थे। दूसरी मुसीबत यह कि बैंकुवर ही से धोखेबाज़ी और गिरहकटी शुरू हो गई थी। जैसे जिसका दांव चलता था वैसे उन्हें ठगने का प्रयत्न करता था। कुलियों ही के मुंह भरना मुश्किल हो गया। होटल में ठहरे तो वहां भी यही परेशानी। लिखा है :

"... मेरा औसत एक पौंड हर रोज़ खर्च होता। यहां एक चुरटही का खर्च हमारे यहां के आठ आने है। अमेरिका वाले इतने धनी हैं कि वे पानी की तरह रुपया बहाते हैं, और उन्होंने कानून बनाकर सब चीज़ों का दाम इतना अधिक रखा है कि दुनिया का और कोई राष्ट्र किसी तरह उस स्तर पर नहीं पहुंच सकता। साधारण कुली भी हर रोज़ 9-10 रुपये कमाता और इतने ही खर्च करता है। यहां आने के पूर्व मैं जो सुनहरे स्वप्न देखा करता था, वे अब टूट गए हैं। अब मुझे असम्भव अवस्थाओं से संघर्ष करना पड़ता है। सैकड़ों बार इच्छा हुई कि मैं इस देश से चल दूं और भारत लौट आऊं।"

सुनहरे स्वप्न टूटने का कारण यह था कि अमेरिका पर 1890 से आर्थिक संकट के बादल मंडरा रहे थे और अब 1893 में यह बहुत गहरा गया था। इसी एक बरस में 15, 000 फर्मों, बैंकों और छोटे कारखानों का दिवाला पिटा। हज़ारों मज़दूर बेकार हो गए और जो काम पर थे उनकी मज़दूरी घटा दी गई। विवेकानन्द जिस अमेरिका से भारत के दरिद्रों के लिए धन जुटाने गए थे, वहां पैसे के लिए हाय-तोबा मची हुई थी। अमेरिका के अभिजात वर्ग का जीवन कितना सतही तथा विडम्बना पूर्ण था, इसके बारे में लिखा है :

"वरदाराव ने जिस महिला से मेरा परिचय करा दिया था, वे और उनके पति

शिकागो समाज के बड़े गण्यमान्य व्यक्ति हैं। उन्होंने मुझसे बहुत अच्छा बर्ताव किया। परन्तु यहां के लोग विदेशियों का जो सत्कार करते हैं, वह केवल औरों को दिखाने ही के लिए है, धन की सहायता करते समय प्रायः सभी मुंह मोड़ लेते हैं।"

इन्हीं दिनों शिकागो में मिशीगन झील के किनारे जैक्सन पार्क में विश्व प्रदर्शनी रही थी। यह प्रदर्शनी कोलम्बस द्वारा अमेरिका की खोज की चौथी शताब्दी मनाने लिए आयोजित की गई थी। इसलिए इसे विश्व कोलम्बस प्रदर्शनी कहा जाता था। जिन 400 बड़ी इमारतों में यह प्रदर्शनी पहली मई से पहली नवम्बर, 1893 तक–छः महीने चली, उनका निर्माण दो बरस में हुआ था। इसमें 46 देशों और अमेरिका के तमाम राज्यों ने भाग लिया। कोलम्बस के बाद से 400 बरस में पाश्चात्य देशों ने विज्ञान, उद्योग और कला में जो उन्नति की, वह यहां प्रदर्शित हुई थी।

धर्म-महासभा भी इसी उपलक्ष्य में बुलाई गई थी। उसके अलावा शिक्षा, दर्शन, उद्योग और समाज-संबंधी विषयों पर अलग-अलग सम्मेलन हुए, जिनमें लगभग छः हज़ार पत्र पढ़े गए और उन्हें सात लाख श्रोताओं ने सुना।

विवेकानन्द शिकागो में ग्यारह दिन रुके और वे हर रोज़ प्रदर्शनी देखने जाते रहे। विज्ञान के नये-नये आविष्कार, कई प्रकार के छोटे-बड़े यंत्र और तरह-तरह की विचित्र वस्तुएं देखकर स्वामी बालक के सदृश हुलस उठे। मेले की इमारतें वास्तुकला का शाहकार थीं। मुख्य इमारतों के मध्य जो विशाल चौक था, उसमें स्वाधीनता की भव्य मूर्ति थी। एक तरफ विशाल फव्वारा और दूसरी तरफ स्तम्भ पंक्ति थी। मेले की विशिष्ट वस्तु इंजीनियर डबल्यू० जी० फेरिस का फेरिस व्हील था, जो खासतौर पर इसी अवसर के लिए बनाया गया था। विवेकानन्द ने दस-ग्यारह दिन तक इस प्रदर्शनी को देखा, फिर भी मन नहीं भरा।

विज्ञान और नये के प्रति उनके मन में जो आकर्षण था, उसका एक और उदाहरण यह है कि चार बरस बाद जब वे सेवियर दम्पति के साथ इंग्लैंड से स्विटज़रलैंड गए तो जिनेवा में एक कला-प्रदर्शनी चल रही थी। उन्होंने इसे दिन-भर चाव से देखा। अंत में एक बेलून देखकर वे उसमें उड़ने के लिए मचल उठे। बेलून एक नया आविष्कार था और इसमें आकाश-भ्रमण जोखिम से खाली नहीं था। इसलिए श्रीमती सेवियर ने उसमें उड़ने पर आपत्ति की। लेकिन स्वामी जी कब मानने वाले थे। वे न सिर्फ खुद उड़े, बल्कि सेवियर दम्पति को भी साथ बैठाया। आकाश साफ-सुथरा था। ऊपर से सूरज डूबने का मनोहर दृश्य देखकर स्वामी जी बड़े प्रसन्न हुए। बेलून जब धरती पर उतरा तो ग्रुप फोटो लिया गया।

विश्व प्रदर्शनी में उन्होंने जो कुछ देखा वह तो देखा ही, लेकिन वहां एक दिन एक घटना घटित हुई, जो दिलचस्प भी है और उससे कई बातों पर प्रकाश भी पड़ता है। यह घटना उन्होंने अपने पत्र में रोचक ढंग से बयान की है :

"अभी हाल में शिकागो में एक बड़ा तमाशा हुआ। कपूरथला के राजा यहां

पधारे थे, और शिकागो समाज के कुछ लोग उन्हें आसमान पर चढ़ा रहे थे। मेले में राजा के साथ मेरी मुलाकात हुई थी, पर वह तो अमीर आदमी ठहरे–मुझ फकीर के साथ बातचीत क्यों करते! उधर एक सनकी-सा, धोती पहने हुए महाराष्ट्री ब्राह्मण मेले में कागज़ पर नाखून के सहारे बनी हुई तस्वीरें बेच रहा था। उसने अखबारों के संवाददाताओं से उस राजा के विरुद्ध तरह-तरह की बातें कह दी थीं। उसने कहा था कि यह आदमी बड़ी नीच जाति का है और यह राजा गुलाम के अलावा और कुछ नहीं है और ये बहुधा दुराचारी होते हैं, इत्यादि। और यहां के सत्यवादी (?) सम्पादकों ने, जिनके लिए अमेरिका मशहूर है–इस आदमी की बातों को कुछ गुरुत्व देने के लिए अगले दिन के अखबारों में स्तम्भ के स्तम्भ रंग डाले, जिनमें उन्होंने भारत से आए एक ज्ञानी पुरुष का–उसका मतलब मुझसे था, वर्णन किया और मेरी प्रशंसा के पुल बांधकार मेरे मुंह से ऐसी कल्पित बातें निकलवा डालीं कि जिनको मैंने स्वप्न में भी कभी नहीं सोचा था। उस महाराष्ट्रीय ब्राह्मण ने कपूरथला के राजा के संबंध में जो कुछ कहा था, उन सबको उन्होंने मेरे ही मुख से निकला हुआ रख दिया। अखबारों ने ऐसी खासी मरम्मत की कि शिकागो समाज ने तुरन्त राजा को त्याग दिया। इससे यह भी प्रकट होता है कि इस देश में धन या खिताबों की चमक-दमक की अपेक्षा बुद्धि की कदर अधिक है।"

उन्हें एक दिन पता चला कि धर्म-महासभा सितम्बर से पहले नहीं होगी, और यह भी पता चला कि सभा की नियमावली के अनुसार किसी सभा-सोसाइटी के परिचय-पत्र के बिना कोई भी व्यक्ति प्रतिनिधि नहीं बन सकता और प्रतिनिधि बनने के लिए जो समय निश्चित था, वह अब बीत चुका है। मतलब यह कि स्वामी जी को हिन्दू धर्म के प्रतिनिधि के रूप में उसमें शामिल होना असम्भव दिखाई दिया।

उनके पास जो धन बचा था, उसमें से अधिकांश होटल के दो हफ्ते के खर्च में उठ गया। वहां की ठंड सहन करने लायक गर्म कपड़े भी उनके पास नहीं थे। वे हैरान और परेशान शिकागो से बोस्टन गए। कुछ भी हो, वे अमेरिका ही में रहकर वेदान्त का प्रचार करना चाहते थे। जब वे बोस्टन से लौट रहे थे, तो अचानक गाड़ी में एक धनी वृद्ध महिला से उनका परिचय हो गया। उसे जब, पूछने पर, मालूम हुआ कि विवेकानन्द–एक भारतीय संन्यासी अमेरिका में वेदान्त का प्रचार करने आए हैं, तो वह उन्हें अपने साथ एक करीब के गांव में ले गई और उन्हें वहां अपने घर पर आराम से रखा। लिखा है, "यहां पर रहने से मुझे यह सुविधा होती है कि मेरा हर रोज़ एक पौंड के हिसाब से जो खर्च हो रहा है, वह बच जाता है और उनको यह लाभ होता है कि वे अपने मित्रों को बुलाकर भारत से आया हुआ एक अजीब जानवर दिखा रही हैं।"

जिन दो पत्रों से ये अंश लिये गए हैं, वे विवेकानन्द साहित्य के प्रथम खंड में संकलित हैं।

स्वामी जी को इस वृद्ध महिला के घर पर रहने से और भी काफी लाभ पहुंचा।

वह उन्हें एक महिला-सभा में ले गई, जिसमें उनका पहला व्याख्यान हुआ। महिलाओं की सलाह मानकर उन्होंने अपनी पोशाक बदल दी। आम इस्तेमाल के लिए उन्होंने एक काला लम्बा कोट बनवाया। गेरुआ रंग की पगड़ी और चोगा व्याख्यानों के समय पहनने के लिए रख छोड़े। स्त्री-कारागार की सुपरिंटेंडेंट श्रीमती जानसन से परिचय हुआ। उनके साथ जाकर कारागार देखा, जिसे वे 'सुधारशाला' कहते थे, बंदियों को समाज के उपयोगी अंग बनाने के लिए वहां उनके साथ जो सुन्दर बर्ताव किया जाता है, स्वामी जी ने अपने पत्र में उसका विस्तृत वर्णन किया है। फिर इस वृद्ध महिला के मकान पर उनका परिचय हार्वर्ड विश्वविद्यालय में यूनानी भाषा के प्रोफेसर जे० एच० राइट से हुआ। थोड़ी ही देर की बातचीत में प्रोफेसर महोदय स्वामी जी से बहुत प्रभावित हुए। उन्होंने कहा, "आप शिकागो महासभा में हिन्दू धर्म के प्रतिनिधि के रूप में अवश्य जाइए।" और उन्होंने उक्त महासभा के अध्यक्ष अपने मित्र डा० बरोज के नाम उसी समय एक पत्र लिखा। यह पत्र लेकर स्वामी जी फिर शिकागो की ओर चले। रेल का टिकट प्रोफेसर महोदय ने अपनी जेब से खरीद कर दिया।

विवेकानन्द खुशी-खुशी शिकागो लौटे। गाड़ी देर से पहुंची थी और उनके पास धर्म-महासभा के दफ्तर का जो पता था, वह कहीं रास्ते ही में खो गया था। अब इतने बड़े शहर में वे दफ्तर का पता कैसे लगाएं ? राह चलते दो-चार आदमियों से पूछा तो उन्होंने स्वामी जी को नीग्रो समझकर घृणा से मुंह मोड़ लिया। रात का समय, बर्फ गिरना शुरू हो गया था और ठहरने का कोई ठिकाना नहीं था। मालगोदाम के पास एक खाली पैकिंग बक्स मिल गया। उन्होंने उसी में घुसकर सारी रात बिताई। सवेरा होते ही सड़क पर निकल पड़े। भूख के मारे बुरा हाल था। भिक्षा में कुछ पा जाने के लिए दर-दर घूमने लगे। पर वह हिन्दुस्तान नहीं, अमेरिका था। जहां भी गए, वहीं उन्हें दुत्कारा गया। लोग उन्हें देखते ही घृणा से दरवाज़ा बंद कर लेते थे और कइयों ने तो उन्हें हटाने के लिए बल-प्रयोग भी किया।

आखिर थक-हारकर स्वामी जी एक जगह सड़क के किनारे बैठ गए। सामने के विशाल भवन की खिड़की से एक अपूर्व सुन्दर रमणी ने उन्हें देख लिया। वह उनके असाधारण व्यक्तित्व से प्रभावित होकर तुरन्त नीचे आई और उनके पास आकर पूछा, "महाशय, क्या आप धर्म-महासभा के प्रतिनिधि हैं ?" स्वामी जी ने अपनी विपत्ति इस रमणी को कह सुनाई और उससे डाक्टर बरोज के आफिस का पता पूछा। यह रमणी उन्हें अपने घर में ले गई और कहा कि सुबह भोजन के बाद वह स्वयं उन्हें वहां छोड़ आएगी। इस रमणी का नाम कुमारी मेरी हेल था। वह और उसकी मां बाद में स्वामी जी की अनन्य भक्त बन गईं और बड़ी सहायक सिद्ध हुईं।

भोजन और विश्राम के बाद कुमारी हेल उन्हें धर्म-महासभा के दफ्तर में ले गई। उन्हें वहां हिन्दू धर्म के प्रतिनिधि के रूप में ले लिया गया और जिस मकान

में प्रतिनिधियों के रहने का व्यवस्था की गई थी, उसमें वे अतिथि के रूप में रहने लगे।

धर्म-महासभा में विवेकानन्द की भूमिका, भारतीय कट्टर-पंथियों, ईसाई मिशनरियों तथा पादरियों द्वारा उनके विरोध और अमेरिका तथा ब्रिटेन में धर्म-प्रचार की बात हम 'धर्म-महासभा' परिच्छेद में अलग से लेंगे। अब हमें यह देखना है कि उन्होंने अपने इस प्रवास-काल में अमेरिका तथा दूसरे पाश्चात्य देशों में क्या देखा-सीखा। उनकी यात्रा के इन दो पक्षों को आपस में गड्ड-मड्ड कर देने से, हमें डर है, कोई भी बात स्पष्ट नहीं हो पाएगी।

विवेकानन्द ने अपने प्रवास के अगस्त, 1893 से अगस्त, 1895 तक और फिर नवम्बर, 1895 से अप्रैल, 1896 तक ढाई साल अमेरिका में बिताए। वे जो सपने संजोकर आए थे, आते ही टूट गए। यहां के जीवन का उन पर पहला प्रभाव यह पड़ा, "ठगी और धोखाधड़ी के लिए यह बढ़िया देश है, यहां के 99.9 प्रतिशत लोगों की नीयत, दूसरों से अनुचित लाभ उठाने ही की रहती है। आंख मूंदी कि पूरे गायब।" उन्होंने अपने को जल से बाहर मछली की तरह अनुभव किया। लेकिन इसके बावजूद उन्होंने बुद्धि को कुंठित नहीं होने दिया और वे जिस उद्देश्य से विदेश आए थे, उसे हमेशा सम्मुख रखा।... धीरे-धीरे भले लोगों से परिचय हुआ, जिनसे उन्हें आदर और स्नेह मिला। धर्म-महासभा में प्राप्त सफलता के बाद तो उनके श्रद्धालुओं तथा भक्तों की संख्या बहुत बढ़ गई। सारे देश में घूम-घूमकर भाषण दिए। जहां कहीं भी गए लोगों ने उन्हें अपने घरों में ठहराया। जैसे-जैसे जन-जीवन से सम्पर्क बढ़ता गया वैसे-वैसे उन्होंने इस नये राष्ट्र के गुण-दोषों का सम्यक् विवेचन किया। 25 सितम्बर, 1894 को गुरु-भाइयों के नाम पत्र में वे लिखते हैं :

"इस देश में ग्रीष्मकाल में सब समुद्र के किनारे चले जाते हैं, मैं भी गया था। यहां वालों को नाव खेने और 'याट' चलाने का रोग है। याट एक प्रकार का हल्का जहाज़ होता है और यह यहां के लड़के, बूढ़े तथा जिस किसी के पास धन है, उसी के पास है। उसी में पाल लगाकर वे लोग प्रतिदिन समुद्र में डाल देते हैं, और खाने-पीने और नाचने के लिए घर लौटते हैं और गाना-बजाना तो दिन-रात लगा ही रहता है, पियानो के मारे घर में टिकना मुश्किल हो जाता है।

हां, तुम जिन जी० डब्ल्यू० हेल के पते पर चिट्ठियां भेजते हो, उनकी भी कुछ बातें लिखता हूं। वे वृद्ध हैं और उनकी वृद्धा पत्नी हैं दो कन्याएं हैं, दो भतीजियां और एक लड़का है। लड़का नौकरी करता है, इसलिए उसे दूसरी जगह रहना पड़ता है। लड़कियां घर पर रहती हैं, इस देश में लड़की का रिश्ता ही रिश्ता है। लड़के का विवाह होते ही वह और हो जाता है, कन्या के पति को अपनी स्त्री से मिलने के लिए प्रायः उसके बाप के घर जाना पड़ता है। यहां वाले कहते हैं :

'Son is son till he gets a wife
The daughter is daughter all her life.'[1]

---

1. बेटा तभी तक बेटा है जब तक उसका ब्याह नहीं होता, पर बेटी आजीवन बेटी ही रहती है।

चारों कन्याएं युवती और अविवाहिता हैं। विवाह होना इस देश में महा कठिन कार्य है। पहले तो मन के लायक वर हो, दूसरे घर हो ! लड़के यारी में तो बड़े पक्के हैं, परन्तु पकड़ में आने के वक्त नौ दो ग्यारह ! लड़कियां नाच-कूदकर किसी को फंसाने की कोशिश करती हैं, लड़के जाल में पड़ना नहीं चाहते। आखिर इस तरह 'लव' हो जाता है, तब शादी हो जाती है। यह हुई साधारण बात, परन्तु हेल की कन्याएं रूपवती हैं, बड़े आदमी की कन्याएं हैं, विश्वविद्यालय की छात्राएं हैं, नाचने, गाने और पियानो बजाने में अद्वितीय हैं। कितने ही लड़के चक्कर मारते हैं, लेकिन उनकी नज़र में नहीं चढ़ते। जान पड़ता है वे विवाह नहीं करेंगी, तिस पर अब मेरे साथ रहने के कारण महावैराग्य सवार हो गया है। वे इस समय ब्रह्म चिन्तन में लगी रहती हैं।

हेल की कन्याओं के नाम मेरी और हेरियट हैं और एफ० हेरियट और ईसाबेल हेल भतीजियों के। दोनों कन्याओं के बाल सुनहले हैं और दोनों भतीजियों के काले। ये 'जूते सीने से चंडी पाठ' तक सब जानती हैं। भतीजियों के पास उतना धन नहीं है, उन्होंने एक किंडर गार्टन स्कूल खोला है, लेकिन कन्याएं कुछ नहीं कमातीं। कोई किसी के भरोसे नहीं रहता। करोड़पतियों के पुत्र भी रोज़गार करते हैं, विवाह करके अलग किराए का मकान लेकर रहते हैं। कन्याएं मुझे दादा कहती हैं, मैं उनकी मां को मां कहता हूं। मेरा सब सामान उन्हीं के घर में है। मैं कहीं भी जाऊं, वे उसकी देखभाल करती हैं। यहां के सब लड़के बचपन ही से रोज़गार में लग जाते हैं और लड़कियां विश्वविद्यालय में पढ़ती-लिखती हैं, इसलिए यहां सभाओं में 90 फीसदी स्त्रियां रहती हैं, उनके आगे लड़कों की दाल नहीं गलती।"

मज़े की बात यह है कि अमेरिका के आज से अस्सी बरस पहले के सामाजिक जीवन का यह सजीव चित्रण एक संन्यासी ने किया है और इसी पत्र में आगे लिखा है :

"इस देश की नारियों को देखकर मेरे तो होश उड़ गए हैं। मुझे बच्चे की तरह घर-बाहर, दुकान-बाज़ार में लिये फिरती हैं। सब काम करती हैं। मैं उसका चौथाई हिस्सा भी नहीं कर सकता। ये रूप में लक्ष्मी और गुण में सरस्वती हैं–ये साक्षात् जगदम्बा हैं, इनकी पूजा करने से सर्वसिद्धि मिल सकती है। अरे, राम राम भजो, हम भी भले आदमी हैं ? इस तरह की मां जगदम्बा अगर अपने देश में एक हज़ार तैयार करके मर सकूं, तो निश्चिंत होकर मर सकूंगा। तभी तुम्हारे देश के आदमी आदमी कहलाने लायक नहीं हैं, तुम्हारे देश के पुरुष इस देश की नारियों की बात तो अलग रही।"

एक ही देश के अलग-अलग शहरों का अलग-अलग विशिष्ट चरित्र होता है, विवेकानन्द की दृष्टि उसे भी समझने में नहीं चूकी। लिखा है, "मैं कुछ महीनों के लिए न्यूयार्क जा रहा हूं। वह शहर मानो सम्पूर्ण संयुक्त राज्य का मस्तक है, हाथ

तथा कोषागार स्वरूप है। यह अवश्य है कि बोस्टन को 'ब्राह्मणों का शहर' (विद्या चर्चा का प्रधान स्थान) कहा जाता है और यहां अमेरिका में हज़ारों व्यक्ति ऐसे हैं, जो मेरे प्रति सहानुभूति रखते हैं,..." लेकिन फिर पेरिस और लंदन घूम आने के बाद जोसेफिन पैकिलआंड को लिखा, "यूरोप के साफ और सुन्दर नगरों की अपेक्षा न्यूयार्क बहुत गंदा और विपन्न लगता है।"

अमेरिका का पारिवारिक जीवन अनर्गलता की सीमा तक स्वच्छन्द है, इस मिथ्या धारणा का उन्होंने भरसक खंडन किया। उन्होंने साधिकार कहा, "कितने ही सुन्दर पारिवारिक जीवन मैंने यहां देखे हैं। यहां की नारियों को उन्होंने हिम के सदृश पवित्र, असाधारण रूप से शिक्षिता और मानसिक तथा नैतिक दृष्टि से उन्नत पाया। इसके अलावा अमेरिका के सामान्य जीवन का चित्रण देखिए :

"यहां जैसी गर्मी है, जाड़ा भी वैसा ही है। गर्मी कलकत्ता से तनिक भी कम नहीं जाड़े की क्या बात कहूं ? समूचा देश दो-तीन हाथ, कहीं-कहीं तो चार-पांच हाथ गहरी बर्फ में ढक जाता है। दक्षिण की ओर बर्फ नहीं पड़ती पर बर्फ तो छोटी चीज़ है। जब पारा 32 डिग्री पर रहता है, तब बर्फ गिरती है। कलकत्ते में पारा 60 डिग्री से नीचे बहुत ही कम उतरता है। इंग्लैंड में कभी-कभी शून्य तक भी जाता है। परन्तु यहां पारा शून्य से 40-50 डिग्री तक नीचे चला जाता है। उत्तरी हिस्से में, जहां कनाडा है, पारा जम जाता है। उस पार महासागर का तापमापक यंत्र काम में लाया जाता है। जब बहुत ही ठंडक होती है, अर्थात् जब पारा 20 डिग्री के नीचे रहता है, तब बर्फ नहीं गिरती। मेरी धारणा थी कि बर्फ गिरी कि ठंडक की हद हो गई। सो बात नहीं, बर्फ ज़रा कम ठंडे दिनों में गिरती है। अत्यन्त ठंडक में एक तरह का नशा हो जाता है। गाड़ियां उस समय नहीं चलतीं, बिना पहिए के स्लेज नाम का एक यान घसीट लिया जाता है। सब कुछ जमकर सख्त हो जाता है; नदी, नाले और झील पर से हाथी भी चल सकता है। नियाग्रावत प्रचंड प्रवाह वाला विशाल निर्झर जमकर पत्थर हो गया है। परन्तु मैं अच्छी तरह हूं। पहले थोड़ा डर मालूम होता था, फिर तो गरज के मारे, रेल से एक दिन कनाडा के समीप, दूसरे दिन अमेरिका के दक्षिण भाग में व्याख्यान देता फिरता हूं। घर की तरह गाड़ियां भी भाप के नलों से खूब गर्म रखी जाती हैं और बाहर चारों तरफ बर्फ के अत्यन्त सफेद ढेर रहते हैं–कैसी अनोखी घटना है।"

"बड़ा डर था कि मेरी नाक और कान गिर जाएंगे, पर आज तक कुछ नहीं हुआ, बाहर जाते समय ढेरों गर्म कपड़े, उस पर समूर का कोट, जूते, फिर जूते पर एक और ऊनी जूता, इन सब सामानों से ढककर जाना पड़ता है। सांस निकलते ही दाढ़ी में जम जाती है। उस पर तमाशा यह है कि घर के भीतर, बिना एक डली बर्फ दिए ये लोग पानी नहीं पीते।

अरे भाई, घर के अन्दर गर्मी रहती है हर एक कमरा और सीढ़ी भाप के नलों से गर्म रखी जाती है। ये लोग कला-कौशल में अद्वितीय हैं, भोग-विलास में

अद्वितीय हैं, धन कमाने में अद्वितीय हैं और खर्च करने में अद्वितीय हैं।"

यह उद्धरण देने का उद्देश्य अमेरिका की भौतिक उन्नति और समृद्धि दिखाना नहीं, बल्कि विवेकानन्द की बहुमुखी प्रतिभा और लेखन शैली का आभास कराना है। इससे उनकी व्यापक तथा सम्यक् दृष्टि को समझने में मदद मिलती है। और फिर इससे विज्ञान के विकास और खोल के विस्तार की प्रक्रिया को समझने में भी मदद मिलेगी। अमेरिका में रहते हुए विवेकानन्द ने जो धर्म-प्रचार किया उसका इस भौतिक उन्नति से क्या ताल-मेल स्थापित किया और इस तालमेल पैदा करने में उनके चिंतन का क्षितिज कहां तक फैला ? यह बात विशेष रूप से समझने की है और यह हमारे अगले परिच्छेद का विषय है।

विवेकानन्द अपने ही कथनानुसार दृश्य देखने वाले यात्री अथवा निरुद्देश्य पर्यटक नहीं थे। वे तो भारत की दरिद्रता का उपाय ढूंढ़ने अमेरिका आए थे। इसलिए देश को और देश की निर्धन जनता को उन्होंने कभी एक क्षण के लिए भी नहीं बुलाया। अमेरिका की यह उन्नति तथा समृद्धि देखकर दरिद्र तथा विपन्न भारत का चित्र भी उनकी दृष्टि में खिंच आता था। देखिए, तब उनका दिल कैसे खून के आंसू रोता था :

"जिस देश में करोड़ों मनुष्य महुआ खाकर दिन गुज़ारते हैं, और दस-बीस लाख साधु और दस-बारह करोड़ ब्राह्मण उन गरीबों का खून चूसकर पीते हैं और उनकी उन्नति के लिए कोई चेष्टा नहीं करते, क्या वह देश है या नरक ? क्या वह धर्म है या पिशाच का नृत्य ? भाई, इस बात को गौर से समझो–मैं भारतवर्ष को घूम-घूमकर देख चुका और इस देश को भी देखा–क्या बिना कारण के कहीं कार्य होता है ? क्या बिना पाप के सज़ा मिल सकती है ?"

उन्होंने देखा, "पूर्व एवं पश्चिम में सारा अंतर यह है कि वे एक-एक राष्ट्र हैं, हम नहीं; अर्थात् सभ्यता एवं शिक्षा का प्रसार वहां व्यापक है, सर्वसाधारण में व्याप्त है। उच्च वर्ग के लोग भारत और अमेरिका में समान हैं, लेकिन दोनों देशों में निम्न वर्गों में ज़मीन-आसमान का अंतर है।" हमने निम्न वर्गों को शिक्षा तथा सभ्यता से वंचित करके पंगु बना दिया–राष्ट्र का अंग ही नहीं रहने दिया। परिणाम यह कि विदेशी हमलावरों के हाथों मुट्ठी-भर विलासी उच्च वर्ग की पराजय सारे देश की पराजय बन गई। निम्न वर्गों ने हार-जीत से कभी दिलचस्पी नहीं रखी, जब इतना चूसा-कुचला गया तो वे रखें क्यों ? इसी से अंग्रेज़ों के लिए भारत को जीतना आसान हो गया।

उन्होंने देखा कि एक राष्ट्र बनने के लिए हमारी आवश्यकता है ऐहिक एवं भौतिक शिक्षा। शिक्षा का माध्यम आंख ही नहीं कान भी हैं। देश के लिए समर्पित शिक्षित नौजवान गांव-गांव और दरवाज़े-दरवाज़े जाकर अपढ़ गरीब जनता को विभिन्न राष्ट्रों के बारे में कहानियां सुनाएं, एक मैजिक लैंटर्न, एक ग्लोब और नक्शे आदि लेकर जाएं और बातचीत द्वारा भूगोल, गणित तथा इतिहास आदि के बारे

हरकत में आया पहिया रुकेगा नहीं। हम देख चुके हैं कि भारत भ्रमण के बाद अपनी इस योजना के लिए जब महाजनों तथा राजे-महाराजाओं से धन पाने की कोई आशा न रही, तब वे अमेरिका आए थे। सरल-हृदय स्वामी को यहां भी वही निराशा हाथ लगी और इसे उन्होंने यों व्यक्त किया, "इस देश में पूरे सालभर तक व्याख्यान देने पर भी मैं अपने कार्य के आरम्भ के लिए धनार्जन की अपनी इस योजना में ज़रा भी सफल नहीं हो सका।"

जिस प्रकार बिल्ली की नर्म-नर्म खाल के नीचे तीखे पंजे छिपे रहते हैं, इसी प्रकार अमेरिका की भौतिक उन्नति तथा समृद्धि की चकाचौंध के पीछे दमन और शोषण के जो भयंकर पंजे छिपे हुए थे, विवेकानन्द की पैनी दृष्टि ने उन्हें भी देखा। लिखा है, "पाश्चात्यवासी हमारे जाति भेद की चाहे जितनी बड़ी समालोचना करें, पर उनके बीच भी एक ऐसा जाति भेद है। अमेरिकावासियों के अनुसार सर्वशक्तिमान डालर यहां सब कुछ कर सकता है।"[1]

1893 के आर्थिक संकट ने 1894 में और भी भयंकर रूप धारण कर लिया था अमेरिका के लिए यह बुरा साल था। 1894 में बेकारों की तादाद राष्ट्र के इतिहास में उस समय तक की किसी भी तादाद को पार कर चुकी थी। निर्धन तथा विपन्न लोग–गिरोह दर गिरोह रोटी और रोजी की तलाश में देश-भर में इधर से उधर घूम रहे थे।[2]अगस्त में पुलमैन कम्पनी तथा रेलवे मज़दूरों की जबर्दस्त हड़ताल हुई। हालांकि सुधारवादी ट्रेड यूनियन नेता "जो व्यक्ति सम्पत्ति को हानि पहुंचाएगा अथवा कानून तोड़ेगा, वह मज़दूरों का मित्र नहीं शत्रु है", कहकर हड़ताली मज़दूरों को शान्त रखने का प्रयास कर रहे थे, इसके बावजूद मज़दूर हिंसा पर उतर आए, बड़े पैमाने पर सम्पत्ति की तोड़-फोड़ हुई और अदालतों में औपचारिक कार्यवाही करके उन्हें अंधाधुंध जेलों में ठूंसा गया। विवेकानन्द ने यह सब अपनी आंखों देखा और देखे निग्रो पर होने वाले अमानवीय अत्याचार तथा रंगभेद के घृणित दृश्य। दासता हटाने के लिए लड़े हुए अमेरिका के गृह-युद्ध का उल्लेख करते हुए विवेकानन्द ने अपने मद्रास के भाषण में कहा था।

"आजकल के दास इस युद्ध के पूर्व के दासों की अपेक्षा सौगुनी अधिक बुरी दशा को पहुंच गए। इस युद्ध से पूर्व ये बेचारे निग्रो कम से कम किसी की सम्पत्ति तो थे और सम्पत्ति होने के नाते इनकी देखभाल की जाती थी कि कहीं दुर्बल और बेकाम न हो जाएं। पर आज तो ये किसी की सम्पत्ति नहीं हैं। मामूली बातों के लिए ये जीते जी जला दिए जाते हैं, गोली से उड़ा दिए जाते हैं, और इनकी हत्याओं पर कोई कानून ही लागू नहीं होता। क्यों ? इसलिए कि ये 'निगर' हैं, मानो ये मनुष्य तो क्या पशु भी नहीं हैं।" (वि० सा०, पंचम खंड, पृष्ठ 108)

स्वाधीनता को राष्ट्रीय आदर्श घोषित करने वाला अमेरिकी शासक वर्ग पिछले

---

1. जिन पत्रों के ये उद्धरण हैं, वे विवेकानन्द साहित्य द्वितीय, तृतीय और चतुर्थ खंडों में संकलित हैं।
2. History of the United states, 2nd part, page. 198.

पचास बरस से विस्तारवादी बना हुआ था। अब वह साम्राज्यवादी शक्ति बनने की दौड़ में यूरोपियन देशों से किसी तरह पीछे नहीं था। इसी से बेन्जोला का सीमा-विवाद उठा, जिसमें दक्षिण अफ्रीका में फंसे सोने के कारण ब्रिटेन को झुकना पड़ा। इसी से स्पेन के साथ युद्ध छिड़ा और अमेरिका ने क्यूबा और फिलिपाइन पर अपना अधिकार जमाया। चीन के बारे में 'खुले दरवाज़े' का सिद्धांत इसी नीति का परिणाम था। जो अमेरिका डालर शाह अपने और दूसरे देशों की मेहनतकश जनता का खून चूसकर अपनी तिजोरियां भर रहे थे, उनसे भारत की अपढ़ गरीब जनता को ऐहिक शिक्षा देने के लिए आर्थिक सहायता पाने की आशा कैसे की जा सकती थी। वे तो धार्मिक रूढ़िवाद ही को बढ़ावा दे सकते थे और दे रहे हैं।

अपने एक धनी मित्र लेगेट के साथ विवेकानन्द 23 अगस्त को न्यूयार्क से पेरिस पहुंचे। कला, संस्कृति तथा भोग-विलास के इस उच्चतम केन्द्र में लेगेट का ब्याह देखने के लिए विवेकानन्द लगभग दो हफ्ते रुके और उसके बाद इंग्लैंड चले गए।

वहां से कुमारी जोसेफिन मैक्लिआड को उन्होंने लिखा, "मैं सकुशल लंदन पहुंच गया।... भारत से लौटे बहुत से अवकाश प्राप्त जनरलों से मुलाकात हुई। वे मेरे प्रति बहुत ही शिष्ट और विनीत हैं। प्रत्येक काले आदमी को नीग्रो समझने का वह अद्भुत ज्ञान यहां नहीं है, और कोई भी सड़क पर टकटकी लगाकर मुझे नहीं देखता।" और फिर एक महीना बाद श्रीमती लेगेट को लिखते हैं :

"यहां के अंग्रेज़ बड़े सहृदय हैं। कुछ ऐंग्लोइंडियनों को छोड़कर वे काले आदमियों से बिलकुल घृणा नहीं करते। न वे मुझे सड़कों पर 'हूट' ही करते हैं। कभी-कभी मैं सोचने लगता हूं कि कहीं मेरा चेहरा गोरा तो नहीं हो गया, किन्तु दर्पण सारे सत्य को प्रकट कर देता है।"

"आपको यह जानकर आश्चर्य होगा कि यहां बहुत से विचारशील स्त्री-पुरुष सोचते हैं कि सामाजिक समस्या का एक मात्र हल हिन्दुओं की जाति-प्रथा है। आप कल्पना कर सकते हैं कि अपने मस्तिष्क में यह भाव रखते हुए वे समाजवादियों तथा दूसरे समाजवादी प्रजातंत्रवादियों से कितनी घृणा करते होंगे। फिर, यहां पुरुष, अत्यन्त उच्चशिक्षा प्राप्त पुरुष, भारतीय चिंतन में अत्यधिक रुचि रखते हैं, किन्तु स्त्रियां बहुत कम। अमेरिका की अपेक्षा इंग्लैंड अधिक संकुचित है।"

जब क्लास लेना शुरू की तो आलासिंगा पेरुमल को 18 नवम्बर, 1895 के पत्र में लिखा :

"अमेरिका की अपेक्षा इंग्लैंड में मैं निश्चय ही अधिक कार्य कर सकूंगा। वे दल के दल आते हैं और इतने लोगों को बैठाने का मेरे पास स्थान भी नहीं रहता, इसलिए वे सब लोग यहां तक कि स्त्रियां भी, पालथी मारकर ज़मीन पर बैठती हैं। मैं उनसे कहता हूं कि वे यह कल्पना करने का यत्न करें कि वे भारत के गगन मंडल के नीचे एक फैले हुए वट-वृक्ष की छाया तले बैठे हैं, और उन्हें यह विचार अच्छा

के नीचे एक फैले हुए वट-वृक्ष की छाया तले बैठे हैं, और उन्हें यह विचार अच्छा लगता है।"

अंग्रेज़ों की गुलामी और भारत में उनके अत्याचारों के कारण मन में उनके प्रति घृणा तथा अवज्ञा का जो भाव था, वह यहां आकर बदल गया। वे दिसम्बर के शुरू में फिर अमेरिका चले गए और अप्रैल, 1896 के अंत में लौट आए। स्वदेश लौटकर कलकत्ता में भाषण देते हुए जहां उनके कुछ अंग्रेज़ शिष्य भी मौजूद थे, उन्होंने कहा था :

"ब्रिटिश भूमि पर अंग्रेज़ों के प्रति मुझसे अधिक घृणा का भाव लेकर कभी किसी ने पैर न रखा होगा, इस मंच पर जो अंग्रेज़ बन्धु हैं, वे ही उसका साक्षी देंगे। परन्तु जितना ही मैं उन लोगों के साथ रहने लगा, जितना ही उनके साथ मिलने लगा, जितना ही ब्रिटिश जाति के जीवन-यंत्र की गति लक्ष्य करने लगा, उस जाति का हृदय स्पंदन किस जगह हो रहा है यह जितना ही समझने लगा, उतना ही उन्हें प्यार करने लगा।" (पंचम खंड, पृष्ठ 204)

6 जुलाई के पत्र में फ्रैंसिस लेगेट को लिखते हैं, "ब्रिटिश साम्राज्य के कितने ही दोष क्यों न हों, पर भाव-प्रसार का ऐसा उत्कृष्ट यंत्र अब तक कहीं नहीं रहा है। मैं इस यंत्र के केन्द्र स्थल में अपने विचार रख देना चाहता हूं, और वे सारी दुनिया में फैल जाएंगे।"

लगातार काम करते हुए अब वे बहुत थक गए थे, इसलिए स्विटज़रलैंड में दो महीने विश्राम किया। वहां से गुडविन को लिखा, "मुझे अब बहुत ताज़गी मालूम होती है। मैं खिड़की से बाहर दृष्टि डालता हूं, मुझे बड़ी-बड़ी नदियां दिखती हैं और मुझे ऐसा अनुभव होता है कि मैं हिमालय में हूं। मैं बिलकुल शान्त हूं। मेरे स्नायुओं ने अपनी पुरानी शक्ति पुनः प्राप्त कर ली है।"[1]

संस्कृत के विख्यात विद्वान प्रोफेसर पॉल डायसन के निमंत्रण पर विवेकानन्द स्विज़रलैंड से जर्मनी गए। बड़े-बड़े शहरों तथा राजधानियों को देखते हुए वे कील पहुंचे। प्रो० पॉल डायसन कील विश्वविद्यालय में संस्कृत के प्राध्यापक थे। उनके साथ उपनिषद्, वेदान्त-दर्शन और शांकर-भाष्य पर विचार-विनिमय हुआ।

ज्ञान-चर्चा के दौरान प्रोफेसर महोदय किसी काम से उठकर चले गए। थोड़ी देर बाद वे लौटे तो देखा कि स्वामी जी कविता की एक पुस्तक के पन्ने उलट रहे हैं। इस काम में वे इतने मग्न थे कि उन्हें प्रोफेसर की आहट भी सुनाई नहीं पड़ी। पुस्तक समाप्त हो गई, स्वामी जी ने तब उन्हें अपने पास बैठे देखा। बोले, "पुस्तक पढ़ रहा था सम्भव है कि आप बहुत देर से आए हों। क्षमा कीजिएगा।" चेहरा देखकर स्वामी जी ने यह भी भांप लिया कि पॉल डायसन को उनकी बात पर विश्वास नहीं हुआ। स्वामी जी ने उनका संदेह मिटाने के लिए पुस्तक में पढ़ी हुई कविताएं सुनाना शुरू कीं। प्रोफेसर महोदय विस्मय में भरकर बोले, "आपने यह पुस्तक अवश्य

1. ये सब पत्र विवेकानन्द साहित्य, चतुर्थ तथा पंचम खंडों से संकलित हैं।

पढ़ी होगी। नहीं यह कैसे सम्भव है कि दो सौ पृष्ठ की पुस्तक आध घंटे में याद हो जाए !"

स्वामी जी ने हंसते हुए उत्तर दिया, "मैंने यह पुस्तक यहां देखी है। मैं चूंकि पूरे मनोयोग से पढ़ता हूं, इसलिए हर एक पुस्तक मुझे इसी तरह याद हो जाती है।"

कहावत है कि "विद्या कंठ की और पैसा गांठ का।" संन्यासी होने के कारण विवेकानन्द पैसे तो अपने पास नहीं रखते थे, लेकिन जो कुछ पढ़ते थे वे उन्हें कंठ हो जाता था। पढ़ा बहुत कुछ था और अपनी इस स्मरणशक्ति के कारण वे चलते-फिरते विश्वकोश थे। धर्म-महासभा में उन्हें जो असाधारण सफलता प्राप्त हुई, उसका एक मुख्य कारण यह भी था।

पाश्चात्य देश की 1900 में उन्होंने दूसरी यात्रा की। तब उन्होंने बंगला पत्रिका 'उद्‌बोधन' के लिए यूरोप यात्रा के संस्मरण लिखे थे। जर्मनी की उभरती हुई जवान शक्ति का मूल्यांकन उन्होंने इन शब्दों में लिखा था :

"जर्मनी की जनसंख्या-वृद्धि प्रबल है, जर्मन बड़े ही कष्ट-सहिष्णु हैं। आज जर्मनी यूरोप का आदेशदाता है, सबसे ऊपर, दूसरी जातियों से बहुत पहले, जर्मनी ने प्रत्येक नर-नारी को राजदण्ड का भय दिखाकर विद्या सिखाई है। आज उस वृक्ष का फल भोजन बन रहा है, जर्मनी की सेना प्रतिष्ठा में सर्वश्रेष्ठ है। जर्मनी ने जान लड़ा दी है, युद्ध पोतों में भी सर्वश्रेष्ठ पद प्राप्त करने के लिए। जर्मनी ने व्यापार में भी अंग्रेज़ों को परास्त कर दिया है। अंग्रेज़ों के उपनिवेशों में भी जर्मनी-कारोबार, जर्मन-मनुष्य धीरे-धीरे एकाधिपत्य लाभ कर रहे हैं। जर्मनी के सम्राट की आज्ञा से सब जातियों ने चीन के क्षेत्र में सिर झुका जर्मन सेनापति की अधीनता स्वीकार की है।" (वि० सा०, अष्टम खंड, पृष्ठ 202)

जून 1900 में यों हो त्वान (पवित्रता तथा शान्ति संगठन ) ने जो चीनी किसानों तथा दस्तकारों का गुप्त संगठन था, चीन से विदेशियों को मार भगाने के लिए सशस्त्र संघर्ष शुरू किया, जिसे चीनी जनता का व्यापक समर्थन प्राप्त हुआ। इतिहास में इस संघर्ष को 'बकसर विद्रोह' का नाम भी दिया गया है। यों हो त्वान की शक्ति और देशव्यापी समर्थन का अनुमान इस बात से सहज में लगाया जा सकता है कि उसने ब्रिटेन, अमेरिका, रूस, फ्रांस और जापान की संयुक्त सेना का लांगफांग में घेराव किया और उसे तहस-नहस कर डाला। विद्रोहियों की इस विजय से सभी साम्राज्यवादी शक्तियों के हाथ-पांव फूल गए और उन्हें चीन में अपना प्रभुत्व खत्म होता दिखाई दिया। अतएव विद्रोह को कुचलने के लिए अगस्त में ब्रिटेन, अमेरिका, जापान, जर्मनी, रूस, फ्रांस, इटली तथा आस्ट्रिया, हंगरी–आठ देशों ने जर्मनी कमान के अधीन संयुक्त मोर्चा बनाया। संघर्ष एक बरस तक चलता रहा। विद्रोही बड़ी वीरता से लड़े, लेकिन अंत में चीन की सामंती चिंग सरकार ने साम्राज्यवादियों के आगे हथियार डाल दिए।

विवेकानन्द ने अपने उक्त यात्रा वर्णन में इसी विद्रोह का उल्लेख किया है। इससे पता चलता है कि उनकी दृष्टि कितनी व्यापक थी और वे दुनिया की सारी हलचलों पर नज़र रखते थे। यह दृष्टि जितनी व्यापक थी, उतनी ही दूरदर्शी भी थी। अगस्त, 1893 में वे न्यू इंग्लैंड के एनिसक्वास गांव में प्रोफेसर जे० एच० राइट के मकान पर ठहरे हुए थे। वहां चुने हुए बुद्धिजीवियों से विवेकानन्द की जो वार्ता हुई उसे श्रीमती राइट ने 'इतिहास का प्रतिशोध' शीर्षक से लिपिबद्ध किया है। उसका कुछ अंश हम यहां उद्धृत करते हैं, जिससे स्वामी जी की दूरदर्शिता तथा मानव प्रेम और साम्राज्यवाद के प्रति तीव्र घृणा का पता चलेगा। लिखा है, "अभी कल की बात है, उन्होंने अपनी संगीतमय ध्वनि में कहा, ठीक, सिर्फ कल की–चार सौ वर्ष से अधिक पूर्व नहीं।" फिर उन्होंने एक धीर जाति और उत्पीड़ित राष्ट्र के ऊपर की गई निर्दयता और दमन की कहानियां सुनाईं और भविष्य में आने वाले निर्णय की !

"ओह, अंग्रेज़ !" उन्होंने कहा, "केवल कुछ समय पहले वे बर्बर थे...स्त्रियों के शरीर पर कीड़ें रेंगते थे... और अपने शरीर की घिनौनी दुर्गन्ध छिपाने के लिए वे सुगंध लगाती थीं... अत्यन्त बीभत्स ! तब भी वे केवल उस बर्बरता में से एक ने कहा, 'यह तो कम-से-कम पांच सौ वर्ष पहले की बात है।'

"और क्या मैंने नहीं कहा ज़रा देर पहले ? मनुष्य की आत्मा की प्राचीनता को दृष्टि में रखने पर इन कुछ सौ वर्षों की क्या गिनती है ? तब स्वर में एक विनम्र और औचित्यपूर्ण परिवर्तन करते हुए उन्होंने कहा, 'वे नितान्त बर्बर हैं। भयानक शीत और उनके उत्तरी जलवायु जन्य अभावों और कष्टों ने उन्हें जंगली बना डाला है।' उन्होंने कुछ अधिक भावना के साथ तेज़ी से कहा, 'वे केवल मार डालने की बात सोचते हैं–उनका धर्म कहां है ? वे उस पवित्र पुरुष का नाम लेते हैं, वे अपने मनुष्य भाइयों से प्रेम करने का दावा करते हैं, वे सभ्य बनते हैं–ईसाई धर्म के द्वारा–नहीं, यह तो उनकी भूख है, जिसने उन्हें सभ्य बनाया है। उनके ईश्वर ने नहीं। मानव-प्रेम तो केवल उनकी जिह्वा पर है, उनके हृदय में और कुछ नहीं, केवल बुराई और हर प्रकार की हिंसा ही हिंसा है। मेरे भाई, मैं तुमको प्यार करता हूं। मैं तुम्हें प्यार करता हूं।' ... तब कुछ और धीरे बोलते हुए उनका मधुर कंठ गम्भीर होता गया, और अन्त में घंटा निनाद के सदृश ध्वनित हो उठा, 'किन्तु उन्हें ईश्वर के दंड का भागी बनना पड़ेगा। प्रभु कहते हैं कि प्रतिशोध मेरा है, मैं उसे चुकाऊंगा और विनाश आ रहा है। तुम्हारे ईसाई कितने हैं ? दुनिया के एक तिहाई भी नहीं। उन कोटि-कोटि चीनियों को देखो। वे ईश्वर का प्रतिशोध हैं जो तुम्हारे ऊपर उद्दीप्त हो उठेगा। हूणों का एक और आक्रमण होगा। 'कुछ बुदबुदाते हुए उन्होंने कहा,' वे समस्त यूरोप को पदाक्रान्त कर देंगे, वे एक भी ईंट साबित नहीं छोड़ेंगे। पुरुष, स्त्रियां और बच्चे सभी चल बसेंगे और अंध युग फिर आएगा।' उनके स्वर में वर्णनातीत वेदना और करुणा थी। तत्पश्चात् अचानक उदासीनतापूर्वक अपने

युगद्रष्टा को अलग करते हुए उन्होंने कहा, 'मुझे कोई चिन्ता नहीं है ! दुनिया इससे और अच्छी होकर निकलेगी, किन्तु यह सब आ रहा है। ईश्वर का प्रतिशोध, यह शीघ्र आ रहा है।"

उनकी वार्ता में तनिक भावुकता है, पर चिंतन कितना सही था, ब्रिटिश साम्राज्यवाद पिटा, सिकुड़कर कोने में जा लगा। चीनी सचमुच एक विश्व शक्ति बनकर उभर आए हैं। विवेकानन्द की मृत्यु के सत्तर बरस बाद हम जिस युग में जी रहे हैं वह साम्राज्यवाद के सम्पूर्ण विनाश का युग है और आज क्रान्ति इतिहास की मुख्यधारा है। विश्वव्यापी वर्तमान महा अव्यवस्था तथा उथल-पुथल से दुनिया निश्चित रूप से अच्छी होकर निकलेगी।

# धर्म-महासभा

**"बाधा जितनी होगी, उतना ही अच्छा है, बाधा विना पाए क्या कभी नदी का वेग बढ़ता है ? जो वस्तु जितनी नई होगी, जितनी अच्छी होगी, वह वस्तु पहले-पहल उतनी ही बाधा पायेगी। बाधा ही तो सिद्धि का पूर्ण लक्षण है। जहां बाधा नहीं वहां सिद्धि नहीं।"**

–विवेकानन्द

स्वामी विवेकानन्द मद्रास से अमेरिका गए थे। जाने से पहले उन्होंने वहां की साहित्य-समिति–ट्रिप्लिकेन के सदस्यों के साथ अनेक विषयों पर चर्चा की थी। ये सदस्य उनके विचारों से बहुत प्रभावित हुए थे और अन्त में इन सज्जनों के विशेष आग्रह और प्रयत्न ही से वे शिकागो धर्म-सभा में हिन्दू धर्म के प्रतिनिधि के रूप में भेजे गए थे। चार साल बाद जब वे स्वदेश लौटे तो इसी साहित्य-समिति में उन्होंने एक भाषण दिया था, जो विवेकानन्द साहित्य पंचम खंड में 'हमारा प्रस्तुतकार्य' शीर्षक संकलित है। इसमें वे कहते हैं :

"बौद्ध धर्म के उदय के पहले ही चीन, फारस और पूर्वी द्वीप समूहों में वेदान्त का प्रवेश हो चुका था। फिर जब यूनान की प्रबल शक्ति ने पूर्वी भूखंडों को एक ही सूत्र में बांधा था, तब वहां भारत की विचारधारा प्रवाहित हुई थी, और ईसाई धर्मावलम्बी जिस सभ्यता की डींग हांक रहे हैं, वह भी भारतीय विचारों के छोटे-छोटे कणों के संग्रह के सिवा और कुछ नहीं। बौद्ध धर्म, अपनी समस्त महानता के साथ जिसकी विद्रोही संतानं है और ईसाई धर्म जिसकी नगण्य नकल मात्र है, वहीं हमारा धर्म है। युगचक्र फिर घूमा है, वैसा ही समय फिर आया है, इंग्लैंड की प्रबल शक्ति ने भूमंडल के भिन्न-भिन्न भागों को फिर एक दूसरे से जोड़ दिया है। अंग्रेज़ों के मार्ग, रोमन जाति के मार्गों की तरह केवल स्थल भाग ही में नहीं, अतल महासागरों के सब भागों में भी दौड़ रहे हैं। संसार के सभी भाग एक दूसरे से जुड़ गए हैं और विद्युत-शक्ति नवसंदेशवाहक की भांति अपना अद्‌भुत नाटक खेल रही है। इन अनुकूल अवस्थाओं को प्राप्त कर भारत फिर जाग रहा है और संसार की उन्नति तथा सारी सभ्यता को अपना योगदान देने के लिए वह तैयार हो रहा है। इसी के फलस्वरूप प्रकृति ने मानो ज़बर्दस्ती मुझे धर्म का प्रचार करने के लिए इंग्लैंड और अमेरिका भेजा। हममें से हर एक को यह अनुभव करना चाहिए था कि प्रचार का समय आ गया है। चारों ओर शुभ लक्षण दीख रहे हैं और भारतीय आध्यात्मिक और दार्शनिक विचारों की फिर से सारे संसार पर विजय होगी। अतएव हमारे सामने

समस्या दिन-दिन बृहत्तर आकार धारण कर रही है। क्या हमें केवल अपने ही देश को जगाना होगा ? नहीं, यह तो एक तुच्छ बात है, मैं एक कल्पनाशील मनुष्य हूं–मेरी यह भावना है कि हिन्दू जाति सारे संसार पर विजय प्राप्त करेगी।" (पृष्ठ 170)

चार साल क़े प्रवास काल में उन्होंने जो देखा-सीखा, धर्म-महासभा में उन्हें जो असाधारण सफलता प्राप्त हुई फिर उनके जो विचार बने, यह भाषण उस सबका एक स्पष्ट चित्र प्रस्तुत करता है। जाते समय उन्होंने जो यह घोषणा की थी कि वे पाश्चात्य देशों से भारत की भूखी जनता के लिए आर्थिक सहायता मांगने जा रहे हैं, वह एक हीन उद्देश्य, अस्पष्ट चेतना का विकृत बिम्ब, एक भ्रम मात्र था। अच्छा हुआ कि धर्म महासभा उनके अमेरिका पहुंचने के एक महीना बाद शुरू हुई। इस बीच उन्होंने पाश्चात्य जीवन और उनकी अर्थ-लालसा को भली-भांति समझ लिया और उनका सुनहला स्वप्न अर्थात् भ्रम टूट गया। विदेश जाने का उनका वास्तविक उद्देश्य उन ईसाई मिशनरियों से लोहा लेना था, जिनके द्वारा विदेशी साम्राज्यवाद ने अपनी राजनीतिक विज़य को दृढ़ बनाने के लिए हम पर सांस्कृतिक आक्रमण शुरू किया था। उन्नीसवीं सदी में पुनर्जागरण की जो लहर उठी, जिस पर हम आगे चलकर विचार करेंगे, इसी आक्रमण की प्रतिक्रिया थी। यहां सिर्फ इतना ही कह देना काफी है कि विवेकानन्द हमारे इस नवजागरण की चेतना के प्रवक्ता के रूप में ईसाई मिशनरियों से लोहा लेने शिकागो गए। 11 सितम्बर, 1893 को जब वे धर्म-महासभा के मंच पर बोलने के लिए खड़े हुए तो उनके मस्तिष्क में अपना यह उद्देश्य स्पष्ट था। और हम देखेंगे कि उन्होंने ईसाई मिशनरियों को उनके अपने गढ़ में न सिर्फ मुंहतोड़ जवाब दिया, बल्कि उनके दांत खट्टे किए।

महासभा के स्वागत अधिवेशन का चित्र और उसमें अपनी भूमिका आलासिंगा पेरुमल के नाम एक पत्र में स्वामी जी ने इन शब्दों में व्यक्त की है :

"जिस दिन पहासभा का उद्घाटन होने वाला था, उस दिन सुबह हम लोग 'आर्ट पैलेस' नामक एक भवन में एकत्र हुए, जिसमें एक बड़ा और कुछ छोटे-छोटे हॉल अधिवेशन के लिए अस्थायी रूप से निर्मित किए गए थे। सभी राष्ट्रों के लोग वहां थे। भारत से ब्रह्मसमाज के प्रतिनिधि प्रतापचन्द्र मजूमदार महाशय थे, बम्बई से नागरकर आए थे, जैन धर्म के प्रतिनिधि वीरचन्द गांधी थे और थियोसॉफी की प्रतिनिधि श्रीमती एनी बेसेन्ट तथा चक्रवर्ती थे। इन सबमें मजूमदार मेरे पुराने मित्र थे और चक्रवर्ती मेरे नाम से परिचित थे। शानदार जुलूस के बाद हम सब लोग मंच पर बैठाए गए। कल्पना करो, नीचे एक बड़ा हॉल और ऊपर एक बहुत बड़ी गैलरी, दोनों में छः-सात हज़ार आदमी, इस देश के चुने हुए सुसंस्कृत स्त्री-पुरुष हैं, खचाखच भरे हैं तथा मंच पर संसार की सभी जातियों के बड़े-बड़े विद्वान एकत्र हैं। और मुझे, जिसने अब तक कभी सार्वजनिक सभा में भाषण नहीं दिया, इस विराट समुदाय के समक्ष भाषण देना होगा ! उसका उद्घाटन बड़े समारोह से संगीत और भाषणों द्वारा हुआ। तदुपरान्त आए हुए प्रतिनिधियों का एक-एक करके परिचय दिया गया

और वे सामने आ-आकर अपना भाषण देने लगे। निस्संदेह मेरा हृदय धड़क रहा था और जुबान प्रायः सूख गई थी। मैं इतना घबराया हुआ था कि सवेरे बोलने की हिम्मत न हुई। मजूमदार की वक्तृता सुन्दर रही। चक्रवर्ती की तो उससे भी सुन्दर। दोनों के भाषणों के समय खूब करतल-ध्वनि हुई। वे सब अपने भाषण तैयार करके आए थे। मैं अबोध था और बिना किसी प्रकार की तैयारी के बैठा था। किन्तु मैं देवी सरस्वती को प्रणाम करके सामने आया और डॉ० बरोज ने मेरा परिचय दिया। मैंने एक छोटा-सा भाषण दिया। मैंने इस प्रकार सम्बोधन किया, "अमेरिका निवासी बहनो और भाइयो !" इसके साथ ही दो मिनट एक ऐसी घोर करतल ध्वनि हुई कि कान में अंगुली देते ही बनी। फिर मैंने आरम्भ किया जब अपना भाषण समाप्त कर बैठा, तो भावावेग से मानो मैं अवश हो गया था। दूसरे दिन सब समाचार पत्रों में छपा कि मेरी ही वक्तृता उस दिन सबसे अधिक हृदयस्पर्शी थी। पूरा अमेरिका मुझे जान गया।... उस दिन से मैं विख्यात हो गया और जिस दिन मैंने हिन्दू धर्म पर अपनी वक्तृता पढ़ी, उस दिन तो हॉल में इतनी अधिक भीड़ थी, जितनी पहले कभी न थी। एक समाचारपत्र का कुछ अंश उद्धृत करता हूं, "केवल महिलाएं ही महिलाएं कोने-कोने में, जहां देखो वहां ठसाठस भरी हुई दिखाई देती थीं। अन्य सब वक्तृताओं के समाप्त होने तक वे किसी प्रकार धैर्य धारण कर विवेकानन्द की वक्तृता की बाट जोहती रहीं इत्यादि।"

भारत के संन्यासी ने भद्र नारियोंतथा पुरुषो ! (लेडीज़ एण्ड जेटलमैन) से सम्बोधित करने की लीक तोड़ी थी, "बहनो और भाइयो ! (सिस्टर्स एण्ड ब्रदर्स) में जो अपनत्व था, सतत तालियों से उसी का स्वागत हुआ था। फिर ये शब्द मात्र नहीं थे, इनके पीछे सर्व सम्भावना का सिद्धान्त, हृदय की उदारता और विश्वास की गरिमा थी। और फिर संगीतमय स्वर में भाषण का आरम्भ हुआ :

"आपने जिस सौहार्द्र और स्नेह के साथ हम लोगों का स्वागत किया है, उसके प्रति आभार प्रकट करने के निमित्त खड़े होते समय मेरा हृदय अवर्णनीय हर्ष से पूर्ण नहीं हो रहा है। संसार में संन्यासियों की सबसे प्राचीन परंपरा की ओर से मैं आपको धन्यवाद देता हूं, धर्मों की माता की ओर से धन्यवाद देता हूं, और सभी सम्प्रदायों एवं मतों के कोटि-कोटि हिन्दुओं की ओर से धन्यवाद देता हूं।"

अमेरिका जाने से पहले विवेकानन्द ने समूचे देश का भ्रमण किया था, विद्वानों से बातचीत और शास्त्र एवं इतिहास के अध्ययन द्वारा उसके महान अतीत और मानव सभ्यता में उसके योगदान को भलीभांति समझ लिया था। अतएव उनके स्वर में परम्परा का बल और राष्ट्रीय गौरव झंकरित हो उठा :

"मैं एक ऐसे धर्म का अनुयायी होने में गर्व का अनुभव करता हूं, जिसने संसार को सहिष्णुता तथा सार्वभौम स्वीकृति दोनों ही की शिक्षा दी है...मुझे एक ऐसे देश का व्यक्ति होने का अभिमान है, जिसने इस पृथ्वी के समस्त धर्मों और देशों के उत्पीड़ितों और शरणार्थियों को आश्रय दिया है।" और फिर इतिहास, "मुझे आपको

यह बतलाते हुए गर्व होता है कि हमने अपने वक्ष में यहूदियों के विशुद्धतम अवशिष्ट अंश को स्थान दिया, जिन्होंने दक्षिण भारत आकर उसी वर्ष शरण ली थी, जिस वर्ष उसका पवित्र मंदिर रोमन जाति के अत्याचार से धूल में मिल गया था। ऐसे धर्म का अनुयायी होने से मैं गर्व अनुभव करता हूं, जिसने महान जरथुष्ट जाति के अवशिष्ट अंश को शरण दी और जिसका पालन वह अब तक कर रहा है।..."

डेढ़ पृष्ठ के संक्षिप्त भाषण के अंतिम शब्द थे :

"साम्प्रदायिकता, हठधर्मिता और उनकी बीभत्स वंशधर धर्मांधता इस सुन्दर पृथ्वी पर बहुत समय तक राज्य कर चुकी है। वे पृथ्वी को हिंसा से भरती रही है, उसको बारम्बार मानवता के रक्त से नहलाती रही है, सभ्यताओं को ध्वस्त करती और पूरे-पूरे देशों को निराशा के गर्त में डालती रही है। यदि ये बीभत्स दानवी नहीं होते, तो मानव समाज आज की अवस्था से कहीं उन्नत हो गया होता। पर अब उनका समय आ गया है और मैं आंतरिक रूप से आशा करता हूं कि आज सुबह इसी सभा के सम्मान में जो घंटा-ध्वनि हुई है, वह समस्त धर्मान्धता का, तलवार या लेखनी के द्वारा होने वाले सभी उत्पीड़नों का, तथा एक ही लक्ष्य की ओर अग्रसर होने वाले मानवों की पारस्परिक कटुताओं का मृत्यु-निनाद सिद्ध हो।"

एक दूर देश में विवेकानन्द ने साहस और प्रतिभा का परिचय दिया। सुन्दर शरीर, भव्य आकृति और आंखों में असाधारण चक्र–इस भारतीय संन्यासी की शान उस समय देखते ही बनती होगी।

19 सितम्बर को स्वामी जी का हिन्दू धर्म पर भाषण उस सभा के सब भाषणों में बेजोड़ था। उसमें उन्होंने जहां वेदान्त दर्शन की तात्त्विक व्याख्या की वहां वे ईसाई धर्म के मूलाधार पर प्रहार करने से नहीं चूके। ईसाई धर्म का मूलाधार है 'पाप बोध'। उसकी मान्यता है कि आदमी ने वर्जित फल खाने का जो पाप किया, उसके फलस्वरूप उसे हव्वा समेत स्वर्ग से धरती पर आना पड़ा। और इसी से सृष्टि का आरम्भ हुआ। इसलिए पाप मनुष्य का सहज स्वभाव है। वह जब तक जिएगा पाप करेगा। पाप का प्रायश्चित करने के लिए ही उसे ईसा को मध्यस्थ बनाने तथा गिरजा जाने की ज़रूरत है। स्वामी जी ने 'अमृत के पुत्रों' के मधुर सम्बोधन के प्रयोग की आज्ञा मांगते हुए कहा :

"निश्चय ही हिन्दू आपको पापी कहना अस्वीकार करता है। आप तो ईश्वर की सन्तान हैं, अमर आनन्द के भागी हैं, पवित्र और पूर्ण आत्मा हैं। आप इस मर्त्यभूमि पर देवता हैं। आप भला पापी ? मनुष्य को पापी कहना ही पाप है, वह मानव स्वरूप पर घोर लांछन है। आप उठें। हे सिंहो ! आएं और इस मिथ्या धारणा को झटककर दूर फेंक दें कि आप भेड़ हैं। आप हैं आत्मा, अमर, आत्मा मुक्त, आनन्दमय और नित्य ! आप जड़ नहीं हैं। आप शरीर नहीं हैं, जड़ तो आपका दास है, न कि आप हैं दास जड़ के।"

ईसाई पादरी हमें मूर्तिपूजक बताकर, हमें जंगली और असभ्य कहकर हमारी

निंदा करते थे। विवेकानन्द ने विनोद और उपहास में इस निन्दा का जो उत्तर दिया वह सुनने लायक है :

"बचपन की एक बात मुझे याद आती है। एक ईसाई पादरी कुछ मनुष्यों की भीड़ जमा करके धर्मोपदेश कर रहा था। बहुतेरी मज़ेदार बातों के साथ वह पादरी यह भी कह गया, 'अगर मैं तुम्हारी देवमूर्ति को एक डंडा लगाऊं, तो वह मेरा क्या कर सकती है ?' एक श्रोता ने चट चुभता-सा जवाब दे डाला, 'अगर मैं तुम्हारे ईश्वर को गाली दे दूं, तो वह मेरा क्या कर सकता है ?' पादरी बोला, 'मरने के बाद वह तुम्हें सज़ा देगा।' हिन्दू भी तनकर बोल उठा, 'तुम मरोगे, तब ठीक उसी तरह हमारी देवमूर्ति भी तुम्हें दंड देगी। इसमें हिन्दू भी तनकर बोल उठा, पर विशेष ध्यान देने की ज़रूरत है। "स्वामी जी भी दोनों बांहें विशेष ढंग से वक्ष पर कसे तनकर बोल रहे थे। दूसरे वक्ताओं की तरह 'ईसाई धर्म और पाश्चात्य सभ्यता ने हमें बहुत कुछ सिखाया है' इत्यादि भद्र चापलूसी की बातें कहने वे वहां नहीं गए थे और न वे मूर्तिपूजा के लिए किसी तरह लज्जित थे बल्कि इसी बात को लेकर प्रहार पर प्रहार करते चले गए। मूर्तिपूजक की नैतिकता, आध्यात्मिक और प्रेम को लासानी बताते हुए उन्होंने कहा :

"अंधविश्वास मनुष्य का महान शत्रु है, पर धर्मान्धता उससे भी बढ़कर है। ईसाई गिरजाघर क्यों जाता है ? क्रूस क्यों पवित्र है ? प्रार्थना के समय आकाश की ओर क्यों मुंह किया जाता है ? कैथोलिक ईसाइयों के गिरजाघरों में इतनी मूर्तियां क्यों रहा करती हैं ? मेरे भाइयो ! मन में किसी मूर्ति के बिना कुछ सोच सकना उतना ही असम्भव है, जितना श्वास लिये बिना जीवित रहना। साहचर्य के नियमानुसार भौतिक मूर्ति से मानसिक भावविशेष का उद्दीपन हो जाता है, अथवा मन में भावविशेष का उद्दीपन होने से तदनुरूप मूर्ति विशेष का भी आविर्भाव होता है। इसलिए तो हिन्दू आराधना के समय ब्रह्म प्रतीक का उसके मन को अपने ध्यान के विषय परमेश्वर में एकाग्रता से स्थिर रहने में सहायता देता है। वह भी यह बात उतनी ही अच्छी तरह से जानते हैं, जितना आप जानते हैं कि वह मूर्ति न तो ईश्वर ही है और न सर्वव्यापी ही। और सच पूछिए तो दुनिया के लोग 'सर्वव्यापकत्व' का क्या अर्थ समझते हैं ? वह तो केवल एक शब्द या प्रतीक मात्र है। क्या परमेश्वर का भी कोई क्षेत्रफल है ? यदि नहीं तो जिस समय हम सर्वव्यापी शब्द का उच्चारण करते हैं, उस समय विस्तृत आकाश या देश ही की कल्पना करने के सिवा हम और क्या करते हैं ?"

यह भाषण क्या दिया, स्वामी जी ने भिड़ों के छत्ते को छेड़ दिया। धर्म-सभा के कुछ प्रतिनिधि पंजे झाड़कर उनके पीछे पड़ गए। उनका कहना था, "विवेकानन्द ने जिस प्रकार आत्मा की महिमा घोषित की है उसके संबंध में अधिकांश हिन्दुओं को जानकारी नहीं है। सूक्ष्म तर्क और युक्ति के द्वारा मूर्ति पूजा की दार्शनिक व्याख्या कर वे पाश्चात्य जगत की आंखों में धूल झोंक रहे हैं, क्योंकि जड़ के उपासक पौत्तलिक

हिन्दू इस प्रकार की व्याख्या स्वप्न में भी सोच सकते।" साथ ही उन्होंने यह प्रचार भी किया कि विवेकानन्द नीच वंश में पैदा हुए हैं, जाति से निकाले हुए नगण्य व्यक्ति हैं और धर्म की चर्चा उनके लिए अनधिकार चेष्टा मात्र है। हिन्दुस्तान से आए किसी 'रवेरेन्ड' महोदय ने धर्म-सभा के अधिकारियों से यह भी कहा कि इस उच्छृंखल चरित्रहीन युवक को सभा से निकाल दिया जाए। निकाल देने की बात तो अधिकारियों ने नहीं मानी, अलबत्ता विवेकानन्द से कहा गया कि वे प्रतिवादियों द्वारा उठाई गई आपत्तियों का खंडन करें। इसके लिए तो वे पहले ही से तैयार थे। अतएव 22 सितम्बर को उन्होंने भारत के वर्तमान धर्म-समूह की आलोचना-सभा में विरोधियों की विद्वेषपूर्ण युक्तियों का दृढ़ता से उत्तर दिया। इसके बाद 25 तारीख को 'हिन्दू धर्म का सार' नामक भाषण देते समय बीच में रुककर उन्होंने श्रोताओं से पूछा, "इस सभा में जो हिन्दू धर्म व शास्त्र के साथ प्रत्यक्ष रूप से परिचित हैं, वे हाथ उठाएं।" तो प्रायः सात हज़ार व्यक्तियों में से सिर्फ तीन-चार हाथ उठे। योद्धा संन्यासी विवेकानन्द मस्तक ऊंचा करके विद्रूपभाव से मुस्कराते हुए बोले, "फिर बताइए, आप किस बिरते पर हमारे धर्म की आलोचना करेंगे ?" (विवेकानन्द चरित, पृष्ठ 232-33)

विवेकानन्द धर्म-महासभा में भारत की निर्धन तथा उत्पीड़ित जनता के प्रतिनिधि थे–उस जनता के जिसे पादरी लोग तरह-तरह के लोभ लालच-दिखाकर ईसाई बनाने का प्रयत्न करते थे। 20 सितम्बर के ढाई तीन मिनट के भाषण में इन्हीं पादरियों को सम्बोधित करते हुए उन्होंने कहा :

"ईसाइयों को सत् आलोचना सुनने के लिए सदैव तैयार रहना चाहिए और मुझे विश्वास है कि यदि मैं आप लोगों की कुछ आलोचना करूं तो आप बुरा न मानेंगे। ईसाई लोग जो मूर्तिपूजकों की आत्मा का उद्धार करने के निमित्त अपने धर्म प्रचारकों को भेजने के लिए इतने उत्सुक रहते हैं, उनके शरीरों की भूख से बचाने के लिए कुछ क्यों नहीं करते ? भारतवर्ष में जब भयानक अकाल पड़ा था, तो सहस्रों और लाखों हिन्दू[1] क्षुधा से पीड़ित होकर मर गए पर आप ईसाइयों ने उनके हिए कुछ नहीं किया। आप लोग सारे हिन्दुस्तान में गिरजे बनाते हैं, पर पूर्व का महान अभाव धर्म नहीं है, उसके पास धर्म पर्याप्त है–जलते हुए हिन्दुस्तान के लाखों दुखार्त भूखे लोग सूखे गले से रोटी के लिए चिल्ला रहे हैं। वे हमसे रोटी मांगते हैं और हम उन्हें देते हैं पत्थर क्षुधातुरों को धर्म का उपदेश देना उनका अपमान करना है, भूखों को दर्शन सिखाना उनका अपमान करना है। भारतवर्ष में यदि कोई पुरोहित द्रव्य-प्राप्ति के लिए धर्म का उपदेश करे तो वह जाति से च्युत कर दिया जाएगा और लोग उस पर थूकेंगे। मैं यहां पर अपने दरिद्र भाइयों के निमित्त सहायता मांगने आया था, पर मैं पूरी तरह समझ गया हूं कि मूर्तिपूजकों के लिए ईसाईधर्मावलम्बियों से और विशेषकर उन्हीं के देश में, सहायता प्राप्त करना कितना कठिन है।"

1. हिन्दू का अर्थ है सिंधु नदी के इस ओर बसने वाले सभी हिन्दुस्तानी।

इयूक, आइवा, टाइम्स ने 29 सितम्बर को लिखा था :

"अब धर्म-महासभा उस स्थान पर पहुंची, जहां तीव्र कटुता उत्पन्न हो गई। निस्संदेह शिष्टाचार का पतला परदा बना रहा, किन्तु उसके पीछे दुर्भावना विद्यमान थी। रवेरेन्ड जोसेफ कुक ने हिन्दुओं की तीव्र आलोचना की और बदले में उनकी भी आलोचना हुई। उन्होंने कहा, "बिना रचे गए विश्व की बात करना प्रायः अक्षम्य प्रलाप है, और एशिया वालों ने प्रत्युत्तर दिया कि ऐसा विश्व जिसका प्रारम्भ है, एक स्वयं सिद्ध बेतुकापन है। बिशप जे० पी० न्यूमैन ने ओहियो तट से दूर तक जाने वाली गोली चलाते हुए घोषणा की कि पूर्व वालों ने मिशनरियों के प्रति भ्रान्त कथन करके संयुक्त राष्ट्र के समस्त ईसाइयों का अपमान किया है, और पूर्व वालों ने अपने उत्तेजक शान्त और अति उद्धत मुस्कान के द्वारा उत्तर दिया कि यह केवल बिशप का अज्ञान है।"

यह उत्तेजक शान्ति और उद्धत मुस्कान विवेकानन्द ही की विशेषता थी। पूर्व वालों के प्रमुख प्रवक्ता वही थे। वे पादरियों के छिछले आरोपों का आचार्य की धीर-गम्भीर वाणी में उत्तर देते और साथ ही चुटकी भी लेते थे। 27 दिसम्बर के अंतिम अधिवेशन में उनका भाषण, चाहे स्वागत भाषण की तरह संक्षिप्त था, पर शैली यही थी :

"इस प्रबुद्ध श्रोता मंडल को मेरा धन्यवाद, जिसने मुझ पर अविकल कृपा रखी है और जिसने मत-मतान्तरों के मनोमालिन्य को हल्का करने का प्रयत्न करने वाले प्रत्येक विचार का सत्कार किया है। इस समसुरता में कुछ बेसुरे स्वर भी बीच-बीच में सुने गए हैं। उन्हें मेरा विशेष धन्यवाद, क्योंकि उन्होंने अपने स्वर वैचित्य से इस समरसता को और भी मधुर बना दिया है।"

यह छिछले तथा निकृष्ट पादरियों पर कटु व्यंग्य था फिर रामकृष्ण परमहंस का 'जितने मत उतने पथ' और तमाम धर्मों, सम्प्रदायों तथा मतवादों की एकता के सार्वभौम संदेश का पश्चिम की वैज्ञानिक चेतना से सामंजस्य स्थापित करते हुए आचार्य के स्वर में विवेकानन्द ने कहा :

"बीज भूमि में बो दिया गया और मिट्टी, जल तथा वायु उसके चारों ओर रख दिए गए, तो क्या वह बीज मिट्टी हो जाता है, अथवा वायु या जल बन जाता है ? नहीं, वह तो वृक्ष ही रहता है, वह अपनी वृद्धि के नियम ही से बढ़ता है–वायु, जल और मिट्टी को अपने में पचाकर, उनको उद्‌भिज पदार्थ में परिवर्तित करके एक वृक्ष हो जाता है।

"ऐसा ही धर्म के संबंध में भी है। ईसाई को हिन्दू या बौद्ध नहीं हो जाना चाहिए और न हिन्दू अथवा बौद्ध को ईसाई ही। पर हां, प्रत्येक को चाहिए कि वह दूसरों के सार-भाग को आत्मसात् करके पुष्टि-लाभ करे और अपने वैशिष्ट्य की रक्षा करते हुए अपनी निजी बुद्धि का नियम के अनुसार वृद्धि को प्राप्त हो।" (प्रथम खंड)।

प्रबुद्ध श्रोताओं ने विवेकानन्द को धर्म-सभा का सर्वश्रेष्ठ वक्ता घोषित किया। अखबारों में उनके भाषण पूरे-पूरे प्रकाशित हुए और उन पर प्रशंसात्मक टिप्पणियां लिखी गईं। कोई एक साल बाद अर्थात् 15 नवम्बर, 1894 को उन्होंने अपने एक पत्र में हरिदास देसाई को लिखा :

"मैं धर्म-महासभा में बोला था, और उसका क्या परिणाम हुआ, यह मैं कुछ समाचार पत्र और पत्रिकाएं जो मेरे पास हैं, उनसे उद्धृत करके लिखता हूं। मैं डींग नहीं हांकना चाहता, परन्तु आपके प्रेम के कारण, आपमें विश्वास करके मैं यह अवश्य कहूंगा कि किसी हिन्दू ने अमेरिका को ऐसा प्रभावित नहीं किया, और मेरे आने से यदि कुछ भी न हुआ, तो इतना अवश्य हुआ कि अमेरिकनों को यह मालूम हो गया कि भारत में आज भी ऐसे मनुष्य उत्पन्न हो रहे हैं, जिनके चरणों में सभ्य से सभ्य राष्ट्र भी नीति और धर्म का पाठ पढ़ सकते हैं। क्या आप नहीं समझते कि हिन्दू राष्ट्र को अपने संन्यासी यहां भेजने के लिए यह पर्याप्त कारण है।"

"कुछ पत्रिकाओं के अंश मैं नीचे उद्धृत करता हूं।"

"अधिकांश संक्षिप्त भाषण वाकपटुत्वपूर्ण होते हुए भी किसी ने भी धर्म-महासभा के तात्पर्य एवं उसकी सीमाओं का इतने अच्छे ढंग से वर्णन नहीं किया, जैसा कि उस हिन्दू संन्यासी ने। मैं उनका भाषण पूरा-पूरा उद्धृत करता हूं, परन्तु श्रोताओं पर उसका क्या प्रभाव पड़ा, इसके बारे में मैं केवल इतना कह सकता हूं कि वे दैवी अधिकार से सम्पन्न वक्ता हैं और उनका शक्तिमान तेजस्वी मुख तथा उनके पीले गेरुए वस्त्र, उनके गम्भीर तथा लयात्मक वाक्यों से कुछ कम आकर्षक न थे।" (न्यूयार्क क्रिटिक)।

"उन्होंने गिरजों और क्लबों में इतनी बार भाषण दिया है कि उनके धर्म से अब हम भी परिचित हो गए हैं... उनकी संस्कृति, उनकी वाक्पटुता, उनके आकर्षण एवं अद्भुत व्यक्तित्व ने हमें हिन्दू सभ्यता का एक नया आलोक दिया है।... उनके सुन्दर तेजस्वी मुखमंडल तथा उनकी गम्भीर सुललित वाणी ने सबको अनायास अपने वश में कर लिया है।...बिना किसी प्रकार के नोट्स की सहायता ही के वे भाषण देते हैं, अपने तथ्य तथा निष्कर्ष को वे अपूर्व ढंग से एवं आन्तरिकता के साथ सम्मुख रखते हैं और उनकी स्वतः स्फूर्त प्रेरणा उनके भाषण को कई बार अपूर्व वाक्पटुता से युक्त कर देती है (वही)।

"विवेकानन्द निश्चय ही धर्म-महासभा में महानतम व्यक्ति हैं। उनका भाषण सुनने के बाद यह मालूम होता है कि इस विज्ञ राष्ट्र को धर्मोपदेशक भेजना कितनी मूर्खता है। 'हेरल्ड' (यहां का सबसे बड़ा समाचार पत्र)।

"इतना उद्धृत करके अब मैं समाप्त करता हूं नहीं तो आप मुझे घमंडी समझ बैठेंगे। परन्तु आपके लिए इतना आवश्यक था, क्योंकि आप प्रायः कूप-मंडूक बने हैं और दूसरे स्थानों में संसार किस गति से चल रहा है, यह देखना भी नहीं चाहते। मेरे उदार मित्र ! मेरा मतलब आपसे व्यक्तिशः नहीं है, सामान्य रूप से हमारे सम्पूर्ण

राष्ट्र से है।"

उनकी इस असाधारण ख्याति से लाभ उठाने के लिए एक व्याख्यान कम्पनी ने उनके सम्मुख यह प्रस्ताव रखा कि वे अमेरिका का दौरा करें और कम्पनी नगर-नगर में उनके भाषणों का प्रबंध करेगी। बिल्ली के भागों छींका टूटा। वे विश्व-धर्म के जिस सार्वभौम आदर्श को प्रचारित-प्रसारित करने विदेश आए थे, यह व्याख्यान कम्पनी उसके लिए साधन जुटा रही थी। इसके अलावा भारत में अपनी योजना को कार्यरूप देने के यथेष्ट धन मिल जाने की भी आशा थी। उन्होंने इसे सुनहला अवसर जाना और कम्पनी के साथ व्याख्यान देने का अनुबंध कर लिया।

इस योजना के अंतर्गत अमेरिका के सभी राज्यों के बड़े-बड़े शहरों में विवेकानन्द के भाषण होने लगे। जहां कहीं वे जाते थे, वहीं उनका आदर-सत्कार होता था, कौतूहल-प्रिय दर्शकों की भीड़ लग जाती थी और भारी टिकट के बावजूद व्याख्यान-भवन श्रोताओं से खचाखच भर जाते थे। विवेकानन्द दोहरी तलवार थे। एक तरफ वे अपने धर्म की उदार व्याख्या करके मनुष्य मात्र की एकता का संदेश देते और उसकी तुलना में ईसाई धर्म की हीनता और संकीर्णता को उजागर कर देते थे। दूसरी तरफ मिशनरियों के भारत-संबंधी मूर्खतापूर्ण प्रचार और धूर्तता का भंडाफोड़ करने से भी बाज नहीं आते थे।

लेकिन अब उन्हें दो प्रकार की कठिनाइयों का सामना करना पड़ रहा था। एक यह कि अमेरिकन नगरों का वातवरण भिन्न-भिन्न था, धर्म-महासभा का वातावरण कहीं न था और श्रोताओं के प्रायः ऐसे स्थूल बुद्धि तथा अंधविश्वासी लोग अधिक होते थे, जो हुल्लड़बाज़ी पर उतर आते थे। दूसरे ईसाई मिशनरी विवेकानन्द की लोकप्रियता को क्षति पहुंचाने के लिए निकृष्ट तत्त्वों की हुल्लड़बाज़ी को न सिर्फ प्रोत्साहन देते थे बल्कि उन्हें सिखा-पढ़ाकर दर्शकों तथा श्रोताओं में भेजते थे। विवेकानन्द की तीव्र दृष्टि ने इन निकृष्ट तत्त्वों और मिशनरियों के षड्यंत्र को पहचान लिया और उसके पीछे इन्हें साम्राज्यवाद का हाथ दिखाई दिया। लेकिन वह घबराने वाले व्यक्ति न थे। उन्होंने यहां भी स्वभावगत साहस तथा निर्भीकता का परिचय दिया। रोमां रोलां लिखते हैं :

"तरुण अमेरिकी गणतंत्र की दुर्दम शक्ति के प्रति उनमें पहले-पहल जो आकर्षण और आदर उपजा था, वह मन्द पड़ चुका था। उसकी क्रूरता, अमानुषिकता, क्षुद्रता, कट्टरता, प्रकाण्ड मूर्खता एवं दम्भी मूढ़ता के लिए विवेकानन्द के मन में सहसा घृणा जाग उठी थी। जो विचारशील हैं, आस्थावान हैं और जीवन को उस दृष्टि से नहीं देखते, जिससे मानव जाति का अवतंस यह राष्ट्र देखता है, उनके विषय में यह कितने निर्लज्ज आत्मविश्वास के साथ अपनी राय देता है... तब फिर उनका धैर्य चुक गया। उन्होंने कोई भय नहीं दिखाया। वे हिंसा, लूट और विनाश के तत्त्वों से पूर्ण पश्चिमी सभ्यता के पापों और अपराधों की भर्त्सना करने लगे। एक बार

उन्हें बोस्टन में अपने अत्यन्त प्रिय धार्मिक विषय पर बोलना था, चलते-पुर्जे दुनियादार महाशयों का खोखला और बर्बर श्रोता-समाज सामने देखकर उन्हें इतनी वितृष्णा हुई कि अपनी आत्मा का रहस्य उन्हें देने से इनकार करके हठात् उन्होंने विषयान्तर कर दिया, ऐसे-ऐसे गीदड़ और भेड़िये जिसका प्रतिनिधित्व करें, उस सभ्यता को उन्होंने हन डाला, भयंकर हाय-तोबा मची। सैकड़ों अशान्त श्रोता सभा-भवन छोड़कर चल दिए और अखबारों ने लाल-पीली आंखें दिखाईं।

वे झूठी ईसाइयत और पाखंड से विशेषतया खिन्न थे।

"आप जितनी चाहें शेखी बघारें, पर तलवार के बिना आपकी ईसाइत कहीं सफल हुई है ? आपका धर्म ऐश्वर्य का लोभ दिखाकर प्रचारित किया जाता है। इस देश में मैंने जो कुछ सुना सब ढोंग है। यह सब समृद्धि–यही सब क्या ख्रीष्ट की देन है ? जो ख्रीष्ट को पुकारते हैं, क्या वे पैसा बटोरने के अतिरिक्त कुछ नहीं जानते ? ख्रीष्ट तुम्हारे घर में एक ईंट भी तकिया लगाने योग्य नहीं पाएंगे। तुम ईसाई नहीं हो, ख्रीष्ट की शरण में लौटो।" (विवेकानन्द, पृष्ठ 85)

एक सार्वजनिक भाषण से विरोध का तूफान और भी तेज़ हो गया। इधर अमेरिका में मिशनरी और उनके अखबार उन्हें ठग और कपटी बताकर बदनाम कर रहे थे। वे लोगों के घरों में जा-जाकर कहते थे कि भारत में इसका पत्नियों का हरम है और बच्चों की आधी सेना है। वह तो यहां आकर खामख्वाह संन्यासी बन गया है। उधर भारत में ये पादरी लोग और धर्म-महासभा में ब्रह्मसमाज के प्रतिनिधि प्रतापचन्द्र मजूमदार जो विवेकानन्द की असाधारण ख्याति के कारण द्वेष की आग में जल-भुन रहे थे, यह मिथ्या प्रचार कर रहे थे कि स्वामी जी अमेरिका के बड़े-बड़े होटलों में रहते हैं, सब चीज़ खाते-पीते हैं और विलासिता का जीवन बिता रहे हैं। रूढ़िवादी और कट्टरपंथी हिन्दुओं ने भी इस मिथ्या प्रचार को बढ़ावा दिया। विवेकानन्द के शिष्यों तथा गुरु-भाइयों को वास्तविक स्थिति मालूम नहीं थी, वे इस प्रकार से बड़े सटपटाए। उन्होंने स्वामी जी को इस बारे में लिखा और उनके खिलाफ लिखने वाले अखबारों की कतरनें भेजीं। 24 जनवरी, 1894 को उन्होंने अपने मद्रास के शिष्यों को लिखा :

"मुझे तुम्हारे पत्र मिले। मुझे यह जानकर आश्चर्य हुआ कि मेरे संबंध में इतनी अधिक बातें तुम लोगों तक पहुंच गईं। 'इंटीरियर' पत्रिका की आलोचना के बारे में तुम लोगों ने जो उल्लेख किया है, उसे अमेरिकी जनता का रुख समझ बैठना। इस पत्रिका के विषय में यहां के लोगों को प्रायः कुछ मालूम नहीं और वे इसे 'नील नाक वाले प्रेस बटेरियनों' की पत्रिका कहते हैं। यह बहुत ही कट्टर सम्प्रदाय है। किन्तु यह 'नील नाक वाले' सभी लोग दुर्जन हैं, ऐसी बात नहीं है। अमेरिकी निवासीगण और बहुत से पादरीगण मेरा बहुत आदर करते हैं। जिसका सम्मान कर लोग आदर कर रहे हैं, उस पर कीचड़ उछालकर प्रसिद्धि प्राप्त करने के इरादे ही से इस पत्र ने ऐसा लिखा है। ऐसे छल को यहां के लोग खूब समझते हैं एवं यहां

इसे कोई महत्त्व नहीं देता, किन्तु भारत के पादरीगण अवश्य ही इस आलोचना का लाभ उठाकर बदनाम करने का प्रयत्न करेंगे। यदि वे ऐसा करें तो उन्हें कहना, 'हे यहूदी, याद रखो, तुम पर ईश्वर का न्याय घोषित हुआ है।' उन लोगों की पुरानी इमारत की नींव भी ढह रही है, पागल के समान वे चीत्क़ार कर रहे हैं, उनका नाश अवश्यंभावी है। उन पर मुझे दया आती है कि प्राच्य धार्मिक भावों के यहां अत्यधिक प्रदेश के कारण भारत में मौज से जीवन बिताने के उनके साधन कहीं क्षीण न हो जाएं। किन्तु इनके प्रधान पादरियों में से एक भी मेरा विरोधी नहीं है। खैर, जो भी हो, जब तालाब में उतरा हूं, अच्छी तरह से स्नान करूंगा।" (वि० सा०, द्वितीय खंड, पृष्ठ 320)

हिन्दू कट्टर-पंथियों के लिए उन्होंने एक दूसरे पत्र में लिखा था कि अगर उन्हें धर्म की इतनी चिन्ता है, तो भारत से एक रसोइया और खाने की सामग्री क्यों नहीं भेज देते ? जब वे गांठ से एक पैसा खर्च करने को तैयार नहीं तो व्यर्थ की बातें बनाने से क्या लाभ ? लेकिन विरोध का तूफान दिन-दिन ऊंचा उठता चला गया। ईसाई मिशनरी, हिन्दू कट्टरपंथी, थियोसॉफिस्ट, सुधारवादी, ब्रह्मसमाजी और प्रतिक्रियावादी राजनीतिक तत्त्व इस विरोध में एक ही मंच पर इकट्ठे हो गए। अब विवेकानन्द भी एकदेशीय बुद्धि के व्यक्ति नहीं थे। उन्होंने बखूबी समझ लिया कि अब उपेक्षा मात्र से काम नहीं चलेगा, समय आ गया है कि मिथ्या प्रचार का उत्तर दिया जाए और इस विरोध को अपने उद्देश्य के प्रचार-प्रसार के लिए प्रयोग में लाया जाए। अतएव गर्म लोहे पर चोट करने की योजना स्थिर करके उन्होंने 9 अप्रैल, 1894 को आलासिंगा पेरुमल के नाम अपने पत्र में लिखा :

"निस्संदेह कट्टर पादरी मेरे विरुद्ध हैं, और मुझसे मुठभेड़ करना कठिन जानकर हर प्रकार से वे मेरी निंदा करते हैं और मुझे बदनाम करने एवं मेरा विरोध करने में भी नहीं हिचकिचाते। और इसमें मजूमदार उनकी सहायता कर रहे हैं। वह द्वेष के मारे पागल हो गया लगता है। उसने उन लोगों से कहा कि मैं बहुत बड़ा धोखेबाज़ और धूर्त हूं। और इधर वह कलकत्ता में कहता फिर रहा है कि मैं अमेरिका में अत्यन्त पाप-पूर्ण एवं लम्पट जीवन व्यतीत कर रहा हूं। भगवान उसका भला करें। मेरे भाई, बिना अवरोध के कोई भी अच्छा काम नहीं हो सकता।.. क्या तुम मद्रास में रामनाड के दीवान या अन्य किसी बड़े आदमी की अध्यक्षता में एक ऐसी सभा आयोजित कर सकते हो, जिसमें वहां मेरे हिन्दू धर्म का प्रतिनिधित्व करने के प्रति पूर्णतया समर्थन एवं संतोष प्रकट किया जाए और फिर उस पारित प्रस्ताव को यहां के 'शिकागो हेरल्ड', 'इंटरओशन' तथा 'न्यूयार्कसन' और डिट्रायट (मिशिगन) के 'कमर्शल एडवर्टाइज़र' को भेज दिया जाए। शिकागो इलियानास में है। 'न्यूयार्कसन' के लिए किसी विशेष विवरण की आवश्यकता नहीं है। डिट्रायट मिशिगन राज्य में है। उसकी प्रतियां डा० बरोज को, चैयरमैन धर्म-महासभा, शिकागो के पते पर भेजो। मैं उनका मकान नम्बर भूल गया हूं, किन्तु मुहल्ले का नाम 'इंडियान एवेन्यू' है। उसकी एक

प्रति श्रीमती जे० जे० बेगली, डिट्रायट, वांशिगटन एवेन्यू के पते पर भी भेजो।

"इस सभा को जितना बड़ा बना सकते हो, बनाओ। धर्म एवं देश के नाम पर सभी बड़े आदमियों को उसमें भाग लेने के लिए पकड़ो। मैसूर के महाराजा तथा दीवान से इस सभा और उसके उद्देश्यों का समर्थन करने वाला पत्र प्राप्त करने की चेष्टा करो। मतलब यह कि जितनी बड़ी सभा और उसका शोर उठा सको, उतना ही अच्छा।

"प्रस्ताव कुछ इस आशय का होगा कि मद्रास की हिन्दू जनता मेरे कामों के प्रति अपना पूर्ण संतोष व्यक्त करती है।" (वही, पृष्ठ 342-43)

मद्रास और कलकत्ता इत्यादि नगरों में विराट सभाएं हुईं। इनमें न सिर्फ विवेकानन्द के काम को सराहा गया, बल्कि इस काम पर गर्व व्यक्त करते हुए उन्हें अभिनन्दित किया गया। इन सभाओं की कार्यवाही भारत तथा अमेरिका के अखबारों में छपी और इनमें पास किए गए प्रस्ताव उन लोगों को भेजे गए, जिनके नाम विवेकानन्द ने लिखे थे। इससे पादरीगणों का झूठ उजागर हो गया। लेकिन विवेकानन्द का उद्देश्य सिर्फ पादरियों का मुंह बन्द करना ही नहीं था, भारत की सोई हुई आत्मा को झंझोड़ना-जगाना भी था। अतएव अभिनन्दन के उत्तर में कलकत्ता की सभा के सभापति प्यारी मोहन मुखर्जी को विवेकानन्द ने 18 नवम्बर, 1894 के पत्र में लिखा :

"लेन-देन ही संसार का नियम है और यदि भारत फिर से उठना चाहे तो यह परमावश्यक है कि वह अपने रत्नों को बाहर लाकर पृथ्वी की जातियों में बिखेर दे और इसके बदले में वे जो कुछ दे सकें, उसे सहर्ष ग्रहण करे। विस्तार ही जीवन है और संकोच मृत्यु, प्रेम ही जीवन है और द्वेष मृत्यु। हमने उसी दिन से मरना शुरू कर दिया, जब से हम अन्य जातियों से घृणा करने लगे, और यह मृत्यु बिना इसके किसी दूसरे उपाय से रुक नहीं सकती कि हम फिर से विस्तार को अपनाएं, जो जीवन का चिह्न हैं।

"अतएव हमें पृथ्वी की सभी जातियों से मिलना पड़ेगा और प्रत्येक हिन्दू, जो विदेश-भ्रमण करने जाता है, उन सैकड़ों मनुष्यों से अपने देश को अधिक लाभ पहुंचाता है, जो केवल अन्धविश्वासों एवं स्वार्थपरताओं की गठरी मात्र हैं, और जिनके जीवन का एक मात्र उद्देश्य 'न खुद खाए, न दूसरों को खाने दे' कहावत के अनुसार न अपना हित करना है, न पराए का। पाश्चात्य राष्ट्रों ने राष्ट्रीय जीवन के जो आश्चर्यजनक प्रासाद बनाए हैं, वे चरित्ररूपी सुदृढ़ स्तंभों पर खड़े हैं और जब तक हम अधिक से अधिक संख्या में वैसे चरित्र न गढ़ लें, तब तक हमारे लिए किसी शक्ति विशेष के विरुद्ध अपना विशेष असंतोष व्यक्त करते रहना निरर्थक है।"

"क्या वे लोग स्वाधीनता पाने योग्य हैं, जो दूसरों को स्वाधीनता देने के लिए प्रस्तुत नहीं ? व्यर्थ का असंतोष जताते हुए शक्तिक्षय करने के बदले हम चुपचाप वीरता के साथ काम करते चले जाएं। मेरा तो पूर्ण विश्वास है कि संसार की कोई

भी शक्ति किसी से उस वस्तु को अलग नहीं रख सकती, जिसके लिए वह वास्तव में योग्य हों। अतीत तो हमारा गौरवमय था ही, पर मुझे हार्दिक विश्वास है कि भविष्य और भी गौरवमय होगा।" (वि० सा०, तृतीय खंड, पृष्ठ 332)

अपनी कमियों को समझे और दूसरों से सीखे बिना आगे बढ़ना सम्भव नहीं। लेकिन आत्मालोचना अपनों ही के सम्मुख की जाती है, शत्रुओं के विरुद्ध सम्पूर्ण व्यक्तित्व के साथ लड़ना सिर्फ लड़ना होता है। विवेकानन्द ने ठीक यही कार्यनीति अपनाई। शत्रुओं के सम्मुख उन्होंने मूर्ति-पूजा तक की दार्शनिक व्याख्या की और अपनों के सम्मुख कलेजा निकालकर रख दिया और खून के आंसू रोए। परिणाम यह कि उदार बुर्जुआ और उनके बुद्धिजीवियों ने विवेकानन्द को प्यार किया, सर आंखों पर बिठाया और उन्हें अपना धार्मिक तथा सांस्कृतिक नेता मान लिया और आज तक माने हुए है। अतएव स्वदेश लौटने पर वे जहां भी गए वहीं उनका भव्य स्वागत हुआ। अपने मद्रास के भाषण में अपने इन्हीं देशवासियों के सम्मुख बोलते हुए उन्होंने दिल के फफोले इस प्रकार फोड़े :

"मैं समझता हूं कि मुझमें अनेक दोषों के होते हुए थोड़ा साहस है। मैं भारत से पाश्चात्य देशों में कुछ संदेश ले गया था, और उसे मैंने निर्भीकता से अमेरिका और इंग्लैंड के सामने प्रकट किया। आज का विषय आरम्भ करने के पूर्व मैं साहसपूर्वक तुम लोगों से कहना चाहता हूं। कुछ दिनों से मेरे चारों ओर कुछ ऐसी परिस्थितियां उपस्थित हो रही हैं, जो मेरे कार्य की उन्नति में विशेष रूप से विघ्न डालने की चेष्टा कर रही हैं, यहां तक कि यदि सम्भव हो सके, तो वे मुझे एक बार ही कुचलकर मेरा अस्तित्व ही नष्ट कर डालें...मैं गत तीन वर्षों से देख रहा हूं, कुछ लोग मेरे एवं मेरे कार्यों के संबंध में कुछ भ्रान्त धारणाएं बनाए हुए हैं। जब तक मैं विदेश में था, मैं चुप रहा, मैं एक भी शब्द नहीं बोला। पर आज मैं अपने देश की भूमि पर खड़ा हूं, मैं स्पष्टीकरण के रूप में कुछ शब्द कहना चाहता हूं। इन शब्दों का क्या फल होगा, अथवा वे शब्द तुम लोगों के हृदय में किन-किन भावों का उद्रेक करेंगे, इसकी मैं परवाह नहीं करता। मुझे बहुत कम चिंता है, क्योंकि मैं वही संन्यासी हूं, जिसने लगभग चार वर्ष पहले अपने दंड और कमंडलु, के साथ तुम्हारे नगर में प्रवेश किया था और वही सारी दुनिया इस समय भी मेरे सामने पड़ी है।"

देश-विरोधी और राष्ट्र-विरोधी तत्त्वों के लिए जब सीधे तथा प्रत्यक्ष रूप से लड़ना सम्भव नहीं रहता तो वे मित्र का छद्म रूप धरकर हमारी पंक्तियों में घुस आते हैं। अब हितैषी रूप में हमारे चिंतन को गलत दिशा देकर विजय को पराजय में बदलने, और हमारा अस्तित्व तक मिटा देने की चेष्टा करते हैं। थियोसॉफिस्ट जब सीधे आक्रमण में पराजित हुए और भारत के राष्ट्रीय तत्त्वों ने विवेकानन्द को अपना धार्मिक नेता घोषित कर दिया, तो इन लोगों ने यही हथकंडा अपनाया। उन्होंने यह कहना शुरू कर दिया कि उन्होंने विवेकानन्द को हर तरह की सहायता दी

और उनके कार्य को आगे बढ़ाने के लिए रास्ता बनाया। विवेक बुद्धि वाले विवेकानन्द शत्रु को मित्र भला कैसे समझ लेते। उन्होंने भाषण जारी रखते हुए इस पाखंड का पर्दाफाश किया :

"बिना और किसी भूमिका के मैं अब अपने विषय को आरम्भ करता हूं। सबसे पहले मुझे थियोसॉफीकल सोसायटी के सम्बन्ध में कुछ कहना है।" शिकागो में होटल का दो हफ्ते का बिल चुकाने के बाद जब उनकी हालत खस्ता हो गई थी, उसका उल्लेख करते हुए कहा, "उस समय मेरे पास केवल कुछ ही डालर बचे थे। मैंने अपने मद्रासवासी मित्रों को तार भेजा। यह बात थियोसॉफिस्टों को मालूम हो गई और उनमें से एक ने लिखा, अब शैतान शीघ्र ही मर जाएगा, ईश्वर की कृपा से अच्छा ही हुआ। बला टली। तो क्या यही मेरे लिए रास्ता बना देना था ? मैं ये बातें इस समय कहना नहीं चाहता था। किन्तु मेरे देशवासी यह सब जानने के इच्छुक थे, अतः कहनी पड़ी...पर यह बात यहीं पर खत्म नहीं हो जाती। मैंने धर्म-महासभा में कई थियोसॉफिस्टों को देखा। मैंने उनसे बातचीत करने और मिलने-जुलने की चेष्टा की। उन लोगों ने जिस अवज्ञा-भरी-दृष्टि से मेरी ओर देखा, वह आज भी मेरी नज़रों पर नाच रही है–मानो वह कह रही थी, 'यह कहां का क्षुद्र कीड़ा, यहां देवताओं के बीच में आ गया ?'.मैं पूछता हूं क्या यही मेरे लिए रास्ता बना देना था ? हां, तो धर्म-महासभा में मेरा बहुत नाम तथा यश हो गया, और तब से मेरे ऊपर अत्यधिक कार्यभार आ गया। पर प्रत्येक स्थान पर इन लोगों ने मुझे दबाने की चेष्टा की। थियोसॉफीकल सोसायटी के सदस्यों को मेरे व्याख्यान सुनने की मनाही कर दी गई। यदि वे मेरी वक्तृता सुनने आते, तो वह सोसायटी के गुप्त (एसोटेरिक) विभाग का यह नियम ही है कि जो मनुष्य उक्त विभाग का सदस्य होता है, उसे केवल कुथर्मी और मोरिया (वे जो भी हों) के पास ही से शिक्षा ग्रहण करनी पड़ती थी–अथवा इनके दृश्य प्रतिनिधि, मिस्टर जज और मिसेज़ बेसेन्ट से।" (वि० सा०, पंचम खंड, पृष्ठ 102-05)

मित्र भेषधारी देश इन शत्रुओं को स्वामी जी ने भली-भांति पहचान लिया था। इनके प्रति उनके मन में प्रचंड घृणा तथा आक्रोश था। इनके बाद 15 मई, 1896 के पत्र में लिखते हैं, "थियोसॉफिस्ट लोगों ने मेरी चापलूसी और मिथ्या प्रशंसा करने का यत्न किया था, क्योंकि भारत में अब मैं नेता माना जाता हूं। इसलिए मेरे लिए यह आवश्यक हो गया कि मैं कुछ बेधड़क और निश्चित शब्दों में उनका खंडन करूं। मैंने यह किया भी और मैं बहुत खुश हूं। यदि मेरा स्वास्थ्य ठीक होता तो मैं इस समय तक इन नये उत्पन्न हुए पाखंडियों का भारत से सफाया कर देता, कम-से-कम भरसक प्रयत्न तो करता ही..."

इसी कड़ी फटकार और इस उत्कट घृणा के बावजूद विवेकानन्द को ख्याति से अपने को लाभान्वित करने के लिए थियोसॉफिस्ट सम्प्रदाय की चालाक और मक्कार नेत्री एनी बेसेन्ट ने उनकी मृत्यु के बारह बरस बाद मार्च, 1914 की

'ब्रह्मवादिन' पत्रिका में लिखा था, "महिमामय मूर्ति, गैरिक वस्त्र से भूषित शिकागो नगर के धूममलिन धूसर वृक्ष पर भारतीय सूर्य की तरह दीप्तिमान, उन्नत-सिर, मर्मभेदी दृष्टिपूर्ण आंखें, चंचल होंठ, मनोहर अंगभंगी–धर्म-महासभा के प्रतिनिधियों के लिए निर्दिष्ट कमरे में स्वामी विवेकानन्द मेरी आंखों में प्रथम इसी रूप में प्रतिमान हुए थे। वे संन्यासी के नाम से विख्यात हैं, परन्तु यह समर्थनीय नहीं है, क्योंकि प्रथम दृष्टि में वे संन्यासी के बजाय योद्धा ही समझे जाते थे और वास्तव में वे एक योद्धा संन्यासी थे भी। यह भारत गौरव राष्ट्र के मुख को उज्ज्वल करने वाले सबसे पुराने धर्म के प्रतिनिधि, दूसरे उपस्थित प्रतिनिधियों में उम्र में सबसे छोटे होने पर भी प्राचीनतम श्रेष्ठतम सत्य की जीती-जागती मूर्तिरूपी दूसरे किसी से भी कम न थे। द्रुत उन्नतिशील, उद्धृत पाश्चात्य जगत् में दूत का काम करने के लिए अपनी योग्य संतान को नियुक्त कर भारत माता गौरवान्वित हुई थी। इस दूत ने अपनी जन्मभूमि की गौरवपूर्ण कथाओं को न भूलकर भारत के संदेश की घोषणा की थी। शक्तिमान दृढ़ संकल्प तथा उद्यमशील स्वामी जी में अपने मत का समर्थन करने के लिए काफी क्षमता थी।"

इस चापलूसी भरे शब्दजाल का यदि सूक्ष्म विवेचन किया जाए तो साम्राज्यवाद की इस धूर्त संतान ने धर्म-महासभा में स्वामी जी की वास्तविक भूमिका–राष्ट्रीय उद्देश्य की उपेक्षा करके सबसे पुराने धर्म की गौरवपूर्ण कथाओं ही को प्रमुखता प्रदान की है और इससे अगले पैरे में, जिसे यहां नकल करने की ज़रूरत नहीं, धर्म-महासभा में उनके व्याख्यानों को 'अतुलनीय धार्मिक वार्ता' बताया है, इससे अधिक कुछ नहीं। क्या यह खोल को रखकर गूदे को नष्ट करने और विवेकानन्द के अस्तित्व को मिटा देने ही की समझी सोची चेष्टा नहीं ? क्या यह हमारे ध्यान को प्रमुख से हटाकर गौण पर केन्द्रित करके हमारी राष्ट्रीय चेतना को कुंठित करने एवं उसे गलत दिशा देने ही का बौद्धिक षड्यंत्र नहीं ? क्या इसे मित्र वेष में शत्रु की भूमिका के अतिरिक्त और कोई संज्ञा दी जा सकती है ? हमें खेद है कि जो व्यक्ति एक ही वस्तु, एक ही प्रवृत्ति तथा एक ही सिद्धान्त में वाद और प्रतिवाद के संघर्ष को नहीं समझते, वे इस षड्यन्त्र को भी नहीं समझ पायेंगे। लेकिन विवेकानन्द वाद और प्रतिवाद के एक दूसरे को कुचल डालने वाले संघर्ष को भली-भांति समझते थे और यही कारण है कि उन्होंने थियोसॉफिस्टों तथा उन सरीखे रंगे सियारों की झूठी प्रशंसा को घृणा से ठुकराया और भारतीय राष्ट्र के प्रति समूची मानवता के प्रति किए गए उनके गुनाहों को जीते जी कभी माफ नहीं किया। उन्होंने इस शाश्वत सत्य को पहचान लिया था कि इन विरोधी तत्त्वों को मिटा देने ही से अपने अस्तित्व की रक्षा सम्भव है।

यही कारण था कि विरोध के इस प्रबल तूफान में वे चट्टान की तरह दृढ़ रहे। विरोधी समितियों और सम्प्रदायों ने उन्हें अपने साथ शामिल करने के लिए पहले प्रलोभन दिए और अंत में अनेक प्रकार के भय दिखाए। पर विवेकानन्द टस

से मस न हुए और उन्होंने निर्भीक स्वर में घोषित किया, "मैं सत्य का आग्रही और सत्य का उपासक हूं–सत्य कभी किसी भी स्थिति में मिथ्या से समझौता नहीं करेगा। यदि सारी दुनिया भी आज एक मत होकर मेरे विरुद्ध खड़ी हो जाए तो भी सत्य ही की जीत होगी।"

उस समय अमेरिका की आबादी छः करोड़ के करीब थी। इसमें ईसाई एक तिहाई और थियोसॉफिस्ट सिर्फ 650 थे। यह ईसाई भी कैथोलिक, प्रोटेस्टेंट, प्रेसीबटेरियन तथा क्रिश्चियन साइंस इत्यादि सम्प्रदायों में बंटे हुए थे। वे चलते-पुर्जे दुनियादार लोग ही प्रायः इनके अनुयायी थे, जिन्हें धर्म के सूक्ष्म दार्शनिक तत्त्व से कुछ लेना-देना नहीं था, जो भोग-विलास का जीवन बिताते थे, जो नरक की आग में निरंतर जलने के भय से और स्वर्ग में अपनी सीट रिजर्व कराने के लिए धर्म को मानते थे, और यही वे लोग थे जो निकृष्टता, क्षुद्रता, प्रकाण्ड मूर्खता एवं दम्भी मूढ़ता को साकार बनाते थे और इन्हीं के प्रति विवेकानन्द के मन में सहसा घृणा जाग उठी थी। ईसाइयों में भी जो विचारशील श्रेष्ठ तत्त्व थे, वे विवेकानन्द का आदर करते थे, वे उनका भाषण सुनकर और उनसे विचारों का आदान-प्रदान करके प्रसन्न होते थे। अमेरिका में अधिकांश लोग वे थे जो डार्विन के विकासवाद, हरबर्ट स्पेंसर के अज्ञवाद तथा विज्ञान के नये आविष्कारों से प्रभावित थे, जो सदहवादी, युक्तिवादी एवं नास्तिक थे और जो धर्म तथा धर्म के सभी कार्यों को ठगी तथा कुसंस्कार कहकर नकराते थे। वे सब स्वाधीन चिन्तन दल (Free Thinker Society) के सदस्य थे। ये लोग भी विवेकानन्द का विरोध करते थे और मज़ाक उड़ाने में खूब सक्रिय थे। मिशनरियों और थियोसॉफिस्टों को इनसे भले ही बल मिला, पर इनका विरोध निःस्वार्थ, निष्कपट और उन लोगों के विरोध से एकदम भिन्न था। इन लोगों ने एक बार विवेकानन्द को अपने समाज-गृह में भाषण देने के लिए आमंत्रित किया। विवेकानन्द निस्संकोच गए। जिस मानसिक स्थिति में ये लोग इस समय थे, विवेकानन्द बहुत पहले उससे गुज़र चुके थे। उनके भाषण और बाद में पूछे गए प्रश्नों के युक्तिसंगत उत्तरों से ये लोग इतने प्रभावित हुए कि दल के अनेक सदस्य विवेकानन्द के शिष्य बन गए। 'लेनिन के धर्म पर विचार' पुस्तक की भूमिका में लिखा है, "हम यहां यह बता दें कि अनीश्वरवाद मार्क्सवाद के बिना अपूर्ण तथा अनिश्चित है। इस तर्क की पुष्टि पूंजीवादी स्वतंत्र विचारकों के आन्दोलन की अवनति से होती है। विज्ञान का भौतिकवाद जहां भी ऐतिहासिक भौतिकवाद अर्थात् मार्क्सवाद में विकसित नहीं हो पाता, वहीं उसका अंत आदर्शवाद (Idealism) में होता है।"

साहित्य और दर्शन में प्रवीण इस दल के नेता राबर्ट इंगरसोल धर्म-विरोधी होने के बावजूद इतने लोकप्रिय वक्ता थे कि सिर्फ भाषण देकर लाखों रुपया कमा लेते थे। उक्त भाषण के बाद वे भी विवेकानन्द के मित्र बन गए। संन्यासी विवेकानन्द और भोगवादी इंगरसोल की यह मित्रता बड़ी विचित्र थी। पर कालीदास के शब्दों में, 'ज्ञानी ने ज्ञानी को पहली ही वार्ता में पहचान लिया था।'

यों विवेकानन्द को नई दुनिया के उत्कृष्ट विचारशील तत्त्वों से आदर-सत्कार प्राप्त हुआ और धीरे-धीरे विरोध शान्त हो गया। इस बीच में उन्होंने यह भी अनुभव किया कि अनमेल भीड़ के सम्मुख भाषण देते फिरना व्यर्थ है और व्याख्यान कम्पनी के लोग अधिक से अधिक धन बटोरने की नीयत से उन्हें सर्कस के घोड़े की तरह नचाते फिर रहे हैं। उनका उद्देश्य धन कमाना कदाचित् नहीं था। मित्रों द्वारा उन्होंने कम्पनी का अनुबंध रद्द कर दिया और न्यूयार्क में वेदान्त पर निःशुल्क क्लासें लेना आरम्भ किया। इससे भले ही आर्थिक हानि उठानी पड़ी, पर सबके सामने उनकी निःस्वार्थता प्रमाणित हो गई।

न्यूयार्क में 'राजयोग' पर उनके भाषण इतने लोकप्रिय हुए कि जिस दिन यह कार्यक्रम रहता था, उस दिन उनका छोटा-सा कमरा नगर के दार्शनिकों, वैज्ञानिकों और अध्यापकों से भर जाता था। मई, 1895 में स्वामी जी ने राजयोग पर अपनी प्रसिद्ध टीका मिस एस० ई० बाल्डो (बाद में सिस्टर हरिदासी) को बोलकर लिखाई और इसके साथ पातंजलि के दर्शन का भाष्य भी जोड़ दिया। यह पुस्तक इतनी पसन्द की गई कि कुछ ही सप्ताहों में इसके तीन संस्करण प्रकाशित हुए।

उन्हें अपने इस कार्य द्वारा कितने ही शिष्य और सहायक मित्र प्राप्त हुए। पिछले एक-डेढ़ साल में उन्हें कठोर परिश्रम करना पड़ा। अतएव अपने कुछ चुने हुए शिष्यों को साथ लेकर उन्होंने कुछ दिन 'सहस्रद्वीप उद्यान' (Thousand Island Park) में बिताए। वह सेन्ट लोरेन्स नदी के बीच उनकी एक शिष्या की सुन्दर कुटिया थी। वहां स्वामी जी अपने शिष्य-शिष्यायों के लिए अपने हाथ से भारतीय खाने तैयार करते और शाम के भोजन के बाद दो-ढाई घंटे उनकी क्लास लेते थे। इस संबंध में कुमारी एस० ई० ओल्डोन ने लिखा है :

"इस गंधर्व राज्य में हमने आचार्यदेव के साथ सात सप्ताह दिव्य आनन्द से उनके अतींद्रिय राज्य के संदेशों-युक्त अपूर्व वचन सुनने में व्यतीत किए थे–उस समय हम भी जगत् को भूल गए थे और जगत् भी हमें भूल गया था। ... वे स्वयं ही अपनी आत्मा के साथ भाव-विभोर होकर बात करते जाते थे ओर शिष्यगण सुनते जाते थे।'

लेकिन 'आत्मा के साथ भाव-विभोर होकर बात करते' जाना इतना सहज नहीं जितना कह दिया जाता है, क्योंकि मनुष्य जगत् को भुला देने के लिए कल्पना की चाहे जितनी उड़ानें भरे, अंत में उसे भौतिक जगत् ही में लौट आना पड़ता है। कुमारी बाल्डो आगे लिखती है :

'स्वामी जी यद्यपि क्रीड़ाशील व कौतुकप्रिय थे और उल्लास के साथ परिहास करने में और बात का तुरंत जवाब देने में वे अभ्यस्त थे तो भी कभी एक मुहूर्त के लिए भी अपने जीवन के मूलतन्त्र से लक्ष्यभ्रष्ट न होते थे। प्रत्येक चीज़ ही से वे बोलने या उदाहरण देने का विषय पा लेते थे और एक क्षण ही में वे हमें आकर्षक हिन्दू पौराणिक कथाओं से एकदम गम्भीर दर्शन के बीच ले जाते थे। स्वामी जी

पौराणिक कथाओं का अशेष भंडार थे और वास्तव में प्राचीन आर्यों से बढ़कर अन्य किसी भी जाति में इतनी अधिक पौराणिक कथाएं भी नहीं हैं। वह हमें उन कहानियों को सुनाकर प्रसन्न होते थे और हम भी सुनना चाहते थे, क्योंकि वे कभी उन कहानियों की आड़ में जो सत्य निहित है, उसे दिखा देना तथा उसमें से मूल्यवान धर्म विषयक उपदेशों का आविष्कार करना न भूलते थे।"

ये अमरिकी शिष्यगण जो जीवन जी रहे थे, उसकी आयु तीन सौ वर्ष से अधिक लम्बी नहीं थी। उनका न अपना कोई मिथक (Mytholog), न गम्भीर दार्शनिक चिंतन और न ही समृद्ध उत्कृष्ट सांस्कृतिक परम्परा थी। उन्हें ले-देकर मार्कोपालो और कोलम्बस के यात्रा-वर्णन ही विरासत में मिले थे या फिर यूरोप से जो आया, ले लिया। यही कारण है कि अमेरिकी चिंतन उथला-छिछला है, उसके साहित्य और कला में हास-परिहास तथा कौतुक ही को प्रधानता प्राप्त है और तो और इस समय हमारे सम्मुख दो खंडों में जो बृहत् अमेरिकी इतिहास रखा है, उसमें कार्टून ही कार्टून भरे हैं। दुनिया के किसी दूसरे देश के इतिहास में आपको इतने कार्टून नहीं मिलेंगे और न किसी अन्य राष्ट्र ने उन्हें कभी इतना महत्त्व दिया है। सारांश यह है कि नई दुनिया इंग्लैंड, जर्मनी, स्पेन इत्यादि यूरोपियन देशों की सभ्य तथा अर्द्ध-सभ्य जातियों का सम्मिश्रण थी। और अमेरिकी निवासियों के जीवन में मानव जाति के शैशव काल की निरीह कल्पना का नितान्त अभाव था। वेदों, उपनिषदों और पुराणों की कहानियां और वह भी विवेकानन्द की काव्यमय शैली में इन शिष्यगणों के लिए कितनी मनोरंजक होंगी और भौतिक सुख-साधनों से उकताए उनके मन के लिए जगत् को कुछ क्षण के लिए ही भुला देने में कितनी राहत देती होंगी, इसका अनुमान लगाना कठिन नहीं है। विवेकानन्द ने एक बार अपने इन शिष्यों से कहा :

"यह एक महान देश है, लेकिन मैं यहां रहना नहीं चाहूंगा। अमेरिकन लोग पैसे को बहुत महत्त्व देते हैं। वे सब चीज़ों से बढ़कर पैसे को मानते हैं, तुम लोगों को बहुत कुछ सिखाना है। जब तुम्हारा देश भी हमारे भारत की तरह प्राचीन देश बनेगा, तब तुम अधिक समझदार होंगे।" (दशम खंड, पृष्ठ297)

इस संबंध में एक और घटना का उल्लेख भी आवश्यक है। जब 'राजयोग' पुस्तक छपी तो उस समय का प्रसिद्ध दार्शनिक विलियम जेम्स उससे इतना प्रभावित हुआ कि वह विवेकानन्द से मिलने आया। विलियम जेम्स को व्यवहारवाद (Pragmatism) का सिद्धान्त प्रतिपादित करने का श्रेय प्राप्त है। इस सिद्धान्त के अनुसार सत्य वातावरण से जूझने के कार्यों में तात्कालिक उद्देश्य की प्राप्ति का साधन मात्र है, अर्थात् इस सिद्धान्त का सार तत्त्व यह है कि 'सत्य उपयोगी होने के कारण ही सत्य है।' साम्राज्य तथा व्यापार के विस्तार के लिए सरपट दौड़ रहे नई दुनिया के शासक वर्ग का यही सिद्धान्त था और अब भी है। इस शासक वर्ग द्वारा राजयोग भी शुद्ध व्यावहारिक उपयोगिता की दृष्टि से भौतिक सामर्थ्य के साधन के रूप में

देखा गया। "आकार में दैत्य और बुद्धि में बालक के समान अमेरिकी जनता उसी सूझ में रुचि लेती है जो उसका कोई लाभ कर सके। तत्त्व मीमांसा और धर्म को बिगाड़कर झूठे वैज्ञानिक प्रयोगों का रूप दे दिया जाता है, उद्देश्य होता है सत्ता की, धन की, बल की, संसार-सुख की सिद्धि।"[1] विवेकानन्द से ये कब सहन होता था। उन्होंने लूट-खसोट तथा स्वार्थ से उत्पन्न इस प्रवृत्ति की सार्वजनिक रूप से निंदा की। पादरियों को विरोध का एक और अवसर मिला और उन्होंने आरोप लगाया कि विवेकानन्द धर्म की आड़ में राजनीति का प्रचार कर रहे हैं।

अगस्त से दिसम्बर, 1895 तक का समय उन्होंने इंग्लैड में बिताया, उसके बाद वे अमेरिका लौट आए। वहां उन्होंने कर्मयोग और भक्तियोग पर क्लासें लेने के अलावा न्यूयार्क, बोस्टन और डिट्रायट आदि में व्याख्यान दिए। फ्रैंसिस लेंगेट की अध्यक्षता में वेदान्त-समाज की स्थापना की, जो कुछ समय तक न्यूयार्क में वेदान्त आन्दोलन का केन्द्र बना रहा यह केन्द्र तो क्या बचना था, अमेरिका में उन्होंने जो बहुत से शिष्य बनाए थे, एक-दो को छोड़कर, वे सब खोटे सिक्के साबित हुए।

अप्रैल, 1896 में विवेकानन्द फिर इंग्लैंड आए और साल के अंत में स्वदेश लौटने तक वहीं रहे। इंग्लैंड में उन्हें थोड़े ही समय में अमेरिका की अपेक्षा अधिक सफलता प्राप्त हुई। यहां भारत को समझने वाले मैक्समूलर सरीखे विद्वानों से उनकी भेंट हुई। मैक्समूलर ने उनसे भेंट के बाद रामकृष्ण परमहंस पर एक लेख और फिर पुस्तक लिखी। यहां मिशनरियों ने उनका विरोध नहीं किया। अलबत्ता लन्दन में उनसे किसी ने प्रश्न किया, "आपके पूर्वज अगर मानव समाज को धर्म दान के लिए इतने उत्सुक थे तो वे इस देश में धर्म प्रचार करने क्यों नहीं आए ?" स्वामी जी ने मृदुभाव से मुस्कराते हुए चट उत्तर दिया, "उस समय तुम्हारे पूर्वज तो जंगली बर्बर थे, पत्तों के हरे रंग से अपने उलंग शरीर को रंगकर पर्वतों की गुफाओं में रहते थे–वे कहां धर्म प्रचार करने आते ?"

वैसे इंग्लैंडवासियों से उन्हें कोई शिकायत नहीं थी, फ्रैंसिस लेंगेट के नाम पत्र में लिखते हैं, "इंग्लैंड में यह कार्य चुपचाप, पर निश्चित रूप से बढ़ रहा है। यहां प्रायः हर दूसरे पुरुष अथवा स्त्री ने मेरे पास आकर मेरे कार्य के संबंध में बातचीत की।...मेरा विचार है कि मैं धीरे-धीरे उस अवस्था की ओर बढ़ रहा हूं, जहां खुद शैतान को भी अगर वह हो तो मैं प्यार कर सकूंगा।" (वि० सा०, पंचम खंड, पृष्ठ 352)

और वे श्रीमती ओलिबुल को लिखते हैं, "अंग्रेज़ जाति अत्यन्त उदार है। उस दिन करीब तीन मिनट के अंदर ही आगामी सर्दी में कार्य संचालनार्थ नवीन मकान के लिए मेरी कक्षा से 150 पौंड का चंदा मिला। यदि मांगा जाता तो तत्काल ही 500 पौंड प्रदान करने में किंचित् मात्र भी नहीं हिचकते।... यहां पर इस कार्य का संचालन करने के लिए हमें अनेक व्यक्ति प्राप्त होंगे एवं वे लोग त्याग की भावना

1. रोमां रोला, 'विवेकानन्द', पृष्ठ 95।

से भी कुछ-कुछ परिचित हैं–अंग्रेज़ों के चरित्र की गहराई का पता यहीं मिलता है।" (वही, पृष्ठ 355)

स्वदेश लौटते समय जो चार शिष्य–सेवियर दम्पति, गुडविन और भगिनी निवेदिता, जो इनके साथ आए, वे भी इंग्लैंड ही से मिले। सेवियर दम्पति धनी व्यक्ति थे। अल्मोड़ा में मायावती आश्रम उन्हीं के प्रयत्न से स्थापित हुआ। गुडविन आशुलिपि-निपुण थे। उन्होंने निःशुल्क अपनी सेवाएं अर्पित कीं। विवेकानन्द के बहुत से भाषण उन्हीं के द्वारा लिपिबद्ध होकर हमारी अमूल्य निधि बन सके।

भगिनी निवेदिता (मिस मारग्रेट नोबल) का नाम तो विवेकानन्द के साथ ऐसे जुड़ गया है जैसे गुरु नानक के साथ बाला और मर्दाना का। वह दृढ़ चरित्र की विदुषी महिला थी। हमारे राष्ट्रीय मुक्ति आंदोलन में उसकी वही भूमिका है जो चीन की क्रान्ति में बी व्योवन की। उसने क्रान्तिकारी आंदोलन को संगठित करने में अपना जीवन अर्पित कर दिया। खेद है कि हम ह्यूमों, एनी बेसेन्टों और ऐडियों को तो, जो मित्र के वेश में शत्रु थे, श्रद्धांजलि अर्पित करते हैं, पर जिस निवेदिता ने हमारी गुलामी की ज़ंजीरें तोड़ने के लिए प्राण होम दिए, उसे हमने भुला दिया है। विवेकानन्द को अमेरिका से जो कोमलतम सहानुभूति प्राप्त हुई कुमारी मेरी हेल उसकी सजीव प्रतिमा थीं। विवेकानन्द ने उसे बहन बनाकर हृदय का समस्त प्यार दिया। निवेदिता हमारे समूचे राष्ट्र की बहन है और उसकी पुण्य स्मृति पर स्नेह तथा कृतज्ञता के फूल चढ़ाते रहना हमारा राष्ट्रीय कर्तव्य है।

विवेकानन्द ने अमेरिका और इंग्लैंड में चार बरस तक जो प्रचार कार्य किया, उससे उनके अपने व्यक्तित्व का जो निर्माण हुआ उस पर विचार कर लेना अत्यावश्यक है। पाश्चात्य श्रोताओं के सम्मुख अपने विचार व्यक्त करने के लिए विवेकानन्द ने अपने मस्तिष्क में जो कार्य-पद्धति स्थिर की थी, 17 फरवरी, 1896 को आलासिंगा पेरुमल के नाम पत्र में उसका उल्लेख इस प्रकार किया है :

"हिन्दू भावों को अंग्रेज़ी में व्यक्त करना, फिर शुष्क दर्शन, पेचीदी पौराणिक कथाएं और अनूठे आश्चर्यजनक मनोविज्ञान से एक ऐसे धर्म का निर्माण करना, जो सरल, सहज और लोकप्रिय हो और उसके साथ ही उन्नत मस्तिष्क वालों को संतुष्ट कर सके, इस कार्य की कठिनाइयों को वही समझ सकते हैं, जिन्होंने इसके लिए प्रयत्न किया हो। अद्वैत के गूढ़ सिद्धान्तों में से नित्य प्रति के जीवन के लिए कविता का रस और जीवनदायिनी शक्ति उत्पन्न करनी हैं, अत्यन्त उलझी हुई पौराणिक कथाओं में से साकार नीति के नियम निकालने हैं, और बुद्धि को भ्रम में डालने वाली योग विद्या से अत्यन्त वैज्ञानिक और क्रियात्मक मनोविज्ञान का विकास करना है–और इन सबको एक ऐसे रूप में लाना पड़ेगा कि बच्चा-बच्चा इसे समझ सके। मेरे जीवन का यही कार्य है।" (चतुर्थ खंड, पृष्ठ 386)

यह कार्य सहज नहीं था। इंग्लैंड और अमेरिका के सबुद्ध श्रोताओं को अपनी बात समझाते-समझाते ज्ञान का विकास और खोल का विस्तार निरन्तर होता रहा,

होना स्वाभाविक ही था। आलासिंगा पेरुमल ही के नाम एक और पत्र में वे लिखते हैं :

"अब मैं तुम्हें अपने एक नूतन आविष्कार के विषय में बताऊंगा। समग्र-धर्म वेदान्त ही में है, अर्थात् वेदान्त दर्शन के द्वैत, विशिष्टाद्वैत और अद्वैत इन तीन स्तरों या भूमिकाओं में है और ये एक के बाद एक आते हैं तथा मनुष्य की आध्यात्मिक उन्नति की क्रम से ये तीन भूमिकाएं हैं। प्रत्येक भूमिका आवश्यक है। यही सार-रूप से धर्म है। भारत के नाना प्रकार के जातीय आचार-व्यवहारों और धर्ममतों में वेदान्त के प्रयोग का नाम है 'हिन्दू धर्म' यूरोप की जातियों विचारों में उसकी पहली भूमिका अर्थात् द्वैत का प्रयोग है 'ईसाई धर्म' सेमिटिक (Semetic) जातियों में उसका प्रयोग है। 'इस्लाम धर्म', अद्वैतवाद ही अपनी योगानुभूति के आकार में हुआ 'बौद्ध धर्म'–इत्यादि, इत्यादि। धर्म का अर्थ है वेदान्त, उसका प्रयोग विभिन्न राष्ट्रों के विभिन्न प्रयोजन परिवेश एवं अन्यायअवस्थाओं के अनुसार विभिन्न रूपों में बदलता ही रहेगा..." (वही, पृष्ठ 283)

इससे मन में जो उछाह, उत्साह उत्पन्न हुआ था, उसे मेरी हेल के नाम मई, 1896 के पत्र में लिखा है :

"मैं सब कुछ नवीन देखना चाहता हूं। पुराने ध्वंसावशेष के चारों ओर आलसी की तरह चक्कर लगाना, अतीत इतिहासों को लेकर सारा जीवन हाय-हाय करना तथा प्राचीन काल के लोगों की बातों का चिंतन कर निराशा के दीर्घश्वास छोड़ने के लिए मैं कतई तैयार नहीं हूं। मेरे खून में जो जोश है, उसके कारण ऐसा करना मेरे लिए सम्भव नहीं। समस्त भावनाओं को प्रकाश में लाने के लिए उपयुक्त स्थान पात्र तथा सुयोग्य सुविधाएं एकमात्र अमेरिका ही में हैं। और मैं भी आमूलचूल परिवर्तन का घोर पक्षपाती बन चुका हूं। मैं शीघ्र ही भारत लौटना चाहता हूं, मैं यह देखना चाहता हूं कि परिवर्तन विरोधी 'जेली' मछली की शिथिलता उस विराट पुंज के लिए मुझसे कुछ हो सकता है या नहीं ? मैं उन प्राचीन संस्कारों को दूर हटाकर नवीन रूप से प्रारम्भ करना चाहता हूं–एकदम सम्पूर्ण नवीन, सरल किन्तु साथ ही साथ सबल सद्यजात शिशु की तरह नवीन तथा सतेज।" (वही, पृष्ठ 406)

मतलब यह है कि विवेकानन्द अपने भीतर जो आग लेकर गए थे, पाश्चात्य विज्ञान के सम्पर्क में आकर वह प्रचण्ड से प्रचण्डतर हो उठी, उसने श्वेत शिखा का रूप धारण कर लिया।

इस श्वेत अग्निशिखा को हृदय में धारण किए वे इंग्लैंड से रोम होते हुए 1897 के आरम्भ में स्वदेश लौटे।

# वेदान्त और विश्व-बंधुत्व

**"समग्र मानव जाति के कल्याण के लिए कार्य करते रहो। तुम एक संकीर्ण के अन्दर बंधे रहकर अपने को 'शुद्ध' हिन्दू समझने का जो गर्व करते हो, उसे छोड़ दो।"**

—विवेकानन्द

चार बरस का प्रवास समाप्त हुआ। 15 जनवरी, 1897 को विवेकानन्द कोलम्बो पहुंचे, तो लंका-निवासी भारतीयों ने कोलम्बो और पाम्बन में उनका भव्य स्वागत किया। फिर भारत की भूमि पर रामनाड, मदुरा मद्रास, कलकत्ता इत्यादि जहां भी गए उनका इसी तरह भव्य स्वागत हुआ। रामनाड अर्थात् रामेश्वरम् में उनका जो जुलूस निकाला, प्राचीन रीति के अनुसार उन्हें सम्मान देने के लिए वहां का राजा उनके रथ में जुता। इस स्वागत-सम्मान से उनके मन में जो उछाल उत्पन्न हुआ, उसे अपनी चहेती बहन मेरी हेल के नाम 28 अप्रैल के पत्र में यों व्यक्त किया है :

"यह सारा देश मेरे स्वागत के लिए एक प्राण होकर उठ खड़ा हुआ। हर स्थान में हज़ारों-लाखों मनुष्यों ने जय-जयकार किया। राजाओं ने मेरी गाड़ी खींची, राजधानियों के मार्गों पर हर कहीं स्वागत-द्वार बनाए गए, जिन पर शानदार आदर्श वाक्य अंकित थे आदि ! आदि !"

इत्तिफाक की बात है कि इन्हीं दिनों धर्म-महासभा के अध्यक्ष बरोज भी ईसाई धर्म का प्रचार करने भारत आए। पर वे असफल लौटे। विवेकानन्द अपने इसी पत्र में लिखते हैं :

"मुझे आशा है कि डाक्टर बरोज इस समय अमेरिका पहुंच गए होंगे। बेचारे ! वे यहां अति कट्टर ईसाई धर्म का प्रचार करने आए थे, और जैसा होता है, किसी ने उनकी न सुनी। इतना अवश्य है कि उन्होंने प्रेमपूर्वक उनका स्वागत किया, परन्तु वह मेरे पत्र के कारण ही था। मैं उनको बुद्धि तो नहीं दे सकता था! इसके अतिरिक्त वे कुछ विचित्र स्वभाव के व्यक्ति थे। मैंने सुना है कि मेरे भारत आने पर राष्ट्र ने जो खुशी मनाई, उससे जलन के मारे वे पागल हो गए थे। कुछ भी हो, तुम लोगों को उनसे बुद्धिमान व्यक्ति भेजना उचित था क्योंकि डा. बरोज के कारण हिन्दुओं के मन में धर्म प्रतिनिधि सभा एक स्वांग-सी बन गई है। अध्यात्म विद्या के संबंध में पृथ्वी का कोई भी राष्ट्र हिन्दुओं का मार्ग प्रदर्शन नहीं कर सकता और विचित्र बात तो यह है कि ईसाई देशों से जितने लोग यहां आते हैं, वे सब

एक ही प्राचीन मूर्खतापूर्ण तर्क देते हैं कि ईसाई धनवान और शक्तिमान हैं और हिन्दू नहीं हैं, इसलिए ईसाई धर्म हिन्दू धर्म की अपेक्षा श्रेष्ठ है। इस पर हिन्दू उचित ही यह प्रत्युत्तर देते हैं कि यही कारण है जिससे हिन्दू मत धर्म कहला सकता है और ईसाई मत नहीं, इस पाश्विक संसार में अधर्म और धूर्तता ही फलती है, गुणवानों को तो दुःख भोगना पड़ता है।" (वि० सा०, पंचम खंड, पृष्ठ 315-16)

इसी संबंध में एक दूसरी घटना भी उल्लेखनीय है। विवेकानन्द जब कलकत्ता पहुंचे तो वहां अकाल पड़ा हुआ था। लोगों का ख्याल था कि उनके स्वागत पर खर्च न करके कुल पैसा दुर्भिक्ष-निवारण-फंड में चंदा दे दिया जाए। पर उन्होंने ऐसा न करके अपना जुलूस निकलवाना ही पसंद किया। बाद में जब एक शिष्य ने पूछा कि उन्होंने ऐसा क्यों किया तो स्वामी जी ने उत्तर दिया :

"हां, मेरी इच्छा ही थी कि मेरे लिए खूब धूम-धाम हो। बात क्या है, जानता है। थोड़ी धूम-धाम हुए बिना उनके (श्री रामकृष्ण के) नाम से लोग कैसे परिचित होंगे, और उनसे प्रेरित कैसे होंगे ? इतना स्वागत-सम्मान क्या मेरे लिए किया गया है ? नहीं, यह तो उन्हीं के नाम का जय-जयकार हुआ है। उनके बारे में जानने की लोगों के मन में कितनी इच्छा जाग्रत हुई है। जब लोग क्रमशः जानेंगे तभी तो देश का मंगल होगा, जो देश के मंगल के लिए आए हैं, उनको जाने बिना देश का मंगल किस प्रकार होगा ? उनको ठीक-ठीक जान लेने से 'मनुष्य' तैयार होंगे। और 'मनुष्य' यदि तैयार हो गए, तो दुर्भिक्ष आदि को दूर करना फिर कितनी देर की बात है ?..." (वि० सा०, अष्टम खंड, पृष्ठ 251)

देश का मंगल ही उनके सब कार्यों में सर्वोपरि था। वे व्यक्ति निरपेक्ष होकर राष्ट्रमय बन गए थे और राष्ट्र की आत्मा को झंझोड़ना, जागृत करना ही उनके जीवन का एक मात्र उद्देश्य था। 1900 में जब वे दोबारा विदेश यात्रा पर गए तो 27 जनवरी को पेसाडेना के शेक्सपीयर क्लब में 'मेरा जीवन तथा ध्येय' विषय पर बोलते हुए उन्होंने कहा था :

"अपने स्वल्प ढंग से, जो कुछ भी मैं करता हूं, उसको समझाने के लिए मैं तुमको कल्पना द्वारा भारत ले चलूंगा। विषय के सभी ब्योरों और सूक्ष्म विवरणों में जाने का समय नहीं है, और न एक विशेष जाति की सभी जटिलताओं को इस अल्प समय में समझ पाना तुम्हारे लिए सम्भव है। इतना कहना ही पर्याप्त होगा कि मैं कम से कम भारत की एक लघु रूप-रेखा तुम्हारे सम्मुख प्रस्तुत करने का प्रयास करूंगा।"

अपने ही देश में ऐसे बुद्धिजीवियों की कमी नहीं, मैकाले की औपनिवेशिक शिक्षा द्वारा जिनका अभारतीयकरण हो चुका है, और वे इस धरती पर रहते हुए विदेशी बने हुए हैं। वे विवेकानन्द के दर्द को क्या जानें, उनके उद्देश्य को क्या समझें ? जब वे देश को देश ही नहीं मानते तो उसके हज़ारों साल के जीवन की जटिलताओं, उसकी समस्याओं से उन्हें क्या मतलब ? विषय था 'मेरा जीवन', पर

विवेकानन्द अपने विदेशी श्रोताओं को बता रहे थे :

"भारत खंडहरों में ढेर हुई पड़ी एक विशाल इमारत के सदृश है। पहले देखने पर आशा की कोई किरण नहीं मिलती। वह एक विगत और भगनावशिष्ट राष्ट्र है। पर थोड़ा और रुको, रुककर देखो, जान पड़ेगा कि इनके परे कुछ और भी है।..."

परे जो कुछ है, उसे देखने के लिए दरकार है, जीने के लिए संघर्ष करती आ रही जनता के प्रति सहानुभूति, इतिहास तथा परम्परा का सम्यक् ज्ञान और उस ज्ञान से उत्पन्न दूर दृष्टि ! विवेकानन्द कहते चले गए :

"अब भारत राजनीतिक शक्ति नहीं, आज वह दासता में बंधी हुई जाति है। अपने ही प्रशासन में भारतीयों की कोई आवाज़ नहीं, उनका कोई स्थान नहीं–वे हैं केवल तीस करोड़ गुलाम–और कुछ नहीं। भारतवासी की औसत आय डेढ़ रुपया प्रति मास है। अधिकांश जन-समुदाय की जीवनचर्या उपवासों की कहानी है, और ज़रा-सी आय कम होने पर लाखों काल-कवलित हो जाते हैं। छोटे-से अकाल का अर्थ है मृत्यु। इसलिए जब मेरी दृष्टि उस ओर जाती है तो मुझे दिखाई पड़ता है–नाश, अराध्य नाश।"

"फिर भी इस जाति की सजीवता, इस देश का ध्येय धर्म है और क्योंकि धर्म पर अभी आघात नहीं हुआ, अतः यह जाति जीवित है।" (वि० सा०, दशम खंड, पृ० 3-4)

राजनीतिक और सांस्कृतिक लड़ाई धर्म के माध्यम से भी लड़ी जाती है और हर देश में लड़ी गई है। दूर जाने की ज़रूरत नहीं। यूरोप के बुर्जुवा ने सामंतवाद के विरुद्ध अपनी लड़ाई धर्म के माध्यम ही से लड़ी। कौन नहीं जानता कैथोलिक मरते हुए सामंतवाद का और प्रोटेस्टेंट उभरते हुए पूंजीवाद का धर्म था ? प्रोटेस्टेंटों को आग में जीवित जलाया गया, पर अंत में उनकी जीत हुई। एंग्लस ने लिखा है, "प्रोटेस्टेंट धर्म इसलिए जीवित रहा कि उभरता हुआ बुर्जुवा अजय था। जब बुर्जुवा काफी सुदृढ़ हो गया तो अपने शासकों के विरुद्ध उसके संघर्ष ने राष्ट्रव्यापी रूप धारण कर लिया। पहला महान आन्दोलन जर्मनी में सुधारवाद कहलाया...पर इधर जर्मनी में लूथर उधर फ्रांस में काल्विन हुआ। काल्विन ने फ्रांसीसी तीक्ष्ण बुद्धि के बाद सुधारवाद के बुर्जुवा चरित्र को उजागर किया और वह चर्च को प्रजातांत्रिक रूप देने में सफल हुआ। जब कि जर्मनी में लूथरी सुधारवाद भ्रष्ट हो जाने से देश का विनाश हुआ, काल्विनी सुधारवाद जनेवा, हालैंड और स्काटलैंड में प्रजातंत्रवादियों की पताका बन गया, हालैंड को स्पेन से और जर्मन राज्य से मुक्त कराया और इंग्लैंड की बुर्जुवा क्रान्ति के दूसरे चरण में विचारधारात्मिक परिधान का काम दिया।" इससे एंग्लस ने यह निष्कर्ष निकाला, "अतएव हम देखते हैं–धर्म जब अस्तित्व में आ जाता है तो उसमें परम्परागत तत्त्व हमेशा निहित रहता है। पर इस तत्त्व में होने वाले रूपान्तर वर्ग संबंधों में उद्भव होते हैं यानी जो लोग परिवर्तन लाते हैं,

उनके आर्थिक संबंध इसका कारण बनते हैं।" (लुडविग फ्यूरबाख, पृष्ठ 70-71)

उन्नीसवीं सदी के उत्तरार्द्ध में हमारे देश में जो पूंजीपति वर्ग पैदा हुआ, वहीं सुधारवाद अथवा नवजागरण की मुख्य शक्ति था। वह विदेशी शासकों से राजनीतिक तथा आर्थिक क्षेत्र में लोहा लेने में अक्षम था। उसकी संस्कृति पर भी बाहर और भीतर से आक्रमण हो रहा था। सवाल यह था कि वह इस आक्रमण का मुकाबला कैसे करें ? वह अपने पूर्वजों से विरासत में मिली सभ्यता को विदेशी शासकों की औद्योगिक सभ्यता से बेहतर बताएं तो कैसे बताएं ? वह एक कठिन समस्या थी। देशभक्त बुर्जुवा ने इसका हल यह निकाला कि उसने अपनी सभ्यता को विशुद्ध रूप से आध्यात्मिक बताया, भौतिक साधनों के पीछे दौड़ना उसका लक्ष्य न पहले कभी था और न आगे कभी होगा, त्याग और वैराग्य हमारा प्रधान जीवन-उद्देश्य है। अतएव राष्ट्रीय चेतना के प्रवक्ता विवेकानन्द हम बड़े गर्व से कहते हुए सुनते हैं :

"मैंने पाश्चात्य देशों में भ्रमण किया है और मैं भिन्न-भिन्न देशों में बहुत-सी जातियों से मिला-जुला हूं और मुझे यह लगा है कि प्रत्येक राष्ट्र और प्रत्येक जाति का एक-न-एक विशिष्ट आदर्श अवश्य होता है–राष्ट्र के समस्त जीवन में संचार करने वाला एक महत्त्वपूर्ण आदर्श, कह सकते हैं कि वह आदर्श जीवन की रीढ़ होती है। परन्तु भारत का मेरुदंड राजनीति नहीं है, सैन्य-शक्ति भी नहीं है, व्यावसायिक आधिपत्य भी नहीं है और न यांत्रिक शक्ति ही है वरन् है धर्म–केवल धर्म ही हमारा सर्वस्व है और उसी को हमें रखना भी है।" (वि० सा०, पंचम खंड, पृष्ठ 35)

जिस प्रकार उन्होंने मूर्ति पूजा की सूक्ष्म व्याख्या की थी, उसी प्रकार इस राष्ट्रीय भावना की भी ऐसी सुन्दर और काव्यमय व्याख्या करना विवेकानन्द का ही काम था। श्रोताओं में राष्ट्रीय गौरव जगाने के लिए उन्होंने बात जारी रखी :

"एक बात यहां पर ध्यान में रखने योग्य है–जिस प्रकार अन्य देशों के अच्छे और बड़े आदमी भी स्वयं इस बात का गर्व करते हैं कि उनके पूर्वज किसी एक बड़े डाकुओं के गिरोह के सरदार थे, जो समय-समय पर अपनी पहाड़ी गुफाओं से निकलकर बटोहियों पर छापा मारा करते थे, इधर हम हिन्दू लोग इस बात पर गर्व करते हैं कि हम उन ऋषियों तथा महात्माओं के वंशज हैं, जो वन के फल-फूल के आहार पर पहाड़ों की कंदराओं में रहते थे तथा ब्रह्मचिंतन में मग्न रहते थे। भले ही आज हम अधःपतित और पथभ्रष्ट हो गए हों और चाहे जितने भी पथभ्रष्ट होकर क्यों न गिर गए हों, परन्तु यह निश्चित है कि आज यदि हम अपने धर्म के लिए तत्परता से कार्य-संलग्न हो जाएं तो हम अपना गौरव प्राप्त कर सकते हैं।" (वही, पृष्ठ 37)

इसी प्रकार जब वे लंदन की एक सभा में भारत के गौरव का बखान कर रहे थे तो किसी श्रोता ने पूछा, "भारत के हिन्दुओं ने क्या किया है ? वे आज तक किसी जाति पर विजय प्राप्त नहीं कर सके।"

"नहीं, कर सके नहीं–कहिए कि उन्होंने की नहीं।" स्वामी जी ने उत्तर दिया, "और यही हिन्दू जाति का गौरव है कि उसने कभी दूसरी जाति के रक्त से पृथ्वी को रंजित नहीं किया। वे दूसरे के देश पर अधिकार क्यों करेंगे ? तुच्छ धन की लालसा से ? भगवान ने हमेशा से भारत को दाता के महिमामय आसन पर प्रतिष्ठित किया है। भारतवासी जगत् के धर्म-गुरु रहे हैं, वे दूसरों के धन को लूटने वाले डाकू न थे। इसीलिए मैं अपने पूर्वजों पर गर्व करता हूं।"

और उन्होंने अपने कलकत्ता के भाषण में कहा था :

"प्रत्येक जाति के लिए उद्देश्य साधन की अलग-अलग कार्य प्रणालियां है, कोई राजनीति, को ई समाज-सुधार और कोई दूसरे विषय को अपना प्रधान आधार बनाकर कार्य करती है। हमारे लिए धर्म की पृष्ठभूमि लेकर कार्य करने के सिवा दूसरा कोई उपाय नहीं है। अंग्रेज़ राजनीति के माध्यम से धर्म भी समझ सकते हैं। अमेरिकी शायद समाज-सुधार के माध्यम से भी धर्म समझ सकते हैं। परन्तु हिन्दू राजनीति, समाज-विज्ञान और दूसरा जो कुछ है, सबको धर्म के माध्यम ही से समझ सकते हैं। जातीय जीवन-संगीत का मानो यही प्रधान स्वर है और उसी प्रधान स्वर के नष्ट होने की शंका हो रही थी। ऐसा लगता था, मानो हम लोग अपने जातीय जीवन के इस मूल भाव को हटाकर उसकी जगह दूसरा भाव स्थापित करने जा रहे थे, अपने जातीय जीवन के धर्म रूप मेरुदंड की जगह राजनीति का मेरुदंड स्थापित करने जा रहे थे, यदि इसमें हमें सफलता मिलती, तो इसका फल पूर्ण विनाश होता, परन्तु ऐसा होने वाला नहीं था। यही कारण है कि इस महाशक्ति (रामकृष्ण) का आविर्भाव हुआ। मुझे इस बात की चिन्ता नहीं है कि तुम इस महापुरुष को किस अर्थ में ग्रहण करते हो और उसके प्रति कितना आदर करते हो, किन्तु मैं तुम्हें यह चुनौती के रूप में अवश्य बता देना चाहता हूं कि अनेक शताब्दियों से भारत में विद्यमान अद्‌भुत शक्ति का यह प्रकट रूप है, और एक हिन्दू के नाते तुम्हारा यह कर्त्तव्य है कि तुम इस शक्ति का अध्ययन करो, तथा भारत के कल्याण, उसके पुनरुत्थान और समस्त मानव जाति के हित के लिए इस शक्ति के द्वारा क्या कार्य किए गए हैं, इसका पता लगाओ।

मैं तुमको विश्वास दिलाता हूं कि संसार के किसी भी देश में सार्वभौम धर्म और विभिन्न सम्प्रदायों में भ्रातृभाव के उत्थापित और पर्यालोचित होने के बहुत पहले ही, इस नगर के पास, एक ऐसे महापुरुष थे, जिनका सम्पूर्ण जीवन एक आदर्श धर्म-महासभा का स्वरूप था।" (वि० सा०, पंचम खंड, पृष्ठ 208)

रामकृष्ण परमहंस के विश्व-धर्म और विश्व-बंधुत्व के सार्वभौम आदर्श की व्याख्या करते हुए उन्होंने आगे कहा :

"जैसा तुम लोगों ने कहा है, हमें सम्पूर्ण संसार जीतना है। हां, यह हमें करना ही होगा। भारत को अवश्य ही संसार पर विजय प्राप्त करनी है। इसकी अपेक्षा किसी छोटे आदर्श से मुझे कभी भी संतोष न होगा। यह आदर्श संभव है, बहुत बड़ा

हो और तुममें से अनेक को इसे सुनकर आश्चर्य होगा, किन्तु हमें इसे आदर्श बनाना है। या तो हम सम्पूर्ण संसार पर विजय प्राप्त करेंगे या मिट जाएंगे। इसके सिवा और कोई विकल्प नहीं है। जीवन का चिह्न है विस्तार। हमें संकीर्ण सीमा के बाहर जाना होगा, हृदय का प्रसार करना होगा, और यह दिखाना होगा कि हम जीवित हैं, अन्यथा हमें इस पतन की दशा में सड़कर मरना होगा, इसके सिवा दूसरा रास्ता नहीं है। इन दोनों में से एक चुन लो, फिर जिओ या मरो। छोटी-छोटी बातों को लेकर हमारे देश में जो द्वेष और कलह हुआ करता है, वह हम लोगों में सभी को मालूम है। परन्तु मेरी बात मानो, ऐसा सभी देशों में है। जिन सब देशों के जीवन का मेरुदंड राजनीति है, वे सब राष्ट्र आत्मरक्षा के लिए वैदेशिक नीति का सहारा लिया करते हैं। जब उनके अपने देश में आपस में बहुत अधिक लड़ाई-झगड़ा आरम्भ हो जाता है, तब वे किसी विदेशी राष्ट्र से झगड़ा मोल ले लेते हैं, इस तरह तत्काल घरेलू लड़ाई बंद हो जाती है। हमारे भीतर भी गृहविवाद हैं, परन्तु उसे रोकने के लिए कोई वैदेशिक नीति नहीं है। संसार के सभी राष्ट्रों में अपने शास्त्रों का सत्य प्रचार ही हमारी सनातन वैदेशिक नीति होनी चाहिए, यह हमें एक अखंड जाति के रूप में संगठित करेगी। तुम राजनीति में विशेष रुचि रखने वालों से मेरा प्रश्न है कि क्या इसके लिए तुम कोई प्रमाण चाहते हो ? आज की इस सभा ही से मेरी बात का यथेष्ट प्रमाण मिल सकता है।" (वही, पृष्ठ 290)

पूंजीवाद स्वभावतः विस्तार चाहता है। हमारे उभरते हुए बुर्जुवा ने अपनी आध्यात्मिक शक्ति से संसार को जीतना अपना आदर्श घोषित किया। इससे एक तरफ उन्होंने साम्राज्यवादी अंध-राष्ट्रवाद के मुकाबले बुर्जुवा अंध-राष्ट्रवाद को प्रस्तुत करके अपने अतीत की रक्षा की और उसमें गर्व का अनुभव किया। दूसरी तरफ इसे सनातन वैदेशिक नीति बनाकर गृह-विवाद मिटाने और एक अखंड जाति के रूप में संगठित होने का प्रयत्न किया।

पश्चिम के पूंजीवाद ने जब साम्राज्यवाद का रूप धारण किया तो वह सैन्य शक्ति और औद्योगिक सभ्यता में तो श्रेष्ठ था ही, लेकिन विजित जातियों को मानसिक रूप से निहत्था करने के लिए अपने धर्म को भी उनके धर्म से श्रेष्ठ बताया और ईसाइयत को 'विश्व धर्म' के रूप में प्रचारित-प्रसारित करने के लिए मिशनरी भेजे। मतलब यह कि विश्व धर्म का सिद्धान्त उन्हीं के द्वारा गढ़ा गया। मिशनरियों का दावा यह था कि ईसाई धर्म चूंकि समृद्धि का और विजेताओं का धर्म है, इसलिए सब धर्मों से श्रेष्ठ है। विवेकानन्द ने अपने कुम्भकोणम् के भाषण में उनके इस दावे पर यों प्रहार किया :

"संसार में जितने भी धर्म हैं, उनमें प्रत्येक की श्रेष्ठता स्थापित करने के अनोखे-अनोखे दावे सुनने का मुझे अभ्यास हो गया है। तुमने भी शायद हाल में मेरे एक बड़े मित्र डाक्टर बरोज द्वारा पेश किए गए दावे के विषय में सुना होगा कि ईसाई धर्म ही एक ऐसा धर्म है, जिसे सार्वजनिक कह सकते हैं, मैं अब इस प्रश्न

की मीमांसा करूंगा और तुम्हारे सम्मुख उन तर्कों को प्रस्तुत करूंगा, जिनके कारण मैं वेदान्त–सिर्फ वेदान्त ही को सार्वजनिक मानता हूं, और वेदान्त के सिवा कोई अन्य धर्म सार्वजनिक नहीं कहला सकता। हमारे वेदान्त धर्म के सिवा दुनिया के रंगमंच पर जितने भी अन्यान्य धर्म हैं, वे उनके संस्थापकों के जीवन के साथ सम्पूर्णतः संश्लिष्ट और सम्बद्ध हैं। उनके सिद्धान्त, उनकी शिक्षाएं, उनके मत और उनका आचार-शास्त्र जो कुछ है, सब किसी-न-किसी धर्म-संस्थापक के जीवन के आधार पर ही खड़े हैं और उसी से वे अपने आदर्श प्रमाण और शक्ति ग्रहण करते हैं। और आश्चर्य तो यह है कि उसी अधिष्ठाता विशेष के जीवन की ऐतिहासिकता ही पर उसकी सारी नींव प्रतिष्ठित है। यदि किसी तरह उसके जीवन की ऐतिहासिकता पर आघात लगे, जैसा कि वर्तमान युग में प्रायः देखने में आता है कि बहुधा सभी धर्म संस्थापकों और अधिष्ठाओं की जीवनी के आधे भाग पर भी संदिग्ध दृष्टि से देखा जाता है, और जब ऐसी स्थिति है कि तथाकथित ऐतिहासिकता की चट्टान हिल गई है और ध्वस्त हो रही है, तब सम्पूर्ण भवन अरराकर गिर पड़ता और सदा के लिए अपना महत्त्व खो देता है।"

फिर अपना दावा पेश करते हुए उन्होंने कहा कि हमारा धर्म कुछ तत्त्वों की नींव पर खड़ा है, "हमारे धर्म में जितने अवतार, महापुरुष और ऋषि हैं और किसी धर्म में हैं ? इतना ही नहीं, हमारा धर्म यहां तक कहता है कि वर्तमान तथा भविष्य में और भी बहुतेरे महापुरुष और अवतार आविर्भूत होंगे... हमारे देश में 'इष्ट-निष्ठा' रूपी जो अपूर्व सिद्धान्त प्रचलित है, जिसके अनुसार इन महान धार्मिक व्यक्तियों में से अपना इष्ट देवता चुनने की पूरी स्वाधीनता दी जाती है, तुम चाहे जिस अवतार या आचार्य को अपने जीवन का आदर्श बनाकर विशेष रूप से उपासना करना चाहो, कर सकते हो। यहां तक कि तुमको यह सोचने की भी स्वाधीनता है कि जिसको तुमने स्वीकार किया है, वह सब पैगम्बरों में महान है और सब अवतारों में श्रेष्ठ है, इसमें कोई आपत्ति नहीं, परन्तु सनातन तत्त्व समूह ही पर तुम्हारे धर्म साधन की नींव होनी चाहिए। यहां अद्भुत तथ्य यह है कि जहां तक वे वैदिक सनातन सिद्धान्तों के ज्वलंत उदाहरण हैं; वहीं तक हमारे अवतार मान्य हैं। भगवान श्रीकृष्ण का माहात्म्य यही है कि वे भारत में इसी तत्त्ववादी सनातन धर्म के सर्वश्रेष्ठ प्रचारक और वेदान्त के सर्वोत्कृष्ट व्याख्याता हुए हैं।

"संसार भर के लोगों को वेदान्त के विषय में ध्यान देने का दूसरा कारण यह है कि संसार के समस्त धर्म-ग्रंथों में एकमात्र वेदान्त ही ऐसा धर्म ग्रंथ है, जिसकी शिक्षाओं के साथ बाह्य प्रकृति के वैज्ञानिक अनुसंधान से प्राप्त परिणामों का सम्पूर्ण सामंजस्य है।" (वही, पृष्ठ 79-81)

रामकृष्ण परमहंस के आदर्श 'जितने मत उतने पथ' का मतलब है कि सभी धर्म सत्य हैं और जो जिस धर्म को मानता है, उसके लिए वही ठीक है, यह धर्मों

का समन्वय नहीं समझौता है और यों कहिए कि शान्तिमय अस्तित्व का 'जिओ और जीने दो' का सिद्धान्त है। पर विवेकानन्द ने आक्रामक रुख अपनाया और दूसरों का विश्व धर्म का दावा रद्द करके अपना दावा पेश किया। यह आक्रामक रुख उन्होंने धर्म महासभा ही में अख्तयार कर लिया था और अख्तयार कर लेना आवश्यक तथा अनिवार्य भी था क्योंकि नव-जागरण की तरंग ने उन्हें ज़बरदस्ती वहां फेंका था और उन्हें धर्म के माध्यम से राजनीति की लड़ाई लड़नी थी। इस सिलसिले में उनका मस्तिष्क साफ था। वे स्वयं कहते हैं, "सच्ची बात यह है कि मैं धर्म-महासभा का उद्देश्य लेकर अमेरिका नहीं गया था। वह सभा तो मेरे लिए गौण वस्तु थी, उससे हमारा रास्ता बहुत कुछ साफ हो गया और कार्य करने की बहुत कुछ सुविधा हो गई, इसमें संदेह नहीं। इसके लिए हम महासभा के सदस्यों के विशेष रूप से कृतज्ञ हैं। परन्तु वास्तव में हमारा धन्यवाद संयुक्त राज्य अमेरिका के निवासी, सहृदय आतिथेय, महान अमेरिकी जाति को मिलना चाहिए, जिसमें दूसरी जातियों की अपेक्षा भ्रातृभाव का अधिक विकास हुआ है।" (पृष्ठ, 204)

5 मई, 1895 को उन्होंने आलासिंगा पेरुमल के नाम अपने पत्र में लिखा था :

"अगर तुम यूरोप और अमेरिका में उपदेश देने के लिए बारह सुशिक्षित दृढ़-चेता मनुष्यों को यहां भेज सको, और कुछ साल तक उन्हें रख सको, तो इस भांति राजनीतिक और नैतिक दृष्टि से, दोनों तरह की भारत की अपरिमित सेवा हो जाए। प्रत्येक मनुष्य जो नैतिक दृष्टि से भारत के प्रति सहानुभूतिशील है, वह राजनीतिक विषयों में भी उसका मित्र बन जाता है।" (वि० सा०, चतुर्थ खंड, पृष्ठ 282)

इसी पत्र में उन्होंने अपने इस नये आविष्कार की चर्चा की थी कि द्वैत, विशिष्टाद्वैत और अद्वैत–वेदान्त दर्शन की तीन अवस्थाएं हैं और ये अवस्थाएं एक के बाद एक क्रमशः आती हैं। इसलिए समग्र धर्म वेदान्त ही में आते हैं। यह समन्वय का सिद्धान्त है। इस पर वे पुस्तक भी लिखना चाहते थे, शायद लिख नहीं पाए। पर अपने इस नूतन आविष्कार के बाद उन्हें यह विश्वास अवश्य हो गया था कि वेदान्त ही देर-सवेर विश्व धर्म बनने जा रहा है और इसी पर भारत का और समूची मानव जाति का भविष्य निर्भर है और इसी से विश्व-बंधुत्व का स्वप्न साकार होगा। अतएव हमने उन्हें अपने मद्रास के भाषण में, जिसे हम पिछले परिच्छेद में उद्धृत कर चुके हैं, कहते सुना :

"क्या हमें केवल अपने ही देश को जगाना होगा ? नहीं, यह तो एक तुच्छ बात है, मैं एक कल्पनाशील मनुष्य हूं, मेरी यह भावना है कि हिन्दू जाति सारे संसार पर विजय प्राप्त करेगी।"

और भारत लौटने से पहले लंदन में यही विचार व्यक्त करने पर 'इंडिया' के संवाददाता ने सवाल किया था :

"और भारत अंत में अपने विजेताओं पर विजयी होगा ?"

"हां, विचारों के क्षेत्र में इंग्लैंड के पास हथियार हैं, सांसारिक समृद्धि है, वैसे ही जैसे उससे पहले हमारे मुसलमान विजेताओं के पास थी। फिर भी महान अकबर व्यावहारिक रूप में हिन्दू हो गया था, शिक्षित मुसलमानों, सूफियों को हिन्दुओं से अलग कर पाना कठिन है।" (चतुर्थ खंड, पृष्ठ 337)

अतएव कल्पनाशील विवेकानन्द भारत के दरिद्रजन के लिए आर्थिक सहायता पाने का स्वप्न देखते हुए विदेश गए थे, जो अमेरिका पहुंचते ही टूट गया और आध्यात्मिक विचारों के आधार पर विश्व-विजय का स्वप्न देखते हुए स्वदेश लौटे। दरअसल यह उनका अपना स्वप्न नहीं, हमारे उभरते हुए पूंजीपतियों और उनके बुद्धिजीवियों का स्वप्न था, यही उनकी वैदेशिक नीति थी और इसी के आधार पर गृह-विवाद और कुसंस्कारों को हटाकर राष्ट्रीय एकता संगठित करने की बात सोची गई। और हम विवेकानन्द को 'हमारा प्रस्तुत कार्य' नाम के भाषण में कहते हुए सुनतें हैं :

"इसलिए मद्रासी नवयुवकों, मैं विशेषकर तुम्हीं को इन्हें याद रखने को कहता हूं। हमें बाहर जाना ही पड़ेगा, अपनी आध्यात्मिकता तथा दार्शनिकता से हमें जगत् को जीतना होगा, दूसरा कोई उपाय ही नहीं है, अवश्यमेव इसे करो, या मरो। राष्ट्रीय जीवन, सतेज और प्रबुद्ध राष्ट्रीय जीवन के लिए बस यही एक शर्त है कि भारतीय विचार विश्व पर विजय प्राप्त करें।

कालिदास ने अपनी कवि कल्पना से मेघ को यक्ष का दूत बनाया और दक्षिण से उत्तर जाने का मार्ग बताते हुए उस भारत की महानता, विशालता तथा सौंदर्य का मोहक, आकर्षक चित्र प्रस्तुत किया, जिसके एकीकरण का ऐतिहासिक कार्य गुप्तवंश की तलवार द्वारा सम्पन्न हो रहा था, फिर इसी एकता को भावात्मक स्तर पर सुदृढ़ बनाने के लिए शंकराचार्य भी दक्षिण ही से उठे और उन्होंने बौद्ध कुसंस्कारों से संघर्ष करते हुए, उत्तर, दक्षिण, पूर्व, पश्चिम की चार दिशाओं में चार धाम स्थापित किए और अब तीसरी बार जबकि देश गुलामी की ज़ंजीरों में जकड़ा हुआ था, आध्यात्मिकता तथा दार्शनिकता के आधार पर (दूसरा कोई उपाय नहीं था) अखंड राष्ट्र एकता निर्माण करने का कार्य-भार विवेकानन्द ने अपने कंधों पर लिया और दक्षिण से उत्तर–रामनाड से अल्मोड़ा तक उन्होंने जो पताका फहराई उस पर वेदान्त का जनघोष 'यत्र जीव तत्र शिव' अंकित था। इस जनघोष की सैद्धान्तिक व्याख्या उन्होंने यों की, "जब तुम अपने आपको शरीर समझते हो, तब तुम अनन्त अग्नि के एक स्फुलिंग हो, जब तुम अपने आपको आत्मस्वरूप मानते हो, तभी तुम विश्व हो।" (दशम खंड, पृष्ठ 213)

अब वे देश की भूमि पर थे, विदेश में जो बातें उन्होंने नहीं कहीं, कहना उचित भी नहीं था, वे अब खुलकर कहीं। भ्रम-भ्रान्तियों को तोड़ने और कुसंस्कारों के जाले को काटने के लिए उन्होंने आलोचना और आत्मालोचना की खड्ग का निर्भीकता

से प्रयोग किया। इसके बिना जन-साधारण के बीच फैले अंतर्विरोधों का निराकरण सम्भव नहीं था। अतएव ढाका में दिए गए 'मैंने क्या सीखा' भाषण में वे कहते हैं :

"यद्यपि मैं पश्चिम के बहुत से सभ्य देशों में घूम चुका हूं, पर अपने देश के इस भाग के दर्शन का सौभाग्य मुझे नहीं मिला था। अपनी ही जन्मभूमि बंगाल के इस अंचल की विशाल नदियों, विस्तृत उपजाऊ मैदानों और रमणीक ग्रामों का दर्शन पाने पर मैं अपनी कृतज्ञता प्रकट करता हूं। मैं नहीं जानता था कि इस देश के जल और स्थल सभी में इतना सौंदर्य तथा आकर्षण भरा पड़ा है। किन्तु नाना देशों के भ्रमण से मुझे यह लाभ हुआ है कि मैं विशेष रूप से अपने देश के सौंदर्य का मूल्यांकन कर सकता हूं।"

"इसी प्रकार मैं पहले धर्म-जिज्ञासा से नाना सम्प्रदायों में–अनेक ऐसे सम्प्रदायों में जिन्होंने दूसरे राष्ट्रों के भावों को अपना लिया है–भ्रमण करता था, दूसरों के द्वार पर भिक्षा मांगता था। तब मैं जानता न था कि मेरे देश का धर्म, मेरी जाति का धर्म इतना सुन्दर और महान है। कई वर्ष हुए मुझे पता लगा कि हिन्दू धर्म संसार का सर्वाधिक पूर्ण संतोषजनक धर्म है। अतः मुझे यह देखकर हार्दिक क्लेश होता है कि यद्यपि हमारे देशवासी अप्रतिम धर्मनिष्ठ होने का दावा करते हैं, पर हमारे इस महान देश में यूरोपीय ढंग के विचार फैलने के कारण उनमें धर्म के प्रति व्यापक उदासीनता आ गई है। हां, यह बात ज़रूर है और उससे मैं भली-भांति अवगत हूं कि उन्हें जिन भौतिक परिस्थितियों में जीवनयापन करना पड़ता है, प्रतिकूल हैं।"

इन प्रतिकूल भौतिक परिस्थितियों ने विभिन्न स्तरों के जिन विचारशील लोगों का निर्माण किया था, विवेकानन्द ने उनका वर्गीकरण[1] इस प्रकार किया है :

"वर्तमान काल में हम लोगों के बीच ऐसे कुछ सुधारक हैं, जो हिन्दू जाति के पुनरुत्थान के लिए हमारे धर्म में सुधार या यों कहिए उलट-पलट करना चाहते हैं। निस्संदेह उन लोगों में कुछ विचारशील व्यक्ति हैं, लेकिन साथ ही ऐसे बहुत-से लोग भी हैं जो अपने उद्देश्य को बिना जाने दूसरों का अंधानुकरण करते हैं। इस वर्ग के सुधारक हमारे धर्म में विजातीय विचारों का प्रवेश करने में बड़ा उत्साह दिखाते हैं। कहते हैं कि हिन्दू धर्म सच्चा धर्म नहीं है क्योंकि इसमें मूर्ति-पूजा का विधान है। मूर्ति-पूजा क्या है ? यह अच्छी है या बुरी, इसका अनुसंधान कोई नहीं करता, केवल दूसरों के इशारे पर वे हिन्दू धर्म को बदनाम करने का साहस करते हैं। एक दूसरा वर्ग और भी है, जो हिन्दू के प्रत्येक रीति-रिवाजों में वैज्ञानिकता ढूंढ़ निकालने का लचर प्रयत्न कर रहे हैं। वे सदा विद्युत शक्ति, चुम्बकीय शक्ति, वायु-कम्पन तथा उसी तरह की अन्य बातें किया करते हैं। कौन कह सकता है कि वे लोग एक

1. यहां वर्ग का अर्थ मार्क्सवादी परिभाषा में न लिया जाए। यह विचार के स्तर पर बंटे लोगों का वर्गीकरण है, जिसमें आर्थिक आधार पर बंटे पूंजीपति वर्ग, मध्य वर्ग तथा श्रमजीवी वर्ग तक के लोगों का एक ही वर्ग में शामिल होना सम्भव है।

दिन ईश्वर की परिभाषा करने में उसे विद्युत-कम्पन का समूह न कह डालें।" (पंचम खंड, पृष्ठ 339-40)

विदेशी शासकों ने हमारे धर्म पर न सिर्फ ईसाई मिशनरियों द्वारा बल्कि विज्ञान के द्वारा भी आक्रमण किया। धर्म पर आक्रमण का मतलब था संस्कृति और परंपरा पर आक्रमण। विवेकानन्द समझते थे और मार्क्सवादी होने की डींग हांकने वाले ऐरे-गैरे बुद्धिजीवी भी समझ रखें कि धार्मिक विचारधारा जब एक बार विभिन्न संस्थाओं का भौतिक रूप धारण कर लेती है, और वर्ग विभाजित समाज के हज़ारों साल के इतिहास में उसने यह रूप धारण किया है तो हर एक देश की संस्कृति और परम्परा इन्हीं संस्थाओं के माध्यम से विकसित होती है और उन्हीं में सुरक्षित रहती है। जब भौतिक उन्नति रुक जाने से संस्कृति और परम्परा का विकास रुक जाता है, तो इन धार्मिक संस्थाओं को नष्ट करने का और मांगे हुए विदेशी विचारों को, चाहे वे कितने ही उन्नत, श्रेष्ठ, तर्कसंगत तथा वैज्ञानिक ही क्यों न हों, ऊपर से लाद देने का प्रयास हितकर नहीं, अहितकर है; क्यों सुधार और क्रान्ति के नाम पर किए गए इस प्रयास का परिणाम होगा, अपने इतिहास और परम्परा को मिटाना, विकृत करना अथवा त्याग देना। अपने अतीत और परम्परा कट जाने के बाद मनुष्य, मनुष्य न रहकर बेरीढ़ के प्राणी में परिणत हो जाता है। उसके देश भक्त अथवा क्रान्तिकारी बनने का सवाल ही पैदा नहीं होता। अतएव विवेकानन्द ने कहा कि इन मांगे हुए विचारों पर पलने वाले तथाकथित देशभक्तों और सुधारकों को तो यह भी मालूम नहीं कि घाव कहां है, ये लोग मूर्ति-पूजा, विधवा-विवाह और बाल-विवाह आदि गौण बातों को लेकर चिल्ल-पों मचा रहे हैं। विवेकानन्द ने इनका वास्तविक रूप और अपना उद्देश्य यों स्पष्ट किया :

'गत शताब्दी में सुधारों के लिए जो भी आंदोलन हुए हैं, उनमें से अधिकांश केवल ऊपरी दिखावा मात्र रहे हैं। उन्होंने केवल प्रथम दो वर्णों ही से संबंध रखा है, शेष दो से नहीं। विधवा-विवाह के प्रश्न से 70 प्रतिशत भारतीय स्त्रियों का कोई संबंध नहीं है। और देखो, मेरी बात पर ध्यान दो, इस प्रकार के सब आंदोलनों का संबंध भारत के उच्च वर्गों ही से रहा है, जो जनसाधारण का तिरस्कार करके स्वयं शिक्षित हुए हैं। इन लोगों ने अपने-अपने घर को साफ करने एवं अंग्रेज़ों के सम्मुख अपने को सुन्दर दिखाने ही में कोई कसर बाकी नहीं रखी। पर यह तो सुधार नहीं कहा जा सकता। सुधार करने में हमें चीज़ के भीतर उसकी जड़ तक पहुंचना होता है। आग जड़ में लगाओ और उसे क्रमशः ऊपर उठने दो एवं एक अखंड भारतीय राष्ट्र संगठित करो।" (वही, पृष्ठ 111)

एक अखंड भारतीय राष्ट्र संगठित करना ही समय का प्रधान कार्य था। इसी को उन्होंने अपना जीवन-व्रत बना लिया था और वे अपने इस जीवन-व्रत को राष्ट्र का हित चाहने वाले सभी देशवासियों का जीवन-व्रत बना देना चाहते थे। अतएव 'इंग्लैंड में भारतीय आध्यात्मिक विचारों का प्रभाव' भाषण में हम उन्हें वज्र गम्भीर

स्वर में कहते हुए सुनते हैं :

"अपने जीवन के महान व्रत को याद रखो। हम भारतवासी और विशेषतः हम बंगाली बहुत परिमाण में विदेशी भावों से आक्रान्त हो रहे हैं, जो हमारे जातीय धर्म की सम्पूर्ण जीवनी शक्ति को चुका डालते हैं। हम आज इतने पिछड़े हुए क्यों हैं ? क्यों हममें से निन्यानवे फीसदी आदमी सम्पूर्णतः पाश्चात्य भावों और उपादानों से विनिर्मित हो रहे हैं ? अगर हम लोग राष्ट्रीय गौरव के उच्च शिखर पर आरोहण करना चाहते हैं तो हमें इस विदेशी भाव को दूर फेंक देना होगा, साथ ही यदि हम ऊपर चढ़ना चाहते हैं तो हमें यह भी याद रखना होगा कि हमें पाश्चात्य देशों से बहुत कुछ सीखना बाकी है। पाश्चात्य देशों से हमें उनका शिल्प और विज्ञान सीखना होगा, उनके यहां के भौतिक विज्ञानों को सीखना होगा और उधर पाश्चात्य देशवासियों को हमारे पास आकर धर्म और अध्यात्म-विद्या की शिक्षा ग्रहण करनी होगी। हम हिन्दुओं को विश्वास करना होगा कि हम संसार के गुरु हैं। हम यहां पर राजनीतिक अधिकार तथा इसी प्रकार की अन्य बातों के लिए चिल्ला रहे हैं। अच्छी बात है, परन्तु अधिकार और सुभीते केवल मित्रता के द्वारा ही प्राप्त हो सकते हैं और मित्रता की आशा वहीं की जा सकती है, जहां दोनों पक्ष समान होते हैं। यदि एक पक्ष वाला जीवन-भर भीख मांगता रहे तो क्या यहां पर मित्रता स्थापित हो सकती है ? ये सब बातें कह देना बहुत आसान है, पर मेरा तात्पर्य यह है कि पारस्परिक सहयोग के बिना हम लोग कभी शक्ति सम्पन्न नहीं हो सकते। इसीलिए मैं तुम लोगों को भिखमंगों की तरह नहीं, धर्माचार्य के रूप में इंग्लैंड जाने को कह रहा हूं। हमें अपने सामर्थ्य के अनुसार विनिमय का प्रयोग करना होगा। यदि हमें इस लोक में सुखी रहने के उपाय सीखने हैं, तो हम भी उसके बदले में क्यों न उन्हें अनन्तकाल तक सुखी रहने के उपाय बताएं ?"(वही, पृष्ठ 333-34)

जो लोग यूरोप की तरफ आंखें लगाए हुए थे और उसकी राजनीति यानी लोकतंत्र के प्रशंसक थे, उनसे विवेकानन्द कहते हैं :

"राजनीति से संबंधित यूरोप की संस्थाएं, प्रणालियां तथा और भी शासन पद्धति की अनेकानेक बातें समय-समय पर बिलकुल व्यर्थ सिद्ध होती रही हैं। और आज यूरोप की यह दशा है कि वह बेचैन है; यह नहीं जानता कि अब किस प्रणाली की शरण ले। वहां आर्थिक अत्याचार असह्य हो उठे हैं। देश का धन तथा शक्ति उन थोड़े से लोगों के हाथ में रख छोड़ी है, जो स्वयं तो कुछ काम करते नहीं, हां, सिर्फ लाखों मनुष्यों द्वारा काम चलाने की क्षमता ज़रूर रखते हैं। इस क्षमता द्वारा वे चाहें तो सारे संसार को खून से प्लावित कर दें। धर्म तथा सभी अन्य चीज़ों को उन्होंने पददलित कर रखा है, वे ही शासक हैं और सर्वश्रेष्ठ समझे जाते हैं। आज पाश्चात्य संसार तो ऐसे ही इने-गिने 'शायलाकों' के द्वारा शासित है, और यह जो तुम वहां की वैधानिक सरकार, स्वतंत्रता, आज़ादी, संसद आदि की बातचीत सुना करते हो, वह सब मज़ाक है। (वही, पृष्ठ 55)

विवेकानन्द ने पश्चिम की बुराइयां ही नहीं अच्छाइयां भी देखीं, और जैसा कि हम लिख चुके हैं, अपने प्रवास काल में उनसे बहुत कुछ सीखा। अपने उदार हृदय, विशाल अनुभव तथा तुलनात्मक अध्ययन से वे इस निष्कर्ष पर पहुंचे थे कि समूची मानव जाति का कल्याण पूर्व की आध्यात्मिकता और पश्चिम की भौतिकता के समन्वय सीखने-सिखाने और विचारों के आदान-प्रदान पर निर्भर है। अतएव अपने उक्त भाषण को जारी रखते हुए उन्होंने कहा :

"पाश्चात्य देश तो असल में इन 'शायलाकों' के बोझ तथा अत्याचार से जर्जर हो रहा है और इधर प्राच्य देश इन पुरोहितों के अत्याचारों से कातर क्रंदन कर रहा है। होना तो यह चाहिए कि ये दोनों आपस में एक दूसरे को संयमित रखें। यह कभी मत सोचो कि इनमें से केवल एक ही से संसार का लाभ होगा।" (वही)

समन्वय चूंकि सम्यक् ज्ञान के आधार ही पर सम्भव है, इसलिए विवेकानन्द ने एक तरफ, शासक वर्ग ने हममें हीनता भाव लाने और अपने ही अतीत से विमुख हो जाने के लिए मैकांले की शिक्षा द्वारा जो भ्रान्तियां फैलाईं, उन पर चोट की और दूसरी तरफ, पुरोहित-प्रपंच के स्वार्थ द्वारा फैलाए गए कुसंस्कारों को भी नहीं बख्शा। यही उनके स्वस्थ चिंतन का प्रमाण है और इसी से उनकी वाणी में बल पैदा हुआ। सुनिए, वे अपने देशवासियों से सम्बोधित हैं, उन्हें सतर्क और सावधान कर रहे हैं :

"हमारी दृष्टि में भारत के लिए कई आपदाएं खड़ी हैं। उनमें से दो स्काइला और चेरी वाइर्ड्सि से, घोर भौतिकवाद और उसकी प्रतिक्रिया से पैदा हुए घोर कुसंस्कार से अवश्य बचना चाहिए। आज हमें एक तरफ वह मनुष्य दिखाई पड़ता है, जो पाश्चात्य ज्ञान रूपी मदिरापान से मत्त होकर अपने को सर्वज्ञ समझता है। वह प्राचीन ऋषियों की हंसी उड़ाया करता है। उसके लिए हिन्दुओं के सब विचार बिलकुल वाहियात चीज़ हैं, हिन्दू दर्शनशास्त्र बच्चों का कलरव मात्र है और हिन्दू धर्म मूर्खों का मात्र अंधविश्वास। दूसरी तरफ वह आदमी है, जो शिक्षित तो है पर जिस पर किसी एक चीज़ की सनक सवार है और वह उल्टी राह लेकर हर एक छोटी-सी बात का अलौकिक अर्थ निकालने की कोशिश करता है। अपनी विशेष जातियां देव-देवियों या गांव से संबंध रखने वाले जितने कुसंस्कार हैं, उनको उचित सिद्ध करने के लिए दार्शनिक, आध्यात्मिक तथा बच्चों को सुहाने वाले न जाने क्या अर्थ उसके पास सर्वदा ही मौजूद हैं। उसके लिए प्रत्येक ग्राम्य कुसंस्कार वेदों की आज्ञा है, और उसकी समझ में उसे कार्यरूप में परिणत करने ही पर जातीय जीवन निर्भर है। तुम्हें इन सबसे बचना चाहिए।

"तुममें से प्रत्येक मनुष्य कुसंस्कारपूर्ण मूर्ख होने के बदले यदि घोर नास्तिक भी हो जाए तो मुझे पसंद है, क्योंकि नास्तिक तो जीवन्त है, तुम उसे किसी तरह परिवर्तित कर सकते हो। परन्तु यदि कुसंस्कार घुस जाए, तो मस्तिष्क बिगड़ जाएगा, कमजोर हो जाएगा और मनुष्य विनाश की ओर अग्रसर होने लगेगा। तो इन दो

संकटों से बचो। हमें निर्भीक साहसी मनुष्य ही का प्रयोजन है, हमें खून में तेज़ी और स्नायु में बल की आवश्यकता है, लोहे के पुट्ठे और फौलाद के स्नायु चाहिए, न कि दुर्बलता लाने वाले वाहियात विचार। इन सबको त्याग दो, सब प्रकार के रहस्यों से बचो।" (पंचम खंड, पृष्ठ 172)

विवेकानन्द ने इस बात को भली-भांति समझ लिया था कि संस्कृति ही युगों के आघात को सहन कर सकती है, मात्र ज्ञान राशि नहीं। और उनमें यह समझ न सिर्फ अपने देश बल्कि दुनिया-भर के इतिहास, दर्शन तथा साहित्य के गहरे अध्ययन से पैदा हुई थी। वे अपने समय का चलता-फिरता विश्वकोष-इंसाइक्लोपीडिया थे। पर उन्हें अपने इस ज्ञान का दम्भ नहीं था, बल्कि आत्मज्ञान-युक्त स्निग्ध विनम्रता, सहृदयता और शालीनता थी। चाहे उन्होंने मार्क्स का कहीं उल्लेख नहीं किया, पर मार्क्स द्वारा कथित इस तथ्य को जान लिया था कि नया समाज कहीं ऊपर से नहीं टपक पड़ता, उसका जन्म पुराने समाज के गर्भ से होता है। आमूल-चूल परिवर्तन और जड़ में आग देने का अर्थ यह कदाचित् नहीं कि हमारे पास जो कुछ है उसे नष्ट कर दो, शून्य से नया जीवन शुरू करो, नष्ट करना होता है भ्रम-भ्रान्तियों और कुसंस्कारों को। अखंड राष्ट्रीय एकता के लिए मज़बूत रीढ़, लोहे के पुट्ठे और फौलाद की स्नायु वाला नया मनुष्य दरकार था, इसके निर्माण के लिए जहां भ्रम-भ्रान्तियों और कुसंस्कारों को नष्ट करना ज़रूरी था वहां यह भी ज़रूरी था कि हमारी हज़ारों बरस की संस्कृति में जो कुछ स्वस्थ और जीवन्त है, उसे हम समझें और आत्मसात् करके भौतिक शक्ति में परिणत करें। इसके विपरीत तथाकथित सुधारक धर्म और धर्म से संबंधित रीति-रिवाज पर प्रहार करते थे और अपने छिछले पाश्चात्य ज्ञान के मद में यह समझ बैठे थे कि इसी से विभिन्न जातियों तथा सम्प्रदायों के बीच के अंतर्विरोधों का अंत होगा और इसी से देश आगे बढ़ेगा, उन्हें विवेकानन्द गाल बजाने वाले चंचल बच्चों से अधिक महत्त्व नहीं देते थे। अतएव वेदान्त के मुख्य तत्त्वों की व्याख्या करने के बाद उन्होंने जाफना के अपने भाषण में कहा :

"यद्यपि हमारा जाति भेद और अन्यान्य प्रथाएं धर्म के साथ आपस में मिली हुई दिखती हैं, ऐसी बात नहीं। यह प्रथाएं राष्ट्र के रूप में हमारी रक्षा के लिए आवश्यक थीं और जब आत्मरक्षा के लिए इनकी ज़रूरत न रह जाएगी, तब सम्भवतः वे नष्ट हो जाएंगी। किन्तु मेरी उम्र ज्यों-ज्यों बढ़ती जाती है, ये पुरानी प्रथाएं मुझे भली मालूम होती जाती हैं। एक समय ऐसा था कि जब मैं इनमें से अधिकांश को अनावश्यक तथा व्यर्थ समझता था। परन्तु आयु वृद्धि के साथ इनमें से किसी के विरुद्ध कुछ भी कहते मुझे संकोच होता है, क्योंकि उनका आविष्कार सैकड़ों सदियों के अनुभव का फल है। कल का छोकरा, कल ही जिसकी मृत्यु हो सकती है, यदि मेरे पास आए और मेरे चिरकाल के संकल्पों को छोड़ देने को कहे और यदि मैं उस लड़के के मतानुसार अपनी व्यवस्था पलट दूं तो मैं ही मूर्ख बनूंगा, और कोई नहीं। भारतेतर भिन्न-भिन्न देशों से, समाज-सुधार के विषय के यहां जितने उपदेश आते हैं, वे अधिकांश ऐसे

ही हैं। वहां के ज्ञानाभिमानियों से कहो, "तुम जब अपने समाज का स्थायी संगठन कर सकोगे, तब तुम्हारी बात मानेंगे। तुम किसी भाव को दो दिन के लिए भी धारण नहीं कर सकते। विवाद करके उसे छोड़ देते हो। तुम वसंत काल में कीड़ों की तरह जन्म लेते हो और उन्हीं की तरह कुछ क्षण में मर जाते हो। बुलबुले की तरह तुम्हारी उत्पत्ति होती है और बुलबुले की भांति तुम्हारा नाश। पहले हमारे जैसा स्थायी समाज संगठित करो। पहले कुछ ऐसे सामाजिक नियमों और प्रथाओं को संचालित करो, जिनकी शक्ति हज़ारों वर्ष अक्षुण्ण रहे। किन्तु तब तक मेरे मित्र, तुम मात्र चंचल बालक हो।" (पंचम खंड, पृष्ठ 31-32)

'मेरी क्रान्तिकारी योजना' भाषण में वे कहते हैं :

"हम लोगों को तोड़-मरोड़कर नये सिरों से दूसरे राष्ट्रों के ढांचे में गढ़ना असम्भव है। मैं दूसरी कौमों की सामाजिक प्रथाओं की निन्दा नहीं करता। वे उनके लिए अच्छी हैं, पर हमारे लिए नहीं, उनके लिए जो कुछ अमृत है, हमारे लिए वही विष हो सकता है। पहले यही बात सीखनी होगी। अन्य प्रकार के विज्ञान, अन्य प्रकार के परम्परागत संस्कार और अन्य प्रकार के विचारों से उनकी वर्तमान प्रथा संगठित हुई है और हम लोगों के पीछे हैं, हमारे परम्परागत संस्कार और हज़ारों वर्षों के कर्म। अतएव हमें स्वभावतः अपने संस्कारों के अनुसार ही चलना पड़ेगा और यह हमें करना ही होगा।" (पृष्ठ 115)

और फ़िर अपनी कार्यप्रणाली प्रस्तुत करते हुए उन्होंने कहा :

"अतः भारत में किसी प्रकार का सुधार या उन्नति की चेष्टा करने से पहले धर्म-प्रचार आवश्यक है। भारत को समाजवादी अथवा राजनीतिक विचारों से प्लावित करने के पहले आवश्यक है कि उसमें आध्यात्मिक विचारों की बाढ़ ला दी जाए।" (पृष्ठ 116)

कोलम्बो से अल्मोड़ा तक विवेकानन्द ने जो भाषण दिए, उन सबमें सर्वोपरि यही है। विवेकानन्द के छोटे भाई भूपेन्द्र नाथ दत्त ने लिखा है कि बीसवीं सदी के पहले दशक में जो क्रान्तिकारी गुप्त संगठन बने, वे इसी प्रचार के फल थे। तमाम क्रान्तिकारी इन्हीं भाषणों से प्रेरणा लेते थे और पुलिस ने 1927 तक जितने भी क्रान्तिकारियों के घरों की तलाशियां लीं, उनमें विवेकानन्द साहित्य अवश्य मिलता था।[1]

विस्तार में जाने की गुंजाइश नहीं। इनमें 'मेरी क्रान्तिकारी योजना', 'हमारा प्रस्तुत कार्य' और 'भारत का भविष्य' भाषण विशेष रूप से महत्त्वपूर्ण हैं। विदेशी शासकों ने हमारे इतिहास को विकृत करके बहुत-सी भ्रांन्तियां फैलाई हैं और जनता के बीच व्यर्थ के अंतर्विरोध खड़े किए हैं, उन्होंने अपने इन भाषणों में उनका निराकरण किया है। उदाहरण के लिए यह धारणा कि गोरे रंग के आर्य लोग बाहर से आए

1. Swami Vivekanand—Patriotic Prophet, P. 213

और उन्होंने भारत के काली आंखों वाले आदिवासियों को पराजित करके अपना दास बनाया और वर्तमान जाति-प्रथा की नींव रखी। विवेकानन्द ने इस सिद्धान्त हो मनगढ़ंत बताते हुए लिखा है :

"इस समस्या की एकमात्र व्याख्या महाभारत में मिलती है। उसमें लिखा है कि सतयुग के आरम्भ में एक ही जाति ब्राह्मण थी और फिर पेशे के भेद से वह भिन्न जातियों में बंटती गई। बस, यही एक मात्र व्याख्या सच और युक्तिपूर्ण है। भविष्य में जो सतयुग आ रहा है उसमें ब्राह्मणेतर सभी जातियां फिर ब्राह्मण रूप में परिणत होंगी।" (पृष्ठ 186)

इसी मिथ्या धारणा के आधार पर उत्तर और दक्षिण को आपस में लड़ाने और अलग-अलग करने का प्रयास अब तक जारी है। विवेकानन्द ने अपने मद्रासी श्रोताओं से कहा :

"एक मत है कि दक्षिण भारत में द्रविड़ नाम की एक जाति के मनुष्य थे, जो उत्तर भारत की आर्य नामक जाति से बिलकुल भिन्न थे और दक्षिण भारत के ब्राह्मण ही उत्तर भारत के आए हुए आर्य हैं, अन्य जातियां दक्षिणी ब्राह्मणों से बिलकुल ही पृथक जाति की हैं। भाषा-वैज्ञानिक महाशय, मुझे क्षमा कीजिएगा, यह मत बिलकुल निराधार है। भाषा का एकमात्र प्रमाण यह है कि उत्तर और दक्षिण की भाषा में भेद है। दूसरा भेद मेरी नज़र में नहीं आता। हम यहां उत्तर भारत के इतने लोग हैं, मैं अपने यूरोपीय मित्रों से कहता हूं कि वे इस सभा में उत्तरी भारत और दक्षिणी भारत के लोगों को चुनकर अलग कर दें।"

इसी तरह अगर उत्तर भारत के हिन्दू, सिख, मुसलमान और ईसाई अथवा ब्राह्मण, क्षत्रिय और अन्य निम्न जातियों के लोग किसी एक सभा अथवा मेले-ठेले में एकत्रित हों, तो आर्यों तथा कालीआंखों वाले आदिवासियों को चुनकर अलग-अलग करना सम्भव नहीं है। और फिर हूण, कुशान, तातर और यूनानी इत्यादि जातियां आईं और आकर आपस में खलत-मलत हो गईं। उन्हें भी अलग-अलग पहचानना सम्भव नहीं है। तो सिद्ध हुआ कि इस धारणा का प्रयोजन अतीत और सांस्कृतिक परम्परा के प्रति घृणा फैलाना मात्र था। आर्य तो चूंकि कहीं नज़र नहीं आते इसलिए घृणा ब्राह्मणों और संस्कृत भाषा से की जाती है। इस घृणा को इतनी दूर तक फैलाया गया है कि शोषित और उत्पीड़ित शूद्र कही जाने वाली जातियों की वर्तमान स्थिति के लिए नीतिकार मनु को ज़िम्मेदार ठहराया जाता है और प्रतिशोध के रूप में मनु स्मृति की प्रतियां जलाई जाती हैं। पर क्या प्रतियां जलाने से उनकी स्थिति में कोई परिवर्तन आया ? क्या यह हवा में तलवार मारना और शक्ति का अपव्यय मात्र नहीं है ?

विदेशी प्रचार और हमारा अपना अज्ञान इन भ्रान्तियों का कारण है। पुरातत्त्ववेत्ता इस निष्कर्ष पर पहुंच चुके हैं कि प्रारम्भ में मंगोल, आर्य, नीग्रो, स्लाव, सेभिटिक–पांच घुमक्कड़ जातियां थीं। उन्हें जहां कहीं भी अच्छी चरागाहें तथा दूसरी

प्राकृतिक सुविधाएं मिलीं, वे वहीं जाकर बस रहीं। बाद में यही जातियां हूण, मुगल, तातार, शक, कुशान, दरद तथा रवश इत्यादि उपजातियों में विभाजित और समिश्रित होती चली गईं। आर्यों को अलग कैसे करोगे ? द्रविड़ एक अलग जाति कहां से आ गई ?

यह ठीक है कि धीरे-धीरे सवर्णों ने सारी सत्ता हथिया ली और जाति के चारों ओर रीति-रिवाज की एक दीवार खड़ी कर दी। जन्म से मरण तक पूरे जीवन को कठोर नियमों में बांधकर रख दिया। छुआछूत फैली और हिन्दू धर्म चौके-चूल्हे का धर्म बनकर रह गया। निम्न श्रमजीवी जातियों ही को नहीं वरन् सवर्णों ने अपने वर्ण की स्त्रियों को भी शिक्षा और स्वतंत्रता के अधिकारों से वंचित करके दासों में बदल दिया। इसे देश के पतन और अवनति का मुख्य कारण बताते हुए विवेकानन्द ने मई, 1894 में शिकागो से अपने एक पत्र में लिखा था :

"परन्तु ईश्वर महान है। आगे या पीछे बदला मिलना ही था और जिन्होंने गरीबों का खून चूसा, जिनकी शिक्षा उनके धन से हुई, जिनकी शक्ति उनकी दरिद्रता पर बनी, वे अपनी बारी में हज़ारों और सैकड़ों की गिनती में दास बनाकर बेचे गए, उनकी सम्पत्ति हज़ार वर्ष तक लुटती रही और उनकी स्त्रियां और कन्याएं अपमानित की गईं। क्या आप समझते हैं कि यह अकारण ही हुआ ?" (तृतीय खंड, पृष्ठ 326)

सवर्णों का एकाधिकार अब टूट चुका है। बीती बातों को लेकर चीखने-चिल्लाने और आपस में लड़ने-झगड़ने का कोई अर्थ नहीं। सवाल है कुचले हुओं को उठाने और शिक्षित करने का। बात तभी बनेगी, देश का भविष्य तभी संवरेगा और विवेकानन्द कहते हैं :

"जनता को उसकी बोल-चाल की भाषा में शिक्षा दो, उसको भाव दो बहुत कुछ जान जाएगी, परन्तु साथ ही कुछ और भी जरूरी है--उसको संस्कृति का बोध दो।... जातियों में समता लाने के लिए एकमात्र उपाय उस संस्कार और शिक्षा का अर्जन करना है, जो उच्च वर्णों का बल और गौरव है। यदि यह तुम कर सको तो जो कुछ तुम चाहते हो, वह तुम्हें मिल जाएगा।" (पंचम खंड, पृष्ठ 158 )

धर्म बदल लेने मात्र से न राष्ट्र बदल जाता है और न संस्कृति। विदेशी वह है, जिसका आर्थिक और मानसिक संबंध विदेश से जुड़ा रहे। हमारे देश में जितने भी सम्प्रदायों तथा जातियों के लोग हैं, उन सबका राष्ट्र एक है, संस्कृति एक है और उन सबको एक ही महान अतीत से प्रेरणा लेनी है। सामयिक संस्कृति का सिद्धान्त मिथ्या तथा निराधार है और विदेशी शासकों द्वारा फूट बढ़ाने के लिए गढ़ा गया था। विवेकानन्द 'भारत का भविष्य भाषण' में कहते हैं :

"यहां आर्य हैं, द्रविण हैं, तातार हैं, तुर्क हैं, मुगल हैं, यूरोपीय हैं मानो संसार की सभी जातियां इस भूमि में अपना-अपना खून मिला रही हैं। भाषा का यहां एक विचित्र ढंग का जमाव पड़ा है, आचार-व्यवहारों के संबंध में दो भारतीय जातियों में जितना अन्तर है, उतना पूर्वी और यूरोपीय जातियों में नहीं।

"हमारे पास एकमात्र सम्मिलित भूमि है, हमारी पवित्र परम्परा, हमारा धर्म एक मात्र सामान्य आधार वही है, और उसी पर हमें संगठन करना होगा। यूरोप में राजनीतिक विचार ही राष्ट्रीय एकता का कारण है। किन्तु एशिया में राष्ट्रीय ऐक्य का आधार धर्म ही है, अतः भारत के भविष्य संगठन की पहली शर्त के तौर पर उसी धार्मिक एकता ही की आवश्यकता है। देश-भर में एक ही धर्म सबको स्वीकार करना होगा। एक ही धर्म से मेरा क्या मतलब है ? यह उस तरह का एक ही धर्म नहीं, जिसका ईसाइयों, मुसलमानों या बौद्धों में प्रचार है। हम जानते हैं, हमारे विभिन्न सम्प्रदायों के सिद्धांत तथा दावे कितने ही विभिन्न क्यों न हों, हमारे धर्म में कुछ सिद्धांत ऐसे हैं, जो सभी सम्प्रदायों द्वारा मान्य हैं। इस तरह हमारे सम्प्रदायों के ऐसे कुछ सामान्य आधार अवश्य हैं, उनको स्वीकार करने पर हमारे धर्म में अद्भुत विविधता के लिए गुंजाइश हो जाती है, और साथ ही विचार और अपनी रुचि अनुसार जीवन निर्वाह के लिए हमें सम्पूर्ण स्वाधीनता प्राप्त हो जाती है। हम लोग, कम से कम वे जिन्होंने इस पर विचार किया है, यह बात जानते हैं। और अपने कर्म के ये जीवनप्रद सामान्य तत्त्व सबके सामने लाएं और देश के सभी स्त्री-पुरुष बाल-वृंद, उन्हें जानें-समझें तथा उन्हें जीवन में उतारें—यही हमारे लिए आवश्यक है। सर्वप्रथम यही हमारा कार्य है।" (वही, पृष्ठ 180-81)

"धर्म' शब्द यहां व्यापक अर्थ में प्रयोग हुआ है। पूरा समाज, उसके रीजि-रिवाज, संस्कृति और परम्परा इसकी परिधि में आ जाती हैं। वेदान्त दर्शन के जिस सिद्धान्त का यहां उल्लेख हुआ है, उसका दावा है कि "मनुष्य (वस्तुतः) दिव्य है तथा जो कुछ भी हम लोग अपने चारों ओर देखते हैं, वह उसी दिव्यता के बोध से अद्भुत हुआ है। अतएव वेदान्त तथा विश्व के अन्य किसी भी मत के बीच कोई झगड़ा या विरोध नहीं है।"

मतलब यह कि विवेकानन्द के अनुसार इस सिद्धान्त के प्रचारित-प्रसारित करने ही से भारत में राष्ट्रीय एकता की भावना मजबूत होगी और फिर इसी आधार पर विश्व-बन्धुत्व का स्वप्न साकार होगा। अपने अधूरे लेख 'धर्म के मूल तत्त्व' में उन्होंने लिखा है :

"अतः ऐसा लगता है कि अंततः मतों-सम्प्रदायों का तिरोभाव न होकर उनकी वृद्धि ही तब तक होती जाएगी, जब तक प्रत्येक व्यक्ति अपने लिए एक सम्प्रदाय नहीं बन जाता। और फिर समस्त एकता की पृष्ठभूमि प्रस्तुत होगी। पुराण-गाथाओं और कर्मकांडों में कभी भी एकता न आ सकेगी, क्योंकि हम भावक्षेत्र की अपेक्षा वस्तुक्षेत्र में एक दूसरे से अधिक विभेद रखते हैं। एक ही सिद्धान्त को स्वीकार करते हुए भी लोग उसके आदर्श-उपदेष्टा की महत्ता के संबंध में मतभेद रखेंगे।" (नवम खंड, पृष्ठ 274)

अब हम अगले परिच्छेद में इस सिद्धान्त का विवेचन करेंगे ताकि विवेकानन्द के चिंतन में निहित अंतर्विरोध और उनका वर्ग-स्वभाव समझने में सुविधा हो सके।

# आध्यात्मिक अद्वैतवाद बनाम भौतिक अद्वैतवाद

**"मनुष्य प्रकृति पर विजय प्राप्त करने के लिए उत्पन्न हुआ है, उसका अनुसरण करने के लिए नहीं।"**

—विवेकानन्द

धर्म-महासभा में हिन्दू धर्म पर बोलते हुए विवेकानन्द कहते हैं :

"विज्ञान एकत्व की खोज के सिवा और कुछ नहीं है। ज्योंही कोई विज्ञान पूर्ण एकता तक पहुंच जाएगा, त्यों ही उसकी प्रगति रुक जाएगी, क्योंकि तब वह अपने लक्ष्य को प्राप्त कर लेगा। उदाहरणार्थ, रसायन शास्त्र यदि एक बार उस मूल तत्त्व का पता लगा ले, जिससे और सब द्रव्य बन सकते हैं, तो फिर वह और आगे नहीं बढ़ सकेगा। भौतिकी जब उस एक मूल शक्ति का पता लगा लेगी, अन्य शक्तियां जिसकी अभिव्यक्ति हैं, तब वह वहीं रुक जाएगी। वैसे ही धर्म शास्त्र भी उस समय पूर्णता को प्राप्त कर लेगा, जब वह उसको खोज लेगा जो इस मृत्यु के लोक में एकमात्र जीवन है, जो इस परिवर्तनशील जगत् का शाश्वत आधार है, जो एकमात्र परमात्मा है, अन्य सब आत्माएं जिसकी प्रतीयमान अभिव्यक्तियां हैं। इस प्रकार अनेकता और द्वैत में होते हुए इस परम अद्वैत की प्राप्ति होती है। धर्म इससे आगे नहीं जा सकता। यही समस्त विज्ञानों का चरम लक्ष्य है।" (प्रथम खंड, पृष्ठ 16)

अब देखना यह है कि धर्म का प्रारम्भ कैसे हुआ और वह क्रमशः विकास द्वारा आध्यात्मिक अद्वैतवाद की इस चरम सीमा तक कैसे पहुंचा ? क्या इसके बाद विचार के विकास पर विराम चिह्न लगा देना सम्भव है ?

मनुष्य मननशील प्राणी है। उसका मस्तिष्क अन्य सभी प्राणियों की अपेक्षा अधिक उन्नत है और यह मस्तिष्क ही उसकी सबसे बड़ी शक्ति है।

जबकि दूसरे प्राणियों ने आत्मरक्षा की सहज प्रवृत्ति से अपने आपको प्रकृति के अनुरूप ढाला है, वहां मनुष्य ने प्रकृति से विद्रोह करके उसे अपने अनुरूप ढाला है और निरन्तर ढालता चला जा रहा है। मनुष्य प्रकृति का दास नहीं, विजेता है। उसने अपनी विचार-शक्ति द्वारा आग, पानी, बिजली का प्रयोग करके, शस्त्र-यंत्र का आविष्कार करके और प्रकृति के नियमों की खोज लगाकर अपनी इस विजय को सम्भव बनाया।

प्रकृति को बदलने में वह स्वयं भी बदला। अपने इस संघर्ष ही में वह पशु से मनुष्य, हैवान से इंसान बना। मतलब यह कि उसके निर्माण में किसी दैवी शक्ति का हाथ नहीं बल्कि अपने इस संघर्ष के दौरान देव, दानव तथा ईश्वर आदि दैवी शक्तियों का निर्माण स्वयं उसने किया। सभी विचार भौतिक परिस्थितियों से उत्पन्न हुए, मनुष्य ने उन्हें व्यवहार की कसौटी पर परखा, उनके असार तत्त्व को त्यागकर सारतत्त्व को भौतिक शक्ति में परिणत किया तथा सिद्धान्तों का रूप दिया। यों क्रमशः ज्ञान का–साहित्य, कला, संस्कृति तथा धर्म का विकास हुआ। विवेकानन्द अपने 'माया और ईश्वर-धारणा का क्रम विकास' भाषण में कहते हैं :

"संसार के सभी धर्मों ने इस प्रश्न को उठाया है–संसार में यह असामंजस्य क्यों है ? संसार में यह अशुभ क्यों है ? आदिम धर्म भाव के आविर्भाव के समय हम इस प्रश्न को उठते नहीं देखते। इसका कारण यह है कि आदिम मनुष्य को जगत् असामंजस्यपूर्ण नहीं लगा। उसके चारों ओर कोई असामंजस्य नहीं था, किसी प्रकार का मत विरोध नहीं था, भले-बुरे की कोई प्रतिद्वंद्विता नहीं थी। उसके हृदय में केवल दो बातों का संग्राम हो रहा था। एक कहती थी–यह करो, और दूसरी उसे करने का निषेध करती थी। आदिमानव भावनाओं का दास था, उसके मन में जो आता था, वही शरीर से कर डालता था। वह इन भावनाओं के संबंध में विचार करने अथवा उनका संयम करने का बिलकुल प्रयत्न नहीं करता था। देवताओं के संबंध में यही बात है, ये लोग भी अपनी भावनाओं के अधीन थे। इंद्र आया और उसने असुर बल को छिन्न-भिन्न कर दिया। जिहोवा किसी के प्रति सन्तुष्ट था, तो किसी से रुष्ट, क्यों ? यह कोई भी नहीं जानता, जानना भी नहीं चाहता। इसका कारण यह है कि उस समय लोगों में अनुसंधान की प्रवृत्ति ही नहीं थी, इसलिए वे जो कुछ भी करते, वही ठीक था। उस समय बुरे-भले की कोई धारणा नहीं थी, हम वेदों में देखते हैं कि इंद्र और अन्यान्य देवताओं ने अनेक बुरे कार्य किए हैं, पर इंद्र के उपासकों की दृष्टि में बुरा काम कुछ भी नहीं था, अतः वे इस संबंध में कोई प्रश्न नहीं करते।" (द्वितीय खंड, पृष्ठ 63)

स्पष्ट है कि आदिम युग का मानव प्रकृति की भयंकर शक्तियों के विरुद्ध जूझ रहा था। वह उन्हें समझने में असमर्थ था, लेकिन इसके बावजूद प्रकृति को बदलने और उसको अपने वश में करने का संकल्प मन में लिये हुए था। उस समय उसकी प्रमुख समस्या अपने अस्तित्व को बनाए रखना था, शिकार और फल जो भी मिल जाए उसी पर रहता था। वह प्रकृति को कर्म और कल्पना दोनों से बदलने का प्रयास कर रहा था। अतएव अपने इसी प्रयास में भयंकर शक्तियों में देवत्व आरोपित करके उनकी उपासना-अर्चना की ताकि वे उसके लिए अभिशाप के बजाय वरदान बन जाएं और फिर कल्पना द्वारा ऐसे देवताओं की सृष्टि की जो इन शक्तियों के विरुद्ध संघर्ष में उसकी सहायता करें। उदाहरण के लिए हम वैदिक काल के

मनुष्य को उपासना द्वारा वरुण, पवन और अग्नि को रिझाते देखते हैं और इंद्र अपने वज्र द्वारा उसके लिए पहाड़ तोड़ता और असुर-बल को छिन्न-भिन्न करता है।

वैदिक काल का मनुष्य निपट भौतिकवादी है। वह भी इसी धरती पर है और उसके देवता भी धरती पर हैं। इससे परे किसी स्वर्ग-नरक अथवा आत्मा-परमात्मा का कोई भाव या विचार उसके मन में नहीं। मृत्यु का भय और अमरत्व की इच्छा भी उसे नहीं सताती। जैसा वह खुद सीधा-सादा है, वैसे ही उसकी उपासना-प्रार्थना भी सीधी-सादी है। सुनिए :

**जीवेम् शरदः शतं, श्रुणुयाम शरदः शतं**
**प्रबूवाम शरदः शतं, अदीना स्याम शरदः शतं**
**भूयश्च शरदा शतात।**

अर्थात्, मैं सौ वर्ष तक जिऊं, सौ वर्ष तक सुनूं, सौ वर्ष तक बोलूं और मैं सौ वर्ष तक दीनता-रहित होकर जिऊं।

फिर आकाश में घन-घटाओं को देखकर वह कह उठता है :

**काले वर्षतु परजन्यो, पृथ्वी शस्य शालिनि।**
**देशोयम् क्षोभरहितो, मानवा सन्तनिर्भय।**

अर्थात, मेह समय पर बरसे, धरती फसलों से भरपूर हो, यह देश क्षोभ से रहित हो और सारे मानव निर्भय हों।

यजुर्वेद का जो राष्ट्र गान है, उसका भावार्थ यह है कि मनुष्य शस्त्र और शास्त्र में निपुण हो ताकि वह युद्ध में विजय प्राप्त करे और सभा में समादृत हो। उसके पास भार ढोने वाले स्वस्थ बैल, दूध देने वाली गौएं और वायु के वेग से तेज़ चलने वाले सुन्दर घोड़े हों।

जिस भाषा और काव्यों में वेदों की रचना हुई, उसे विकसित होने में जाने कितनी सदियां लगीं और वेदों की रचना का समय भी हज़ारों साल लम्बा है। इस बीच में मनुष्य ने प्रकृति पर विजय प्राप्त की और विभिन्न दिशाओं में उनकी विचार-शक्ति का जो विकास हुआ, उस बारे में विवेकानन्द लिखते हैं :

"आरम्भ में इस जाति में एक अपूर्व जिज्ञासा थी जिसका शीघ्र ही निर्भीक विश्लेषण में विकास हो गया। यद्यपि आरम्भिक प्रयासों का परिणाम एक धुरंधर शिल्पी के अनाभ्यस्त हाथों के प्रयास जैसा भले ही हो, किन्तु शीघ्र ही उसका स्थान विशिष्ट विज्ञान, निर्भीक प्रयत्नों आश्चर्यजनक परिणामों ने ले लिया।"

"इस निर्भीकता ने आर्य ऋषियों को स्वनिर्मित यज्ञ कुंडों की हर एक ईंट के परीक्षण के लिए प्रेरित किया, उन्हें अपने धर्म-ग्रंथ के शब्द-शब्द के विश्लेषण, प्रेषण और मंथन के लिए उकसाया। इसी कारण उन्होंने कर्मकाण्ड को व्यवस्थित

किया, उसमें परिवर्तन और पुनः परिवर्तन किया, उसके विषय में शंकाएं उठाईं, उसका खंडन किया और उसकी समुचित व्याख्या की। देवी-देवताओं के बारे में गहरी छान-बीन हुई और उन्होंने सार्वभौम, सर्वव्यापक, सर्वान्तर्यामी सृष्टिकर्ता को, अपने पैतृक स्वर्गस्थ परमपिता को, केवल एक गौण स्थान प्रदान किया, या 'उसे' व्यर्थ कहकर पूर्णरूपेण बहिष्कृत कर दिया गया और उसके बिना ही एक ऐसे विश्व-धर्म का सूत्रपात किया गया, जिसके अनुयायियों की संख्या, आज भी अन्य धर्मावलम्बियों की अपेक्षा अधिक है। विविध प्रकार की यज्ञ-वेदियों के निर्माण में ईंटों के विन्यास के आधार पर उन्होंने ज्यामिती-शास्त्र का विकास किया और अपने ज्योतिष के उस ज्ञान से सारे विश्व को चकित कर दिया जिसकी उत्पत्ति पूजन एवं अर्घ्यदान का समय निर्धारित करने के प्रयास में हुई। इसी कारण अन्य किसी अर्वाचीन या प्राचीन जाति की तुलना में गणित को इस जाति का योगदान सर्वाधिक है। उनके रसायन शास्त्र, औषधियों में धातुओं के मिश्रण, संगीत के स्वरों के सरगम के ज्ञान तथा उनके धनुषयी यंत्रों के आविष्कारों से आधुनिक यूरोपीय-सभ्यता के निर्माण में विशेष सहायता मिली है। उज्ज्वल दंतकथाओं द्वारा, बाल मनोविकास के विज्ञान का आविष्कार इन लोगों ने किया। इन कथाओं को प्रत्येक सभ्य देश की शिशु-शालाओं या पाठशालाओं में सभी बच्चे चाव से सीखते हैं, और उनकी छाप जीवन-भर बनी रहती है।" (दशम खंड, पृष्ठ 117)

वैदिक युग के बाद जब मनुष्य को प्रकृति के विरुद्ध अपने संघर्ष में कुछ फुरसत मिली, सांस लेने और सोचने की सुविधा प्राप्त हुई, तभी उसने आत्मा और परमात्मा का निर्माण किया। देखना यह है कि मनुष्य की इस सोच का–आत्मा और परमात्मा के निर्माण का आधार क्या है ? विवेकानन्द 'मनुष्य का यथार्थ स्वरूप' भाषण में कहते हैं :

"कवित्वमय कठोपनिषद् के प्रारम्भ में हम यह प्रश्न करते हैं–कोई लोग कहते हैं कि मनुष्य के मरने पर उसका अस्तित्व समाप्त हो जाता है, और कोई कहते हैं कि नहीं, उसका अस्तित्व फिर भी रहता है, उन दोनों बातों में कौन-सी सत्य है ?... संसार में इस संबंध में अनेक प्रकार के उत्तर मिलते हैं। जितने प्रकार के दर्शन या धर्म संसार में हैं, वे सब वास्तव में इस प्रश्न के विभिन्न उत्तरों से परिपूर्ण हैं। अनेक बार तो इन प्रश्नों के–परे क्या है ? सत्य क्या है ? प्राणों की इस महती अशान्ति का अवदमन करने की चेष्टा की गई है। किन्तु जब तक मृत्यु नामक वस्तु जगत् में है, तब तक इस प्रश्न को दबा देने की सारी चेष्टाएं विफल रहेंगी।" (द्वितीय खंड, पृष्ठ 3)

विवेकानन्द ने आत्मा-परमात्मा विषयक जितने भी उदाहरण दिए हैं, उपनिषदों तथा गीता से दिए हैं और वे उपनिषदों को भी वेद कहते हैं। वेदान्त दर्शन की सैद्धान्तिक व्याख्या करते हुए उन्होंने धर्म को कर्मकांड और ज्ञानकांड में विभाजित कर लिया है। 1 जून, 1897 को वे अल्मोड़ा से अपने किसी शिष्य के नाम पत्र

में लिखते हैं :

"वेदों के विरुद्ध तुमने जो तर्क किया है, वह अखंडनीय होता, यदि 'वेद' शब्द का अर्थ संहिता होता। भारत में यह सर्वसम्मत है कि 'वेद' शब्द में तीन भाग सम्मिलित हैं–संहिता, ब्राह्मण और उपनिषद्। इनमें से पहले दो भाग कर्मकांड संबंधी होने के कारण अब लगभग एक ओर रख दिए गए हैं। सब मतों के निर्माताओं तथा तत्त्वज्ञानियों ने केवल उपनिषदों को ही ग्रहण किया है।

"केवल संहिता ही वेद हैं, यह स्वामी दयानन्द का शुरू किया हुआ बिलकुल नया विचार है, और पुरातन मतावलम्बी या सनातनी जनता में इसको मानने वाला कोई नहीं है।"

"इस नये मत के पीछे कारण यह था कि स्वामी दयानन्द यह समझते थे कि संहिता की एक नई व्याख्या के अनुसार वे पूरे वेद का एक सुसंगत सिद्धान्त निर्माण कर सकेंगे। परन्तु कठिनाइयां ज्यों की त्यों बनी रहीं, केवल वे अब ब्राह्मण भाग के संबंध में उठ खड़ी हुई और अनेक व्याख्याओं तथा प्रक्षिप्तता की परिकल्पनाओं के बावजूद बहुत कुछ शेष रह गईं।" (षष्टम खंड, पृष्ठ 327)

उनके नज़दीक वेद 'संहिता' और उपनिषद् श्रुति हैं और उसके बाद पुराण हैं। जब इन तीनों में मतभेद हो तो श्रुति अर्थात् उपनिषद् की बात ही प्रमाण है। अपने मद्रास के भाषण में वे कहते हैं :

"तुम जानते हो कि ये वेद दो भागों में विभक्त हैं–कर्मकाण्ड और ज्ञानकाण्ड। कर्मकाण्ड में नाना प्रकार के याग-यज्ञ और अनुष्ठान पद्धतियां हैं, जिनका अधिकांश आजकल प्रचलित नहीं है। ज्ञानकाण्ड में वेदों के आध्यात्मिक उपदेश लिपिबद्ध हैं–वे उपनिषद् अथवा 'वेदान्त' के नाम से परिचित हैं और द्वैतवादी, विशिष्टाद्वैतवादी समस्त दार्शनिकों और आचार्यों ने उन्हीं को उच्चतम प्रमाण कहकर स्वीकार किया है।" (पंचम खंड, पृष्ठ 124)

हम समझते हैं कि वेदों को संहिता कहकर उन्हें उपनिषदों से अलग कर देने का मुख्य कारण यह है कि उनमें मनुष्य की सोच आध्यात्म्यवादी न होकर एकदम भौतिकवादी है। मनुष्य खुले आकाश के नीचे प्रकृति के सम्पर्क में रहता है, प्रकृति से वह जूझता भी है और उसकी उपासना भी करता है। बस, इसी से उसका चिंतन निर्धारित होता है। उपनिषदों के युग में पहुंचकर ही मनुष्य को यह सोचने का अवकाश प्राप्त हुआ कि मृत्यु क्या है, मृत्यु के उपरान्त शरीर का कुछ शेष भी रहता है या सब यहीं समाप्त हो जाता है और क्या इस प्रत्यक्ष संसार के परे भी कुछ है। उपनिषदों में भी आत्मा संबंधी नचिकेता, सत्यकाम, जडभरत तथा इंद्र और विरोचन आदि की जो कथाएं हैं, वे एक तो बहुत अटपटी और अनुत्कृष्ट हैं और दूसरे, उनमें आत्मा शब्द की चर्चा ही चर्चा है, कोई निश्चित धारणा नहीं। यह धारणा गीता में प्रतिपादित हुई है और बाद में शंकराचार्य, रामानुज, रामकृष्ण परमहंस और विवेकानन्द इत्यादि वेदान्तियों ने उसे आगे विकसित किया है।

हमें अब इस धारणा और उसकी विकास प्रक्रिया का ऐतिहासिक भौतिकवाद की दृष्टि से अध्ययन करना है। गीता ही का उदाहरण लीजिए। इस ग्रंथ का केन्द्र-बिन्दु वही है, जब अर्जुन कुरुक्षेत्र में कुरुसेना को सामने खड़े देखकर हथियार रख देता है और अपने सारथी कृष्ण से कहता है, "मैं नहीं लडूंगा क्योंकि मेरे सामने बंधु-बांधव खड़े हैं और बंधु-बांधवों को मारना पाप है।" इस पर श्री कृष्ण उसे उपदेश देते हैं, "हे अर्जुन, तुम भ्रम में पड़े हो। आत्मा अमर है, उसे न कोई मार सकता है और न वह कभी मरती है। जिन्हें तुम मारने की बात कहते हो, वे तो पहले ही मरे हुए हैं। इसलिए कायरता छोड़ो, क्षत्रिय का धर्म है, लड़ना, लड़ो। जीत जाओगे तो धरती पर राज करोगे और यदि मर जाओगे तो स्वर्ग का सुख भोगोगे।" बात दरअसल कायरता की नहीं थी। वैदिक युग में, जिसे प्रारम्भिक साम्यवाद कहते हैं, लोक कबीलों में रहते थे। व्यक्तिगत सम्पत्ति नहीं थी, जो कुछ था सम्मिलित था। कबीलों-कबीलों में लड़ाई होती रहती थी, पर एक ही कबीले के भीतर किसी की हत्या तो क्या गाली तक देना पाप समझा जाता था। कौरव और पांडव एक ही कबीले के लोग थे अर्जुन के मस्तिष्क में कबीले के पुराने संस्कार थे इसीलिए उसने लड़ने से इनकार किया था। पर जब महाभारत का युद्ध हुआ तो व्यक्तिगत सम्पत्ति का प्रादुर्भाव हो चुका था। कृष्ण राजा नंद के पुत्र होने के नाते व्यक्गित सम्पत्ति की नई विचारधारा से जुड़े हुए थे, उसके श्रेष्ठ प्रवक्ता थे। सम्पत्ति के लिए भाई-भाई की हत्या करे तो मन में ग्लानि उत्पन्न न हो कि वह भाई की हत्या कर रहा है, इसी से 'आत्मा जन्म-रहित है, वह न मरती है और न कोई मार सकता है'–नई विचारधारा का जन्म हुआ।

व्यक्तिगत सम्पत्ति का समाज निश्चय ही प्रारम्भिक साम्यवाद के मुकाबले उन्नति का युग था और नई विचारधारा मनुष्य को आगे ले जाने वाली थी, अतएव श्रीकृष्ण ने अर्जुन को न सिर्फ कबीले के पुराने संस्कारों के बजाय प्रगतिशील विचारधारा दी, बल्कि उसके दोनों हाथों में लड्डू थमा दिए। "बेटा, लड़ो, जीत जाओगे तो यहां राज करोगे और मर गए तो स्वर्ग प्राप्त होगा।"

इस व्यक्तिगत सम्पत्ति के उदय से समाज दो वर्गों में विभाजित हो गया। एक वर्ग वह था, जो श्रम करता था, पर जीवन की सुख-सुविधाओं से वंचित था। दूसरा वर्ग सम्पत्ति के स्वामियों का था, जिनका संबंध श्रम से टूट गया था, पर उन्हें जीवन की सारी सुख-सुविधाएं प्राप्त थीं। और उन्हें अपनी विचार-शक्ति द्वारा दूसरों पर शासन करना था। समाज वर्गों में विभाजित हुआ तो मनुष्य की सोच का भी 'करो' और 'न करो'–श्रमजीवियों और सम्पत्तिशालियों की विचारधारा में विभाजित होना अनिवार्य था। अतएव विवेकानन्द कहते हैं :

"हमारे भीतर एक प्रकार की प्रवृत्तियां हैं, जो इंद्रियों के द्वारा बाहर जाने की चेष्टा करती रहती हैं और उनके पीछे, चाहे कितना ही क्षीण क्यों न हो, एक स्वर

कहता रहता है–बाहर मत जाना। इन दो बातों के संस्कृत नाम हैं–प्रवृत्ति और निवृत्ति। प्रवृत्ति ही हमारे समस्त कर्मों का मूल है, निवृत्ति से धर्म का आरम्भ होता है। जहां यह 'मत करना' नहीं है, वहां जानना कि धर्म का आरम्भ ही नहीं हुआ। इस मत करना ही से निवृत्ति का भाव आ गया, और परस्पर युद्ध में रत देवतागण आराधित होने के बावजूद मनुष्य की धारणाएं विकसित होने लगीं।" (द्वितीय खंड, पृष्ठ 63)

सम्पत्ति स्वामियों को सारी सुविधाएं प्राप्त थीं। उन्हें हाथ से कुछ काम तो करना नहीं था, दिमाग से सिर्फ सोचना ही था। सुख की भावना के अनुपात ही से उनके मन में दुख की भावना भी बढ़ी। मृत्यु के भय ने सबसे पहले उन्हीं को परेशान किया और अमरत्व की इच्छा भी उन्हीं के मन में उत्पन्न हुई। अतएव इस परिवर्तनशील जगत् से परे अपरिवर्तित की कल्पना भी उन्होंने ही की। लिखा है :

"इसके बाद मृत्यु रूपी भयानक तथ्य आता है, सारा संसार मृत्यु के मुख में चला जा रहा है, सभी मरते जा रहे हैं। हमारी उन्नति हमारे व्यर्थ के आडम्बरपूर्ण कार्य-कलाप, समाज-संस्कार, विलासिता-ऐश्वर्य, ज्ञान–इन सबकी मृत्यु ही एकमात्र गति है। इससे अधिक निश्चित बात और कुछ नहीं। नगर पर नगर बनते हैं और नष्ट हो जाते हैं, साम्राज्य पर साम्राज्य उठते हैं और काल के गर्त में समा जाते हैं, ग्रह आदि चूर-चूर होकर विभिन्न ग्रहों की वायु के झोंकों से इधर-उधर बिखरे जा रहे हैं। इसी प्रकार अनादिकाल से चलता आ रहा है। इस सबका आखिर लक्ष्य क्या है ? मृत्यु। मृत्यु ही सबका लक्ष्य है। वह जीवन का लक्ष्य है, सौन्दर्य का लक्ष्य है, ऐश्वर्य का लक्ष्य है, शक्ति का लक्ष्य है, और तो और धर्म का भी लक्ष्य है। साधु और पापी दोनों मरते हैं, राजा और भिक्षुक दोनों मरते हैं–सभी मृत्यु को प्राप्त होते हैं, फिर भी जीवन के प्रति यह विषम आसक्ति विद्यमान है। हम क्यों इस जीवन से आसक्ति करते हैं ? क्यों हम इसका परित्याग नहीं कर पाते। यह हम नहीं जानते। और यही माया है।" (द्वितीय खंड, पृष्ठ 47)

इसी से 'जगत मिथ्या और ब्रह्म सत्य' के दर्शन का उदय हुआ। मायावाद के इस सिद्धान्त पर हम बाद में विचार करेंगे।

और लिखा है कि "जिस समय सर्वप्रथम गीता का उपदेश दिया गया, उस समय दो सम्प्रदायों में बड़ा वाद-विवाद चल रहा था। इनमें से एक सम्प्रदाय वैदिक यज्ञों, पशुबलि तथा इसी प्रकार का अन्यान्य कर्मों ही का धर्म का सार-सर्वस्व समझता था। दूसरे का विश्वास था कि समस्त कर्मों का त्याग और आत्मज्ञान की उपलब्धि ही मोक्ष का एकमात्र मार्ग है।" दरअसल यह भौतिकवादियों और आदर्शवादियों (Idealists) का वाद-विवाद था। वैदिक युग से चले आ रहे भौतिकवादी विचारकों के सूक्ष्म चिंतन की अवहेलना करके उन्हें स्थूल रूप से यज्ञ तथा पशुबलि इत्यादि कर्मकाण्ड के प्रतिनिधि बताया गया है। जो लोग सुख-सुविधा तथा विलासिता का

जीवन जी रहे थे, आत्मज्ञान की उपलब्धि तथा मोक्ष ही उनकी महत्त्वाकांक्षा थी, जो दिन-दिन अंतमुर्खी होते जा रहे थे, और जिनके लिए और अनेक पहेलियों की अपेक्षा स्वयं मनुष्य ही सबसे पेचीदा पहेली बन गया था। भौतिकवादियों ने उनसे डटकर लोहा लिया। लोहा लेने वालों में एक बहुत ही सशक्त परम्परा चार्वाकों की है। उनका दर्शन इतना लोकप्रिय था वह 'लोकायत' यानी जनसाधारण की विचारधारा के नाम से प्रसिद्ध है। मतलब यह है कि चार्वाक श्रमजीवी जनसाधारण के प्रतिनिधि थे। सारांश यह कि आदर्शवाद निवृत्ति अर्थात् 'न करो' का और भौतिकवाद प्रवृत्ति अर्थात् 'करो' का सिद्धान्त है। विवेकानन्द लिखते हैं :

"चार्वाकों ने बड़े भयानक मतों का प्रचार किया, जैसा कि आज उन्नीसवीं शताब्दी में भी लोग इस प्रकार खुल्लमखुल्ला ज़ड़वाद का प्रचार करने का साहस नहीं करते। इन चार्वाकों को स्वतंत्रतापूर्वक मंदिरों और नगरों में प्रचार करने दिया गया कि धर्म मिथ्या है, वह केवल पुरोहितों की स्वार्थपूर्ति का एक उपाय है, वेद केवल पाखंडी, धूर्त, निशाचरों की रचना है, न कोई ईश्वर है–न आत्मा। यदि आत्मा है, तो वह स्त्री-पुरुष आदि के प्रेम के आकृष्ट होकर लौट क्यों नहीं आती ? इन लोगों की यह धारणा थी कि यदि आत्मा होती, तो मृत्यु के बाद भी उसमें प्रेम आदि की भावनाएं रहतीं और वह अच्छा खाना और अच्छा पहनना चाहती। ऐसा होने पर भी चार्वाकों को किसी ने सताया नहीं।" (वही, पृष्ठ 69)

इसके विपरीत महाभारत में यह कथा आती है कि पाण्डव जब कुरुक्षेत्र से विजयी होकर लौटे तो हस्तिनापुर के दरवाज़े पर चार्वाक ने युधिष्ठिर से कहा, "आप किसी विजय पर फूले नहीं समाते ? आपने अपने ही सगे-संबंधियों की हत्या करके घोर पाप किया है।" स्वागत को आए हुए पंडितों ने युधिष्ठिर को दिलासा दिया, "महाराज, आप इस पागल की बातों पर न जाइए। आपने धर्म-युद्ध लड़ा है। आप धर्मपुत्र हैं।" और चार्वाक् को वहीं पथराव करके मार डाला।

चार्वाक् साहित्य नष्ट कर दिया गया। लिखा है :

"चार्वाक् के अनुयायियों का भारत में एक अत्यन्त प्राचीन सम्प्रदाय था। उसके अनुयायी घोर जड़वादी थे। इस समय वह सम्प्रदाय लुप्त हो गया है और उसके अधिकांश ग्रंथ भी लुप्त हो गए हैं। उसके मतानुसार आत्मा और देह भौतिक शक्ति से उत्पन्न होती है, इसीलिए देह का नाश होने से आत्मा का भी नाश हो जाता है। और देह नाश होने के बाद भी आत्मा का अस्तित्व है, इसका भी कोई प्रमाण नहीं है। वह केवल इंद्रियजन्य प्रत्यक्ष ज्ञान स्वीकार करता है–अनुमान द्वारा भी ज्ञान प्राप्त हो सकता है, इसे वह स्वीकार नहीं करता।" (दशम खंड, पृष्ठ 41)

शंकराचार्य का भाष्य चार्वाक्-दर्शन के खंडन के अतिरिक्त और कुछ नहीं। भौतिकवादियों को वामाचारी और अनाचारी कहकर बदनाम किया गया, ये चाहे चोरी करके अथवा कर्ज़ लेकर 'घी पियो' इत्यादि उक्तियां उनसे जोड़ी गईं और

उन्हें पाशवी प्रकृति वाले मनुष्य बताया गया, जिनका सुख-भोग इंद्रियों में आबद्ध रहता है। हालांकि इंद्रियों का सुख भोग भी सम्पत्ति के स्वामियों ही को मयस्सर था, श्रमजीवी साधारण जनता तो उससे एकदम वंचित थे।

अध्यात्मवादियों ने चार्वाक् का तो खंडन किया, लेकिन कपिल के सांख्य दर्शन में प्रवेश करने का उन्हें चोर-दरवाज़ा मिल गया। इसलिए उसका मंडन किया और उससे अपने चिंतन का सूत्र जोड़ा और इस महान विचारक की असाधारण ख्याति से लाभ उठाया। विवेकानन्द 'सांख्य दर्शन का अध्ययन' भाषण में कहते हैं :

"कपिल का सांख्य दर्शन ही विश्व का सर्वप्रथम ऐसा दर्शन है, जिसने युक्ति पद्धति से जगत् के संबंध में विचार किया है, विश्व के प्रत्येक तत्त्ववादी को उसके प्रति श्रद्धांजलि अर्पित करनी चाहिए। मैं तुम्हारे मन में यह भाव उत्पन्न करना चाहता हूं कि दर्शन शास्त्र के पितामह के रूप में उनकी बातें सुनने के लिए हम बाध्य हैं। इस अद्‌भुत व्यक्ति, इस अत्यन्त प्राचीन दार्शनिक का श्रुति में भी उल्लेख है–'हे भगवान, आपने सृष्टि के प्रारम्भ में कपिल मुनि को उत्पन्न किया' उनके प्रत्यक्ष ज्ञान कितने आश्चर्यजनक थे, और यदि योगियों की प्रत्यक्ष-बोध-संबंधी असाधारण शक्ति का कोई प्रमाण चाहिए, तो ये सूत्र ही उसके प्रमाण हैं। उनके पास कोई अणुवीक्षण अथवा दूरवीक्षण यंत्र नहीं था। तथापि उनका प्रत्यक्ष बोध कितना उत्कृष्ट था, उनका वस्तुओं का विश्लेषण कितना पूर्ण एवं अद्‌भुत था।' (चतुर्थ खंड, पृष्ठ 204)

कपिल के अनुसार इस जगत् का सृष्टिकर्ता कोई ईश्वर नहीं है सत्व, रज और तम प्रकृति के तीन ऐसे उपादान हैं, जिनसे समग्र ब्रह्माण्ड की सृष्टि होती है। बुद्धि भी चूंकि प्रकृति से उत्पन्न होती है, इसलिए प्रकृति ही की एक वस्तु है। अलबत्ता प्रकृति और बुद्धि से अलग एक तीसरी वस्तु पुरुष है, जो इन्हें गति एवं चेतना प्रदान करती है। कपिल चूंकि प्रकृति और पुरुष दोनों को अनादि तथा निरपेक्ष मानते हैं, इसलिए वे द्वैतवादी हैं, और प्रकृति को अनादि तथा निरपेक्ष मानने के कारण वे भौतिकवादी भी हैं।

अध्यात्मवादियों ने कपिल के इस सिद्धान्त में संशोधन करके 'पुरुष' का नाम 'आत्मा' रखा और उसे वेदान्त दर्शन में रूपान्तरित कर लिया। विवेकानन्द कहते हैं :

"सांख्यवादियों के इस मत के विरुद्ध वेदान्तवादियों की प्रथम आपत्ति यह है कि सांख्य का यह विश्लेषण सम्पूर्ण नहीं। यदि प्रकृति एक निरपेक्ष वस्तु है एवं आत्मा भी यदि निरपेक्ष वस्तु है, तो दो निरपेक्ष वस्तुएं हुईं और जिन सब युक्तियों से आत्मा का सर्वव्यापी होना प्रमाणित होगा, वे युक्तियां प्रकृति के पक्ष में भी प्रयुक्त हो सकेंगी, इसलिए वह भी समग्र देश-काल-निमित्त के अतीत होगी, प्रकृति यदि इस प्रकार की ही हो, तो उसका किसी प्रकार का परिणाम अथवा विकास नहीं होगा। इससे निष्कर्ष निकला कि दो निरपेक्ष अथवा पूर्ण वस्तुएं स्वीकार करनी होती हैं और

यह असम्भव है।" (अष्टम खंड, पृष्ठ 67)

वेदान्त दर्शन के अनुसार प्रकृति देश-काल निमित्त के नियम के अधीन है, इसलिए परिवर्तनशील और नश्वर है जबकि आत्मा देश-काल-निमित्त के अतीत अपरिवर्तनशील और अनन्त है और इस जगत् के सृष्टिकर्ता निरपेक्ष और अनन्त ईश्वर ही का एक अंश है। इसमें फिर कर्मवाद और मायावाद के सिद्धान्त जोड़ लिए गए। ये दोनों एक दूसरे के पूरक हैं और इससे शोषण तथा व्यक्तिगत सम्पत्ति की रक्षा का दर्शन पूर्ण हो जाता है। व्यक्तिगत सम्पत्ति की रक्षा के पूज्य ग्रंथ गीता में हम श्रीकृष्ण को कहते सुनते हैं :

"हे अर्जुन, मेरे और तेरे पहले बहुत से जन्म हो चुके हैं। उन सबको मैं जानता हूं। तू नहीं जानता।"

इसी प्रकार माया के बारे में वे कहते हैं :

"मेरी यह दैवी, त्रिगुणमयी माया, बड़ी मुश्किल से पार की जाती है। जो मेरी शरण में आते हैं, वे इस माया से अतीत हो जाते हैं।"

व्यक्तिगत सम्पत्ति के साथ ही अतिमानव का भी जन्म हुआ।

यों सांख्य दर्शन के आध्यात्मिक रूप ही का नाम वेदान्त दर्शन है। शैव, वैष्णव, बुद्ध, जैन, गोरखपंथी, कबीरपंथी, नानकपंथी, दादूपंथी इत्यादि हिन्दू धर्म के अंतर्गत जितने भी सम्प्रदाय हैं, सभी वेदान्तवादी हैं। ईश्वर के अस्तित्व तथा उसके सगुण और निर्गुण रूप के बारे में उनमें चाहे कुछ भी मतभेद हों, पर वे मोटे तौर पर द्वैतवादियों, विशिष्टाद्वैतवादियों और अद्वैतवादियों में बंटे हुए हैं। वेदान्त दर्शन के सिद्धान्त को क्रमशः विकसित करने वालों में शंकराचार्य, रामानुज, रामकृष्ण परमहंस और विवेकानन्द विशेष रूप से उल्लेखनीय हैं। विस्तार में जाने की गुंजाइश नहीं, हम सिर्फ द्वैतवाद, विशिष्टाद्वैतवाद और अद्वैतवाद की संक्षिप्त व्याख्या करेंगे।

द्वैतवाद धर्म की पहली सीढ़ी है। इसके अनुसार एक अनन्त ईश्वर है, दूसरी अनन्त प्रकृति है और फिर अनन्त संख्या वाली अनन्त आत्माएं हैं।

विशिष्टाद्वैतवाद दूसरी पीढ़ी है। इसके अनुसार ईश्वर स्वयं ही विश्व और आत्मा बन गया है। हम सब उसी के अंश हैं, हम सब एक हैं। फिर भी मनुष्य और मनुष्य में, मनुष्य और ईश्वर में एक कठोर व्यैक्तता है, जो पृथक् है और पृथक् नहीं भी।

अद्वैतवाद तीसरी और अंतिम सीढ़ी है। इसके अनुसार अनन्त का अंत नहीं हो सकता। यदि उसके अंश किए जा सकते हैं तो प्रत्येक अंश अनन्त ही होगा। यदि ऐसा मान भी लें तो वे एक दूसरे को समीप कर देंगे और दोनों ही समीप हो जाएंगे। अतएव अनन्त एक है अनेक नहीं, और वही एक अनन्त आत्मा, पृथक् आत्माओं के रूप में प्रतीत होने वाले असंख्य दर्पणों में प्रतिबिम्बित हो रही हैं। वही अनन्त आत्मा मनुष्य के मन का आधार भी है, जिसे हम जीवात्मा कहते हैं।

हम पीछे कह चुके हैं कि विवेकानन्द ने अमेरिका और इंग्लैंड में वेदान्त दर्शन की व्याख्या करते-करते उसमें क्रम-विकास का सिद्धान्त जोड़ा और बड़े गर्व के साथ अपने इस आविष्कार की घोषणा की कि द्वैत, विशिष्टाद्वैत और अद्वैत धर्म के क्रमशः सोपान हैं। द्वैत निम्नतम और अद्वैत उच्चतम सोपान हैं।

यह घोषणा करने में वे अपने गुरु रामकृष्ण परमहंस से बहुत आगे जाते हैं। यह बताते हुए कि नये उत्थान को भीतर ही से विकसित होना चाहिए, उन्होंने अपने एक शिष्य से कहा था :

"इसलिए मैं केवल उपनिषदों की शिक्षा देता हूं। तुम देख सकते हो कि मैंने उपनिषदों के अतिरिक्त कहीं अन्यत्र से उद्धरण कभी नहीं दिए, उपनिषदों से भी केवल 'बल' का आदर्श। वेद एवं वेदान्त का समस्त सार तथा अन्य सब कुछ एक इस शब्द में निहित है।... बल और अभय। मेरा आदर्श तो वह सन्त है जो विद्रोह में मारा गया था और जब उसके हृदय में 'छुरा भोंका गया, तब उसने केवल यह कहने के लिए अपना मौन भंग किया', और तू भी 'वही' है।

"किन्तु तुम पूछ सकते हो कि इस योजना में रामकृष्ण का क्या स्थान है ?"

"वे तो स्वयं प्रणाली हैं, आश्चर्यजनक अज्ञात प्रणाली। उन्होंने अपने को नहीं समझा। उन्होंने इंग्लैंड या अंग्रेज़ के विषय में कुछ नहीं जाना, सिवा इसके कि अंग्रेज़ समुद्र पार के विचित्र लोग हैं। किन्तु उन्होंने वह महान जीवन बिताया और मैंने उसका अर्थ समझा।" (अष्टम भाग, पृष्ठ 132)

उन्होंने गुरु को समझा, अपने को समझा और फिर देश को समझा था। हम पहले कह चुके हैं कि वे धर्म के माध्यम से राजनीति की लड़ाई लड़ रहे थे अतएव जिस 'बल' शब्द पर उन्होंने बहुत ज़ोर दिया है, इससे पहले शिष्य के साथ एक वार्ता में उन्होंने इसकी व्याख्या यों की :

"तुम्हारे देश के लोगों का खून मानो हृदय में जम गया है—नसों में मानो रक्त का प्रवाह ही रुक गया। सर्वांग पक्षाघात के कारण शिथिल-सा हो गया है। इसलिए मैं रजोगुण की वृद्धि कर कर्म तत्परता के द्वारा इस देश के लोगों को पहले इहलौकिक जीवन संग्राम के लिए समर्थ बनाना चाहता हूं। देह में शक्ति नहीं, हृदय में उत्साह नहीं, मस्तिष्क में प्रतिभा नहीं। क्या होगा रे इन जड़पिंडों से ? मैं हिला-डुलाकर स्पंदन लाना चाहता हूं। इसलिए मैंने प्राणान्त प्रण किया है—वेदान्त के अमोघ मंत्र के बल से इन्हें जगाऊंगा। 'उतिष्ठत जाग्रत' (उठो, जागो)—इस अभयवाणी को सुनाने ही के लिए मेरा जन्म हुआ है। तुम लोग इस काम में मेरे सहायक बनो। जा गांव-गांव में, देश-देश में, यह अभय वाणी चांडाल से लेकर ब्राह्मण तक को सुना आ। सभी को पकड़-पकड़कर जाकर कह दे—'तुम लोग अमित वीर्यवान हो—अमृत के अधिकारी हो।' इसी प्रकार पहले रजः शक्ति का उद्दीपन कर जीवन-संग्राम के लिए सबको कार्यक्षम बना, इसके पश्चात् उन्हें परजन्म में मुक्ति प्राप्त करने की बात सुना। पहले

भीतर की शक्ति को जाग्रत करके देश के लोगों को अपने पैरों पर खड़ा कर, अच्छे भोजन-वस्तु तथा उत्तम भोग आदि करना वे पहले सीखें। इसके बाद उन्हें उपाय बता दे कि किस प्रकार सब प्रकार के भोग-बंधनों से वे मुक्त हो सकेंगे। निष्क्रियता, हीन बुद्धि और कपट देश पर छा गया है। क्या बुद्धिमान लोग यह देखकर स्थिर रह सकते हैं ? रोना नहीं आता ! मद्रास, बम्बई, पंजाब, बंगाल–कहीं भी तो जीवनी-शक्ति का चिह्न दिखाई नहीं देता। तुम लोग सोच रहे हो–'हम शिक्षित हैं।' क्या खाक सीखा है ? दूसरों की बातों को दूसरी भाषा में रटकर, मस्तिष्क में भरकर, परीक्षा में उत्तीर्ण होकर सोच रहे हो–हम शिक्षित हो गए। धिक्-धिक्, इसका नाम कहीं शिक्षा है ? तुम्हारी शिक्षा का उद्देश्य क्या है ? या तो क्लर्क बनना, या एक दुष्ट वकील बनना, और बहुत हुआ तो क्लर्की ही का दूसरा रूप एक डिप्टी मस्जिट्रेट की नौकरी–यही न राद्य इससे तुम्हें या देश को क्या लाभ हुआ ? एक बार आंखें खोलकर देखो, सोना पैदा करने वाली भारत भूमि में अन्न के लिए हाहाकर मचा है। तुम्हारी इस शिक्षा द्वारा उस न्यूनता की क्या पूर्ति हो सकेगी ? कभी नहीं। पाश्चात्य विज्ञान की सहायता से ज़मीन खोदने लग जा, अन्न की व्यवस्था कर–नौकरी करके नहीं–अपनी चेष्टा द्वारा पाश्चात्य विज्ञान की सहायता से नित्य नवीन उपाय का आविष्कार करके ! इसी अन्न-वस्त्र की व्यवस्था करने के लिए मैं लोगों को रजोगुण की वृद्धि करने का उपदेश देता हूं। अन्न-वस्त्र की कमी और उसकी चिन्ता से देश बुरी अवस्था में चला आ रहा है–इसके लिए तुम लोग क्या कर रहे हो ? फेंक दो अपने शास्त्र-वास्त्र गंगाजी में। देश के लोगों को पहले अन्न की व्यवस्था करने का उपाय सिखा दे। इसके बाद उन्हें भगवान का पाठ सुनाना। कर्म तत्परता के द्वारा इहलोक का अभाव दूर न होने तक कोई धर्म की कथा ध्यान से न सुनेगा। इसलिए कहता हूं, पहले अपने में अंतर्निहित शक्ति को जाग्रत कर, फिर देश के समस्त व्यक्तियों में जितना सम्भव हो, उस शक्ति के प्रति विश्वास जमा। पहले अन्न की व्यवस्था कर, बाद में उन्हें धर्म प्राप्त करने की शिक्षा दे। अब अधिक बैठे रहने का समय नहीं–कब किसकी मृत्यु होगी, कौन कह सकता है ?

बात करते क्षोभ, दुःख और दया के सम्मिलित आवेश से स्वामीजी के मुखमंडल पर एक अपूर्व तेज उद्भासित हो उठा। आंखों से मानो अग्नि कण निकलने लगे। उनकी उस समय की दिव्य मूर्ति का दर्शन कर भय और विस्मय के कारण शिष्य के मुख से बात न निकल सकी। कुछ समय रुककर स्वामी जी फिर कहने लगे, "यथा समय देश में कर्म तत्परता और आत्मनिर्भरता अवश्य आ जाएगी–मैं स्पष्ट देख रहा हूं–there is no escape–दूसरी गति ही नहीं। जो लोग बुद्धिमान हैं, वे भावी तीन युगों का चित्र सामने प्रत्यक्ष देख सकते हैं।

"श्री रामकृष्ण के जन्म ग्रहण समय ही से पूर्वाकाश में अरुणोदय हुआ है–समय

आते ही दोपहर के सूर्य की प्रखर किरणों से देश अवश्य आलोकित हो जाएगा।" (षष्टम खंड, पृष्ठ 126)

यह 1898 की बात है। उन्हीं दिनों कुछ विद्यार्थी उनके पास गए और उन्होंने स्वामी जी से कहा कि हमें गीता की शिक्षा दो। स्वामी जी बोले, "जाओ, मैदान में जाकर फुटबाल खेलो। गीता पढ़ने की अपेक्षा फुटबाल खेलने से स्वर्ग शीघ्र मिलेगा। देश को लोहे के पुट्ठे और फौलाद के स्नायु वाले युवक चाहिए।"

ये शब्द कोई धर्मप्रचारक संन्यासी नहीं, एक राष्ट्र नेता ही कह सकता है। धर्म उनके लिए गौण वस्तु थी, देश को राजनीतिक संघर्ष के लिए तैयार करना था–'अरुणोदय की बेला है–उठो जागो।' यह संदेश घर-घर पहुंचाना ही उनका प्राणान्त प्रण था। अतएव उनका चिंतन दिन-दिन वैज्ञानिक होता चला गया। 1900 में वे दोबारा विदेश-यात्रा पर गए। तब हम उन्हें 20 मार्च को सैनफ्रांसिस्को में कहते हुए सुनते हैं :

"क्रमशः 'प्रकृति' शब्द तथा एकरूपता की धारणा का प्रयोग, जीवन और मन के व्यापारों के सम्बन्ध में भी होने लगा। वनस्पति, पशु और मनुष्य तीनों का गुण (स्वभाव) प्रकृति है। मनुष्य का जीवन निश्चित नियमों के अनुसार चलता है और उसी प्रकार मन भी। विचार यों ही उत्पन्न नहीं होते। उनके उदय, अस्तित्व और अन्त का एक नियम है। दूसरे प्रकार में जिस तरह बाह्य प्रकृति नियम से बद्ध है, उसी प्रकार आन्तरिक प्रकृति अर्थात् जीवन और मानव-मन भी।" (अष्टम खंड, पृष्ठ 120)

यहां तो वे कहते हैं कि विचार यों ही उत्पन्न नहीं होते, लेकिन अपनी पहली विदेश-यात्रा के दौरान लंदन में दिए गए 'मनुष्य का यथार्थ रूप' भाषण में उन्होंने कहा था :

"आजकल यह विवाद चल रहा है कि क्या पंचभूतों की समष्टि यह देह की आत्मा, चिंतन-शक्ति या विचार आदि नामों से परिचित शक्तियों के विकास का कारण है ? अथवा चिंतन शक्ति ही देहोत्पत्ति का कारण है ? निश्चय ही संसार के सभी धर्म कहते हैं कि विचार नामक शक्ति ही शरीर की प्रकाशक है, और वे इसके विपरीत मत में आस्था नहीं रखते।" (द्वितीय खंड, पृष्ठ 8)

और 24 जनवरी, 1894 को अपने मद्रासी शिष्यों के नाम उन्होंने शिकागो से एक पत्र में लिखा था :

"जीवन में मेरी सर्वोच्च अभिलाषा यही है कि एक ऐसा चक्र-प्रवर्तन कर दूं जो उच्च एवं श्रेष्ठ विचारों को सबके द्वार-द्वार पहुंचा दे और फिर स्त्री-पुरुष अपने भाग्य का निर्णय स्वयं कर लें। हमारे पूर्वजों तथा अन्य देशों ने भी जीवन के महत्त्वपूर्ण प्रश्नों पर क्या विचार किया है, यह सर्वसाधारण को जानने दो। विशेषकर उन्हें यह देखने दो कि और लोग इस समय क्या कर रहे हैं और तब

उन्हें अपना निर्णय करने दो। रासायनिक द्रव्य इकट्ठे कर दो और प्रकृति के नियमानुसार वे कोई विशेष आकार धारण कर लेंगे। परिश्रम करो, अटल रहो और भगवान पर श्रद्धा रखो। काम शुरू कर दो। देर सवेर मैं आ ही रहा हूं। 'धर्म को बिना हानि पहुंचाए जनता की उन्नति'–इसे अपना आदर्श वाक्य बना लो।" (वही, पृष्ठ 321)

धर्म की इस मान्यता के अनुसार विचारों का अपना अलग अस्तित्व है। सारा ज्ञान आत्मा में निहित है, जो निरपेक्ष सत्य ईश्वर का एक अंश है। जिस किसी ने इस इंद्रियातीत सत्य का साक्षात्कार कर लिया, वह ब्रह्मज्ञानी है, वह अज्ञान तथा हर प्रकार के बन्धन से मुक्त है। यह सर्वोच्च मानव कोई कर्म नहीं करता, उसे कर्म करने की आवश्यकता ही नहीं रह जाती। वह अपनी विचार-शक्ति ही से दुनिया पर शासन करता है। इस आदर्शवादी सिद्धान्त के अनुसार बुद्ध और ईसा जैसे व्यक्ति इतिहास के निर्माता हैं।

23 नवम्बर, 1895 को लंदन में वे कहते हैं :

"मनुष्य को सर्वोपरि बल विचार-शक्ति से प्राप्त होता है। जितना ही सूक्ष्मतर तत्त्व होता है, उतना ही अधिक वह शक्ति सम्पन्न होता है विचार की मूक शक्ति दूरस्थ व्यक्ति को भी प्रभावित करती है, क्योंकि मन एक भी है और अनेक भी। विश्व एक जाल है और मानव मन मकड़ियां।" (नवम खंड, पृष्ठ 192)

मतलब यह कि मनुष्य अपने को शेर समझे तो शेर बन जाएगा, अपने को गीदड़ समझ ले तो गीदड़ बना रहेगा और अपने वास्तविक रूप को पहचानकर अपने को ब्रह्म समझ ले तो सर्वशक्तिमान ब्रह्म बन जाएगा। 'सत्याग्रह' का, 'स्वराज्य तुम्हारे भीतर है' का प्रतिक्रियावादी सिद्धान्त भी यही है। गांधी का कहना था कि अगर कोई व्यक्ति उपवास, त्याग तथा अहिंसक कर्म द्वारा अपने भीतर के चरम सत्य को जगा लेता है तो वह पूर्ण सत्याग्रही बन जाता है। तब दुनिया की कोई शक्ति उसे हरा नहीं सकती। यह पूर्ण सत्याग्रही जब अपने शत्रु की आंखों में आंखें डालेगा तो उसका मन शत्रु के मन को प्रभावित करेगा और तब वह भी शत्रुता त्यागकर पूर्ण सत्याग्रही बन जाएगा। अशुभ और अन्याय का प्रतिरोध गलत है, क्योंकि बुराई फैलती है। दुनिया को शुद्ध और पवित्र बनाने के लिए शुभ विचारों का प्रचार-प्रसार ही उचित उपाय है।

लेकिन हर देश के पूंजीवाद ने अपने राजनीतिक संघर्ष में धर्म के विरुद्ध विज्ञान को अपना शस्त्र बनाया है। पूंजीवादी क्रान्ति 1879 में सर्वप्रथम फ्रांस में सम्पन्न हुई। वहां के विश्वकोशियों ने जिनके नेता दीदारो थे, इसी के लिए भूमि तैयार की थी। फ्रांस के ये विश्वकोशिये भौतिकवादी थे। इसके बाद सौ बरस तक भौतिकवाद पाश्चात्य बुद्धिजीवियों की मुख्य विचारधारा रही। लेकिन उन्नीसवीं सदी के अंत में जब पूंजीवाद ने अपनी प्रगतिशील भूमिका त्यागकर साम्राज्यवाद का प्रतिक्रियावादी

रूप धारण किया, तब हम पहले कह चुके हैं, सिर्फ वही बुद्धिजीवी इस विचारधारा पर टिके रह सके, जिनका संबंध मार्क्सवादी विचारधारा वाले द्वन्द्वात्मक भौतिकवाद से जुड़ गया था।

विवेकानन्द हमारे उभरते हुए बुर्जुवा के सर्वश्रेष्ठ प्रवक्ता थे। उन्होंने अपनी विदेश-यात्रा के दौरान विज्ञान के उत्कृष्ट तत्त्व को आत्मसात् किया, उन्हें साम्राज्यवाद से घृणा थी और वे देश की उत्पीड़ित, शोषित जनता को उठाना, जगाना चाहते थे, इसलिए उनका आध्यात्मिक अद्वैतवाद की चरम सीमा का अतिक्रमण करना–विराम चिह्न को लांघना स्वाभाविक था। अतएव हम उन्हें सैनफ्रांसिस्को के उक्त भाषण में कहते हुए सुनते हैं :

"बाह्य और आन्तरिक प्रकृतियां दो भिन्न वस्तु नहीं हैं, वे एक हैं। प्रकृति समस्त घटनाओं की समष्टि है 'प्रकृति' से आशय है–वह सब जो है, वह सब जो गतिशील है। हम जड़ वस्तु और मन में अत्यधिक भेद मानते हैं। हम सोचते हैं कि मन जड़ वस्तु से पूर्णतः भिन्न है। वस्तुतः वे एक ही प्रकृति हैं, जिसका अर्द्धांश दूसरे अर्द्धांश पर सतत क्रिया किया करता है। जड़ पदार्थ विभिन्न संवेदनों के रूप में मन पर प्रभाव डालता है। ये संवेदन शक्ति के सिवा और कुछ नहीं हैं। बाहर से आने वाली शक्ति भीतर की शक्ति को आंदोलित करती है। बाह्य शक्ति के प्रति अनुक्रिया करने अथवा उससे दूर हट जाने की इच्छा से आन्तरिक शक्ति जो रूप धारण करती है, उसे हम विचार कहते हैं।" (अष्टम खंड, पृष्ठ 121)

द्वन्द्वात्मक भौतिकवाद के अनुसार मन अथवा मस्तिष्क पदार्थ ही का सुव्यवस्थित रूप है और हमारे समस्त विचार भौतिक परिस्थितियों ही से उत्पन्न होते हैं। उनके उत्पन्न होने की जो प्रक्रिया है, उसकी व्याख्या माओत्से तुंग ने 'सही विचार कहां से आते हैं ?' लेख में इस प्रकार की है :

"वे सामाजिक व्यवहार से, और केवल सामाजिक व्यवहार से पैदा होते हैं, वे तीन प्रकार के सामाजिक व्यवहार से पैदा होते हैं–उत्पादन संघर्ष, वर्ग संघर्ष और वैज्ञानिक अनुसंधान से पैदा होते हैं। मनुष्य का सामाजिक अस्तित्व ही उसके विचारों का निर्णय करता है। जहां एक बार जनता ने आगे बढ़े हुए वर्ग के सही विचारों को आत्मसात कर लिया तो ये विचार एक ऐसी भौतिक शक्ति में बदल जाते हैं, जो समाज को और दुनिया को बदल डालती है। अपने सामाजिक व्यवहार में मनुष्य विभिन्न प्रकार के संघर्षों में लगा रहता है और अपनी सफलताओं तथा असफलताओं से समृद्ध अनुभव प्राप्त करता है। मनुष्य की पांच ज्ञानेन्द्रियों–आंख, कान, नाक, जीभ और त्वचा–के जरिए वस्तुगत बाह्यजगत् की असंख्य घटनाओं का प्रतिबिम्ब उसके मस्तिष्क पर पड़ता है। ज्ञान शुरू में इंद्रिय ग्राह्य होता है। धारणात्मक ज्ञान अर्थात् विचारों की स्थिति में तब छलांग भरी जा सकती है, जब इंद्रिय-ग्राह्य ज्ञान काफी मात्रा में प्राप्त कर लिया जाता है। यह ज्ञान प्राप्ति की एक प्रक्रिया है। यह

ज्ञान प्राप्ति की समूची प्रक्रिया की पहली मंज़िल है, एक ऐसी मंज़िल है जो हमें वस्तुगत पदार्थ से मनोगत चेतना की तरफ ले जाती है; अस्तित्व से विचारों की तरफ ले जाती है। किसी व्यक्ति की चेतना या विचार (जिनमें सिद्धान्त, नीतियां, योजनाएं अथवा उपाय शामिल हैं) वस्तुगत बाह्य जगत् के नियमों की प्रक्रिया की दूसरी मंज़िल आती है, एक ऐसी मंज़िल जो हमें चेतना की तरफ वापस ले जाती है, विचारों से अस्तित्व की तरफ ले जाती है, तथा जिसमें पहली मंज़िल के दौरान प्राप्त किए गए ज्ञान को सामाजिक व्यवहार में उतारा जाता है ताकि इस बात का पता लगाया जा सके कि ये सिद्धान्त, नीतियां, योजनाएं अथवा उपाय प्रत्याशित सफलता प्राप्त कर सकेंगे अथवा नहीं। आमतौर पर इनमें से जो सफल हो जाते हैं, वे सही होते हैं और जो असफल हो जाते है, वे गलत होते हैं, तथा यह बात प्रकृति के खिलाफ मनुष्य के संघर्ष के बारे में सच साबित होती है। कभी-कभी आगे बढ़े हुए वर्ग का प्रतिनिधित्व करने वाली शक्तियों को पराजय का मुंह देखना पड़ता है, इसलिए नहीं कि उनके विचार गलत हैं बल्कि इसलिए कि संघर्ष करने वाली शक्तियों के तुलनात्मक बल की दृष्टि से फिलहाल वे शक्तियां उतनी बलशाली नहीं हैं, जितनी कि प्रतिक्रियावादी शक्तियां। इसलिए उन्हें अस्थायी तौर पर पराजय का मुंह देखना पड़ रहा है। लेकिन देर-सवेर विजय अवश्य उन्हीं को प्राप्त होती है। मनुष्य का ज्ञान व्यवहार की कसौटी के जरिए छलांग भरकर एक नई मंज़िल पर पहुंच जाता है। यह छलांग पहले की छलांग से और ज्यादा महत्त्वपूर्ण होती है, क्योंकि सिर्फ यही छलांग ज्ञान प्राप्ति की पहली छलांग अर्थात् वस्तुगत बाह्य जगत् को प्रतिविम्बित करने के दौरान बनने वाले विचारों, सिद्धान्तों, नीतियों, योजनाओं अथवा उपमाओं के सही होने अथवा गलत होने को साबित करती है। सच्चाई को परखने का दूसरा कोई तरीका नहीं है। यही नहीं, दुनिया का ज्ञान प्राप्त करने का सर्वहारा वर्ग का एकमात्र उद्देश्य है, उसे बदल डालना। अक्सर सही ज्ञान की प्राप्ति केवल पदार्थ से चेतना की तरफ लौटने की प्रक्रिया को, अर्थात् व्यवहार से ज्ञान की तरफ जाने और फिर ज्ञान से व्यवहार की तरफ लौट आने की प्रक्रिया को बार-बार दोहराने से होती है। यही मार्क्सवाद का ज्ञान-सिद्धान्त है, द्वन्द्वात्मक भौतिकवाद का ज्ञान सिद्धान्त है।" (चार दार्शनिक लेख, पृष्ठ 150-51)

अब देखिए, विवेकानन्द अपने उक्त भाषण में आगे कहते हैं :

"जड़ पदार्थ और मन दोनों ही वास्तव में शक्ति ही हैं और यदि तुम उन दोनों का विश्लेषण गहराई से करो, तो पाओगे कि मूलतः दोनों एक हैं। बाह्य शक्ति किस प्रकार आन्तरिक शक्ति को प्रेरित कर सकती है, इसी बात से यह स्पष्ट हो जाता है कि वे कहीं एक-दूसरे से संयुक्त होती हैं–वे अवश्यमेव अखंड हैं और इसलिए वे मूलतः एक ही शक्ति हैं, अतः मन और जड़ पदार्थ को भिन्न समझने का कोई कारण नहीं है। मन जड़ पदार्थ के रूप में परिवर्तित होता है और जड़ पदार्थ मन

के रूप में। विचार शक्ति ही स्नायु-शक्ति, पेशी-शक्ति बन जाती है और स्नायु-शक्ति एवं पेशी-शक्ति विचार-शक्ति। प्रकृति ही यह सब शक्ति है, चाहे वह जड़ वस्तु के रूप में अभिव्यक्त् हो, चाहे मन के रूप में।"

पदार्थ-चेतना में और चेतना पदार्थ में निरन्तर बदलती रहती है, इस द्वन्द्वात्मक सिद्धान्त को लेकर विवेकानन्द वेदान्त का भौतिकवाद से समन्वय करने का यों प्रयास करते हैं :

"सूक्ष्मतम मन एवं सूक्ष्मतम जड़ पदार्थ के बीच केवल मात्रा ही का अंतर है। अतएव, समस्त विश्व को मन या जड़ दोनों कहा जा सकता है। इन दोनों में क्या कहें, यह महत्त्व नहीं रहता। तुम मन को सूक्ष्म जड़ पदार्थ कह सकते हो, अथवा शरीर को मन का स्थूल रूप। तुम किसे किस नाम से पुकारते हो, उससे कोई अंतर नहीं है। गलत ढंग से सोचने के कारण ही भौतिकवाद एवं अध्यात्मवाद के बीच संघर्ष से कठिनाइयां उत्पन्न होती हैं। वास्तव में दोनों में कोई भेद नहीं है। मुझमें और हीनतम सुअर में केवल मात्रा का अंतर है—सुअर कम अभिव्यक्त हुआ, मैं अधिक। कभी मैं उससे बुरा हो जाता हूं, कभी सुअर मुझसे अच्छा रहता है।" (पृष्ठ 122)

दरअसल स्वामी जी कहना यह चाहते हैं कि मैं भी ब्रह्म, तू भी ब्रह्म, मेज़ भी ब्रह्म, रोटी भी ब्रह्म, चेतन भी ब्रह्म, अचेतन भी ब्रह्म, शरीर भी ब्रह्म, मन भी ब्रह्म, अध्यात्मवादी भी ब्रह्म और भौतिकवादी भी ब्रह्म—फिर भेद कहां रहा, सब एक ही माया है। पर अंत में उन्होंने जो उपमा ला खड़ी की, वह उनकी परिष्कृत काव्यमय शैली में दूध में मक्खी-सी आ पड़ी। यों कह लीजिए कि उससे सारा गुड़ गोबर हो गया। इस समन्वय को भौतिकवादी तो कबूलेंगे ही नहीं, डर है कि अध्यात्मवादी भी नहीं कबूलेंगे।

वेदान्तियों ने कहां स्वीकारा ? गुरु-भाइयों ने उनके जीवन ही में विरोध शुरू कर दिया था। लिखा है :

"एक दिन सायंकाल बलराम बाबू के मकान पर स्वामी जी गुरु-भाइयों के साथ वार्तालाप कर रहे थे। इसी समय उनके एक संन्यायी गुरु-भाई ने सहसा प्रश्न किया कि वे श्री रामकृष्ण का प्रचार क्यों नहीं कर रहे हैं तथा श्री रामकृष्ण की शिक्षा के साथ उनके द्वारा प्रचारित आदर्शों का सामंजस्य कहां है ? एकान्त भक्ति के साथ अनन्य चित्त होकर साधन-भजन की सहायता से केवल ईश्वर की उपलब्धि की चेष्टा करना ही रामकृष्ण देव का आदर्श था। स्वामी जी पहले तो मुस्कराते रहे, पर जब उस गुरु-भाई ने यह कहा कि लोकहित के उद्देश्य से मठ, मिशन, वेदान्त समिति, सेवाश्रम आदि की स्थापना करने का जो संकल्प आप कर रहे हैं, स्वदेश प्रेम के बीच में से मानव-सेवा के व्रत का जो प्रचार कर रहे हैं, वह सब पाश्चात्य आदर्श जैसा लगता है, तब वे गरजकर बोले, 'क्या तुम समझते हो कि श्री रामकृष्ण

को तुमने मेरे से भी अधिक समझा है ? क्या तुम समझते हो कि ज्ञान शुष्क पाण्डित्य मात्र है–जो हृदय की कोमल वृत्तियों का विनाश कर एक शुष्क उपाय के अवलम्बन से उपार्जन किया जाता है ? तुम जिस भक्ति का उल्लेख कर रहे हो, वह मूर्खों की भावुकता मात्र है, जो मनुष्य को कापुरुष और कर्मविमुख कर डालती है।... छोड़ो इन बातों को। कौन तुम्हारे श्री रामकृष्ण को चाहता है ? शास्त्र क्या कह रहे हैं या नहीं कह रहे हैं, कौन सुनता है ? यदि मैं घोर तमोगुण में डूबे हुए अपने स्वदेशवासियों को कर्मयोग के द्वारा अणुप्राणित कर वास्तविक मनुष्य की तरह अपने पैरों पर खड़ा कर देने में समर्थ हूं, तो मैं आनन्द के साथ लाख बार नरक जाऊंगा। मैं तुम्हारे रामकृष्ण या अन्य किसी का चेला नहीं हूं। जो लोग अपनी भक्ति-मुक्ति की कामना को छोड़ दरिद्र-नारायण की सेवा में जीवन को उत्सर्गित करेंगे–मैं उन्हीं का चेला–भृत्य, क्रीतदास हूं।" (विवेकानन्द-चरित, पृष्ठ 366)

रामकृष्ण परमहंस के संदेश 'यत्र जीव तत्र शिव'–जीव की सेवा करो का अर्थ विवेकानन्द ही समझ पाए थे और यह बात भी वही समझ पाए थे कि उनके गुरु 'ऊपर से भक्त और भीतर से ज्ञानी थे।' इसलिए विवेकानन्द ही ने गुरु से विरासत में मिले खोल का विस्तार और ज्ञान का विकास किया। उनके ये गुरु-भाई रामकृष्ण के संदेश को समझने और खोल के भीतर झांकने में असमर्थ थे और उनके लिए भक्ति-मुक्ति–मूर्खतापूर्ण भावुकता ही सब कुछ थी। इसलिए उन्हें विवेकानन्द का देश सेवा और जनसेवा का प्राणान्त प्रण पाश्चात्य आदर्श जैसा जान पड़ना स्वाभाविक था। जाने-अनजाने शासक-शोषक का हित-पोषण करने वाले ऐसे ही लोगों ने रामकृष्ण ही के नहीं, विवेकानन्द के भी सिर्फ खोल ही की मान-प्रतिष्ठा बढ़ाई और उस पर मूर्खतापूर्ण भावुकता की नई-नई परतें चढ़ाईं, लेकिन इन दोनों महापुरुषों के ज्ञान को मोटी-मोटी पुस्तकों और स्मारकों में दफना दिया। दफना इसलिए दिया कि विवेकानन्द हमारे राष्ट्रीय चिंतन को उन्नीसवीं सदी के अंत तक विकसित करके भौतिकवाद के कगार पर ले आए थे, उसे अब और आगे बढ़ाना शोषण की इस व्यवस्था के लिए खतरे का सिगनल है, जिस पर भक्ति-मुक्ति का दर्शन टिका है। लेकिन अगर हमें देश को वर्तमान स्थिति से आगे ले जाना है, विवेकानन्द ने नये भारत का जो स्वप्न देखा था, अगर उसे साकार बनाना है, तो राष्ट्रीय चिंतन को, वे जहां पहुंचाकर छोड़कर गए हैं, उससे आगे ले जाना आवश्यक है।

अतएव हम ऐतिहासिक भौतिकवाद के सिद्धान्त द्वारा गूदे को खोल से अलग करके यह देखेंगे कि विवेकानन्द हमारे राष्ट्रीय चिंतन को किस बिन्दु तक ले आए और उसे अब क्यों कर आगे बढ़ना है ?

इसके लिए हमें उनके चिंतन के अंतर्विरोध को समझना होगा, जो वास्तव में उनका अपना नहीं उस उभरते हुए बुर्जुवा वर्ग का अंतर्विरोध है, जिसके वे प्रवक्ता थे।

विश्लेषण के लिए हम उनकी उक्त सुअर वाली उपमा को लेंगे और देखेंगे कि 'मुझमें और सुअर में केवल मात्रा का अंतर है–सुअर कम अभिव्यक्त हुआ और मैं अधिक' का खटराग क्या है ?

वेदान्त दर्शन के अनुसार, "उच्चतम से लेकर निम्नतम और दुष्टतम मनुष्य तक में मनुष्यों में महानतम व्यक्तियों से लेकर हमारे पैरों के नीचे रेंगने वाले कीड़े तक में शुद्ध और पूर्ण अनन्त और सदा मंगलमय आत्मा विद्यमान है। कीड़े में आत्मा अपनी शक्ति और शुद्धता का एक अणुतुल्य शुद्ध अंश ही व्यक्त कर रही है। और महानतम मनुष्य में उनका सर्वाधिक अंतर अभिव्यक्ति के परिमाण का है, मूल तत्त्व में नहीं। सभी आत्माओं में वही शुद्ध और पूर्ण आत्मा विद्यमान है।" (अष्टम खंड, पृष्ठ 99)

मतलब यह कि चींटी, सुअर और मनुष्य में एक ही शुद्ध, पवित्र और पूर्ण आत्मा है क्योंकि वह शुद्ध, पवित्र और अनन्त ब्रह्म के अतिरिक्त कुछ और नहीं। अंतर सिर्फ यह है कि चींटी में वह सुअर से कम अभिव्यक्त और मनुष्य में सुअर से अधिक अभिव्यक्त है। कभी चींटी की आत्मा सुअर और सुअर की श्रेष्ठतम मनुष्य बन जाएगी।

वह कैसे ?

मन वह दर्पण है जिसमें आत्मा अपने को प्रतिबिम्बित करती है, "जैसे-जैसे मन परिवर्तित होता है, उसका रूप विकसित एवं अधिकाधिक निर्मल-सा होता जाता है और वह आत्मा का अधिक उत्तम प्रतिबिम्ब देने लगता है। यह क्रम इसी प्रकार चलता रहता है और अंततः वह इतना शुद्ध हो जाता है कि वह आत्मा के गुण का पूर्ण प्रतिबिम्बन कर सकता है, तब आत्मा मुक्त हो जाती है।" (वही, पृष्ठ 97)

आत्मा का लक्ष्य मुक्ति है और मुक्ति प्राप्त करने के लिए उसे संसार में जितने जीव हैं, उतनी ही योनियों में से होकर गुज़रना पड़ता है। एक जन्म से दूसरे जन्म में जाने का क्रम यह बताया गया है, "आत्मा एक निम्नतर देह धारण करके उसके माध्यम से अपने को व्यक्त करने का प्रयास जैसा करती है वह उसको अपर्याप्त पाती है, उसे त्यागकर एक उच्चतर देह धारण करती है। उसके द्वारा वह अपने को व्यक्त करने का प्रयत्न करती है। वह भी अपर्याप्त पाए जाने पर त्याग दी जाती है और वह उच्चतर देह आ जाती है, इसी प्रकार यह क्रम एक ऐसा शरीर प्राप्त हो जाने तक निरन्तर चलता रहता है, जिसके द्वारा आत्मा अपनी सर्वोच्च महत्त्वाकांक्षाओं को व्यक्त करने में समर्थ हो जाती है। तब आत्मा मुक्त हो जाती है।" (वही, पृष्ठ 97)

विवेकानन्द के अनुसार यह क्रम निम्नतम जीव अमीबा से शुरू होता है। मनुष्य सृष्टि का श्रेष्ठ से श्रेष्ठतम प्राणी है। अर्थात् मानव देह तक पहुंचते-पहुंचते आत्मा अपने को इतना अधिक अभिव्यक्त कर लेती है कि मनुष्य को अपने आत्मास्वरूप

होने का आभास हो जाता है और वह सत्य से चरम सत्य–अपने ब्रह्मस्वरूप तक पहुंचने के लिए प्रकृति के विरुद्ध संघर्ष करता है, जो पशु, पक्षी तथा दूसरे जीव नहीं करते। अतएव लिखा है, "हम प्रकृति के सहायक होकर नहीं जन्मे हैं। वरन् हम प्रकृति के विरोधी होकर जन्मे हैं हम न बंधने वाले होकर भी व्यर्थ बंधे जा रहे हैं। यह मकान कहां से आया ? प्रकृति ने तो दिया नहीं। प्रकृति कहती है, 'जाओ, जंगल में जाकर रहो।' मनुष्य कहता है, 'नहीं, मैं मकान बनाऊंगा। और प्रकृति के साथ युद्ध करूंगा।' और वह ऐसा कर भी रहा है। मानव जाति का इतिहास प्रकृति नियमों के साथ उसके युद्ध का इतिहास है और अंत में मनुष्य ही प्रकृति पर विजय प्राप्त करता है। अंतर्जगत् में जाकर देखो, यहां भी यही युद्ध चल रहा है–पशु मानव और आध्यात्मिक मानव का, प्रकाश और अंधकार का यह संग्राम निरन्तर जारी है। मानव यहां भी जीत रहा है। मुक्ति की प्राप्ति के लिए प्रकृति के बंधन को चीरकर मनुष्य अपने गन्तव्य मार्ग को प्राप्त कर लेता है।" (द्वितीय खंड, पृष्ठ 59)

प्रकृति के विरुद्ध अपने इस संघर्ष में मनुष्य उच्चतर से उच्चतर स्थिति को प्राप्त करता–श्रेष्ठ से श्रेष्ठतर बनता चला जाता है। अपने देवता–अपने उपास्य संबंधी उसकी धारणा भी उत्कृष्ट से उत्कृष्टतर होती चली जाती है। इस संघर्ष में उपासक और उपास्य दोनों निरन्तर बदलते आए हैं। लिखा है :

"तुमसे पृथक् ईश्वर नहीं, यथार्थतः जो तुम हो–उससे श्रेष्ठतर ईश्वर नहीं है–सब ईश्वर या देवता ही तुम्हारी तुलना में क्षुद्रतर हैं, ईश्वर और स्वर्गस्थ पितृ आदि की समस्त धारणा तुम्हारा ही प्रतिबिम्ब मात्र है। ईश्वर स्वयं ही तुम्हारा प्रतिबिम्ब या प्रतिमा स्वरूप है। 'ईश्वर ने मानव की अपने प्रतिबिम्ब के रूप में सृष्टि की'–यह भूल है। मनुष्य ईश्वर की निज के प्रतिबिम्ब के अनुसार सृष्टि करता है–यह बात ही सत्य है। समस्त जगत् ही में हम अपने प्रतिबिम्ब के अनुसार ईश्वर अथवा देवगण की सृष्टि करते हैं।" (षष्टम खंड, पृष्ठ 285)

भौतिकवादी जर्मन दार्शनिक फथोर्बाख भी यही कहता है कि मनुष्य ने अपनी कल्पना के अनुरूप ही ईश्वर की सृष्टि की है।

आदि मानव ने प्रकृति का जैसा भयंकर रूप देखा, वैसे ही देवताओं की सृष्टि की। जब निरंकुश राजा अपने को धरती पर ईश्वर का प्रतिनिधि या प्रतिछाया कहता था तो ईश्वर स्वयं आकाश पर अर्थात् स्वर्ग में रहता था। जब लोकतन्त्र आया और हर एक को मताधिकार मिला तो ईश्वर भी न सिर्फ धरती पर उतर आया बल्कि हर एक के घट-घट में बस गया।

विवेकानन्द ने न्यूयार्क में 'राजयोग' पर भाषण देते हुए कहा था :

"सम्पूर्ण जगत् को वशीभूत करना और सारी प्रकृति पर अधिकार हासिल करना इस बृहत् कार्य ही को योगी अपना कर्त्तव्य समझते हैं वे एक ऐसी अवस्था में जाना चाहते हैं, जहां हम जिन्हें 'प्रकृति के नियम' कहते हैं, वे उन पर कोई प्रभाव नहीं डाल सकते, जिस अवस्था में वे उन सबको पार कर जाते हैं। तब वे आभ्यन्तरिक

और बाह्य समस्त प्रकृति पर प्रभुत्व प्राप्त कर लेते हैं। मनुष्य जाति की उन्नति और सभ्यता इस प्रकृति को वशीभूत करने की शक्ति पर ही निर्भर है।"

और फिर जैसा कि वे हमेशा करते थे, धर्म का विज्ञान से सामंजस्य स्थापित करने के प्रयास में कहा :

"बहिर्वादी और अन्तर्वादी अर्थात् भौतिकवादी और आदर्शवादी, जब अपने ज्ञान की चरम सीमा प्राप्त कर लेंगे, तब दोनों अवश्य एक ही स्थान पर पहुंच जाएंगे। जैसे भौतिक विज्ञानी जब अपने ज्ञान को चरम सीमा पर ले जाएंगे, तो उन्हें दार्शनिक होना होगा, उसी प्रकार दार्शनिक भी देखेंगे कि वे अपने मन और भूत के नाम से जो दो भेद कर रहे थे वह वास्तव में कल्पना मात्र हैं, वह एक दिन बिलकुल विलीन हो जाएंगे।" (प्रथम खंड, पृष्ठ 43)

लेकिन भौतिकवादी पूछते हैं कि अगर मनुष्य प्रकृति के विरुद्ध संघर्ष ही में परिष्कृत से परिष्कृततर होता चला जा रहा है और जैसा कि हम देख चुके हैं, जैसे-जैसे भौतिक परिस्थितियां बदल रही हैं, प्रकृति का विकास उत्तरोत्तर उच्चतर से उच्चतर संघातों की ओर अग्रसर हो रहा है, वैसे-वैसे मनुष्य के विचार भी बदलते तथा उत्कृष्ट से उत्कृष्टतर होते चले जा रहे हैं, तो उसमें आत्मा-परमात्मा के कल्पित पंख लगा देना क्यों आवश्यक है ?

जो देश-काल-निमित्त से परे है, उसके अस्तित्व का क्या प्रमाण है ? जो इंद्रयातीत है उसका साक्षात्कार कैसे सम्भव है ?

अगर इंद्रियातीत सत्य का साक्षात् ही अनन्त ज्ञान और अनन्त सुख की उपलब्धि है तो हमें इंग्लैंड अथवा दूसरे पाश्चात्य देशों से इस लोक में सुखी रहने के उपाय सीखने और बदले में उन्हें अनन्त काल तक सुखी रहने के उपाय बताने का अर्थ क्या है।

फिर इस इंद्रियातीत सत्य–ईश्वर का साक्षात् करने की धुन में जंगल-जंगल घूमने वाले योगियों को जब भूख लगती है तो वे गृहस्थ के द्वार पर जाकर क्यों अलख जगाते हैं ? क्यों उसी के नाम से पेट नहीं भर लेते ? क्या 'अलख-निरंजन' कहकर वे अपनी यह पराजय स्वीकार नहीं करते कि हमने उसे बहुत खोजा, पर देखा नहीं–उसे देख पाना संभव नहीं ?

किसी भी आदर्शवादी के पास इन और ऐसे ही अनेक प्रश्नों का कोई उत्तर नहीं। उपनिषदों की आत्मा-संबंधी कथाओं में जो सर्वश्रेष्ठ मानी जाती है, उसमें भी नचिकेता जब यम से पूछता है कि मृत्यु के बाद आत्मा रहती है या नहीं, तो यम बालक के इस प्रश्न से भयभीत हो जाता है, जब बहुत समझाने और प्रलोभन देने के बाद भी नचिकेता का आग्रह बना रहता है तो यम खिन्न मन से उत्तर देता है, "जिस आत्मा के संबंध में, जिस परलोक तत्त्व के संबंध में तुमने प्रश्न किया है, वह वित्त मोह से मूढ़ बालकों के हृदय में उदित नहीं हो सकता।... मन को वृथा

तर्क से चंचल करना उचित नहीं। कारण, परमार्थ तत्त्व तर्क का विषय नहीं है, वह तो प्रत्यक्ष अनुभूति का विषय है।" और यम के इस उत्तर की व्याख्या करने की ज़िम्मेदारी अपने ऊपर ओढ़कर विवेकानन्द कहते हैं, "हम लोग बराबर सुनते आ रहे हैं कि प्रत्येक धर्म विश्वास करने पर बल देता है। हमने आंखें बंद करके विश्वास करने की शिक्षा पाई है। यह अंधविश्वास सचमुच ही बुरी वस्तु है, इसमें कोई संदेह नहीं। पर यदि इस अन्धविश्वास का हम विश्लेषण करके देखें, तो ज्ञात होगा कि इसके पीछे एक महान सत्य है।" (द्वितीय खंड, पृष्ठ 165)

यह महान सत्य है क्या है ? यह विवेकानन्द भी नही बाते। अपने एक दूसरे भाषण 'तर्क और धर्म' में वे धर्म का विज्ञान से सामंजस्य स्थापित करने के प्रयास में कहते हैं, "हम पूर्णतया एक हैं, हम भौतिक रूप से एक हैं, मानसिक दृष्टि से एक हैं, और स्पष्टतः आत्मिक दृष्टि से तो एक हैं ही–बशर्ते कि हमारी आस्था हो।" (वही, पृष्ठ 283)

तो आस्था–अंधविश्वास के आगे तर्क का घुटने टेक देना ही 'महान सत्य' हुआ ?

इसका मतलब यह हुआ कि और धर्मों के अंधविश्वास और रहस्यवाद को मानो या न मानो, पर उपनिषदों के अंधविश्वास और रहस्यवाद को अवश्य मानो और यह समझकर मानो कि यह एक 'महान सत्य' है।

क्या यह भक्ति-मुक्ति की मूर्खता को प्रश्रय देना नहीं है ?

दरअसल मूर्खतापूर्ण भावुकता धर्म का अभिन्न अंग है। पर तर्क चूंकि विवेकानन्द के जीवन का सम्बल रहा है, चूंकि उनका चिंतन उस हद तक वैज्ञानिक था, जिस हद तक उभरते हुए बुर्जुवा के उत्कृष्ट प्रवक्ता का होना सम्भव था और चूंकि उन्होंने वेदान्त दर्शन पर क्रम-विकास का सिद्धान्त लागू किया है, इसलिए वे उसे अपने गुरु-भाइयों की तरह सहज में पचा नहीं पाते। 'व्यावहारिक जीवन में वेदान्त' भाषण में वे कहते हैं :

"धर्म जो भी दावा करता है, तर्क की कसौटी पर उन सबकी परीक्षा करना आवश्यक है। धर्म यह दावा करता है कि वह तर्क द्वारा परीक्षित होना नहीं चाहता, यह कोई नहीं बतला सकता, तर्क के मानदंड के बिना किसी भी प्रकार का यथार्थ निर्णय धर्म के संबंध में भी नहीं दिया जा सकता। धर्म कुछ बीभत्स करने की आज्ञा दे सकता है।" (अष्टम खंड, पृष्ठ 43)

धर्म के बीभत्स रूप का इतिहास साक्षी है, विस्तार में जाने की गुंजाइश नहीं। हमारे धर्म का अनर्थ यह है कि उसने हमें आत्मकेंद्रित बना दिया। विवेकानन्द खुद मानते हैं, "अब तक हमारे भारतीय धर्म का बड़ा दोष दो शब्दों के ज्ञान में निहित रहा है–संन्यास और मुक्ति। केवल मुक्ति की बात। गृहस्थ के लिए कुछ नहीं।" (वही, पृष्ठ 133)

दूसरे, भौतिकवाद भी अब द्वन्द्वात्मक तथा ऐतिहासिक भौतिकवाद तक

विकसित हो गया है। उसने भी इस तथ्य को समझ लिया है कि संसार में जो कुछ हम देख रहे हैं, वह एक पदार्थ ही के अनेक रूप हैं। पदार्थ ही वह सर्वव्यापक, सर्वशक्तिमान, अजर, अमर सत्ता है, अध्यात्मवादियों ने जिसका नाम ईश्वर रख लिया है। अध्यात्मवादियों ने अपने कल्पित भगवान में जितने गुण आरोपित किए हैं, वे सब पदार्थ में मौजूद हैं।

गति के बिना पदार्थ का कोई अस्तित्व नहीं। पदार्थ की यह गति देश और काल में होती है। पदार्थ के बिना देश और काल का, देश और काल के बिना पदार्थ का कोई अस्तित्व नहीं। यही आइंस्टीन का सापेक्षितावाद है।

द्वन्द्वात्मक भौतिकवाद के अनुसार प्रत्येक वस्तु अस्तित्व में आते ही अपने को दो में विभक्त कर लेती है। इन दो विरोधी तत्त्वों की एकता तथा संघर्ष ही से समग्र प्रगति हुई है और हो रही है। दो की एकता तथा संघर्ष का यह अटल, निरपेक्ष नियम प्रकृति, समाज और मानव विचार पर समान रूप से लागू होता है।

द्वन्द्वात्मक भौतिकवाद का सिद्धान्त भी इस नियम का अपवाद नहीं है। हेगल ने अपने चिंतन की चरम सीमा निर्धारित करके क्रम विकास के सिद्धान्त को झुठलाया था और विवेकानन्द ने भी झुठलाया है। लेकिन भौतिकवादी मानव चिंतन की कोई सीमा निर्धारित नहीं करते, उस पर विरामचिह्न नहीं लगाते। द्वन्द्वात्मक भौतिकवाद का सिद्धान्त मार्क्स और एंगेलस ने प्रतिपादित किया। लेनिन और माओत्से तुंग ने उसे विकसित किया और समृद्ध बनाया। उनके अलावा और अनेक मार्क्सवादी विचारक उसे कमोबेश विकसित कर रहे हैं और समृद्ध बना रहे हैं। यह विकास तब तक जारी रहेगा जब तक जीवन है।

फिर द्वन्द्वात्मक भौतिकवाद के किसी भी स्तर पर मनुष्य प्रकृति के नियमों का उल्लंघन नहीं करता और न वह उनसे ऊपर उठता है, बल्कि वह उन्हें समझकर उन्हें उपयोग में लाता और उनसे लाभ उठाता है।

द्वन्द्वात्मक भौतिकवाद ने यह सिद्ध करके कि गति और चेतना पदार्थ ही के गुण हैं, आध्यात्मिक अद्वैतवाद को भौतिक अद्वैतवाद बना दिया है। यों दर्शन विज्ञान बन गया है और विज्ञान दर्शन। ईश्वरकल्पना अर्थात् अमरत्व की भावना ने जिस चोरदरवाज़े से सांख्य दर्शन में प्रवेश किया था, वह चोर दरवाज़ा बंद करवा दिया है।

विज्ञान का धर्म से कदाचित् कोई समझौता नहीं। मार्क्स कहता है, "किसी राष्ट्र का सिद्धान्त उसी हद तक यथार्थ है, जिस हद तक वह उस राष्ट्र की आवश्यकताओं का यथार्थीकरण कर पाता है।" इसी बात को माओत्से तुंग ने यों कहा है, "दर्शन का भविष्य सामाजिक वर्गों की आवश्यकताएं पूरी करने ही पर निर्भर हैं।"

वेदान्त दर्शन के सिद्धान्त ने हमारे देश के शोषक वर्गों की सामाजिक

आवश्यकताओं को कैसे पूरा किया, उसके इस व्यावहारिक पक्ष पर हम अगले परिच्छेद में विचार करेंगे। पर सैद्धांतिक पक्ष पर विचार करके हम यह देख चुके हैं कि मोक्ष अथवा निर्वाण की इच्छा पहले-पहल शोषक वर्गों ही के मन में उत्पन्न हुई। शरीर और मन से परे 'आत्मा' नाम के स्वतंत्र तत्त्व की कल्पना करने तथा उसे चोर दरवाज़े से सांख्य दर्शन में प्रविष्ट करने वाले भी वही हैं।

इस संदर्भ में विवेकानन्द की ऐतिहासिक भूमिका यह है कि उन्होंने वेदान्त दर्शन में क्रम-विकास का सिद्धान्त जोड़कर इसे साम्राज्यवादियों और तथाकथित सुधारकों के विरुद्ध लड़ने का शस्त्र बनाया और यों उसे हमारे देश के उभरते हुए पूंजीपति वर्ग की सामाजिक आवश्यकता के अनुकूल बनाने का प्रयास किया।

और हम यह भी देख चुके हैं कि अपने इस प्रयास में वे धर्म की चरम सीमा का अतिक्रमण कर जाते हैं। अतिक्रमण करना अनिवार्य था क्योंकि धर्म का विज्ञान से सामंजस्य मुमकिन नहीं। अतएव समष्टिपक्ष अर्थात् विज्ञान जब यह घोषणा करता है कि आत्मा की स्वतंत्रता भ्रम मात्र है, तब विवेकानन्द अपने धर्म के मूल तत्त्व, लेख में इसी सामंजस्य के चक्र में पड़कर लिखते हैं :

"अब एक ओर तो, स्वतंत्रता को भ्रम घोषित कर उसकी सत्ता की अस्वीकृति कोई समाधान नहीं है, दूसरी ओर, हम यह क्यों न कहें कि आवश्यकता अथवा बंधन अथवा कारण का विचार अज्ञानियों का एक भ्रम मात्र है। कोई भी सिद्धान्त जो विवेच्य तथ्यों में से उन सबको पहले काटकर अलग फेंक देता है, जो उनके अनुकूल नहीं पड़ते और तब अपने अनुकूल तथ्यों को लेकर समग्र की व्याख्या का दावा करता है, स्पष्टतः एक भ्रामक सिद्धान्त है–अशुद्ध सिद्धान्त है। अतः हमारे लिए एकमात्र शेष मार्ग यही है कि हम स्वीकार करें कि प्रथमतः न शरीर स्वतंत्र है और न इच्छा ही, बल्कि मन और शरीर दोनों से परे निश्चय ही कोई ऐसा तथ्य होगा जो स्वतंत्र है और..." (नवम खंड, पृष्ठ 220)

सोचिए, इस 'होगा' का क्या अर्थ है ? यह विवेकानन्द का अपना तर्क-वितर्क है। आखिर वे इस कदर दुविधा में पड़ जाते हैं कि 'और' से आगे कुछ कहते ही नहीं बन पड़ता। कहने को कुछ था ही नहीं। जब वे इस प्रकार दुविधा में पड़े हुए थे, हमारा तत्कालीन राष्ट्र कवि चकबस्त समष्टि-पक्ष की घोषणा का निस्संकोच समर्थन करता है :

**ज़िन्दगी क्या है उनासर में ज़हूरे-तरतीब,**
**मौत क्या है, इन्हीं अजज़ा का परेशां होना।**

अर्थात्, जीवन क्या है, पंच तत्त्वों के संगठन की अभिव्यक्ति। और इन्हीं तत्त्वों के विघटन का नाम मृत्यु है।

लेनिन का मत है, "मनुष्य को एक ही जीवन रहने को मिलता है। वह इस प्रकार जिए कि मरते समय मन में यह खेद उत्पन्न न हो कि मैंने इसे व्यर्थ खो दिया।

# वेदान्त बनाम ऐतिहासिक भौतिकवाद

**''हम अनेक विषयों में मुख्य वस्तु को भूलकर सिर्फ छिलके ही लेकर बहुत-कुछ उछल-कूद मचाते हैं।''**

—विवेकानन्द

विवेकानन्द ने इस बात पर बार-बार ज़ोर दिया है कि हमारे राष्ट्र का मेरुदण्ड—रीढ़ की हड्डी—धर्म है। दरअसल धर्म किसी प्राच्य अथवा पाश्चात्य राष्ट्र का मेरुदंड नहीं, हमारा भी नहीं और न इस पर हमारा कोई विशेषाधिकार है। इस विषय सम्बन्धी मार्क्स की व्याख्या यह है—तथ्यों की मिथ्या व्याख्या का नाम धर्म है। हम देख चुके हैं कि मनुष्य ने प्रत्येक देश में प्रकृति के विरुद्ध अपने संघर्ष में जहां प्रकृति को अपने कर्म द्वारा बदला है, वहां कल्पना से भी काम लिया है, अपने अल्प ज्ञान के कारण तथ्यों की मिथ्या व्याख्या की है। जैसे-जैसे समाज का विकास हुआ और जैसे-जैसे उत्पादन संघर्ष, वर्ग संघर्ष और वैज्ञानिक अनुसंधान द्वारा मनुष्य ने तथ्यों को जितना समझा, उसके वास्तविक ज्ञान की मात्रा उतनी ही बढ़ती गई और वृद्धि की इसी मात्रा के अनुपात से मिथ्या धारणा अर्थात् धर्म में से असार हटता गया और उसमें सार तत्त्व जुड़ता चला गया। अतएव जैसे-जैसे समाज का विकास होता रहा, उत्पादन संबंध तथा आवश्यकताएं बदलती रहीं, धर्म का भी यथार्थीकरण होता चला गया और उसका व्यावहारिक रूप निरन्तर बदलता रहा। ऐतिहासिक भौतिकवाद का यह नियम जैसे सब देशों पर लागू हुआ, वैसे ही हमारे देश पर भी लागू हुआ। यह एक निरपेक्ष सत्य है, जो किसी भी देश की विशिष्ट परिस्थितियों पर लागू होते समय सापेक्ष तो बन जाता है, पर कोई भी देश इसका अपवाद नहीं, और हमारा भी नहीं। इसलिए धर्म किसी भी प्राच्य या पाश्चात्य राष्ट्र का मेरुदंड नहीं, हमारा भी नहीं। धर्म पर किसी भी प्राच्य या पाश्चात्य राष्ट्र का विशेषाधिकार नहीं, हमारा भी नहीं और होना भी नहीं चाहिए। क्योंकि मिथ्या पर विशेषाधिकार जताना निरी मूर्खता है—मूर्खता के सिवा कुछ नहीं। इसी मूर्खता के फलस्वरूप हमारा देश गुलाम बना और जिस धर्म पर हम इतना गर्व करते हैं, वह भी गुलाम बना।

बुद्धिमत्ता की बात अब यह देखना है कि हमारे हज़ारों साल के इतिहास में वेदान्त का व्यावहारिक रूप क्या रहा और उससे हमें जो कुछ विरासत में मिला उसमें सार तत्त्व क्या है, असार क्या है, छिलका क्या है जिसे हमें फेंकना है और

मुख्य वस्तु क्या है जिसे हमें रखना और आगे विकसित करना है। तभी हम अपनी राष्ट्रीय समस्याओं को यथार्थ रूप में समझ पाएंगे, तभी भविष्य का कार्य और विकास की दिशा निर्धारित होगी।

विवेकानन्द का महत्त्व उनके धर्म-प्रचार में नहीं बल्कि उनका महत्त्व इस बात में है कि वे हमारी इस राष्ट्रीय विरासत को समझने-अपनाने में और समस्याओं के समाधान में हमारी मदद करते हैं। हम पर उनका एहसान यह है कि उन्होंने आज से पौन सदी पहले छिलके को अलग करके मुख्य वस्तु पर राष्ट्र का ध्यान केन्द्रित किया। देश का दुर्भाग्य यह है कि उनके बाद हमने मुख्य वस्तु से ध्यान हटाकर छिलके पर केन्द्रित किया। देश का दुर्भाग्य यह है कि उनके बाद हमने मुख्य वस्तु से ध्यान हटाकर छिलके पर केन्द्रित किया। धर्म को राष्ट्र का मेरुदंड बताने में उनका जो आशय था राष्ट्र विरोधी तत्त्वों ने उसे भ्रष्ट करने, धूमिल बनाने और हमारी दृष्टि से ओझल रखने का षड्यन्त्र रचा और हम मंज़िल से भटक गए।

लेकिन कहावत है कि सुबह का भूला शाम को घर आ जाए तो वह भूला नहीं कहलाता। पौन सदी, हमारे इस महान राष्ट्र के जीवन में क्षण के बराबर हैं। आइए, हम विवेकानन्द के चिंतन से अपने चिंतन का सूत्र जोड़ें और जिस रास्ते से हम भटक गए हैं, उस पर वापस आएं।

हम कह चुके हैं कि कर्मवाद और मायावाद वेदान्त दर्शन के आधारिक स्तम्भ हैं। अब देखना यह है कि सामाजिक जीवन में उनका व्यावहारिक रूप क्या है और देश की भौतिक तथा आर्थिक स्थिति से उनका द्वन्द्वात्मक संबंध क्या है ?

गीता तथा वेदान्त के दूसरे ग्रंथों में पुनर्जन्म अथवा कर्मवाद की कुछ भी व्याख्या की गई हो, पर इसकी उत्पत्ति का भौतिक आधार यह है कि व्यक्तिगत सम्पत्ति के साथ-साथ भारतीय समाज वर्गों ही में नहीं वर्णों (जातियों) में भी विभाजित हुआ। ब्राह्मण और क्षत्रिय सवर्ण तथा श्रेष्ठ माने जाते थे और उन्हें ही जीवन की सुख-सुविधाएं प्राप्त थीं, शेष श्रम करने वाले सभी वर्णहीन अथवा शूद्र माने जाते थे और सब कुछ पैदा करने के बावजूद वे भूख और दरिद्रता का जीवन जी रहे थे। कर्मवाद के सिद्धान्त ने शोषक और शोषित दोनों को सन्तुष्ट किया। सवर्णों ने यह मान लिया कि उन्होंने पिछले जन्म में जो पुण्य कर्म किए थे उनके फलस्वरूप वे उच्च वर्ण या श्रेष्ठ कुल में उत्पन्न हुए हैं और इसी से उन्हें दूसरों के श्रम पर जीने का अधिकार प्राप्त है। शोषितों अर्थात् शूद्रों को यह आश्वासन दिया गया कि ये सारे दुःख और कष्ट तुम्हारे पिछले जन्म के बुरे कर्मों का फल है। अगर तुम इस जन्म में अपने वर्ण धर्म का पालन करते हुए हमारी निष्काम भाव से सेवा करोगे तो तुम भी अगले जन्म में उच्च वर्ण अथवा श्रेष्ठकुल में उत्पन्न होंगे और कठोर श्रम से छूट जाओगे।

वर्ण व्यवस्था हमारे ही समाज संगठन का विशेष रूप है, इसलिए कर्मवाद

का सिद्धान्त भी हमारे ही देश में विकसित हुआ। दूसरे देशों के धार्मिक विचार उनकी विशेष भौतिक परिस्थितियों के अनुसार विकसित हुए। लिखा है :

"आत्मा की प्राचीनतम कल्पना इस स्थूल शरीर में एक सूक्ष्म शरीर की थी। स्थूल के अगोचर हो जाने पर सूक्ष्म गोचर होता है। मिस्र देश में सूक्ष्म शरीर का भी निधन हो जाता है। स्थूल शरीर के बिखर जाने पर सूक्ष्म शरीर भी बिखर जाता है। यही कारण है कि उन्होंने पिरामिडों का निर्माण किया और अपने पुरखों के मृत शरीर को आलेपवेष्टित (mummification) किया और यह आशा की कि मरे हुए लोग इस क्रिया से अमरत्व प्राप्त करेंगे।" (अष्टम खंड, पृष्ठ 106)

मुसलमान और ईसाई अपने मृत शरीर को दफनाते हैं, क्योंकि उनका विश्वास है कि वे कयामत के दिन उठेंगे और तब अपने अच्छे-बुरे कर्मों के हिसाब से स्वर्ग तथा नरक में जाएंगे। स्वर्ग-नरक का विचार हिन्दुओं में भी पाया जाता है, और इसके अलावा चन्द्रलोक आदि कितने ही स्थानों की कल्पना की गई है, जिनमें आत्मा को अपने कर्मों के अनुसार रहना पड़ता है। लेकिन यह द्वैतवादियों की कल्पना है, विवेकानन्द का इसमें विश्वास नहीं है। वे लिखते हैं :

"स्वर्ग तथा अन्य स्थानों से संबंधित धारणाएं भी हैं, किन्तु उन्हें द्वितीय श्रेणी का माना जाता है। स्वर्ग की धारणा को निम्न स्तरीय माना जाना है। उनका उद्भव भोग की एक स्थिति पाने की इच्छा से होता है। हम मूर्खतावश समग्र विश्व को अपने वर्तमान अनुभव से सीमित कर देना चाहते हैं। बच्चे सोचते हैं कि सारा विश्व बच्चों ही से भरा है। पागल समझते हैं कि सारा विश्व एक पागलखाना है, इसी तरह अन्य लोग। इसी प्रकार जिनके लिए यह जगत् इंद्रिय संबंधी भोग मात्र है, खाना और मौज उड़ाना ही जिनका समग्र जीवन है, उनमें तथा नृशंस पशुओं में बहुत कम अंतर है, ऐसे लोगों के लिए किसी ऐसे स्थान की कल्पना करना स्वाभाविक है, जहां उन्हें और अधिक भोग प्राप्त होंगे, क्योंकि यह जीवन छोटा है। भोग के लिए उनकी इच्छा असीम है। अतएव वे ऐसे स्थानों की कल्पना करने के लिए विवश हैं, जहां उन्हें इंद्रियों का अबाध भोग प्राप्त हो सकेगा। फिर जैसे हम और आगे बढ़ते हैं, हम देखते हैं कि जो ऐसे स्थानों को जाना चाहते हैं, वे उसका स्वप्न देखेंगे और जब इस स्वप्न का अन्त होगा तो वे एक दूसरे स्थान का स्वप्न देखेंगे, जिसमें भोग प्रचुर मात्रा में होगा, और जब वह सपना टूटेगा तो उन्हें किसी अन्य वस्तु की बात सोचनी पड़ेगी। इस प्रकार वे सदा एक स्वप्न से दूसरे स्वप्न की ओर भागते रहेंगे।" (अष्टम खंड, पृष्ठ 99)

मतलब यह कि मनुष्य की चेतना उसकी सामाजिक स्थिति से निर्धारित होती है। जिन्हें इस लोक में सुख-भोग के साधन प्राप्त थे, उन्हीं लोगों ने अपने लिए परलोक में भी स्वर्ग की कल्पना की और जो लोग इन साधनों से वंचित थे, ताकि वे उनके सुख-भोग में बाधा न डालें, व्यक्तिगत सम्पत्ति को हानि पहुंचाने वाले सभी कर्मों

(चोरी, बेईमानी) को अशुभ बताकर, उन्हें नरक के भय से डराया।

पुनर्जन्म का सिद्धान्त भी ऐसी ही कल्पना है। पर वेदान्त का आधार स्तम्भ होने के कारण विवेकानन्द उसे यों अस्वीकारते नहीं, फिर भी चिंतन वैज्ञानिक होने के कारण उनका विश्वास यहां भी डगमगा जाता है। पुनर्जन्म के पक्ष और विपक्ष में दिए जाने वाले मतों का विवेचन करने के बाद इसी शीर्षक के अपने एक लेख के अन्त में वे यों कहते हैं :

"इस प्रकार हमारे लिए पुनर्जन्म का सिद्धान्त बहुत महत्त्वपूर्ण बन जाता है, क्योंकि पुनर्जन्म और कोशिकाओं द्वारा आनुवंशिक संक्रमण के मध्य जो विवाद है, वह यथार्थ में आध्यात्मिकता और भौतिकता का विवाद है। यदि कोशिकाओं द्वारा आनुवंशिक संक्रमण समस्या को हल करने के लिए पूर्णतः पर्याप्त है, तब तो भौतिकता ही अपरिहार्य है और आत्मा के सिद्धान्त की कोई आवश्यकता नहीं है। यदि वह पर्याप्त नहीं है, तो प्रत्येक आत्मा अपने साथ इस जन्म में भूतकालिक अनुभवों को लेकर आती है, यह सिद्धान्त पूर्णतः सत्य है। पुनर्जन्म या भौतिकता इन दोनों में किसी एक को मानने के सिवा और कोई गति नहीं है। प्रश्न यह है कि हम किसे मानें ?"

इस प्रश्न चिह्न पर विचार कीजिए। क्या एक संन्यासी, एक धर्म-प्रचारक के लिए यह साहस की बात नहीं है ?

23 मार्च, 1900 को सनफ्रांसिस्को में 'जीवात्मा एवं परमात्मा' शीर्षक भाषण में उन्होंने कहा :

"दो प्रकार की जातियां हैं–दैवी सम्पदावाली और आसुरी सम्पदावाली। पहली का विचार है कि वे स्वयं जीवात्मा तथा परमात्मा के स्वरूप हैं। दूसरे का विचार है कि वे शरीर मात्र हैं। प्राचीन भारतीय तत्त्वचिंतकों ने ज़ोर देकर कहा है कि शरीर नश्वर है। जैसे मनुष्य पुराने वस्त्रों को त्यागकर अन्य नवीन वस्त्रों को ग्रहण करता है वैसे ही जीवात्मा पुराने शरीर को छोड़कर अन्यान्य नवीन शरीरों को प्राप्त करती है।

"जहां तक मेरा सवाल है, वातावरण एवं शिक्षा-दीक्षा के परिणाम से, मैं कुछ विपरीत ही सोचने को विवश हुआ था। मेरा अधिक सम्पर्क ईसाई एवं मुसलमानों से रहा, जो विशेषकर शरीर-सेवी होते हैं।" (अष्टम खंड, पृष्ठ 106)

विवेकानन्द के पिता भोगवादी थे, धर्म उनके लिए गौण वस्तु थी। इसलिए चाहे उन्होंने रामकृष्ण परमहंस को गुरु बनाकर दूसरा जन्म धारण किया, पर इसके बावजूद पिता की विरासत को वे झटक नहीं पाए। क्षत्रिय कुल के चंचल नरेन्द्र ही बने रहे।

बुद्ध के बारे में एक कहानी है कि बुद्ध ने मानव-जाति के परित्राता के रूप में जन्म लिया, किन्तु जब वह राज-प्रासाद की विलासिता में अपने को भूल गया,

तब उसे जगाने के लिए देवदूत ने एक गीत गाया, जिसका मर्मार्थ इस प्रकार है : "हम एक प्रवाह में बहते चले जा रहे हैं, हम अविरत रूप से परिवर्तित हो रहे हैं। कहीं निवृत्ति नहीं है, कहीं विराम नहीं हैं" बुद्ध ही को, जो एक राजकुमार था, मृत्यु के भय ने विचलित किया और बुद्ध ही ने घर त्याग करने के बाद, इस क्षण-क्षण परिवर्तित हो रहे संसार में अमरत्व की–इच्छाओं का दमन करके निर्वाण हासिल करने की, बात सोची।

आत्मा-परमात्मा में आस्था न होने के बावजूद बुद्ध ने भी पुनर्जन्म को माना। गीता के अनुसार आत्मा एक के बाद एक जन्म धारण करती है, लेकिन बौद्ध मत के अनुसार एक जन्म के संस्कार दूसरे जन्म में जाते हैं और दूसरा जन्म पिछले जन्म के कर्मों के अनुसार होता है। नाक सीधे हाथ से पकड़ो या उल्टे से, बात एक ही है।

वैदिक समाज-व्यवस्था में ब्रह्मचर्य, गृहस्थ और वानप्रस्थ के बाद अन्तिम आयु में संन्यास धारण करने की प्रथा थी। युवावस्था में संन्यास लेने की प्रथा बुद्ध ने चलाई अतएव और सब बातें गौण, मोक्ष-प्राप्ति ही जीवन का मुख्य ध्येय बन गई। इससे जो हानि हुई इतिहास उसका साक्षी है। विवेकानन्द कहते हैं, "बुद्ध ने हमारा सर्वनाश किया और ईसा ने ग्रीस और रोम का।",

विवेकानन्द ने बड़ी विनम्रता से अपने को बुद्ध का दास, अनुदास भी कहा है, उसे विशाल, उदार और अवतार माना है। लेकिन जब उनका चिंतन अधिक वैज्ञानिक, अधिक वस्तुपरक हुआ, तब उन्होंने बुद्ध के द्वारा देश के सर्वनाश की बात कही और इसकी व्याख्या यों की :

"जिस समय बौद्ध राज्य में एक-एक मठ में एक-एक लाख साधु हो गए थे, उस समय देश ठीक नाश होने की ओर अग्रसर हुआ था। बौद्ध, ईसाई, मुसलमान, जैन सभी का यह भ्रम है कि सभी के लिए एक कानून और एक नियम है। यह बिलकुल गलत है, जाति और व्यक्ति के प्रकृति-भेद से शिक्षा-व्यवहार के नियम सभी अलग-अलग हैं, बलपूर्वक उन्हें एक करने से क्या होगा ? बौद्ध कहते हैं, मोक्ष के सदृश और क्या है, सब दुनिया मुक्ति-प्राप्ति की चेष्टा करे, तो क्या कभी ऐसा हो सकता है ? तुम गृहस्थ हो, तुम्हारे लिए वे सब बातें बहुत आवश्यक नहीं हैं, तुम अपने धर्म का आचरण करो, हिन्दू शास्त्र यही कहते हैं। हिन्दू शास्त्र कहते हैं कि धर्म की अपेक्षा मोक्ष अवश्य ही बहुत बड़ा है, किन्तु पहले धर्म करना होगा। बौद्धों ने इसी स्थान पर भ्रम में पड़कर अनेक उत्पात खड़े कर दिए। अहिंसा ठीक है, निश्चय ही बड़ी बात है, कहने में बात तो अच्छी है, पर शास्त्र कहते हैं, तुम गृहस्थ हो, तुम्हारे गाल पर यदि कोई एक थप्पड़ मारे, और यदि तुम उसका जवाब दस थप्पड़ों से न दो, तो तुम पाप करते हो।" (दशम खंड, पृष्ठ 51)

विस्तार में जाने की गुंजाइश नहीं, इतना ही कह देना काफी है कि बुद्ध क्रान्ति से भयभीत पुनरुत्थानवादी था। उसकी ऐतिहासिक भूमिका प्रगतिशील नहीं

प्रतिक्रियावादी है।

जैनमत का सृष्टिकर्ता ईश्वर में विश्वास नहीं। लेकिन उनका विश्वास है कि शुभ कर्म द्वारा प्रत्येक आत्मा ईश्वरत्व को प्राप्त कर सकती है। महावीर स्वामी सिंह योनि से सीधे मनुष्य योनि में आए थे। जैनी हिंसा और संग्रह के बजाय अपरिग्रह पर सबसे अधिक ज़ोर देते हैं। लेकिन व्यवहार में जैनी ही सबसे अधिक संग्रह करते हैं और चींटियों को आटा खिलाने और पानी छानकर पीने वाले जैनी ही सूदखोरी, मुनाफाखोरी इत्यादि घृणित कर्म निस्संकोच करते हैं।

मतलब यह कि सिद्धान्त और व्यवहार में ज़मीन और आसमान का अन्तर है। शोषक और शासक वर्ग ने एक बुद्ध, एक महावीर और एक भर्तृहरि–अपने उच्च वर्ग के पांच-दस व्यक्तियों को त्याग और वैराग्य के आदर्श बनाकर प्रस्तुत किया, पूजा कराई और व्यवहार जो था, उसके बारे में विवेकानन्द लिखते हैं :

"राज्य-रक्षा, अपने भोग-विलास, अपने परिवार की पुष्टि और सबसे बढ़कर, पुरोहितों की तुष्टि के लिए राजा लोग सूर्य की भांति अपनी प्रजा का धन सोख लिया करते थे। बेचारे वैश्य लोग ही उनकी रसद और दुधारू गाय थे।" (नवम खंड, पृष्ठ 202)

बुद्ध का कथन है, 'यदि यह दृश्य जगत न हो तो हमारी महाकरुणा किसके लिए सक्रिय हो।' लेकिन इस महाकरुणा के महान आदर्श ने मेहनतकश जनता को जिस दयनीय अवस्था को पहुंचा दिया है, विवेकानन्द ने यूरोप से लौटकर कुंभकोणम के भाषण में उनका यों वर्णन किया :

'भाइयो ! मैं तुम लोगों को दो-चार कठोर सत्यों से अवगत कराना चाहता हूं। समाचारपत्रों में पढ़ने में आया कि हमारे यहां एक व्यक्ति को किसी अंग्रेज़ ने मार डाला है अथवा उसके साथ बुरा बर्ताव किया है। बस, यह सब पढ़ते ही सारे देश में हो-हल्ला मच गया, इस समाचार को पढ़कर मैंने भी आंसू बहाए, पर थोड़ी ही देर बाद मेरे मन में यह सवाल पैदा हुआ कि इस प्रकार की घटना के लिए उत्तरदायी कौन है ? चूंकि मैं वेदान्तवादी हूं, मैं स्वयं अपने से यह प्रश्न किए बिना नहीं रह सका। हिन्दू सदा से अंतर्दृष्टि परायण रहा है। वह अपने अन्दर ही उसी के द्वारा सब विषयों का कारण ढूंढ़ा करता है। जब कभी मैं अपने मन से यह प्रश्न करता हूं कि उसके लिए कौन उत्तरदायी है, तभी मेरा मन बार-बार यह जवाब देता है कि इसके लिए अंग्रेज़ उत्तरदायी नहीं; बल्कि अपनी दुर-व्यवस्था के लिए, अपनी इस अवनति और इन सारे दुख-कष्टों के लिए एकमात्र हमीं उत्तरदायी हैं–हमारे सिवा इन बातों के लिए और कोई ज़िम्मेवार नहीं हो सकता। हमारे अभिजात पूर्वज साधारण जनसमुदाय को ज़माने से पैरों तले कुचलते रहे। इसके फलस्वरूप वे बेचारे एकदम असहाय हो गए, यहां तक कि अपने आपको मनुष्य मानना भी भूल गए। सदियों तक वे धनी-मानियों की आज्ञा सिर-आंखों पर रखकर केवल लकड़ी काटते और पानी भरते रहे हैं। उनकी यह धारणा बन गई कि मानों उन्होंने गुलाम के रूप

ही में जन्म लिया और यदि कोई व्यक्ति उनके प्रति सहानुभूति का शब्द कहता है, तो मैं प्रायः देखता हूं कि आधुनिक शिक्षा की डींग हांकने के बावजूद हमारे देश के लोग इन पददलित निर्धन लोगों के उन्नयन के दायित्व से तुरंत पीछे हट जाते हैं। यही नहीं, मैं यह भी देखता हूं कि यहां के धनी-मानी और नवशिक्षित लोग पाश्चात्य देशों के आनुवंशिक संक्रमणवाद (Hereditary Transition) आदि अंड-बंड कमज़ोर मतों को लेकर ऐसी दानवीय और निर्दयतापूर्ण युक्तियां पेश करते हैं कि ये पददलित लोग किसी तरह उन्नति न कर सकें और उन पर उत्पीड़न एवं अत्याचार करने का काफी सुभीता मिले।' (पंचम खंड, पृष्ठ 87-88)

गीता में कहा गया है :

"विषयासक्त अज्ञानी मनुष्यों को ज्ञान की शिक्षा देकर उनमें भ्रम न उत्पन्न करना चाहिए, बुद्धिमान मनुष्य को स्वयं कर्म में लगे रहकर अज्ञानी लोगों को सभी कार्यों में लगाए रखना चाहिए।"

विवेकानन्द अपने 'अधिकारवाद के दोष' भाषण में गीता के इसी श्लोक का हवाला देते हुए कहते हैं :

"पुरातनकाल के ऋषियों के प्रति मेरी असीम श्रद्धा होते हुए भी मैं उनकी लोक शिक्षा पद्धति की आलोचना किए बिना नहीं रह सकता। उन्होंने सर्वदा ही लोगों को कुछ नियमों का पालन करने के लिए आदेश दिया, और उन्होंने जान-बूझकर उनका कारण न बतलाया था। यह पद्धति नितांत दोषपूर्ण थी, और इससे उद्देश्य की पूर्ति तो हुई नहीं, केवल लोगों के सिर पर निरर्थक बातों का बोझ-सा लद गया। लोगों से उद्देश्य को छिपा रखने का उनका कारण यह था कि यदि उन्हें (लोगों को) उसका अर्थ समझा भी दिया जाता, तो भी वह समझ नहीं सकते, क्योंकि वे उसके अधिकारी नहीं थे।... अधिकारवाद के इन समर्थकों ने इस महान सत्य की उपेक्षा कर दी कि मानवात्मा की क्षमता असीम है। प्रत्येक मनुष्य ज्ञान प्राप्त करने में सक्षम है, यदि शिक्षा उसे उसकी ग्रहण-शक्ति के अनुसार दी जाए। यदि कोई शिक्षक किसी को कुछ समझा नहीं सकता, तो उसको स्वयं अपनी ही योग्यता पर रोना चाहिए कि वह लोगों को उनकी ग्रहण-शक्ति के अनुसार शिक्षा नहीं दे पाता, बजाय इसके कि वह उन लोगों को कैसे कोसे और कहे कि तुम लोग अज्ञान और कुसंस्कार के बीच पड़े सड़ते रहो, क्योंकि उच्चतर ज्ञान तुम लोगों के लिए नहीं है। निर्भयतापूर्ण सत्य की घोषणा करो, यह न कहो कि इससे कमज़ोर बुद्धि वाले भ्रम में पड़ जाएंगे..." (प्रथम खंड, पृष्ठ 326)

सवर्ण चाहते ही नहीं थे कि शूद्र–वर्ण व्यवस्था में भंगी, चमार ही नहीं–नाई, धोबी, लोहार, तरखान–सभी मेहनतकश अछूत थे, आज भी हैं–शास्त्र की विद्या प्राप्त करें, एकलव्य ने अपने ही प्रयास से धनुष-विद्या सीख ली थी तो द्रोणाचार्य ने गुरु-दक्षिणा के नाम पर उसके दाएं हाथ का अंगूठा कटवा लिया। वे तो चाहते थे कि मेहनतकश जनता भ्रम-भ्रान्तियों और आदिम कुसंस्कारों में पड़ी देवी-देवताओं

की पूजा करती रहे। श्रीकृष्ण फिर कहते हैं :

"यदि तुम ज्ञानी भी हो, तब भी अज्ञानियों के बालसुलभ विश्वास को मत डिगाओ।"

"जो लोग अन्य देवताओं की पूजा करते हैं, वे वस्तुतः मेरी पूजा करते हैं।"

शूद्रों के लिए पशु-तुल्य बिना समझे-सोचे कर्म करते रहने ही का उपदेश है। हालांकि सवर्णों के अपने सब कर्म सकाम होते थे, 'उठो और युद्ध करो' कहने के साथ ही श्रीकृष्ण ने अर्जुन के दोनों हाथों में लड्डू थमा दिए थे–जीते जी राज और मरने पर स्वर्ग। लेकिन शूद्रों के लिए निष्काम कर्म, सिर्फ निष्काम कर्म।

"जो कर्त्तव्य के निमित्त कर्त्तव्य के रूप में किया जाता है, वहीं कर्म के बन्धनों का नाश कर सकता है!" शूद्रों से कहा जाता है, "कर्म करने ही का अधिकार तुम्हें है, उसके फल का नहीं।" दरअसल कर्म का फल उनके लिए था ही नहीं। दे तो संसार के दुःख-सुख की परवाह न करके निष्काम भाव से कर्म करें, उनकी तो भक्ति भी निष्काम होनी चाहिए, "दुःख इस जगत में अवश्य है, किन्तु इस कारण मैं ईश्वर को प्रेम करना नहीं छोड़ सकता। मैं उसकी उपासना इसलिए नहीं करता कि वह मेरे दुःख को हर ले। मैं उसको इसलिए प्रेम करता हूं कि वह साक्षात् प्रेम है।"

प्रेम को भी तर्क और बुद्धि से परे ईश्वर की तरह अमूर्त बना दिया। दुःख और कष्ट तो मनुष्य के पिछले कर्मों का दण्ड है। मोह-माया से, कर्म और दुःख से मुक्त हो जाने के लिए वह कर्म भी निष्काम भाव से करे और प्रभु भक्ति भी निष्काम भाव से। उसे ज्ञान की, अपने कर्म और उसके फल को समझने की ज़रूरत ही क्या है ?

अमेरिका पहुंचने के बाद विवेकानन्द ने 20 अगस्त, 1893 को आलासिंगा पेरुमल के नाम पत्र में लिखा था :

"पृथ्वी पर ऐसा कोई धर्म नहीं, जो हिन्दू धर्म के समान इतने उच्च स्वर से मानवता के गौरव का उपदेश करता हो, और पृथ्वी पर ऐसा कोई धर्म नहीं है, जो हिन्दू धर्म के समान गरीबों और नीच जाति वालों का गला ऐसी क्रूरता से घोंटता हो। प्रभु ने मुझे दिखा दिया है कि इसमें धर्म का कोई दोष नहीं, वरन् दोष उनका है, जो ढोंगी और दम्भी हैं, जो 'पारमार्थिक' और व्यावहारिक सिद्धान्तों के रूप में अनेक प्रकार के अत्याचार के अस्त्रों का निर्माण करते हैं।"

ये अत्याचार के अस्त्रों का निर्माण करने वाले विदेशी शासकों से मिलकर भारत की उस श्रमजीवी जनता को चूस रहे थे, जिसे विवेकानन्द ने अपने देश-भ्रमण के दौरान ज़िन्दगी का एक-एक दिन अंगुलियों पर गिनते देखा था। अमेरिका में भी यह भयंकर दृश्य उनकी दृष्टि में था और वे इस लम्बे पत्र को जारी रखते हुए आगे लिखते हैं :

"उनकी नींद किसी तरह से टूटती ही नहीं। सदियों के अत्याचार के फलस्वरूप जो पीड़ा, दुःख, हीनता, दरिद्रता की आह भारत-गगन में गूंज रही है, उससे उनके

सुखकर जीवन को कोई ज़बरदस्त आघात नहीं लगता। युगों के जिस मानसिक, नैतिक और शारीरिक अत्याचार ने ईश्वर के प्रतिमा रूपी मनुष्य को भारवाही पशु, भगवती की प्रतिमारूपिणी रमणी को सन्तान पैदा करने वाली दासी और जीवन को अभिशाप बना दिया है, उसकी वे कल्पना भी नहीं कर पाते।" (प्रथम खंड, पृष्ठ 403-404)

आम लोगों में वेदान्त दर्शन को उपनिषद्, महाभारत तथा पुराणों की कथाओं द्वारा प्रचारित-प्रसारित किया गया। नमूने की एक कथा देखिए, जिसका विवेकानन्द ने 'ज्ञान योग पर प्रवचन' में प्रयोग किया है :

"एक समय एक संन्यासी किसी पेड़ के नीचे बैठता था और लोगों को पढ़ाया करता था। वह केवल दूध पीता और फल खाता और असंख्य प्राणायाम किया करता था। फलतः अपने को बहुत पवित्र समझता था। उसी गांव में एक कुलटा स्त्री रहती थी। प्रतिदिन संन्यासी उस स्त्री के पास जाता और उसे चेतावनी देता कि उसकी धृष्टता उसे नरक में ले जाएगी। बेचारी स्त्री अपने जीवन का ढंग नहीं बदल पाती थी, क्योंकि वही उसकी जीविका का एकमात्र उपाय था, फिर भी वह उस भयंकर भविष्य की कल्पना से सहम जाती थी, जिसे संन्यासी ने उनके समक्ष चित्रित किया था। वह रोती थी और प्रभु से प्रार्थना करती थी कि वह उसे क्षमा करें। आखिर एक दिन वह स्त्री और संन्यासी दोनों ही मरे। स्वर्ग-दूत आए और स्त्री को स्वर्ग ले गए, जबकि संन्यासी को यमदूतों ने पकड़ा। वह चिल्लाया, 'ऐसा क्यों ? क्या मैंने पवित्र जीवन नहीं बिताया और लोगों को पवित्र होने की शिक्षा नहीं दी ? मैं नरक में क्यों ले जाया जाऊं जबकि यह कुलटा स्त्री स्वर्ग में ले जाई जा रही है।' यम ने उत्तर दिया, 'वह अपवित्र कार्य करने के लिए विवश थी, पर उसका मन सदैव भगवान में लगा रहता था और वह मुक्ति मांगती थी, जो अब उसे मिली है।

किन्तु इसके विपरीत तुम यद्यपि पवित्र कार्य ही करते थे, परन्तु अपना मन सदैव दूसरों की दुष्टता ही पर रखते थे और केवल पाप का विचार करते थे और अब तुम्हें उसी स्थान को जाना पड़ रहा है, जहां केवल पाप ही पाप है।'

अब इस कथा का विश्लेषण कीजिए।

पहली बात यह कि मानवता का गौरवगान करने वाले समाज में कोई भी स्त्री शरीर बेचने जैसा घृणित कार्य करने के लिए विवश क्यों हो ? दूसरे वेश्यावृत्ति शोषण की व्यवस्था का अभिन्न अंग है। इसलिए उसे हटाने का प्रयास करने के बजाय शरीर बेचने वाली विवश कुलटा स्त्री को, उसे ही क्या सभी उत्पीड़ित तथा शोषित श्रमजीवियों को सांत्वना दी गई कि तुम्हारा कार्य कितना ही घृणित और कष्टदायक हो, तुम उसे निष्काम भाव से करते रहो और प्रभु में मन लगाए रहो तो तुम स्वर्ग में जाओगे।

तीसरे, न अशुभ देखो, न अशुभ सुनो, न अशुभ बोलो। अर्थात् बड़े आदमियों की धृष्टता पर ध्यान मत दो। वरना तुम दूध पीने और फल खाने और पवित्र कहलाने

वाले संन्यासी की तरह नरक में जाओगे, जहां सिर्फ पाप ही पाप है।

चौथे, विवेकानन्द स्वर्ग-नरक को सुख-सुविधा प्राप्त धनी वर्ग की कल्पना मात्र मानते हैं। इसका प्रयोजन यह है कि एक तरफ दरिद्र जन को यह आश्वासन दिया जाता है कि पवित्र बनो तब तुम जन्म-मरण के बंधन से मुक्त होकर स्वर्ग जाओगे और दूसरी तरफ कहीं वे असन्तुष्ट होकर उपद्रव या विद्रोह न करें, इसलिए नरक का भय दिखाया जाता है।

**देख पराई चोपड़ी मत तरसाओ जीव।**
**रूखी सूखी खाए के ठंडा पानी पीव।**

अपने लिए और निम्न वर्ग के लिए नैतिकता के मापदंड अलग-अलग थे।

महाभारत और रामायण की बड़ी महिमा है। निश्चित रूप से न सिर्फ भाषा और साहित्य के विकास में बल्कि समाज-गठन में उनका बहुत बड़ा योगदान है और ये दोनों महाकाव्य हमारी अमूल्य संस्कृति हैं। लेकिन इनका आधार वेदान्त दर्शन है और इनके द्वारा वही दोहरी नैतिकता प्रचारित-प्रसारित हुई है।

विश्लेषण के लिए महाभारत के मुख्य पात्र धर्मपुत्र युधिष्ठिर ही को लीजिए। कहते हैं कि उसने आजीवन कभी झूठ नहीं बोला। इसलिए वह न सिर्फ स्वयं सशरीर स्वर्ग में गया बल्कि अपने भाइयों और कुत्ते तक को साथ ले गया। लेकिन जब कुरुक्षेत्र में पाण्डवों पर संकट आया था और झूठ बोले बिना द्रोणाचार्य की हत्या सम्भव नहीं थी तब श्रीकृष्ण ने षड्यन्त्र रचा और धर्मपुत्र युधिष्ठिर से कहलवाया था :

**अश्वत्थामाहते, नरो व कुंजरो व..**

अर्थात् "अश्वत्थामा मारा गया" जब युधिष्ठिर ने इतना कहा तो शेष भाग "मैं नहीं जानता कि वह नर था या पशु" शंख और घड़ियाल बजाकर कोलाहल में डुबा दिया गया।

जब युधिष्ठिर को मालूम था कि अश्वत्थामा नाम के हाथी की हत्या षड्यंत्र को सफल बनाने की नियति ही से की गई तो क्या धर्मपुत्र इसमें सहयोगी नहीं बना ? श्रीकृष्ण द्वारा इस्तेमाल नहीं हुआ ? फिर यह कौन-सी नैतिकता है ? कौन-सा सत्याचरण है ? वही इनके महाकवि तुलसी की बात :

**समरथ को नहीं दोष गुसाईं।**

अब लीजिए रामायाण की बात। कहते हैं कि दशरथ ने राम का राज्याभिषेक करने के लिए प्रजा से अनुमति प्राप्त की थी। अगर प्रजा की बात का इतना ही सम्मान था तो उसे एक कैकेयी के विरोध पर रद्द क्यों कर दिया गया ?

दूसरे, आदर्श चरित्र राम ने बड़ा त्याग किया। पिता की बात रखने के लिए

गद्दी ठुकरा दी। भरत ने भी बड़ा त्याग किया कि उस पर खुद बैठने के बजाय बड़े भाई के खड़ावें रख दीं। सवाल यह है : त्याग किसने किसके लिए किया ? गद्दी किसी धोबी या तरखान के पास तो चली नहीं गई, दशरथ के बेटों ही में रही। प्रजा पर उन्हीं का तो शासन रहा।

तीसरे, दशरथ ने जब राम को राजा बनाने के लिए प्रजा की राय पूछी थी, अगर प्रजा राम के नाम की मंजूरी न देकर अपने में से किसी सुबुद्ध और सुयोग्य व्यक्ति का नाम लेती तो क्या उसे राजा बना दिया जाता ?

विवेकानन्द लिखते हैं :

'प्रजा को कर उगाहने या राज्य-कार्य में मतामत प्रकट करने का अधिकार न हिन्दू राजाओं के समय में था और न बौद्ध शासकों ही के समय में। यद्यपि महाराजा युधिष्ठिर वारणावत में वैश्यों और शूद्रों के घर गए थे, अयोध्या की प्रजा ने श्री रामचन्द्र को युवराज बनाने के लिए प्रार्थना की थी, सीता के वनवास तक के लिए छिप-छिपकर सलाहें भी की थीं, तो भी प्रत्यक्ष रूप से, किसी स्वीकृत राज्य-नियम के अनुसार प्रजा किसी विषय में मुंह नहीं खोल सकती थी। वह अपने सामर्थ्य को अप्रत्यक्ष और अव्यवस्थित रूप से प्रकट किया करती थी। उस शक्ति का ज्ञान उस समय भी उसे नहीं था। जिस कौशल से छोटी-छोटी शक्तियां आपस में मिलकर प्रचंड बल संग्रह करती हैं, उनका भी पूरा अभाव था।" (नवम खंड, पृष्ठ 202)

और लिखा है : "इसमें कोई संदेह नहीं कि ग्राम पंचायतों में गणतांत्रिक शासन पद्धति का बीज अवश्य था और अब भी अनेक स्थानों में हैं, पर वह बीज जहां बोया गया, वहां अंकुरित नहीं हुआ। यह भाव गांव की पंचायत को छोड़कर समाज तक बढ़ ही नहीं सका।" (पृष्ठ 204)

'वर्तमान भारत' नाम के जिस लेख से ये उद्धरण लिए गए हैं, वह विवेकानन्द ने 1899 में लिखा था और उत्कृत्ट बंगला साहित्य में इसका प्रमुख स्थान है। पहले वे आदर्शवादी दृष्टि से बुद्ध और ईसा सरीखे व्यक्तियों को इतिहास बनाने वाले मानते थे, पर इस लेख में वे कितना बदल गए थे, उसका प्रमाण लीजिए। लिखा है :

"समाज का नेतृत्व चाहे विद्या-बल से प्राप्त हुआ हो, चाहे बाहुबल से अथवा धन-बल से, पर उस शक्ति का आधारप्रजा ही है। शासक समाज जितना ही इस शक्ति के आधार से अलग रहेगा, उतना ही वह दुर्बल होगा। परन्तु माया की ऐसी विचित्र लीला है कि जिनसे परोक्ष या प्रत्यक्ष रीति से, छल-बल-कौशल के प्रयोग से अथवा प्रतिग्रह द्वारा शक्ति प्राप्त की जाती है, उन्हीं की गणना शासकों के निकट शीघ्र समाप्त हो जाती है, जब पुरोहित शक्ति ने अपनी शक्ति के आधार प्रजा वर्ग से अपने को सम्पूर्ण अलग किया, तब प्रजा की सहायता पाने वाली उस समय की राज-शक्ति ने उसे पराजित किया। फिर जब राज-शक्ति ने अपने को सम्पूर्ण स्वाधीन

समझकर अपने और अपनी प्रजा के बीच में एक गहरी खाई खोद डाली, तब साधारण प्रजा की कुछ अधिक सहायता पाने वाले वैश्य कुल ने राजाओं को या तो नष्ट कर डाला या अपने हाथ की कठपुतलियां बनाया। इस समय वैश्य कुल अपनी स्वार्थ-सिद्धि कर चुका है, इसीलिए प्रजा की सहायता को अनावश्यक समझ वह अपने को प्रजा वर्ग से अलग करना चाहता है। यहां इस शक्ति की भी मृत्यु का बीज बोया जा चुका है।" (पृष्ठ 222)

ऐतिहासिक भौतिकवाद की दृष्टि से जनसाधारण ही इतिहास के निर्माता हैं। सभी क्रान्तियों के पीछे मूल शक्ति वही रही है, लेकिन क्रान्ति के फल को एक के बाद दूसरे शोषक वर्ग ने हथिया लिया। विवेकानन्द ने भी यही लिखा है और प्रारम्भिक साम्यवाद के बाद वर्ग-विभाजित समाज के दास युग, सामन्त युग और पूंजीपति युग को विद्या-बल, बाहु-बल तथा धन-बल के युग कहकर कितनी सम्यक् व्याख्या की है कि वैश्य-कुल ने भी अपने को प्रजा वर्ग से अलग कर लिया है और परिणाम यह है कि इस "शक्ति की भी मृत्यु का बीज बोया जा चुका है।"

पूंजीवाद अपनी प्रगतिशील भूमिका अदा करके साम्राज्यवाद में बदल चुका था। लेनिन ने 'साम्राज्यवाद–पूंजीवाद का अंतिम चरण' पैम्फलेट (1916) में लिखा था, जिसमें उन्होंने जे० ए० हाब्सन की अंग्रेज़ी पुस्तक 'साम्राज्यवाद' से मदद ली थी और इस उच्चतम चरण को पूंजीवाद की मृतप्राय अवस्था बताया था। क्या विवेकानन्द ने हाब्सन और लेनिन से पहले ही 1899 में साम्राज्यवाद के बारे में सही भविष्यवाणी नहीं की थी ? क्या उनके प्रथम कोटि का भविष्यद्रष्टा विचारक होने में कुछ सन्देह है ? क्या किसी धर्म-प्रचारक द्वारा यह भविष्यवाणी सम्भव है ?

विवेकानन्द आगे लिखते हैं :

"साधारण प्रजा सारी शक्ति का आधार होने पर भी उसने आपस में इतना भेद कर रखा है कि वह अपने सब अधिकारों से वंचित है, और जब तक ऐसा भाव रहेगा तब तक उसकी यही दशा रहेगी। साधारण कष्ट, घृणा या प्रीति आपस में सहानुभूति का कारण होती है। जिन नियम से हिंसक पशु दलबद्ध हो शिकार करते फिरते हैं, उसी नियम से मनुष्य भी मिलकर रहते तथा जाति या राष्ट्र का संगठन करते हैं।"

"स्वार्थ ही स्वार्थ-त्याग का पहला शिक्षक है। व्यष्टि के स्वार्थों की रक्षा के लिए ही समष्टि के कल्याण की ओर लोगों का ध्यान जाता है। स्वजाति के स्वार्थ में अपना स्वार्थ है, और स्वजाति के हित में अपना हित। बहुत से काम कुछ लोगों की सहायता के बिना किसी प्रकार नहीं चल सकते, आत्म-रक्षा तक नहीं हो सकती। स्वार्थ-रक्षा के लिए यह सहकारिता सब देशों और जातियों में पाई जाती है। पर इस स्वार्थ की सीमा में हेर-फेर है..."

"भारत की वर्तमान प्रणाली में कई दोष हैं, पर साथ ही कई बड़े गुण भी हैं। सबसे बड़ा गुण तो यह है कि सारे भारत पर एक ऐसे शासक यंत्र का प्रभाव है, जैसा इस देश में पाटलिपुत्र साम्राज्य के पतन के बाद कभी नहीं हुआ। वैश्याधिकार की जिस चेष्टा से एक देश का माल दूसरे देश में लाया जाता है, उसी चेष्टा के फलस्वरूप विदेशी भाव भी भारत की अस्थि-मज्जा में बलपूर्वक प्रवेश पा रहे हैं। इन भावों में कुछ तो बहुत लाभदायक हैं, कुछ हानिकारक हैं, और कुछ इस बात के परिचायक हैं कि विदेशी लोग इस देश का यथार्थ कल्याण करने में अज्ञ हैं।" (पृष्ठ, 222-23)

विदेशी साम्राज्यवादी शासन के गुण-दोषों का कितना सम्यक् तथा सुन्दर विवेचन है। यह विवेचन वेदान्त दर्शन द्वारा नहीं ऐतिहासिक भौतिकवाद द्वारा ही सम्भव है। रामकृष्ण परमहंस ने जिन अंग्रेज़ शासकों को सिर्फ गोरी जाति के रूप में देखा था, विवेकानन्द ने इंग्लैंड में रहकर उनके साम्राज्यवादी चरित्र को और भारत में उनकी भूमिका को भली-भांति समझ लिया था। और लिखा है :

"परन्तु अंग्रेज़ों के मन में यह धारणा होने लगी है कि भारत-साम्राज्य यदि उनके हाथों से निकल जाए तो अंग्रेज़ जाति का विनाश हो जाएगा। इसलिए भारत में इंग्लैंड का अधिकार किसी-न-किसी प्रकार जमाए रखना होगा और इसका प्रधान उपाय अंग्रेज़ जाति का 'गौरव' भारतवासियों के हृदय में सदा जाग्रत रखना समझा गया है। इस बुद्धि की प्रबलता और उसके अनुसार चेष्टा की अधिकाधिक वृद्धि देखकर हर्ष और खेद दोनों होते हैं।" (पृष्ठ 224)

मैकाले की शिक्षा प्रणाली, ईसाई मिशनरियों और रुडयार्ड किपलिंग सरीखे कवियों तथा लेखकों द्वारा अंग्रेज़ जाति के इसी 'गौरव' को भारतवासियों के हृदय पर अंकित करने, उन्हें कालिदास और कबीर की परम्परा से तोड़कर मिल्टन और शेक्सपीयर की परम्परा से जोड़ने का और यह बताने का भरसक प्रयास किया गया कि गोरे प्रभु हम काले जंगलियों को सभ्य बनाने के पवित्र मिशन पर सात समुद्र पार से आए हैं और यहां की धूप और गर्मी सहकर हम पर बड़ी दया और कृपा कर रहे हैं। अंग्रेज़ अपने इस प्रयास में काफी हद तक सफल हुए और परिणाम यह कि हम उसका दंड उनके चले जाने के 30 बरस बाद भी भुगत रहे हैं और उनकी औपनिवेशिक शिक्षा प्रणाली द्वारा हमारा अब भी बराबर अभारतीयकरण हो रहा है।

विवेकानन्द उसी 'वर्तमान भारत' लेख में आगे लिखते हैं :

ऊपर कहा जा चुका है कि परदेशियों के सम्पर्क से भारत धीरे-धीरे जग रहा है। इस थोड़ी-सी जाग्रति के फलस्वरूप स्वतन्त्र विचार का थोड़ा-बहुत उदय भी होने लगा है। एक ओर आधुनिक पाश्चात्य विज्ञान है, जिसका शक्ति-संग्रह सबकी आंखों के सामने उसे प्रमाणित कर रहा है और जिसकी चमक सैकड़ों सूर्यों की ज्योति

की तरह आंखों में चकाचौंध पैदा कर देती है। दूसरी ओर हमारे पूर्वजों का अपूर्व वीर्य असाधारण प्रतिभा और देव-दुर्लभ अध्यात्म-तत्त्व की वे कथाएं हैं, जिन्हें अनेक स्वदेशी और विदेशी ने प्रकट किया है, जो युग-युगान्तर की सहानुभूति के कारण समस्त समाज-शरीर में जल्दी दौड़ जाती है और बल तथा आशा प्रदान करती है।" (पृष्ठ 224-25)

हमारे अतीत में दोष नहीं, गुण भी हैं, बल्कि गुण अधिक हैं। कोई व्यक्ति सिर्फ गुणों ही से नहीं, अपने दोषों से भी महान बनता है। इसी प्रकार राष्ट्र भी गुण और दोष दोनों से महान बनता है। हमें अपने पुरखों के गुणों से तो सीखना ही सीखना है, दोषों से भी सीखना है। वर्ग-विभाजन के बाद जहां व्यक्तिगत सम्पत्ति द्वारा आध्यात्मिक तथा सांस्कृतिक समृद्धि भी आई। हमारी देवमाला (मिथक) हमारी विलक्षण कल्पना-शक्ति का प्रमाण है। वास्तुकला, चित्रकला, साहित्य, संगीत, नृत्य इत्यादि सभी ललित कलाओं का अद्भुत विकास हुआ। वेद, उपनिषद् कपिल का सांख्यशास्त्र, गौतम का न्यायशास्त्र, व्यास का मीमांसा, रामायण, महाभारत, चाणक्य-नीति, शुक्र-नीति, मनुस्मृति, पंचतन्त्र, कथासरित सागर, अजन्ता, अलोरा और ताजमहल इत्यादि हमारे हज़ारों साल के वर्ग-विभाजित समाज की देन हैं। कल्पना कीजिए यह सब कितनी बड़ी साधना का फल है। विवेकानन्द 'भारत का ऐतिहासिक क्रम-विकास' लेख में अपने इस महान अतीत पर गर्व करते हुए लिखते हैं :

"विश्लेषणात्मक शक्ति एवं काव्य दृष्टि की निर्भीकता, ये ही हिन्दू जाति के निर्माण की दो अंतर्वर्ती शक्तियां हैं, जिन्होंने इस जाति को आगे बढ़ने की प्रेरणा दी है। ये दोनों मिलकर मानो राष्ट्रीय चरित्र के मुख्य स्वर हो गए। इनका संयोग इस जाति को सदा इन्द्रियों से परे ले जाने के लिए प्रेरित करता रहा है–वह उनके उस गम्भीर चिन्तन का रहस्य है, जो उनके शिल्पियों द्वारा निर्मित इस्पात की उस छुरी की भांति है, जो लोहे का छड़ काट सकती थी, किन्तु यह इतनी लचीली थी कि उसे वृत्याकार मोड़ा जा सकता था।

"सोने-चांदी में भी उन्होंने कविता ढाली। मणियों का अद्भुत संयोजन, संगमरमर में चमत्कारपूर्ण कौशल, रंगों में रागिनी, महीन पट जो वास्तविक संसार की अपेक्षा स्वप्नलोक का अधिक प्रतीत होता है–इन सबके पीछे इसी राष्ट्रीय चरित्र-लक्षण की अभिव्यक्ति के सहस्रों वर्षों की साधना निहित है।"

"कला एवं विज्ञान, यहां तक कि पारिवारिक जीवन के तथ्य भी काव्यात्मक भावों से परिवेष्ठित हैं, जो इस सीमा तक आगे बढ़ जाते हैं कि ऐंद्रिय अतींद्रिय का स्पर्श कर ले, स्थूल यथार्थता भी अयथार्थता की गुलाबी आभा से अनुरंजित हो जाए ?" (दशम खंड, पृष्ठ 117)

अंग्रेज़ शासकों द्वारा हमें अपनी इस महान सांस्कृतिक परम्परा से तोड़ने का,

हमारे अभारतीयकरण का, जो प्रयास किया गया, उस पर विवेकानन्द ने 'भारत का भविष्य' में यों प्रकाश डाला है :

"यह शिक्षा केवल तथा सम्पूर्णतः निषेधात्मक है। निषेधात्मक शिक्षा या निषेध की बुनियाद पर आधारित शिक्षा मृत्यु से भी भयानक है। कोमल मति बालक पाठशाला में भरती होता है और सबसे पहली बात, जो उसे सिखाई जाती है, वह यह कि तुम्हारा बाप मूर्ख है। दूसरी बात जो वह सीखता है, वह यह है कि तुम्हारा दादा पागल है। तीसरी बात यह है कि तुम्हारे जितने शिक्षक और आचार्य हैं, वे पाखंडी हैं। और चौथी बात यह है कि तुम्हारे जितने पवित्र धार्मिक ग्रंथ हैं, उनमें झूठी और कपोल कल्पित बातें भरी हैं। इस प्रकार वह निषेधों की खान बन जाता है—उनमें न जान रहती है और न रीढ़...शिक्षा का मतलब यह नहीं कि तुम्हारे दिमाग में ऐसी बहुत-सी बातें इस तरह ठूंस दी जाएं कि अन्तर्द्वन्द्व होने लगे और तुम्हारा दिमाग उन्हें जीवन-भर पचा न सके।"

3 जनवरी, 1895 को विवेकानन्द ने शिकागो से जस्टिस सुब्रह्मण्यम के नाम पत्र लिखा था :

"भारत के शिक्षित समाज से मैं इस बात पर सहमत हूं कि समाज का अमूल परिवर्तन करना आवश्यक है, पर यह किया किस तरह जाए ? सुधारकों की सब कुछ नष्ट कर डालने की रीति व्यर्थ सिद्ध हो चुकी है। मेरी योजना यह है—हमने अतीत काल में कुछ बुरा नहीं किया निश्चय ही नहीं किया। हमारा समाज खराब नहीं, बल्कि अच्छा है। मैं केवल चाहता हूं कि अब तक जो तुमने किया, सो अच्छा ही किया, अब इस समय और भी अच्छा करने का मौका आ गया है।"

खत लम्बा है, इसमें अपने वेदान्त दर्शन द्वारा वर्ण-व्यवस्था की व्याख्या उन्होंने यों की है :

"जात-पांत ही की बात लीजिए। संस्कृत में 'जाति' का अर्थ है वर्ग या श्रेणीविशेष। यह सृष्टि के मूल ही में विद्यमान है। विचित्रता अर्थात् जाति का अर्थ ही सृष्टि है। एकोऽहं बहुस्याम—मैं एक हूं—अनेक हो जाऊं। विभिन्न वेदों में इस प्रकार की बात पाई जाती है। सृष्टि के पूर्व में एकत्व रहता है। अर्थात् जाति का अर्थ है सृष्टि। सृष्टि हुई कि वैविध्य शुरू हुआ। यदि यह विविधता समाप्त हो जाए, तो सृष्टि ही का लोप हो जाएगा। जब तक कोई जाति शक्तिशाली और क्रियाशील रहेगी, तब तक वह विविधता अवश्य पैदा करेगी। ज्योंही उसकी ऐसी विविधता का उत्पादन करना बंद होता है, या बंद कर दिया जाता है, त्योंही वह जाति नष्ट हो जाती है। जाति का मूल अर्थ था प्रत्येक व्यक्ति की अपनी प्रकृति को, अपने विशेषत्व को प्रकाशित करने की स्वाधीनता और यही अर्थ हज़ारों वर्ष तक प्रचलित भी रहा। आधुनिक शास्त्र-ग्रंथों में भी जातियों का आपस में खाना-पीना निषेध नहीं हुआ है, और न किसी प्राचीन ग्रंथ में उनका ब्याह-शादी करना मना है। तो फिर

भारत के अधः पतन का कारण क्या था ?–जाति संबंधी इस भाव का त्याग। जैसे गीता कहती है–'जाति नष्ट हुई कि संसार भी नष्ट हुआ' अब क्या यह सत्य प्रतीत होता है कि इस विविधता का नाश होते ही जगत् का भी नाश हो जाएगा ? आजकल का वर्ग-विभाग यथार्थ में जाति नहीं है, बल्कि जाति की प्रगति में वह एक रुकावट है। वास्तव में उसने सच्ची जाति अथवा विविधता की स्वच्छता को रोक दिया है। मतलब यह कि जब तक हमारा राष्ट्र प्रगति के पथ पर अग्रसर रहा, जाति गुणगत बनी रही और प्रत्येक व्यक्ति की अपनी प्रकृति के प्रकाशित होने की विकास-प्रक्रिया भी निरन्तर जारी रही, पर जब विदेशी आक्रमणकारियों के हस्तक्षेप से राष्ट्र की प्रगति अवरुद्ध हुई तो जाति गुणगत न रहकर जन्मगत अथवा वंशगत बन गई, उसने रूढ़ वर्ण-व्यवस्था का रूप धारण किया और यही बात हमारे अधःपतन का कारण बनी।" अतएव आगे लिखा है, "हमारा जातीय प्रासाद अभी अधूरा ही है, इसलिए सब कुछ भद्दा दीख पड़ रहा है। सदियों के अत्याचार के कारण हमें प्रासाद-निर्माण का कार्य छोड़ देना पड़ा था। अब निर्माण-कार्य पूरा कर लीजिए बस, सब कुछ अपनी-अपनी जगह पर सजा हुआ सुन्दर दिखाई देगा। यही मेरी समस्त कार्य-योजना है। मैं इसका पूरा कायल हूं।" (तृतीय खंड)

अब देखिए, 30 मई, 1897 को अर्थात् दो बरस बाद उन्होंने प्रमदादास मित्र के नाम अल्मोड़ा से लिखे पत्र में अपनी इस कार्य-योजना और वेदान्त दर्शन की व्याख्या इस प्रकार की है :

"इसके अतिरिक्त मेरी विचारधारा में बहुत विकृति आ गई–" विकृति में व्यंग्य-ध्वनि है क्योंकि विकृति प्रमदादास मित्र के खयाल से थी, वास्तव में यह विकास था, "मैं एक निर्गुण पूर्ण ब्रह्म को देखता हूं, और कुछ-कुछ समझता भी हूं, और इने-गिने व्यक्तियों में मैं उस ब्रह्म का विशेष आविर्भाव भी देखता हूं, यदि वे ही व्यक्ति ईश्वर के नाम से पुकारे जाएं तो मैं इस विचार को ग्रहण कर सकता हूं, परन्तु बौद्धिक सिद्धान्तों द्वारा परिकल्पित विधाता आदि की ओर मन आकर्षित नहीं होता।"

"ऐसा ही ईश्वर मैंने अपने जीवन में देखा है और उनके आदर्शों का पालन करने के लिए मैं जीवित हूं।" अभिप्राय रामकृष्ण परमहंस से है।" स्मृति और पुराण सीमित बुद्धि वाले व्यक्तियों की रचनाएं हैं और भ्रम, त्रुटि, प्रमाद, भेद तथा द्वेष भाव से परिपूर्ण हैं। उनके केवल कुछ अंश जिनमें आत्मा की व्यापकता और प्रेम की भावना विद्यमान है, ग्रहण करने योग्य है, शेष सबका त्याग कर देना चाहिए। उपनिषद् और गीता सच्चे शास्त्र हैं, और रामकृष्ण, बुद्ध, चैतन्य, नानक, कबीर आदि सच्चे अवतार हैं, क्योंकि उनके हृदय आकाश के समान विशाल थे–और इन सबमें श्रेष्ठ हैं रामकृष्ण। रामानुज, शंकर इत्यादि संकीर्ण हृदय वाले केवल पंडित मालूम होते हैं। वह प्रेम कहां है–वह हृदय जो दूसरों का दुःख देखकर द्रवित हो ? पंडितों

का शुष्क विद्याभिमान और जैसे-तैसे केवल अपने आपको मुक्त करने की इच्छा, परन्तु महाशय क्या यह सम्भव है ? क्या इसकी कभी सम्भावना थी या हो सकती है ? क्या अहंभाव का अल्पांश भी रहने से किसी चीज़ की प्राप्ति हो सकती है ?

"मुझे एक बड़ा विभेद और दिखाई देता है–मेरे मन में दिनोंदिन यह विश्वास बढ़ता जा रहा है कि जाति-भाव सबसे अधिक भेद उत्पन्न करने वाला और माया का मूल है। सब प्रकार का जाति-भेद चाहे वह जन्मगत हो या गुणगत, बंधन ही है। कुछ मित्र यह सुझाव देते हैं, "सच है, मन में ऐसा ही समझो, परन्तु बाहर व्यावहारिक जगत् में जाति जैसे भेदों को बनाए रखना उचित है।"

विवेकानन्द समझौते के कायल नहीं थे। जब तक जाति के गुणगत आधार को सही समझा, तब तक उसकी व्याख्या उसी दृष्टि से की। और जब यह समझ लिया कि गुणगत मान लेने में भी दोष है तब जाति मनुष्य मनुष्य में भेद का कारण है, तब वे उपनिषदों और गीता की बात भी भूल गए। उन्हें किसी शास्त्र का प्रमाण प्रिय न था, राष्ट्रीय एकता प्रिय थी। अतएव लिखा है :

"... मन में एकता का भाव कहने के लिए उसे स्थापित करने की कातर निर्वीर्य चेष्टा और बाह्य जगत् में राक्षसों का नरक, नृत्य, अत्याचार और उत्पीड़न-निर्धनों के लिए साक्षात् यमराज ! परन्तु यदि वही अछूत काफी धनी हो जाए तो ? अरे वह तो धर्म का रक्षक है।"

धर्म के ठेकेदारों, जात-पांत के समर्थकों की पाखंडवृत्ति को विवेकानन्द नें अब बखूबी समझ लिया था। धर्म के विधि-निषेध में अपनी कुलीनता की रक्षा और भक्ति-मुक्ति में उनके वर्ग-स्वार्थ को भी भली-भांति देख लिया था। इन्हीं लोगों ने विवेकानन्द पर विदेश में मलेच्छों का खान-पान अपनाने का आरोप लगाया था। वे उनके इस छिछले आरोप का उत्तर देते हुए लिखते हैं :

"सबसे अधिक अपने अध्ययन से मैंने यह जाना है कि धर्म के विधिनिषेधादि नियम शूद्र के लिए नहीं हैं, यदि वह भोजन में या विदेश जाने में कुछ विचार दिखाए तो उसके लिए वह सब व्यर्थ है, केवल निरर्थक परिश्रम। मैं शूद्र हूं, मलेच्छ हूं, इसलिए मेरा इन सब झंझटों से क्या संबंध ? मेरे लिए मलेच्छ का भोजन हुआ तो क्या, और शूद्र का हुआ तो क्या ! पुरोहितों की लिखी हुई पुस्तकों ही में जाति जैसे पागल विचार पाए जाते हैं, ईश्वर द्वारा प्रकट की हुई पुस्तकों में नहीं। अपने पूर्वजों के कार्य का फल पुरोहित को भोगने दो, मैं तो भगवान की वाणी का अनुसरण करूंगा, क्योंकि मेरा कल्याण उसी में है।

"एक और सत्य, जिसका मैंने अनुभव किया है, वह यह है कि निःस्वार्थ सेवा ही धर्म है और ब्रह्म विधि, अनुष्ठान आदि केवल पागलपन है। यहां तक कि अपनी मुक्ति की अभिलाषा करना भी अनुचित है। मुक्ति केवल उसके लिए है जो दूसरों के लिए सर्वस्व त्याग देता है, परन्तु वे लोग जो 'मेरी मुक्ति' की अहर्निश रट लगाए

रहते हैं, वह अपना वर्तमान और भावी वास्तविक कल्याण नष्ट कर इधर-उधर भटकते रह जाते हैं। ऐसा होते मैंने कई बार प्रत्यक्ष देखा है। इन विविध विषयों पर विचार करते हुए आपको पत्र लिखने का मेरा मन नहीं था। इन सब मतभेदों के होते हुए भी यदि आपका प्रेम मेरे प्रति पहले ही जैसा होता तो मैं इसे बड़े आनन्द का विषय समझूंगा।" (षष्ठ खंड)

1893 में इन्हीं प्रमदादास मित्र को विवेकानन्द ने 'पूज्यपाद' से संबोधित किया था और इस संबोधन की व्याख्या करते हुए उनकी विद्वत्ता को श्रद्धांजलि अर्पित की थी। लेकिन 1897 में इन्हीं प्रमदादास मित्र को विवेकानन्द ने 'प्रिय महाशय' से सम्बोधित किया और उनकी विद्वत्ता पर व्यंग्यात्मक भाषा में कड़ा प्रहार किया। कारण यह कि शास्त्र-वाक्य की रट लगाने और अपनी ही 'मुक्ति' की चिंता करने वाले विद्वान तथा पुरोहित लोग अपने को घोंघे की तरह विद्वत्ता के खोल में बंद कर लेते हैं, बल्कि यों कहिए कि विकास क्रम की उल्टी प्रक्रिया द्वारा मनुष्य से कूपमंडूक में परिणत हो जाते हैं। लेकिन विवेकानन्द ने जीवन सेवा और जीवों में भी देश की शोषित, उत्पीड़ित जनता को जगाने, उठाने और आगे बढ़ाने का प्राणान्तप्रण ले रखा था। उनके लिए ज्ञान का अर्थ निर्जीव तथा शुष्क विद्वत्ता बघारना नहीं, बल्कि राष्ट्र की तत्कालीन ज्वलंत समस्याओं का समाधान प्रस्तुत करना था। उनके सम्मुख ज़ंजीरों में जकड़ी भारत माता थी और था राष्ट्र का अधःपतन, जिसे देख उन्होंने आठ-आठ आंसू बहाये थे। राष्ट्र से जुड़कर विवेकानन्द इतिहास से जुड़ गए थे। इससे उनकी विचारधारा का और व्यक्तित्व का निरन्तर विकास तेज़ी से हुआ था। 26 दिसम्बर, 1898 को समाज के गुण-दोषों का विस्तार से विश्लेषण करते हुए श्रीमती मृणालिनी बसु को एक लम्बे पत्र में लिखा है :

"शिक्षा किसे कहते हैं ? क्या वह पठन-मात्र है ? क्या वह नाना प्रकार का ज्ञानार्जन है ? नहीं, यह भी नहीं। जिस संयम के द्वारा इच्छा-शक्ति का प्रवाह और विकास वश में लाया जाता है और वह फलदायक होता है, वह शिक्षा कहलाती है। अब सोचो कि शिक्षा क्या वह है, जिसने निरन्तर इच्छा-शक्ति को बलपूर्वक पीढ़ी दर पीढ़ी रोककर नष्ट कर दिया है, जिसके प्रभाव से नये विचारों की बात ही जाने दो, पुराने विचार भी एक-एक करके लोप होते चले जा रहे हैं ? क्या वह शिक्षा है, जो मनुष्य को धीरे-धीरे यंत्र बना रही है ? जो स्वयं चालित यंत्र के समान सुकर्म करता है, उसकी अपेक्षा अपनी स्वतंत्र इच्छा-शक्ति और बुद्धि के बल से अनुचित कर्म करने वाला मेरे विचार से श्रेयस्कर है। जो मनुष्य मिट्टी के पुतले, निर्जीव यंत्र या पत्थरों के ढेर के सदृश हों, क्या उनका समूह समाज कहला सकता है ? इस प्रकार का समाज कैसे उन्नत हो सकता है। यदि इस प्रकार कल्याण सम्भव होता, तो सैकड़ों वर्षों से दास होने के बदले हम पृथ्वी का सबसे प्रतापी राष्ट्र होते, और यह भारत मूर्खता की शान होने के बदले, विद्या के अनन्त स्रोत का उत्पत्ति

स्थान होता।

"तब क्या आत्म त्याग एक गुण नहीं है ? बहुतों के सुख के लिए बलिदान करना क्या सर्वश्रेष्ठ पुण्य कर्म नहीं है ? अवश्य है। परन्तु बंगला कहावत के अनुसार क्या घिसने-मांजने से रूप उत्पन्न हो सकता है ? क्या धरने-बांधने से प्रीति होती है ? जो सदा ही भिखारी है उसके त्याग में क्या गौरव ? जिसमें इन्द्रिय-बल न हो उसके इन्द्रिय-संयम में क्या गुण ? जिसमें विचार का अभाव हो, हृदय का अभाव हो, उच्चाभिलाषा का अभाव हो, जिसमें समाज कैसे बनता है, इस कल्पना का भी अभाव हो, उसका आत्म त्याग ही क्या हो सकता है ? विधवा को बलपूर्वक सती करवाने में किस प्रकार के सतीत्व का विकास दिखाई पड़ता है ? कुसंस्कारों की शिक्षा देकर लोगों से पुण्य कर्म क्यों कराते हो ? मैं कहता हूं कि मुक्त करो, जहां तक हो सके लोगों के बन्धन खोल दिए जाएं। क्या कीचड़ से कीचड़ धोया जा सकता है ? क्या बन्धन को बन्धन से हटा सकते हो ? ऐसा उदाहरण कहां ?"

फिर वेदान्त दर्शन की चर्चा के बाद अन्त में लिखा है :

"सप्रेम सकाम उपासना पहले आती है। छोटे की उपासना से आरम्भ करो, बड़े की उपासना स्वयं आ जाएगी।

"मां ! तुम चिंतित मत हो। प्रबल वायु बड़े वृक्षों ही से टकराती है। 'अग्नि को कुरेदने से वह अधिक प्रज्वलित होती है।' 'सांप मारने से फन उठाता है' इत्यादि। जब हृदय में पीड़ा उठती है, जब शोक की आंधी चारों ओर से घेर लेती है, जब मालूम होता है कि प्रकाश फिर कभी न होगा, जब आशा और साहस का प्रायः लोप हो जाता है, तब इस भयंकर आध्यात्मिक तूफान में ब्रह्म की अंतःज्योति चमक उठती है। वैभव की गोद में पला हुआ फूलों में पोसा हुआ, जिसने कभी एक आंसू भी नहीं बहाया, क्या ऐसा कोई व्यक्ति कभी बड़ा हुआ है ? उसका अन्तर्निहित ब्रह्मभाव कभी व्यक्त हुआ है ? तुम रोने से क्यों डरते हो ? रोना न छोड़ो, रोने से नेत्रों में निर्मलता आती है और अन्तर्दृष्टि प्राप्त होती है। उस समय भेद की दृष्टि, मनुष्य, पशु, वृक्ष आदि धीरे-धीरे लोप होने लगते हैं और सब स्थानों में सब वस्तुओं में, अनन्त ब्रह्म की अनुभूति होने लगती है। तब–

**समं पश्यन् हि सर्वत्र समवस्थितमीश्वरम्।**
**न हिनस्त्यात्मनात्मानं ततो याति परांगतिम्। (13/28)**

–सर्वत्र ही ईश्वर को समभाव से उपस्थित देखकर आत्मा को आत्मा से हानि न पहुंचाकर परम गति को प्राप्त करता है।" (सप्तम खंड)

विवेकानन्द ने राष्ट्र के अधःपतन पर, भारत माता को गुलामी की ज़ंजीर में जकड़ी देखकर हमेशा आठ-आठ आंसू रोए, इससे उनके नेत्रों में निर्मलता आई और वे सचमुच दूरदर्शी बनते चले गए। 1900 में जब वे दोबारा विशेष-यात्रा पर गए

तो उन्होंने 'यूरोप यात्रा संस्मरण' में भारत के उच्च वर्गों को संबोधित करते हुए लिखा :

"आर्य बाबा का दम भरते हुए चाहे प्राचीन भारत का गौरवगान दिन-रात करते रहो और कितना भी 'डम-डम' कहकर गाल बजाओ, तुम ऊंची जाति वाले क्या जीवित हो ? तुम लोग हो दस हज़ार वर्ष पीछे के ममी ! जिन्हें 'सचल श्मशान' कहकर तुम्हारे पूर्व पुरुषों ने घृणा की है। भारत में जो कुछ वर्तमान जीवन है, वह उन्हीं में है और 'सचल श्मशान' हो तुम लोग। तुम्हारे घर-द्वार म्यूज़ियम हैं, तुम्हारे आचार-व्यवहार, चाल-चलन देखने से जान पड़ता है, बड़ी दीदी के मुंह से कहानियां सुन रहा हूं ! तुम्हारे साथ प्रत्यक्ष वार्ता करके घर लौटता हूं तो जान पड़ता है, चित्रशाला में तस्वीरें देख आया।...भविष्य के तुम लोग शून्य हो, इत, लोप, लुप। भूत-भारत-शरीर के रक्त-मांस-हीन कंकाल कुल, तुम लोग क्यों नहीं जल्दी धूलि में परिणत हो वायु में मिल जाते... तुम लोग शून्य में विलीन हो जाओ और फिर एक नवीन भारत निकल पड़े। निकले हल की मुट्ठियां पकड़े किसानों के झोंपड़े से, जाली, मोची, मेहतरों की झोंपड़ियों से। निकल पड़े बनियों की दुकानों से, भुजवा के भाड़ के पास से, कारखाने से, हाट से, बाज़ार से। निकले झाड़ियों, जंगलों, पहाड़ों पर्वतों से। इन लोगों ने सहस्र-सहस्र वर्षों तक नीरव अत्याचार सहन किया है–उससे पाई है अपूर्व सहिष्णुता। सनातन दुःख उठाया, जिसने पाई है अटल जीवन शक्ति। ये लोग मुट्ठी-भर सत्तू खाकर दुनिया उलट दे सकेंगे। आधी रोटी मिली तो तीनों लोक में इनका तेज न अटेगा। ये रक्त बीज के प्राणों से मुक्त हैं और पाया है सदाचार बल, जो तीनों लोकों में नहीं है। इतनी शान्ति, इतनी प्रीति, इतना प्यार, बेज़बान रहकर इतना खटना और काम के वक्त सिंह का विक्रम ! अतीत के कंकाल समूह !–यही है तुम्हारे सामने तुम्हारा उत्तराधिकारी भावी भारत। वे तुम्हारी रत्न पेटिकाएं, तुम्हारी मणि की अंगूठियां–फेंक दो इनके बीच, जितना शीघ्र फेंक सको, फेंक दो, और तुम हवा में विलीन हो जाओ, अदृश्य हो जाओ, सिर्फ कान खड़े रखो। तुम ज्योंही विलीन होगे, उसी वक्त सुनोगे, कोटि जीवभूत स्पन्दिनी, त्रैलोक्य कम्पनकारिणी भावी भारत की उद्‌बोधन ध्वनि 'वाह गुरु की फतह !' " (अष्टम खंड, पृष्ठ 167)

और फिर दूर-सदियों दूर इतिहास में झांकते हुए आगे लिखा है :

"सोचकर देखो बात क्या है। वे जो लोग किसान हैं वे कोरी जुलाहे, जो भारत के नगण्य मनुष्य हैं, विजाति-विजित स्वजाति-निन्दित छोटी-छोटी जातियां हैं, वही लगातार चुपचाप काम करती जा रही हैं, अपने परिश्रम का फल भी नहीं पा रही हैं। परन्तु धीरे-धीरे प्राकृतिक नियम से दुनिया में कितने परिवर्तन होते जा रहे हैं। देश, सभ्यता तथा सत्ता उलटते-पुलटते जा रहे हैं।हे भारत के श्रमजीवियो ! तुम्हारे नीरव, सदा ही निन्दित हुए परिश्रम के फलस्वरूप बाबिल, ईरान, अलेकजंद्रिया, ग्रीस,

रोम, वेनिस, जिनेवा, बगदाद, समरकंद, स्पेन, पोर्तुगाल, फ्रांसिसी, दिनेमार, डच और अंग्रेज़ों का क्रमान्वय से आधिपत्य हुआ और उनको ऐश्वर्य मिला है। और तुम ? कौन सोचता है इस बात को ! स्वामी जी[1]! तुम्हारे पितृ पुरुष दो दर्शन लिख गए हैं, दस काव्य तैयार कर गए हैं, दस मन्दिर उठवा गए हैं और तुम्हारी बुलंद आवाज़ से आकाश फट रहा है, और जिनके रुधिर-स्राव से मनुष्य जाति की यह जो कुछ उन्नति हुई है, उनके गुणों का गान कौन करता है ? लोकजयी धर्मवीर, रणवीर, काव्यवीर, सबकी आंखों पर, सबके पूज्य हैं, परन्तु यहां कोई नहीं देखता, यहां कोई एक वाह-वाह भी नहीं करता, जहां सब लोग घृणा करते हैं, वहां वास करती है अपार सहिष्णुता, अन्य प्रीति और निर्भीक कार्यकारिता, हमारे गरीब, घर-द्वार पर दिन-रात मुंह बंद कर कर्त्तव्य करते जा रहे हैं, उनमें क्या वीरत्व नहीं है ? बड़ा काम आने पर बहुतेरे वीर हो जाते हैं दस हज़ार आदमियों की वाह-वाही के सामने कापुरुष भी सहज में प्राण दे देता है, घोर स्वार्थ पर कभी निष्काम हो जाता है, परन्तु अत्यंत छोटे-से कार्य में भी सबके अज्ञात भाव से जो वैसी ही निस्वार्थता, कर्त्तव्यपरायणता दिखाते हैं, वे ही धन्य हैं—वे तुम लोग हो भारत के हमेशा के पैरों तले कुचले हुए श्रमजीवियो !—तुम लोगों को मैं प्रणाम करता हूं।" (पृष्ठ 190)

यह वेदान्त नहीं, द्वन्द्वात्मक भौतिकवाद है। श्रमजीवियों को वेदान्त ने कब इतिहास के निर्माता तथा पूज्य माना ? उसने तो उन्हें नीच और शूद्र ठहराया। वेदान्त ने कब अपने परिश्रम का फल न पाने वाले के लिए आंसू बहाए ? उसने तो उन्हें निष्काम भाव से पशुवत भार ढोने ही की शिक्षा दी। विवेकानन्द के इतना कहने पर 'भारत के श्रमजीवियो !—तुम लोगों को मैं प्रणाम करता हूं। लकीर के फकीर वेदान्तियां और तथाकथित सुधारकों ने उन्हें उलाहना दिया कि तुम नीच जातियों की—घृणित शूद्रों की खामख्वाह खुशामद करते हो। विवेकानन्द ने इस उलाहने का उत्तर यों दिया, "इन लोगों से मैं एक बात पूछना चाहता हूं कि इस देश के लोगों की खुशामद करके मुझे क्या लाभ होगा ? यदि भूखों मर जाऊं तो देश के लिए एक मुट्ठी अन्न भी नहीं देंगे, उल्टे विदेशों से अकाल-पीड़ितों और अनाथों को खिलाने के लिए मैं जो मांग-जांचकर लाया हूं, उसे भी वे हड़पने का प्रयत्न करते हैं। पागलों को जो दवा खिलाने जाएगा, उसे वे दो-चार लप्पड़-थप्पड़ देंगे ही। पर उन्हें सहकर भी जो उन्हें दवा खिलाता है, वही उनका सच्चा मित्र है।" (दशम खंड, पृष्ठ 56-57)

और 6 अप्रैल, 1897 को 'भारती' की सम्पादिका श्रीमती सरला घोषाल के नाम पत्र लिखा था :

"मैंने जापान में सुना कि वहां की लड़कियों को यह विश्वास है कि यदि उनकी गुड़ियों को हृदय से प्यार किया जाए तो वे जीवित हो उठेंगी। जापानी बालिका

---

1. उद्बोधन के सम्पादक स्वामी त्रिगुणानन्द, यह संस्मरण उन्हीं के लिए लिखे गए थे।

अपनी गुड़िया को कभी नहीं तोड़ती। हे महाभागे ! मेरा भी विश्वास है कि यदि हत्श्री, अभागे, निर्बुद्धि पददलित, चिरबुभुक्षित, झगड़ालू और ईर्ष्यालू भारतवासियों को भी कोई हृदय से प्यार करने लगे तो भारत पुनः जाग्रत हो जाएगा। भारत तभी जागेगा जब विशाल हृदय वाले सैकड़ों स्त्री-पुरुष भोग-विलास और सुख की सभी इच्छाओं को विसर्जित कर मन, वचन और शरीर से उन करोड़ों भारतीयों के कल्याण के लिए सचेष्ट होंगे जो दरिद्रता तथा मूर्खता के अगाध सागर में निरन्तर नीचे डूबते जा रहे हैं।" (षष्टम खंड)

देश से और देशवासियों से प्यार करना कोई विवेकानन्द से सीखे। इसी प्यार के कारण उन्होंने सैद्धान्तिक रूप से वेदान्त दर्शन की चरम सीमा को पार किया और इसी प्यार के कारण व्यावहारिक रूप से वे धर्म के विराम-चिह्न को लांघकर कई कदम आगे बढ़ गए—और कहा कि मैं सोशलिस्ट हूं क्योंकि भूखे रहने से आधे पेट खा लेना बेहतर है। उन्होंने वर्ग-चेतना और वर्ग-संघर्ष की बात चाहे नहीं कही, पर अपने इस प्यार के कारण उन्हें वे अंतर्दृष्टि मिली, जिसने पाश्चात्य पूंजीवादी समाज के सारे प्रपंचों को छेदकर यह भली-भांति देख लिया कि लोकतंत्र अपनी स्वार्थ-सिद्धि के लिए, थैलीशाहों की तानाशाही है और ये ही लोग अपनी स्वार्थ-सिद्धि के लिए, अपनी मंडियों और मुनाफों के लिए युद्ध छेड़ते और गरीब लोगों को उसमें ईंधन की तरह झोंकते हैं।

प्राच्य और पाश्चात्य' लेख में वे लिखते हैं :

"यह ठीक है कि वोट, बैलट आदि द्वारा प्रजा को एक प्रकार की जो शिक्षा मिलती है, उसे हम नहीं पाते, किन्तु राजनीति के नाम पर चोरों का दल देशवासियों का रक्त चूसकर समस्त यूरोपीय देशों का नाश करता है और स्वयं मोटा-ताजा बनता है, वह दल भी हमारे देश में नहीं है। घूस की वह धूम, वह दिन-दहाड़े लूट, जो पाश्चात्य देशों में होती है, यदि भारत में दिखाई पड़े तो हताश होना पड़ेगा।"

**घर की जोरू बर्तन मांजे, गणिका लड्डू खाय।**
**गली-गली है गोरस फिरता, मदिरा बैठ बिकाय।।**

"जिनके हाथ में रुपया है, वे राज्यशासन को अपनी मुट्ठी में रखते हैं, प्रजा को लूटते हैं और उसको चूसते हैं, उसके बाद उन्हें सिपाही बनाकर देश-देशान्तरों में मरने के लिए भेज देते हैं, जीत होने पर उन्हीं का घर धन-धान्य से भरा जाएगा, किन्तु प्रजा तो उसी जगह मार डाली गई। तुम घबराओ नहीं, आश्चर्य भी मत प्रकट करो।

"एक बात पर विचार कर देखो, मनुष्य नियमों को बनाता है या नियम मनुष्यों को बनाते हैं ? मनुष्य रुपया पैदा करता है या रुपया मनुष्यों को पैदा करता है ? मनुष्य कीर्ति और नाम पैदा करता है या कीर्ति और नाम मनुष्य पैदा करते हैं ?"

(दशम खंड, पृष्ठ 62)

अठारहवीं सदी में विज्ञान का दबाव बढ़ जाने से जब धर्म को अपना अस्तित्व बनाए रखना कठिन हो गया, तब हेगल ने आदर्शवाद में द्वन्द्ववाद का सिद्धान्त जोड़कर उसे तेज़ी से बदल रहे समाज की नई परिस्थिति के अनुरूप बनाया। हेगल का मत था कि समाज विचार का प्रतिबिम्ब है। ज्यों-ज्यों विचार का विकास हो रहा है, उसमें से आयुक्तिक (Irrational) झड़ रहा है। जब समस्त आयुक्तिक झड़ने के बाद विचार का चरम विकास–निरपेक्ष सत्य से उसका एकाकार होगा, तो समाज भी उन्नति की उच्चतम शाश्वत स्थिति को प्राप्त कर लेगा। हेगल ने यह भी कहा कि जर्मनी की तत्कालीन सामन्ती प्रूशियन सरकार उन्नति की उच्चतम शाश्वत स्थिति है, उसमें अब कोई परिवर्तन सम्भव नहीं।

प्रूशियन सरकार को उन्नति की उच्चतम शाश्वत स्थिति बनाने के कारण ही जर्मनी के बामपक्षियों ने हेगल को सरकारी चिंतक कहा और उसके समूचे दर्शन को रद्द कर दिया। लेकिन मार्क्स ने उन्हें समझाया कि खोल के साथ गूदा भी फेंक देना उचित नहीं। आदर्शवाद में द्वन्द्ववाद जोड़ना हेगल की बहुत बड़ी उपलब्धि है। हेगल का सिद्धान्त सिर के बल खड़ा है, उसे पैरों के बल खड़ा करने की ज़रूरत है। मार्क्स का कहना था कि समाज विचार का प्रतिबिम्ब नहीं, बल्कि विचार समाज का--भौतिक परिस्थिति का प्रतिबिम्ब है। समाज की उन्नति के साथ-साथ विचार का भी विकास होता आया है। कोई सामाजिक स्थिति शाश्वत नहीं और विचार के विकास की भी कोई निरपेक्ष सीमा नहीं।

यों मार्क्स ने हेगल के द्वन्द्वात्मक आदर्शवाद को द्वन्द्वात्मक भौतिकवाद बनाया अर्थात् उसे पैरों पर खड़ा किया और भविष्यवाणी की कि जिस प्रकार सामन्तवाद से पूंजीवाद का जन्म हुआ है, पूंजीवाद से समाजवाद का जन्म होगा। मार्क्स की यह भविष्यवाणी सही सिद्ध हुई। मानव व्यवहार ही किसी सिद्धान्त को परखने की एकमात्र कसौटी है।

विवेकानन्द की उपलब्धि यह है कि उन्होंने वेदान्त दर्शन में क्रम विकास का सिद्धान्त जोड़ा। उनका भी यही मत है कि पहले विचार का विकास होता है और फिर उसके अनुसार समाज और उसकी विभिन्न संस्थाओं का विकास होता है। अमेरिका की ब्रुकलिन नैतिक सभा में वे एक प्रश्न के उत्तर में कहते हैं :

"मेरे मत में बाह्य जगत् की अवश्य एक सत्ता है–हमारे मन के विचार के बाहर भी उसका एक अस्तित्व है। चैतन्य के क्रम विकासरूप महांन विधान का अनुवर्ती होकर यह समग्र विश्व उन्नति के पथ पर अग्रसर हो रहा है। चैतन्य का यह क्रम विकास जड़ के क्रम विकास से पृथक् है। जड़ का क्रम विकास चैतन्य की विकास-प्रणाली का सूचक या प्रतीक स्वरूप है, किन्तु उसके द्वारा इस प्रणाली की व्याख्या नहीं हो सकती। वर्तमान पार्थिव परिस्थिति में वहम रहने के कारण हम

अभी तक व्यक्तित्व प्राप्त नहीं कर सके। जब तक हम उस उच्चतर भूमि में नहीं पहुंच जाते, जहां हम अपनी अन्तरात्मा के परम लक्षणों को प्रकट करने के उपयुक्त यंत्र बन जाते हैं, तब तक हम प्रकृत व्यक्तित्व की प्राप्ति नहीं कर सकते।" (दशम खंड, पृष्ठ 376)

यह भी द्वन्द्वात्मक आदर्शवाद है और पैरों के बल खड़ा होने के बजाय सिर के बल खड़ा है। जिस तरह मार्क्स ने हेगल के सिद्धान्त को पैरों के बल खड़ा किया था और दर्शन को विज्ञान बना दिया था, उसी तरह हमारे देश में भी विवेकानन्द के द्वन्द्वात्मक आदर्शवाद को पैरों के बल खड़े करके द्वन्द्वात्मक भौतिकवाद में बदलने की ज़रूरत थी, जिस पर किसी ने ध्यान नहीं दिया। परिणाम हमारे सामने है।

वैसे हम देख चुके हैं कि विवेकानन्द सैद्धान्तिक तथा व्याहारिक रूप से हेगल और फ्यूर्बाख से आगे जाते हैं। कारण यह कि हेगल और फ्यूर्बाख ने अपने को राजनीति से अलग रखा, जबकि विवेकानन्द ने धर्म के माध्यम से राजनीतिक लड़ाई लड़ी। दूसरे, उन्नीसवीं सदी के अन्त तक मार्क्सवाद युग की प्रबल विचारधारा बन चुका था। चाहे विवेकानन्द ने मार्क्स और एंगेल्स के नामों का उल्लेख नहीं किया, पर यह सम्भव नहीं था कि उन सरीखे चिंतक ने इस विचारधारा के बारे में कुछ पढ़ा और समझा-सोचा न हो। उन्होंने समाज का ऐतिहासिक भौतिकवादी विवेचन किया है और उनकी दृष्टि न सिर्फ छोटे-से-छोटे सूक्ष्म परिवर्तन पर रहती थी, बल्कि उन्होंने भविष्यवाणियां भी की हैं। श्रमबल की व्यवस्था की भविष्यवाणी भी इन शब्दों में की है :

"तो भी ऐसा समय आएगा, जब शूद्रत्व सहित शूद्रों का प्राधान्य होगा, अर्थात् आजकल जिस प्रकार शूद्र जाति वैश्यत्व अथवा क्षत्रियत्व लाभ कर अपना बल दिखा रही है, उस प्रकार नहीं, बल्कि अपने शूद्रोचित धर्म-कर्म सहित वह समाज में आधिपत्य प्राप्त करेगी। पाश्चात्य जगत् में इसकी लालिमा भी आकाश में दिखने लगी है, और इसका फलाफल विचार कर सब लोग घबराए हुए हैं। सोशलिज्म, अनार्किज़्म, नाइहिलिज़्म आदि सम्प्रदाय इस विप्लव की आगे चलने वाली ध्वजाएं हैं। युगों से पिसकर शूद्र मात्र या तो कुत्तों की तरह बड़ों के चरण चाटने वाले या हिंस्र पशुओं की तरह निर्दय हो गए हैं। फिर सदा से उनकी अभिलाषाएं निष्फल होती आ रही हैं। इसलिए दृढ़ता और अध्यवसाय उनमें बिलकुल नहीं।"

श्रमिकों में दृढ़ता और अध्यवसाय द्वन्द्वात्मक भौतिकवाद की विचारधारा से जुड़कर, उसे आत्मसात् कर लेने के बाद ही आता है।

# नव-जागरण

**"हमारी आंखें आगे हैं, पीछे नहीं।"**

–विवेकानन्द

स्वदेश लौटने के बाद विवेकानन्द ने अपने कलकत्ता के भाषण में कहा था :

"इसके साथ एक और बात तुम्हें समझनी होगी, वह यह कि आज ऐसी ही वस्तु हमारे सामने मौजूद है। इस तरह की आध्यात्मिकता की एक बाढ़ के प्रबल वेग से आने के पहले समाज में कुछ-कुछ छोटी-छोटी तरंगें उठती दीख पड़ती हैं। इन्हीं में से एक अज्ञात, अनजान, अकल्पित तरंग आती है, क्रमशः प्रबल होती जाती है, दूसरी छोटी-छोटी तरंगों को मानो निगलकर वह अपने में मिला लेती है, और इस तरह अत्यन्त विपुलाकार और प्रबल होकर वह एक बहुत बड़ी बाढ़ के रूप में समाज पर वेग से गिरती है और कोई उसकी गति को रोक नहीं सकता। इस समय भी वैसा ही हो रहा है। यदि तुम्हारे पास आंखें हैं, तो तुम उसे अवश्य देखोगे। यदि तुम्हारा हृदय-द्वार खुला है तो तुम उसको अवश्य ग्रहण करोगे। अंधा, बिल्कुल अंधा है वह, जो समय के चिह्न नहीं देख रहा है, नहीं समझ रहा है। क्या तुम नहीं देखते हो, वह दरिद्र ब्राह्मण बालक जो एक दूर गांव में–जिसके बारे में तुममें से बहुत कम ही लोगों ने सुना होगा–जन्मा था, इस समय सम्पूर्ण संसार में पूजा जा रहा है, और उसे वे पूजते हैं, जो शताब्दियों से मूर्ति-पूजा के विरोध में आवाज़ उठाते आए हैं। यह किसकी शक्ति है ? यह तुम्हारी शक्ति है या मेरी ? नहीं, यह किसी और की शक्ति नहीं। जो शक्ति यहां श्रीरामकृष्ण परमहंस के रूप में आविर्भूत हुई थी, यह वही शक्ति है, और मैं, तुम, साधु, महापुरुष, यहां तक कि अवतार और सम्पूर्ण ब्रह्माण्ड भी उसी न्यूनाधिक रूप में पुंजीभूत शक्ति की लाली मात्र है। इस समय लोग अंत होने के पहले ही तुम लोग इसकी अधिकाधिक आश्चर्यमयी लीलाएं देख पाओगे। भारत के पुनरुत्थान के लिए इस शक्ति का आविर्भाव ठीक ही समय पर हुआ। जो मूल जीवनी शक्ति भारत को सदा स्फूर्ति प्रदान करेगी, उसकी बात कभी-कभी हम भूल जाते हैं।" (पंचम खंड, पृष्ठ 207)

मैक्सिम गोर्की ने उन्नीसवीं शताब्दी को 'प्रकाश की शताब्दी' कहा है। पूंजीवादी क्रांति ने जो अठारहवीं शताब्दी के अन्त तक सम्पन्न हुई, न सिर्फ

सामन्तवाद और उसके आर्थिक आधार को बल्कि उसकी धार्मिक मान्यताओं को भी ध्वस्त कर दिया था। मानव चेतना ने रूढ़िवाद और अंधविश्वास के बंधनों से मुक्त होकर लम्बे-लम्बे डग भरे थे, विज्ञान के नये-नये आविष्कारों ने दृढ़ आत्मविश्वास और गौरव की भावनाओं को जन्म दिया था। सारांश यह है कि अठारहवीं शताब्दी में विज्ञान और बुद्धिवाद का जो विकास हुआ, उसका प्रकाश अब चारों ओर फैल रहा था। इससे हमारे देश में नव-जागरण की जो तरंग आई, उसके सबसे पहले प्रमुख प्रवक्ता राजा राममोहन राय हैं। उनके बारे में रोमां रोलां ने लिखा है :

"राममोहन राय वह असाधारण पुरुष थे, जिन्होंने इस प्राचीन महाद्वीप के आध्यात्मिक इतिहास में एक नये युग का प्रारम्भ किया था, वही वास्तव में भारत में सबसे प्रथम विश्व नागरिक थे। अपने जीवन के साठ वर्ष से भी कम समय में प्राचीन एशिया की महान पौराणिक गाथाओं से लेकर आधुनिक यूरोप के वैज्ञानिक बुद्धिवाद तक सभी विचारों का अपने अन्दर समावेश किया था।" (रामकृष्ण, पृष्ठ 107)

1772 में राममोहन राय का जन्म एक धनी ब्राह्मण परिवार में हुआ था। ब्राह्मण होने के बावजूद उन्होंने पटना के मदरसे में अरबी और फारसी सीखी और चौदह वर्ष ही की अवस्था में कुरान के अलावा अरस्तू और यूक्लिड का अध्ययन किया। इसके बाद उन्होंने 14 से 16 बरस की उम्र में बनारस जाकर संस्कृत सीखी और वेदान्त शास्त्रों का अध्ययन किया। इससे पहले वे हिन्दू धर्म और दर्शन के बारे में कुछ नहीं जानते थे। एक प्रकार से यह उनका दूसरा जन्म था। सूफीवाद का प्रभाव उन पर पहले ही पड़ चुका था और अब वेदान्त पढ़ लेने से वे एकेश्वरवादी हो गए और उन्होंने फारसी में 'तुहफतुल-मुहुद्रदीन' नाम की पुस्तक लिखी जो मूर्ति-पूजा के विरुद्ध थी। इससे उनके रूढ़िवादी पिता चिढ़ गए और बेटे को घर से निकाल दिया। उन्होंने चार बरस तक भारत और तिब्बत का भ्रमण किया। तिब्बत में बुद्धमत के रूढ़िवाद और कट्टरता की कड़ी आलोचना कर देने के कारण वे लामा के अनुयायियों के हाथों मरते-मरते बचे।

जब वह बीस बरस के थे तो पिता ने उन्हें घर बुला लिया और उनकी शादी कर दी। लेकिन जब उन्होंने सती-प्रथा के विरुद्ध आंदोलन शुरू किया तो पोंगापंथी ब्राह्मणों की प्रेरणा से पिता ने उन्हें 1799 में फिर घर से निकाल दिया।

चौबीस वर्ष की आयु में उन्होंने अंग्रेज़ी, हिब्रू, ग्रीक और लैटिन सीखना प्रारम्भ किया और फिर बाइबिल पढ़ी। सभी धर्मों का तुलनात्मक अध्ययन करने वाले राममोहन राय हिन्दुस्तान में सबसे पहले व्यक्ति थे। ऐसा अध्ययन इस समय तक यूरोप में भी किसी ने नहीं किया था। 1803 में पिता की मृत्यु के बाद घरवालों ने उन्हें वापस ले लिया। 1805 से 1815 तक उन्होंने कई स्थानों पर कलेक्टर

के नीचे काम किया। इस बीच में उन्होंने शंकर भाष्य तथा पांच उपनिषदों का बंगला में अनुवाद किया और वेदान्त चर्चा जारी रखी। 1815 में अवकाश प्राप्त करके वे स्थायी रूप से कलकत्ता में रहने लगे। अब उन्होंने अपना सारा समय समाज-सुधार और धर्म सुधार के लिए अर्पित कर दिया।

अंग्रेज़ी राज्य स्थापित होते ही ईसाई मिशनरियों के दल के दल देश में आने लगे, आना अनिवार्य था। उन्होंने श्रीरामपुर में बहुत बड़ा प्रेस लगाया और बंगला भाषा में साहित्य छापकर हीदनों (Heathens) को 'अंधकार से आलोक' में लाने का काम बड़े उत्साह से शुरू किया। इन मिशनरियों का प्रचार यह था कि हिन्दू धर्म, हिन्दू समाज उनके आचार-व्यवहार और रीति-रिवाज सभी निन्दनीय हैं, क्रूरता और पैशाचिकता से भरे हुए हैं। इसी कारण वे इस लोक में सुख-भोगों से वंचित हैं और परलोक में भी नरक भोगना होगा। अगर वे इस जीवन में सुख-समृद्धि चाहते हैं और मृत्यु के पश्चात् ईसाइयों के स्वर्ग-राज्य में जाने के इच्छुक हैं तो वे ईसा और मेरी की शरण आएं, ईसाई धर्म ग्रहण करें। उनके लिए मुक्ति का यही एक मार्ग है।

पहले बंगला सीखना और फिर उनके द्वारा प्रचार करना मिशनरियों के लिए कठिन कार्य था और बहुत उपयोगी भी नहीं था। प्रचार-कार्य में आने वाली विघ्न-बाधाओं को देखते हुए उन्होंने यह योजना बनाई कि शिक्षा के प्रसार के लिए स्कूल खोले जाएं और स्कूलों के जरिए प्रचार का काम अधिक सरलता से चल सकेगा। यह दूसरा तरीका पहले की अपेक्षा सचमुच सफल रहा। उस समय की परिस्थिति का विश्लेषण करते हुए विवेकानन्द लिखते हैं :

"... जिन बच्चों ने इन नई शिक्षण-संस्थाओं में शिक्षा-दीक्षा पाई, वे पाश्चात्य पद्धति पर चल निकले और बचपन ही से उनके आदेशों में पग गए और इसमें कोई आश्चर्य की बात नहीं कि प्राचीन पद्धति के संबंध में उनके मन में तर्क-वितर्क होने लगा। कुसंस्कारों को एक ओर हटाने तथा सत्य का अनुसंधान करने की अपेक्षा उनके लिए बस यही एक महावाक्य सत्य की कसौटी हो गया, इस संबंध में पाश्चात्य की क्या राय है, धर्म-गुरुओं को भगा देना चाहिए, वेदों को जला डालना चाहिए, क्योंकि पाश्चात्य ने ऐसा कहा है–इस प्रकार की खलबली के भावों से भारत में एक ऐसी लहर उठी, जिसे हम तथाकथित 'सुधार' के नाम से पुकारते हैं।" (सप्तम खंड, पृष्ठ 239)

इस समय राममोहन राय ने जो भूमिका अदा की वह तथाकथित सुधारकों से एकदम भिन्न थी। उन्होंने अनुसंधान का मार्ग अपनाया और मिशनरियों के कुत्सित प्रचार का डटकर मुकाबला किया। उन्होंने 1820 में बाइबिल के आधार पर 'शान्ति व आनन्द के पथ-प्रदर्शक ईसा की शिक्षाएं' (The precepts of Jesus, Guide to peace and Happiness) पुस्तक लिखी, जिसमें उन्होंने मिशनरियों से पूछा

कि अगर ईश्वर पडरूक (कबूतर) के रूप में जन्म ले सकता है तो गरुड़ के रूप में क्यों नहीं ले सकता, राममोहन राय ने मिशनरियों को बताया कि हिन्दू धर्म की तुम जो व्याख्याएं करते हो वे सर्वदा मिथ्या तथा भ्रान्तिपूर्ण हैं। वेदों और उपनिषदों में मूर्ति-पूजा का कहीं उल्लेख नहीं। वेदान्त दर्शन के अनुसार सभी जीवों में एक ही आत्मा है।

1815 में क़लकत्ता आकर राममोहन राय ने कुछ प्रेमी-सज्जनों के सहयोग से 'आत्मीय सभा' नाम की एक संस्था गठित की। इस संस्था द्वारा उन्होंने पुस्तकें और पैम्फ्लेट लिखकर एक तरफ हिन्दू धर्म के कुसंस्कारों तथा मूर्ति-पूजा के विरुद्ध और दूसरी तरफ मिशनरियों द्वारा प्रचारित सारहीन मतवादों के विरुद्ध प्रचार शुरू किया। उनका कहना था कि वास्तविक हिन्दू-धर्म एकेश्वरवाद और विश्व-बंधुत्व पर आधारित है। उनके इस प्रचार का प्रभाव यह पड़ा कि कहां तो मिशनरी हिन्दुओं को ईसाई बनाने की सोच रहे थे और कहां विलियम आडम नाम के एक प्रसिद्ध मिशनरी ने ईसाई मत के त्रित्ववाद को छोड़कर राममोहन राय के एकेश्वरवाद को अपना लिया। अब मिशनरी बड़ा बौखलाए। उन्हें पता चला कि हिन्दू धर्म मूर्ति-पूजा और आचार-व्यवहार ही पर निर्भर नहीं है, उसका मूल वेदान्त दर्शन है। बस, अब क्या था श्रीरामपुर के मैर्समैन और केरी आदि मिशनरी वेदान्त पर टूट पड़े। उन्होंने जो कुछ लिखा अपने छिछले ज्ञान और कुबुद्धि के कारण अनर्गल लिखा। लेकिन राजा राममोहन राय ने बाइबिल, वेदान्त और दूसरे धर्मों का गहरा अध्ययन किया था, इसलिए उन्होंने धीर, गंभीर भाव से मिशनरियों के प्रचार का जो खंडन किया, वह अत्यन्त युक्ति-संगत था। उनका यह वेदान्त युद्ध एक विख्यात ऐतिहासिक घटना है।

मूर्ति-पूजा, अंधविश्वास और कुप्रथाओं के विरुद्ध राममोहन राय के प्रचार के हिन्दू कट्टरपंथी भी चौंके। उन्होंने राजा सर राधाकान्त के नेतृत्व में 'धर्म-सभा' स्थापित की। वे मूर्ति-पूजा और 'सती-दाह' का समर्थन करते थे और उनका कहना था किं राजा राममोहन् राय जो सुधार चाहते हैं वह शास्त्र के प्रतिकूल है और उससे 'हिन्दू धर्म नष्ट हो जाएगा।' अतएव वेदान्त आन्दोलन के प्रतिवाद में सर राधाकान्त का दल भी व्यर्थ की छींटाकशी करने लगा। लेकिन इस वाद-विवाद का परिणाम यह निकला कि पूरे बंगाल में जागृति की तरंग दौड़ गई। जिन प्राचीन शास्त्रों को भुला दिया गया था, उनका फिर से अध्ययन शुरू हुआ। विरोधियों की संख्या चाहे बहुत अधिक थी, पर राजा राममोहन राय को उत्साही नवयुवकों और एडवर्ड हाइड तथा डैविड हेयर आदि उदार विचारों के अंग्रेज़ों का सहयोग प्राप्त हुआ। सती-प्रथा के विरुद्ध वे बारह बरस से आन्दोलन करते आ रहे थे, आखिर उसे सफलता मिली।

4 दिसम्बर, 1822 को गवर्नर जनरल लार्ड विलियम ने कानून द्वारा सती-दाह बंद कर दिया। राममोहन राय के परामर्श से जनरल ने गंगा में संतान फेंकने की

भी मनाही कर दी।

राजा राममोहन राय ने जब अपना प्रचार-कार्य शुरू किया तब बंगाली समाज की जो हालत थी, उस बारे में सत्येन्द्रनाथ मजूमदार लिखते हैं :

"अंग्रेज़ी राज्य के प्रारम्भ में धनी और बाबू बंगालियों का चरित्र कई तरह से भ्रष्ट हो चुका था। धन रहने पर वे पत्नी या पत्नियों के सामने ही कई उपपत्नियां रखते थे। वे विद्या सुन्दर की कविताओं से तथा आशुकवियों के अश्लील एवं कुरुचिपूर्ण संगीतमय वाग्युद्ध के अभिनय से तृप्त होते थे। कलकत्ता के बाबू लोग बुलबुल की लड़ाई, पतंगों के पेच तथा चमकीली भड़कदार पोशाक पहन वेश्याओं के साथ बगीचों में मौज उड़ाने ही में मस्त रहते थे। और जब राममोहन राय का आन्दोलन आगे बढ़ा और नवजीवन की तरंग दौड़ी, तो बाबुओं के बैठकखाने में भट्टाचार्य की चौपालों में, गावों के चंडी-मंडपों में, जहां देखिए वहां राममोहन राय की ही चर्चा। अन्तःपुर के अन्दर भी इस प्रवाह की लहरें अपना असर करने से खाली न रहीं।" (विवेकानन्द चरित्र, पृष्ठ 41)

राजा राममोहन राय जानते थे कि लोगों में जागृति आएगी तभी वे अपने राजनीतिक अधिकारों के लिए संगठित हो सकेंगे, तभी बंगाली समाज कुप्रथाओं तथा कुसंस्कारों से मुक्त हो सकेगा। अतएव उस उद्देश्य को सम्मुख रखते हुए उन्होंने आधुनिक शिक्षा फैलाने क़ा भरसक प्रयास किया। उदार विचारों के अपने अंग्रेज़ मित्रों की सहायता से उन्होंने 1817 में हिन्दू कालेज की स्थापना की, जिसमें साहित्य, इतिहास गणित, भूगोल और विज्ञान इत्यादि आधुनिक विषयों की शिक्षा दी जाने लगी।

राममोहन राय ने एकत्व सभा के तत्त्वावधान में एंग्लो-हिन्दू स्कूल की स्थापना की। डेविड हेयर और विलियम आडम की देख-रेख में यह स्कूल सफलतापूर्वक चला। इसमें प्राच्य तथा पाश्चात्य विद्याओं की शिक्षा एक साथ दी जाती थी। स्कूल का सारा खर्च राममोहन राय खुद वहन करते थे।

राममोहन राय ने अपने विचारों के प्रचार-प्रसार के लिए 'संवाद कौमुदी' नाम का एक बंगाली साप्ताहिक पत्र निकाला। इसमें उन्होंने 1821-24 में वैज्ञानिक विषयों पर जैसे 'शून्य में गूंज', 'चुम्बक के गुण','मछलियों का आचरण' और 'बेलून की कहानी' आदि कई लेख लिखे। इसके अलावा उन्होंने बंगला में व्याकरण, भूगोल, नक्षत्र विद्या और बीजगणित आदि पर पाठ्य-पुस्तकें लिखीं और विराम, अर्धविराम इत्यादि अंग्रेज़ी आदि चिह्नों का प्रयोग करके बंगला भाषा को आधुनिक बनाया। इसके अलावा उन्होंने कई प्रकार के पैम्फ्लेट लिखे और यों—बंगला भाषा को सरल, सुबोध और समृद्ध बनाने में उनका बड़ा योगदान है।

अपने साप्ताहिक पत्र में उन्होंने ब्रिटिश सरकार से अपील की कि वह एंग्लो-हिन्दू स्कूल जैसे स्कूल खोले, जिनमें बच्चों को शिक्षा मुफ्त दी जाए। जब

कम्पनी सरकार ने पुराने ढंग की संस्कृत पाठशालाएं ही खोलने का निर्णय लिया तो राजा राममोहन राय ने इसका कड़ा विरोध किया। इस पर भी कट्टरपंथी चिल्लाए कि राममोहन राय हमारी धार्मिक संस्थाओं को नष्ट कर देना चाहते हैं।

यह बात समझ लेने की है कि समाज-सुधारकों और भारतीयों को आधुनिक शिक्षा देने में विदेशी सरकार को तनिक भी दिलचस्पी नहीं थी। पुराने ढंग की संस्कृत पाठशालाएं खोलने में उनका उद्देश्य केवल यह था कि हमारे देश की जनता भ्रम-भ्रान्तियों और अंधविश्वास में पड़ी रहे। इसलिए उनका अभिप्राय जनता को शिक्षित बनाना नहीं, कट्टरपंथियों को संतुष्ट करना था। कट्टरपंथियों की तादाद कहीं ज़्यादा थी। उन्होंने राममोहन राय के खिलाफ तूफान खड़ा कर दिया। उन्हें बुद्धिजीवी तक नहीं मानते थे और प्राचीन पद्धति को ज्यों का त्यों बनाए रखना चाहते थे। पर राजा राममोहन राय और उनके मुट्ठी-भर देशी-विदेशी समर्थकों ने इस विरोध का डटकर मुकाबला किया। नये और पुराने विचारों का संघर्ष तीव्र से तीव्र होता चला गया।

राजा राममोहन राय यह बात भली-भांति समझते थे कि सामाजिक अन्याय, कट्टरता और अंधविश्वास को दूर करने के लिए आधुनिक शिक्षा अत्यावश्यक है और वे उसे अधिक से अधिक फैलाना चाहते थे। लेकिन इसका यह अर्थ कदाचित नहीं कि वे मैकॉले की वर्तमान औपनिवेशक शिक्षा प्रणाली के समर्थक थे। वर्तमान शिक्षा प्रणाली उनकी मृत्यु के बाद आई और मैकॉले ने इसे लागू करने का उद्देश्य स्पष्ट शब्दों में बताया, "गंगा तट पर रहने वाले काले रंग के युवक मिल्टन और शेक्सपीयर पढ़ेंगे और हमारे साहित्य पर गर्व करेंगे।" इस शिक्षा का उद्देश्य हमारा अभारतीयकरण करना और हमें मानसिक रूप से दास बनाना था। वह उसने बनाया और आज तक बना रही है।

इसके विपरीत राजा राममोहन राय ने भारतीय संस्कृति और परम्परा को कभी नज़रों से ओझल नहीं किया। यही कारण है कि उन्होंने 1825 में वेदान्त कालेज की स्थापना की, जिसमें प्राचीन शास्त्रों की सुविधाएं जुटाई गई थीं। आधुनिक शिक्षा पद्धति से उनका उद्देश्य था नये-पुराने विचारों का समन्वय और प्राच्य दर्शन तथा पाश्चात्य विज्ञान का सामंजस्य। उन्हें मैकॉले शिक्षा प्रणाली का समर्थक बताना बिलकुल गलत है और उनके नाम पर यह एक मिथ्या प्रचार है।

1830 में मुगल बादशाह ने उन्हें अपना राजदूत बनाकर इंग्लैंड भेजा। वहां उन्हें ईस्ट इंडिया कम्पनी को नई सनद देने के संबंध में हाउस आफ कामन्स में होने वाली बहस में हिस्सा लेना था। वे 1831 के अप्रैल में इंग्लैंड पहुंचे। लिवरपूल, मैंचेस्टर, लंदन और राजदरबार में उनका सत्कार हुआ। वहां उन्होंने बैन्थम सरीखे प्रसिद्ध व्यक्तियों से मित्रता का संबंध स्थापित किया। वहां से वे कुछ दिन के लिए फ्रांस गए और 27 सितम्बर, 1833 को मस्तिष्क ज्वर से ब्रिस्टल में उनका देहान्त

हो गया। वहीं उनकी समाधि बनी, जिस पर लिखा है :

"परमात्मा के एकत्व में विश्वास करने वाला एक सच्चा व दृढ़ व्यक्ति—उसने अपना समस्त जीवन मानव-एकता की उपासना में बिताया।"

इंग्लैंड में अपने एक अंग्रेज़ मित्र की प्रार्थना पर राममोहन राय ने अपनी संक्षिप्त जीवनी लिखी थी, जिसमें वे कहते हैं, "सोलह बरस की अवस्था में मैंने मूर्ति-पूजा के विरुद्ध एक पुस्तक लिखी। इस पर संबंधियों के साथ मतभेद के कारण मुझे घर छोड़ना पड़ा और तब भारत के कई प्रान्तों की यात्रा की। आखिर ब्रिटिश शासकों के विरुद्ध तीव्र घृणा ने मुझे भारत से बाहर दूसरे देशों में घूमने पर मजबूर किया।" उन्हें इस बात का बड़ा दुख था कि भारत का एक के बाद दूसरा प्रान्त ईस्ट इंडिया कम्पनी के अधिकर में चला जा रहा है। ब्रिटिश शासकों की अंधी लूट उन्होंने अपनी आंखों से देखी थी और इसी से उनके प्रति यह तीव्र घृणा उत्पन्न हुई थी। पर उनके स्वदेश प्रेम में संकीर्णता की गंध तक नहीं थी। यही कारण था कि उन्होंने उदार विचारों वाले भले अंग्रेज़ों के साथ मित्रता के संबंध स्थापित किए और ब्रिटिश शासन के कारण आधुनिक यूरोप से जो सम्पर्क स्थापित हुआ था, उससे देशवासियों को पूरा लाभ उठाने के लिए प्रेरित किया। बंगला तथा फारसी के पत्रों द्वारा देशवासियों की राजनीतिक-चेतना में वृद्धि करने में उन्होंने कोई कसर उठा नहीं रखी।

इंग्लैंड जाते समय उन्होंने इसलिए फ्रांसिसी जहाज़ में यात्रा की कि वे 1789 की फ्रांसिसी क्रान्ति से बहुत अधिक प्रभावित थे और उसके 'स्वाधीनता, समानता तथा बंधुत्व' के आदर्श को उन्होंने अपना आदर्श बना रखा था। उन्हें 1830 की फ्रांसिसी क्रान्ति से भी पूरी सहानुभूति थी। नटाल बंदरगाह पर जब वे जोश में भरकर फ्रांसिसी तिरंगे झंडे को सलामी देने के लिए बेतहाशा दौड़े तो उनके टखने की हड्डी टूट गई।

संसार की राजनीतिक घटनाओं पर उनकी दृष्टि बराबर रहती थी और विदेशों के स्वाधीनता-संग्रामों में उनकी गहरी दिलचस्पी थी। 1821 में स्पेन में जब लोकतांत्रिक सरकार की स्थापना हुई तो उन्होंने अपनी हार्दिक प्रसन्नता व्यक्त करने के लिए टाउन हाल में सार्वजनिक भोज दिया। यहां पर यह बता देना असंगत नहीं होगा कि जब पश्चिम यूरोप की सामंती व्यवस्था टूट रही थी और पूंजीवादी विश्व क्रान्ति की बाढ़ यूरोप तथा अमेरिकी देशों में तेज़ी से फैल रही थी, तब स्पेन के सामंती औपनिवेशिक राज्य ने इस बाढ़ को रोकने का भरसक प्रयत्न किया। हालैंड की पूंजीवादी क्रान्ति को कुचलने और अपनी सामंती सत्ता बनाए रखने के लिए स्पेन की इस बर्बर सरकार ने अमानवीय अत्याचार ढाए। अमेरिकी देशों में लूट-खसोट के आदिम हथकंडे अपनाए, गुलामों का व्यापार किया और उनकी आर्थिक उन्नति में बड़े लम्बे समय तक बाधा बनी रही। स्पेन के इस बर्बर सामंती साम्राज्य ने

ने अपना अस्तित्व बनाए रखने के लिए मानव समाज के सामंतवाद से पूंजीवाद में संक्रमण की राह में हर तरह की बाधाएं डालीं। लेकिन इतिहास के पहिए को पीछे की ओर घुमाना सम्भव नहीं। परिणाम यह कि हालैंड की जनता के क्रान्तिकारी आघातों ने इस साम्राज्य की नींव हिला दी। लेटिन अमेरिकी उपनिवेशों के मुक्ति संग्रामों और अपने ही लोगों की क्रान्ति ने इस सामंती साम्राज्य और उसके वैभव को धूल में मिला दिया। इसलिए स्पेन की क्रान्ति का विशेष ऐतिहासिक महत्त्व था और इसीलिए राममोहन राय ने उसकी इतनी खुशी मनाई थी।

आयरलैंड के स्वाधीनता-संग्रामियों के साथ भी उनकी पूरी हमदर्दी थी। फिर जब उन्होंने नेपाल के विप्लवियों की असफलता का समाचार सुना तो एक अंग्रेज़ मित्र के साथ साक्षात्कार करने से इनकार करते हुए कहा, "यूरोप से ताज़ा खबर आई है, उससे मेरा दिमाग ठिकाने नहीं है।" बाद में उसे लिखा, "इस अशुभ समाचार से मैं इस निष्कर्ष पर पहुंचा हूं कि यूरोप के और एशिया के राष्ट्रों को स्वाधीन देखने का मेरा स्वप्न पूरा नहीं होगा, विशेष रूप से जो यूरोपियन उपनिवेश हैं, उन्हें कुछ ज़्यादा अधिकार नहीं मिल पाएंगे। इन परिस्थितियों में मैं नेपल्स के संघर्ष को और उसके शत्रुओं को अपना शत्रु समझता हूं। स्वाधीनता के शत्रु और निरंकुशता के मित्र न कभी सफल हुए हैं और न होंगे !"

राममोहन राय ऐसे देशभक्त और ऐसे विश्व मानव थे कि उस युग के प्रसिद्ध कवि मीर तकी 'मीर' ने शायद उन्हीं के बारे में लिखा था :

**खंजर चले किसी पे तड़पते हैं हम अमीर,**
**सारे जहां का दर्द हमारे ज़िगर में है।**

राममोहन राय बहुमुखी प्रतिभा के समाज सुधारक थे। वे धर्म और राजनीति दोनों को साथ लेकर चले। लेकिन उन्होंने असत्य और कुसंस्कार से कभी समझौता नहीं किया। जो कदम भी उठाया, दृढ़ता और निडरता से उठाया। उस समय जब समुद्र-यात्रा पाप समझी जाती थी, उनका विलायत जाना बड़े साहस का काम था। राममोहन राय विवेकानन्द के सुयोग्य पूर्ववर्ती थे। उन्हें अगर आधुनिक भारत का निर्माता कहा जाए तो इसमें तनिक भी अतिशयोक्ति नहीं। विवेकानन्द ने उनकी शिक्षाओं के तीन मूल सूत्रों का निर्देश किया है—वेदान्त ग्रहण, स्वदेश प्रेम तथा हिन्दू और मुसलमान से समान प्रीति।

राममोहन राय को 'ब्रह्मसमाज' का प्रवर्तक कहा जाता है। पर यह एक भ्रान्ति मात्र है, इसमें कोई सत्य नहीं। उन्होंने जो आत्मीय सभा स्थापित की थी, उसे 1828 में 'ब्रह्म-सभा' में बदल दिया गया था और उसका आधार वेदान्त-दर्शन था। उनकी मृत्यु के पश्चात् उनके परम मित्र और सहयोगी द्वारकानाथ टैगोर और रामचन्द्र विद्यावागीश ने जैसे-तैसे इसे जारी रखा। लेकिन इसे ब्रह्मसमाज का नाम देने वाले

और इसमें नव प्राण फूंकने वाले द्वारकानाथ टैगोर के बेटे और रवीन्द्रनाथ टैगोर के पिता देवेन्द्रनाथ टैगोर (1817-1905) थे। उन्होंने 1843 में अपने बीस मित्रों के साथ ब्रह्मधर्म में दीक्षा ली। रोमां रोलां लिखते हैं, "वास्तव में वही ऐसे व्यक्ति थे जिन्होंने ब्रह्मसमाज को संगठित किया और उसका नेतृत्व करने लगे। उन्होंने ही उसके विश्वास, आदर्श और अनुष्ठानों का निर्माण किया। उन्होंने उसी नियमित पूजा का संगठन किया, पुरोहितों की शिक्षा के लिए धर्मशास्त्र विद्यालय की स्थापना की। वे स्वयं ही उक्त विद्यालय में शिक्षा व्याख्यान देते थे, और सन् 1848 में उन्होंने धर्म विश्वासियों की शिक्षा के लिए संस्कृत में 'बह्मधर्म' नाम की पुस्तक लिखी, जो 'धर्म व नीतिशास्त्र का आस्तिक ग्रंथ है' उनका अपना यह विश्वास था कि यह ग्रंथ भगवत्प्रेरणा से लिखा गया है।" (रामकृष्ण, पृष्ठ 119)

देवेन्द्रनाथ ठाकुर का यह ब्रह्मधर्म राजा राममोहन राय के आदर्श के अनुसार नहीं था। ठाकुर भी चाहे उपनिषदों को मानते थे, पर उन्होंने अपने इस धर्म की नींव पश्चिम के तर्कवाद पर रखी थी। प्रसिद्ध साहित्यकार अक्षयकुमार दत्त और राजनारायण बसु उनके प्रमुख सहयोगी थे। मूर्ति-पूजा आदि कर्म-कांड को इन लोगों ने त्याग दिया, पर समाज-सुधार में उनकी कोई रुचि नहीं थी बल्कि रक्षणशील देवेन्द्रनाथ हिन्दू समाज के साथ मेल की भावना ही से अपने नये धर्म का प्रचार करते थे। इस प्रचार का प्रभाव यह पड़ा कि हिन्दू कालेज के जो विद्यार्थी नास्तिक अथवा संदेहवादी बनते जा रहे थे, वे अब इस नये धर्म में आने लगे।

1850 में देवेन्द्रनाथ ठाकुर ने अक्षयकुमार और राजनारायण के परामर्श से वेद की अपौरुषेयता तथा संभ्रान्ता के सिद्धान्त को ब्रह्मसमाज से निकाल दिया, जिससे वह हिन्दू धर्म हमेशा के लिए अलग हो गया। लेकिन आधुनिक शिक्षा प्राप्त नवयुवकों ने इस नये धर्म को अपनाया और वह बड़ी तेज़ी से पूरे बंगाल में फैल गया।

1858 में केशवचन्द्र सेन ब्रह्मसमाज के सदस्य बने। देवेन्द्रनाथ के पुत्र सत्येन्द्रनाथ केशव के सहपाठी थे और वही उन्हें ब्रह्मसमाज में लाए। केशवचन्द्र शिक्षा समाप्त करके बैंक में क्लर्क भर्ती हो गए थे, पर वे अपनी तीक्ष्ण प्रतिभा और भाषणपटुता के बल पर ब्राह्मों के नेता बन गए। अंग्रेज़ी, बंगला और हिन्दी में उनके जोड़ का वक्ता उस समय कोई दूसरा नहीं था और नवयुवकों पर केशव का बहुत अधिक प्रभाव था।

देवेन्द्रनाथ ठाकुर ब्रह्मसमाज के प्रधानाचार्य थे। उन्होंने केशव को, उनकी प्रतिभा और प्रभाव को देखते हुए, आचार्य नियुक्त कर दिया। केशवचन्द्र चूंकि निम्न जाति के थे, इसलिए उन्हें आचार्य बनाने पर विरोध का तूफान उठ खड़ा हुआ। रक्षणशील ठाकुर में इतना साहस नहीं था कि वे इस तूफान का मुकाबला करते। उन्होंने विरोधियों को शान्त करने के लिए केशव को आचार्य के पद से अलग कर दिया।

इस पर नवयुवकों ने जो तूफान खड़ा किया, उसका परिणाम यह निकला कि ब्रह्मसमाज दो भागों में विभाजित हो गया। एक भाग जो देवेन्द्रनाथ ठाकुर के नेतृत्व में रहा, उसका नाम 'आदि ब्रह्मसमाज' पड़ा और जो भाग केशव के नेतृत्व में अलग हुआ, उसका नाम 'अखिल भारतीय ब्रह्मसमाज' पड़ा।

केशव को आचार्य के पद से हटाना तो एक ऊपरी घटना थी, ब्रह्मसमाज में विभाजन का वास्तविक कारण तो उसके भीतरी अंतर्विरोध थे, जो दिन-दिन तीव्र से तीव्रतर होते जा रहे थे। इन अंतर्विरोधों को समझने के लिए तनिक पीछे जाना होगा।

डेविड हेयर और डी रोजियो समाज-सुधार के क्षेत्र में राममोहन राय के उत्साही सहयोगी थे। डेविड हेयर स्काट निवासी थे और व्यापार के लिए भारत आए थे। पर यहां आकर उन्होंने अपना सारा धन शिक्षा के प्रचार-प्रसार में लगा दिया और अपने आपको समाज-सुधार के लिए अर्पित कर दिया। डी रोजियो एंग्लो-इंडियन था। वह अठारह बरस की आयु में हिन्दू कालेज में अध्यापक नियुक्त हुआ था। वह प्रतिभाशाली लेखक तथा कवि था और फ्रांस के विश्वकोशियों से प्रभावित था। उसका किसी भी धर्म में विश्वास नहीं था। वह एकदम भौतिकवादी था। उसके कवि और आकर्षक व्यक्तित्व के कारण कालेज के अधिकांश विद्यार्थी स्वच्छंद और विद्रोही बन गए। सिर्फ मूर्ति-पूजा और कुसंस्कारों ही की बात नहीं, वे हिन्दू धर्म और समाज ही से घृणा करने लगे।

पाश्चात्य प्रणाली तथा अन्य निरपेक्ष व्यक्ति स्वातंत्र्यवाद से प्रभावित ये नवयुवक ब्रह्मसमाज में गए तो बुद्धि और धार्मिक अंतर्दृष्टि को मिलाने वाले अठारह महीने हिमालय के शिखर पर एकान्त में बिताने वाले मध्यमार्गी देवेन्द्रनाथ और उनके अनुयायियों से नवयुवकों का टकराव स्वाभाविक था। इसी टकराव से अंतर्विरोध पैदा हुए और अंत में इसी से ब्रह्मसमाज विभाजित हुआ।

1866 में जो अखिल भारतीय ब्रह्मसमाज अलग हुआ। उसके नेता केशवचन्द्र की मां बचपन में मर गई थीं और उनका पालन-पोषण एक अंग्रेज़ी स्कूल में हुआ था। उन्होंने संस्कृत बिलकुल नहीं पढ़ी थी। ईसा उनके आराध्य और बाइबिल सर्वोत्तम धार्मिक ग्रंथ था। परिणाम यह कि उन्होंने अपने नये समाज को यहां तक ईसाइयत के रंग में रंग दिया कि उसके उपासना-मंदिर के अगले भाग पर क्रास-नुमा बुर्ज बनवाया, जिसके कारण साधारण लोग उसे 'केशव का गिरजा' कहने लगे।

कहावत है कि नया मुल्ला ज़्यादा 'अल्लाह, अल्लाह' पुकारता है। केशवसेन का उत्साह इतना प्रबल था कि वे मित्रों तथा सहयोगियों से अपने को 'ईशूदूत' या ईसा का सेवक कहकर पुकारने का आग्रह करते थे और क्रिसमस का त्योहार उपवास के साथ मनाते थे। उन्होंने अपने उपासना-मन्दिर का द्वार सभी देशों और सभी जातियों के मनुष्यों के लिए खोल दिया और अपने उपासना ग्रंथ में बाइबिल, कुरान और

जेन्दावस्त के अंश शामिल किए। लेकिन केशव और उनके अनुयायियों का झुकाव विशेष रूप से ईसाई धर्म ही की ओर था, इसलिए ब्रह्मसमाज की धार्मिक साधना में पाप बोध, पाप भय, पश्चात्ताप और भावावेश में रोना इत्यादि को आध्यात्मिक उन्नति का सहायक माना जाने लगा।

ब्रह्मसमाज का कार्यक्षेत्र समाज-सुधार था। केशवचन्द्र और उनके अनुयायियों ने रात्रि-स्कूल खोले, स्त्री-शिक्षा और स्त्री-स्वाधीनता पर बल दिया, खान-पान में पुराने विधि-निषेधों का उल्लंघन किया और असवर्ण-विवाह की प्रथा डाली, जिसे ब्रिटिश सरकार ने 1872 में कानून द्वारा मान्यता प्रदान की। लेकिन ब्रह्मसमाज के प्रचारकों की ईसाई धर्म के प्रति प्रीति और ईसाई नीतिवाद के प्रति आकर्षण यहां तक बढ़ गया था कि वे अपने भाषणों में हिन्दू समाज, उसके रीति-रिवाजों और प्राचीन शास्त्रों पर भीषण आक्रमण करने लगे। उनमें उदारता तथा सहिष्णुता नाममात्र को नहीं थी। उन्होंने एक प्रकार की संकीर्णता और कट्टरता के स्थान पर दूसरी प्रकार की संकीर्णता और कट्टरता अपना ली थी। शरतचन्द्र चट्टोपाध्याय ने अपने उपन्यासों में जहां हिन्दू समाज की आलोचना की है, वहां ब्रह्मसमाजियों की संकीर्णता और कट्टरता का भी यथार्थ चित्रण किया है।

जहां क्रिया है वहां प्रतिक्रिया भी है। ब्रह्मसमाज के इन आक्रमणों से अपनी रक्षा के लिए प्राचीन पंथियों ने 'हरिसभा' स्थापित की। पंडित ससाधर तारकचुदामणि और गरीबदास सम्प्रदाय के स्वामी कृष्णानन्द उनके प्रवक्ता थे। उन्होंने यज्ञोपवीत-शिखा और दान-दक्षिणा की आध्यात्मिक व्याख्या की। ब्रह्मसमाज पाश्चात्य प्रणाली से प्रभावित मध्यवर्ग का आन्दोलन था और हरिसभा उच्चवर्ग के भरे पेट लोगों की संस्था थी, जिनमें जीवन और उत्साह नहीं था। इस वर्ग की निकृष्टता का उसके प्रचार में व्यक्त होना स्वाभाविक था। "बारह वर्ष के बच्चे भी 'हरिसभा' की वेदी से हरिभक्ति की महिमा के संबंध में भाषण देते थे और दर्शकगण ताली बजाकर उन्हें आकाश पर चढ़ा देते थे। एक ओर बह्मसमाज की वेदी से आचार्य और उपाध्याय वर्ग हिन्दू के धर्म एवं समाज के सिर पर अग्निमय अभिशापों की वर्षा कर रहे थे और उधर दूसरी ओर कट्टर-पंथियों के दल घोर अश्लील कविताओं और कहानियों के माध्यम से ब्रह्मसमाज की दिखावटी साधुता का बड़ी बुरी भाषा में प्रतिवाद करने में लगे हुए थे। इस वाद-प्रतिवाद के फलस्वरूप एक ऐसे निन्दनीय, कुरुचिपूर्ण साहित्य की सृष्टि हुई, जो बंग साहित्य के ललाट पर एक अमिट कलंक है।" (विवेकानन्द चरित, पृष्ठ 65)

कलकत्ता जब इन आन्दोलनों की क्रिया-प्रतिक्रया से विक्षुब्ध हो रहा था तभी दक्षिणेश्वर से रामकृष्ण की ख्याति धीरे-धीरे फैलना शुरू हुई। हम देख चुके हैं कि वे एक अपढ़ प्रतिभा थे और विवेकानन्द के शब्दों में 'ऊपर से भक्त भीतर से ज्ञानी' थे। उन्होंने प्राचीन शास्त्रों को मौखिक रूप से सुना और उनके उत्कृष्ट तत्त्वों को

भली-भांति आत्मसात् किया था। वे अपनी श्लेषमयी भाषा में, जो सुबोध और सरल भाषण करते थे, ब्रह्मसमाज और हरिसभा में होने वाले भाषणों की उनसे कोई तुलना नहीं थी। जनसाधारण की तो बात ही क्या प्रत्येक सम्प्रदाय के साधु-संत और प्रोफेसर और विचारक उनके पास खिंचे आने लगे। रामकृष्ण ने पाश्चात्य की बाढ़ को रोककर ब्रह्मसमाज और हरिसभा के बीच में एक ऐसा मार्ग प्रशस्त किया, जिसने उत्साही और जिज्ञासु नवयुवकों को अतीत और परम्परा से जोड़ दिया और जिसने आस्थावानों की उच्छृंखलता और कट्टरता दोनों से रक्षा की।

रामकृष्ण परमहंस मूर्ति-पूजक और अनेकेश्वरवादी होते हुए भी अपने समय के सभी धर्म-प्रचारकों और विचारकों से अधिक लोकप्रिय हो गए। केशवचन्द्र सेन 1875 में उनके सम्पर्क में आए तो वे उनसे प्रभावित हुए बिना न रह सके। उन्होंने अपनी 'संडेमिरर' पत्रिका में लिखा कि "हिन्दुओं की मूर्ति-पूजा मूर्त रूप धारण किए हुए ईश्वरीय गुणों के अतिरिक्त अन्य कोई वस्तु नहीं है। यदि इस मूर्त आकृति का त्याग कर दिया जाए तो जो शेष रह जाता है, वह एक सुन्दर प्रतीक है... हमने यह जान लिया है कि प्रत्येक मूर्ति जिसकी कि हिन्दू पूजा करते हैं, ईश्वर के किसी गुण विशेष का प्रतिनिधित्व करती है और प्रत्येक गुण को किसी विशेष नाम से पुकारा जाता है। नवधर्म में विश्वास रखने वाले प्रत्येक व्यक्ति को उन समस्त गुणों के एकमात्र अधिकारी एक ईश्वर की पूजा करनी चाहिए, जिन गुणों का हिन्दुओं ने तैंतीस करोड़ देवताओं में प्रतिनिधित्व दिखलाया है।" (रामकृष्ण, पृष्ठ 131)

केशवचन्द्र सेन 1870 में इंग्लैंड की यात्रा पर गए। वहां उन्होंने अपनी सरल अंग्रेज़ी में 40,000 व्यक्तियों के सम्मुख भाषण दिए थे। पश्चिम के आध्यात्मिक सहयोगी और पूर्व में ईसा के संदेशवाहक के रूप में उनका स्वागत हुआ। वहां से लौटे तो वे अपनी ख्याति की पराकाष्ठा पर थे। सरकार की सद्भावना से उनकी ब्रह्मसमाज को विशेष लाभ हुआ था। इलाहाबाद, मुंगेर, लखनऊ, बम्बई, शिमला और लाहौर इत्यादि शहरों में उनकी शाखाएं खुल गईं। केशव ने 1873 में इस नवीन धर्म के भाई-बहनों में एकता स्थापित करने के लिए सारे भारत की यात्रा की। इसी यात्रा के दौरान उनके मन में ब्रह्मसमाज को अधिक लोकप्रिय बनाने का विचार आया। अतएव "महाभक्त चैतन्य के रहस्यवाद और संकीर्तन को ब्रह्मसमाज धर्म मंदिर के अन्दर प्रवेश कराया गया। प्रातःकाल से लेकर रात्रि समय तक वैष्णव संगीत वाद्यों के साथ प्रार्थनाएं व स्तोत्रों का पाठ, और भगवान का महोत्सव होने लगा। और वे केशव जिनके बारे में यह कहा जाता था कि वे कभी न रोए थे, अश्रुप्लावित मुख के साथ उन सब आयोजनों में पुरोहित का कार्य करते थे।" (वही, पृष्ठ 129)

इससे अखिल भारतीय ब्रह्मसमाज में भी अन्तर्विरोध पैदा हुए और जब केशवचन्द्र ने अपनी नाबालिग कन्या का ब्याह कूचबिहार के राजा से किया तो उनपर

आदर्शों को त्याग देने का आरोप लगाकर सदस्यों की एक बड़ी संख्या ने अलग होकर 'साधारण ब्रह्मसमाज' की स्थापना की।

साधारण ब्रह्मसमाज के नेता नगेन्द्रनाथ चट्टोपाध्याय थे। हरिसभा के पंडित ससाधर ने उनसे विवाद किया और कहा कि मूर्तरूप के बिना भगवान की पूजा सम्भव नहीं है। अपनी धारणा को कोई न कोई आकार तो देना ही होगा। यह विवाद पुराना है। सगुण और निर्गुण की–साकार और निराकार की बहस हिन्दुओं के विभिन्न सम्प्रदायों में भी होती आई और ईसाइयों और हिन्दुओं में बड़े दिनों तक चलती रही। बौद्धमत सब धर्मों से अधिक दार्शनिक और तर्कसंगत है। बुद्ध ने आत्मा और परमात्मा के अस्तित्व को भी स्वीकार नहीं किया। लेकिन कालान्तर में यही बौद्ध धर्म महायान, हीनयान, सहजयान और नाथपंथ–चार मतों में बंट गया। महायान मत द्वारा ही तिब्बत, चीन और जापान में ईश्वर संबंधी धारणा विकसित हुई। महायान मत ने ही शक्ति-पूजा की तांत्रिक विधि चलाई। हिन्दुओं में मूर्ति-पूजा और मन्दिरों में बड़े-बड़े धर्मोत्सव मनाने की प्रथा चौथी ईसवी शताब्दी में बौद्धों ही से आई। पश्चिम बंगाल में महायान सम्प्रदाय ही का अधिक प्रभाव था। काली की विभिन्न प्रकार की मूर्तियां बनाकर शक्ति-पूजा इसी सम्प्रदाय के प्रभाव से शुरू हुई। कहते हैं कि नागार्जुन ने भूटान में जिस एकजात देवी की आराधना का सूत्रपात किया, उसी का नाम काली है।

कहने का तात्पर्य यह है कि धर्म चाहे वह प्रारम्भ में ईश्वर को न माने यदि पुनर्जन्म को मानता है, तो अन्ततोगत्वा उसे अपने अनुयायियों को एक ईश्वर–एक अराध्य देना पड़ेगा। धर्म के प्रवर्तक या विचारक उसे निर्गुण और निराकार कहते रहें, लेकिन साधारण अपढ़ अनुयायी उसे अवश्य सगुण और साकार बना लेंगे। चूंकि तथ्यों की मिथ्या व्याख्या का नाम ही धर्म है, इसलिए धर्म चाहे किसी भी देश और किसी भी युग का हो उसकी मान्यताएं अंधश्रद्धा और अंधविश्वास पर टिकी हुई हैं। इसीलिए जब तक धर्म है, धर्मान्धता भी किसी न किसी रूप में अवश्य रहेगी। वर्ग-विभाजित समाज में शोषक और शासक वर्ग अपने निहित स्वार्थों की रक्षा के लिए शोषित और शासितों को धर्म की अफीम पिलाते हैं और पिलाते रहेंगे। मूर्ति-पूजा धर्मान्धता के अनेक रूपों में से एक रूप है। ईसाई मिशनरियों से भी पहले मुसलमानों ने अपने को 'बुतशिकन' कहकर मूर्ति-पूजा के खिलाफ जिहाद बोला, ब्रह्मसमाज और आर्य समाज ने मूर्ति-पूजा के कलंक को धो देने का बहुत प्रयत्न किया, लेकिन हम देखते हैं–कि खुद मुसलमान, ईसाई ब्रह्मसमाजी और आर्यसमाजी मूर्ति-पूजा से भी निकृष्टतम धर्मान्धता का परिचय दे रहे हैं। जहां तक मूर्ति-पूजा का संबंध है, वह भी ज्यों की त्यों बनी हुई हैं। न सिर्फ अपढ़ जनसाधारण बल्कि एम० एस-सी० पास और इंजीनियर तक हनुमान के मन्दिर और वैष्णव देवी जाते हैं, काली की पूजा करते हैं।

हमारे कुछ शिक्षित बंधु, विशेषकर अपने को प्रगतिशील कहने वाले बुद्धिजीवी विवेकानन्द की ऐतिहासिक भूमिका को समझने का तनिक भी प्रयास नहीं करते। वे विवेकानन्द को सिर्फ इसलिए प्रतिक्रियावादी कह देते हैं कि उन्होंने मूर्ति-पूजा का समर्थन किया। सवाल यह है कि अगर राजा राममोहन राय, दयानन्द और केशवचन्द्र सेन के प्रचार से मूर्ति-पूजा दूर नहीं हुई तो क्या एक विवेकानन्द के विरोध से दूर हो जाती ? ये तथाकथित बुद्धिजीवी कभी नहीं समझ पाएंगे कि विवेकानन्द एक व्यक्ति निरपेक्ष राष्ट्र नेता थे। मूर्ति-पूजा का विरोध करके उन्हें अपने आपको प्रगतिशील और महान विचारक सिद्ध नहीं करना था, बल्कि उन्हें मूर्ति-पूजा का पक्ष लेकर भारत की अपढ़ दरिद्र साधारण जनता की साम्राज्यवाद के सांस्कृतिक आक्रमण से रक्षा करनी थी और वह उन्होंने की। 30 अक्टूबर, 1899 को वे अपनी प्रिय अमेरिकन बहन कुमारी हेल के नाम अपने पत्र में लिखते हैं :

"जहां तक धार्मिक सम्प्रदायों का प्रश्न है ब्रह्मसमाज, आर्यसमाज तथा अन्य व्यर्थ की खिचड़ी पकाते हैं। वे मात्र अंग्रेज़ी मालिकों के प्रति कृतज्ञता की ध्वनियां हैं, जिससे वे हमें सांस लेने की आज्ञा दे सकें। हम लोगों ने एक नये भारत का श्रीगणेश किया है–एक विकास–इस बात की प्रतीक्षा में कि आगे क्या घटित होता है। हम तभी नये विचारों में आस्था रखते हैं, जब राष्ट्र उनकी मांग करता है, जिसका हमारे मालिक अनुमोदन करें, किन्तु हमारे लिए वह सत्य है, ब्रह्मसमाजी के लिए सत्य की यह कसौटी है, जिसका हमारे मालिक अनुमोदन करें, किन्तु हमारे लिए वह सत्य है, जो भारतीय बुद्धि और अनुभूति द्वारा मंडित है। संघर्ष आरम्भ हो गया है–हमारे एवं ब्रह्मसमाज के बीच नहीं, क्योंकि वे पहले ही से निष्प्राण हो गए हैं, बल्कि इससे भी अधिक कठिन, गम्भीर एवं भीषण संघर्ष।" (सप्तम खंड, पृष्ठ 383)

ब्रह्मसमाजी और उन सरीखे दूसरे पढ़े-लिखे लोगों ने अपने राष्ट्रीय गौरव को भुलाकर अंग्रेज़ के गौरव को ओढ़ लिया था। वे अपने अतीत, इतिहास और परम्परा को ताक पर रखकर 'विशुद्ध आधुनिक' बनते जा रहे थे। अंग्रेज़ जिस चीज़ की प्रशंसा करे वही उत्कृष्ट और सत्य थी। मूर्ति-पूजक रामकृष्ण परमहंस ने पश्चिम के इस अन्धे अनुकरण की बढ़ती हुई प्रवृत्ति को रोका। विवेकानन्द ने अपने 'वर्तमान भारत' लेख में लिखा है :

"एक कम बुद्धिवाला लड़का श्री रामकृष्ण देव के सामने सदा शास्त्रों की निंदा किया करता था। उसने एक बार गीता की बड़ी प्रशंसा की। इस पर श्री रामकृष्ण देव ने कहा, 'किसी अंग्रेज़ विद्वान ने गीता की प्रशंसा की होगी। इसीलिए यह भी उसकी प्रशंसा कर रहा है।' " (नवम खंड, पृष्ठ 226)

प्रश्न मूर्ति-पूजा का नहीं, प्रश्न राष्ट्रीय गौरव, राष्ट्रीय संस्कृति और परम्परा की रक्षा का था। जो सिर्फ मूर्ति-पूजा की बात करते हैं, वह इस प्रश्न के प्रधान तत्त्व को समझने में असमर्थ हैं। अपने इतिहास के बारे में उनका ज्ञान उतना ही है जितना

अंग्रेज़ उन्हें पढ़ा गया है। वे यह नहीं जानते कि विदेशी मुस्लिम शासकों ने भी अपने को 'बुतशिकन' कहकर 'बुतपरस्त' काफिरों को अंधविश्वास से निकालने के नाम पर हमारे राष्ट्रीय गौरव, संस्कृति और परम्परा पर इसी प्रकार आक्रमण किया था। मध्ययुग का भक्ति आन्दोलन इसी आक्रमण की प्रतिक्रिया थी। कबीर, दादू, नानक, चैतन्य और तुकाराम ने इस आक्रमण से जनसाधारण की रक्षा की और उन्हें अपने व्यक्तिगत उपास्य दिए। राम अवतार बना देने वाले तुलसी को भी चट प्रतिक्रियावादी कह दिया जाता है और इस बात का तनिक भी ध्यान नहीं रखा जाता कि तुलसी ने इस विदेशी सांस्कृतिक आक्रमण के विरुद्ध शैव से शूद्र तक का संयुक्त मोर्चा स्थापित करने की महत्त्वपूर्ण भूमिका अदा की। विवेकानन्द ने इतिहास को चूंकि अपनी दृष्टि से पढ़ा था, इसलिए वे लिखते हैं :

"भारत में पूर्वोक्त सुधार की विचारधारा उस समय आई, जब ऐसा प्रतीत होता था कि मानो भौतिकवाद की तरंग जिसने भारत पर आक्रमण किया था, इस देश के प्राचीन आर्य ऋषियों की संस्कृति एवं शिक्षा को बहा देगी। परन्तु राष्ट्र पहले क्रान्ति की ऐसी हज़ारों तरंगों की चोट सह चुका था, पर यह तरंग अतीत की तरंगों की अपेक्षा हल्की ही थी। एक लहर के बाद दूसरी लहर देश को दबाती रही थी। तलवारें चमकी थीं और 'अल्ला-हो-अकबर' नारों से भारत का आकाश गूंज उठा था। परन्तु धीरे-धीरे ये लहरें शान्त हो गईं और राष्ट्रीय आदर्श पूर्ववत् बने रहे।" (सप्तम खंड, पृष्ठ 241)

यह ठीक है कि अर्थव्यवस्था किसी भी समाज का मुख्य आधार होती है। पर ऊपरी ढांचे–संस्कृति की उपेक्षा करना, चेतना और पदार्थ के द्वन्द्वात्मक संबंध की उपेक्षा करना है। संस्कृति और परम्परा राष्ट्रीय एकता को बनाये रखने के लिए सीमेंट का काम करती है। इसीलिए प्रत्येक विदेशी विजेता विजित राष्ट्र की संस्कृति और परम्परा को नष्ट करने का प्रयास करता है क्योंकि इसके बिना उसकी राजनीतिक विजय स्थायी नहीं हो सकती और उसे सदा चुनौती का खतरा रहता है। मुस्लिम विजेताओं ने भारतीय समाज को भीतर से नष्ट करने के जो प्रयास किए, उनके विस्तार में जाने की गुंजाइश नहीं। लेकिन उससे जो समस्याएं पैदा हो गई हैं, उन्हें समझ लेना आवश्यक है, क्योंकि बिना समझे समाधान सम्भव नहीं। मुस्लिम शासकों ने संस्कृत के स्थान पर अरबी और फारसी लागू की। यह हमारे राष्ट्र पर विदेशी संस्कृति और परम्परा आरोपित करने का प्रयास था। परिणाम यह कि शासक वर्ग का बुद्धिजीवी विदेश से आता रहा। इसके अलावा मुस्लिम शासक भारतीयों पर अधिक भरोसा नहीं करते थे, इसलिए विदेश से सैनिक भर्ती भी बराबर होती रही। इस प्रकार जो बुद्धिजीवी और सैनिक अधिकारी बाहर से आते थे, वे अपने को भाषा-संस्कृति आदि हर एक बात में स्थानीय हिन्दू और मुसलमानों से श्रेष्ठ मानते थे। 'विलायती' शब्द उन्हीं के लिए प्रयोग होता था। ये 'विलायती' तत्त्व हमारे राष्ट्रीय

जीवन का अंग नहीं बन सके, सदा विदेशी ही बने रहे।

हमारे अपने देश में भी ऐसे तत्त्व थे, जिन्होंने दरबारदारी को अपना पेशा बना रखा था। उनमें कायस्थ और कश्मीरी ब्राह्मण विशेष रूप से उल्लेखनीय हैं। उनके लिए विद्या राजदरबार में रसोई का साधनमात्र थी और इसके सिवा कोई प्रयोजन नहीं था। मुसलमानों के आने से पहले वे संस्कृत सीखकर राजाओं की दरबारदारी करते थे, जब मुसलमान आए तो उन्होंने फारसी सीखकर मुसलमानों की दरबारी की और फिर जब अंग्रेज़ आए तो वे चट अंग्रेज़ी सीखकर उनकी दरबारदारी करने लगे। शासक वर्ग की भाषा और संस्कृति ही उनकी भाषा और संस्कृति थी। भारत के अतीत, इतिहास और परम्परा से उन्होंने अपना संबंध विच्छेद कर लिया था। जनसाधारण के शोषण और दमन में किसी भी शासक वर्ग का सहयोगी बन जाना और चापलूसी करना उनके जीवन का मूलमंत्र था और अब भी है।

जो भक्ति आन्दोलन संस्कृति की रक्षा के लिए शुरू हुआ था, उसने आखिर पंजाब और महाराष्ट्र में सशस्त्र संघर्ष का रूप धारण किया और उसके परिणामस्वरूप सिख और मराठा सरकारें अस्तित्व में आईं। लेकिन, विवेकानन्द के शब्दों में, "मराठा या सिख साम्राज्य के पूर्व प्रवर्तित धार्मिक महत्त्वाकांक्षा पूर्णतया प्रतिक्रियावादी थी। पूना या लाहौर के दरबार में उस बौद्धिक गरिमा की एक किरण भी नहीं मिलती थी, जिससे मुगलदरबार घिरा रहता था, मालवा या विजय नगर की बौद्धिक जगमगाहट की तो बात ही क्या। बौद्धिक विकास की दृष्टि से यह काल भारतीय इतिहास का सबसे अंधकारपूर्ण युग था। ये दोनों अल्पजीवी साम्राज्य घृणास्पद मुसलमानी शासन को उलट देने में सफल होने के तुरन्त बाद ही अपनी सारी शक्ति खो बैठे, क्योंकि ये दोनों ही संस्कृति से पूर्ण घृणा करने वाले तथा सामान्य धर्मांधता के प्रतिनिधि रह गए थे।

"फिर से एक बार अस्त-व्यस्तता का युग आ गया। मित्र-शत्रु, मुगल साम्राज्य एवं उसके विध्वंसक, तब तक शान्तिप्रिय रहने वाले विदेशी फ्रांसिसी और अंग्रेज़ इस पारस्परिक लड़ाई में जुट गए। पचास वर्षों से भी अधिक समय तक लड़ाई, लूटमार, मारकाट के अतिरिक्त और कुछ नहीं हुआ। और जब धूल और धुआं दूर हो गया, अंग्रेज़ शेष सब पर विजयी के रूप में प्रकट हुआ।" (दशम खंड, पृष्ठ 154)

अंग्रेज़ व्यापारी शासक बहुत चालाक थे। उन्होंने जनता के बीच के अंतर्विरोधों को तीव्र बनाया और तीन प्रकार के दलाल तत्त्व पैदा किए–व्यापार द्वारा दलाल पूंजीपति, कार्नवालिस के स्थायी बंदोबस्त द्वारा दलाल सामन्त और मैकॉले की शिक्षा द्वारा दलाल बुद्धिजीवी। इन तीन प्रकार के दलाल तत्त्वों में मुस्लिम काल के उक्त विदेशी और देशी तत्त्व भी सहज में घुलमिल गए। वे अपने वर्ग स्वभाव से जन-विरोधी और परम्परा विरोधी थे। इन लोगों ने अंग्रेज़ शासकों के आगे सम्पूर्ण रूप से आत्मसमर्पण कर दिया। और गोरे प्रभुओं के सामने अपने को साफ-सुथरा बनाकर

पेश करने के लिए यही लोग सुधारक बन बैठे। ये विवेकानन्द ही थे जिन्होंने जनसाधारण का पक्ष धारण करके अंग्रेज़ शासकों और उनका अंधानुकरण करने वाले इन लोगों को एक साथ फटकारा।

जो अंग्रेज़ शासक हमें सभ्य बनाने की डींग हांकते थे, उनसे विवेकानन्द ने कहा कि हमारे इस महान राष्ट्र के दो गुण हैं–एक जिज्ञासा और दूसरे काव्यमय अंतर्दृष्टि। हमारी इस साहसी जाति ने अपूर्व जिज्ञासा के साथ अपनी यात्रा आरम्भ की और उसने गणित शास्त्र, रसायन शास्त्र, चिकित्सा शास्त्र, संगीत शास्त्र एवं धनुष विद्या के आविष्कार में, यहां तक कि आधुनिक यूरोपीय सभ्यता के निर्माण में किसी भी अन्य प्राचीन अथवा अर्वाचीन जाति से कहीं अधिक योगदान किया है।

फिर उसने अपनी दूसरी विशेषता से अपना धर्म, अपना दर्शन, अपना इतिहास, अपना नीति-शास्त्र, अपना राज्य-शास्त्र सब काव्यमयी कल्पना के पुण्य-कुंज से सजा दिए हैं–और यह सब चमत्कार है उस भाषा का, जिसे हम 'संस्कृत' कहते हैं, जिसके अतिरिक्त किसी अन्य भाषा में उन्हें इससे अधिक अच्छी प्रकार व्यक्त करना सम्भव न था, न है। यहां तक कि गणित शास्त्र के कठोर तथ्यों की अभिव्यक्ति के लिए भी उस भाषा ने हमें संगीतमय अंक प्रदान किए।

इन्हीं दो विशेषताओं के बल पर हमारी यह जाति आज भी जीवित है। "यदि हमारी रीति-नीति इतनी खराब होती, तो इतने दिनों में हम लोग नष्ट क्यों नहीं हो गए ? विदेशी विजेताओं की चेष्टा में क्या कसर रही है ? तब भी सारे हिन्दू मरकर नष्ट क्यों नहीं हो गए ? अन्यान्य असभ्य देशों में भी तो ऐसा ही हुआ है। भारतीय प्रदेश ऐसे मानव जनविहीन क्यों नहीं हो गए कि विदेशी उसी तरह यहां आकर खेती-बाड़ी करने लगते जैसा कि आस्ट्रेलिया, अमेरिका तथा अफ्रीका आदि में हुए तथा हो रहा है ? तब वे विदेशी, तुम अपने को जितना बलवान समझते हो, वह केवल कल्पना ही है, भारत में भी ब्रह्म है, सार है, इसे पहले समझ लो कि अब भी हमारे पास जगत् के सभ्यता-भंडार में जोड़ने के लिए कुछ है, इसीलिए हम बचे हैं।"

और अंग्रेज़ का अंधानुकरण करने वालों से कहा :

"... इसे तुम लोग भी अच्छी तरह समझ लो जो भीतर-बाहर से साहब बने बैठे हो तथा यह कहकर चिल्लाते घूमते हो–'हम लोग नर-पशु हैं, हे यूरोपवासियो, हमारा उद्धार करो' और यह कहकर धूम मचाते हो कि ईसू आकर भारत में बैठे हैं। ओ बंधु ! यहां ईसू भी नहीं आए, जिहोवा भी नहीं आए और न आएंगे ही। वे इस समय अपने घर सम्भाल रहे हैं, हमारे देश में आने का उन्हें अवसर नहीं है। इस देश में वही बूढ़े शिवजी बैठे हैं, यहां काली माई बलि खाती हैं और बंसीधारी बंसी बजाते हैं।... यह जो हिमालय पहाड़ है, उसके उत्तर में कैलास है, वहां बूढ़े शिव का प्रधान अड्डा है। उस कैलास को दस सिर और बीस हाथ वाला रावण

भी नहीं हिला पाया, फिर उसे हिलाना क्या किसी पादरी-सादरी का काम है ? वे बूढ़े शिव डमरू बजाएंगे, यहां काली बलि खाएगी और श्रीकृष्ण बंसरी बजाएंगे–यही सब देश में हमेशा होगा ! यदि तुम्हें अच्छा नहीं लगता तो हट जाओ। तुम दो-चार लोगों के लिए क्या सारे देश को अपना सर्वनाश करना होगा ? इतनी बड़ी दुनिया पड़ी है, किसी दूसरी जगह जाकर क्यों नहीं चरते ? ऐसा तो कर ही न सकोगे, साहस कहां है ? इस बूढ़े शिव का अन्न खाएंगे, नमकहरामी करेंगे और ईसा की जय मनाएंगे। धिक्कार है ऐसे लोगों को, जो यूरोपियनों के सामने जाकर गिड़गिड़ाते हैं कि हम अति नीच हैं, हम बहुत क्षुद्र हैं, हमारा सब कुछ खराब है। पर हां, यह बात तुम्हारे लिए ठीक हो सकती है, तुम लोग अवश्य सत्यवादी हो, पर तुम अपने भीतर सारे देश को क्यों जोड़ लेते हो ? ऐ भगवान्, यह किस देश की सभ्यता है ?" (दशम खंड, पृष्ठ 49-50)

मार्च 1901 में ढाका में दिए गए अपने भाषण में विवेकानन्द ने इन दलाल तत्त्वों की श्रेणी से अपने को अलग करते हुए कहा था :

"उक्त विचार वालों के विपरीत एक और वर्ग है, यह प्राचीन वर्ग कहता है कि हम लोग तुम्हारी बाल की खाल निकालने वाला तर्कवाद नहीं जानते और न हमें जानने की इच्छा ही है, हम लोग तो ईश्वर और आत्मा का साक्षात्कार करना चाहते हैं। हम सुख-दुःख में इस संसार को छोड़कर इसके अतीत प्रदेश में, जहां परम आनन्द है, जाना चाहते हैं। यह वर्ग कहता है कि 'सविश्वास गंगा-स्नान करने से मुक्ति होती है। शिव, राम, विष्णु आदि किसी एक में ईश्वर-बुद्धि रखकर श्रद्धा-भक्ति पूर्वक उपासना करने से मुक्ति होती है। मुझे गर्व है कि मैं इन दृढ़ आस्था वालों के प्राचीन वर्ग का हूं।" (पंचम खंड, पृष्ठ 340)

इससे पहले अपने रामनाड के भाषण में इस कथन की व्याख्या यों की थी :

"मुझे बड़े दुःख से कहना पड़ता है कि आजकल हम पाश्चात्य भावनाओं से अणुप्राणित जितने लोगों के उदाहरण पाते हैं, वे अधिकतर असफलता के हैं, इस समय भारत में हमारे मार्ग में दो बड़ी रुकावटें हैं–एक ओर हमारा प्राचीन हिन्दू समाज और दूसरी ओर अर्वाचीन यूरोपीय सभ्यता। इन दोनों में यदि कोई मुझसे एक को पसन्द करने के लिए कहता है तो मैं प्राचीन हिन्दू समाज़ ही को पसन्द करूंगा, क्योंकि अक्षय होने पर भी, अपक्व होने पर भी, कट्टर हिन्दुओं के हृदय में एक विश्वास है, एक बल है–जिससे वह अपने पैरों पर खड़ा हो सकता है। किन्तु विलायती रंग में रंगा व्यक्ति सर्वथा मेरुदंडविहीन होता है, वह इधर-उधर के विभिन्न स्रोतों से वैसे ही एकत्रित किए हुए अपरिपक्व, विशृंखल बेमेल भावों की असंतुलित राशि मात्र है। वह अपने पैरों पर खड़ा नहीं हो सकता, उसका सिर हमेशा चक्कर खाया करता है। वह जो कुछ करता है, क्या आप उसका कारण जानना चाहते

हैं ? अंग्रेज़ों से थोड़ी शाबासी पा जाना ही उसके सब कार्यों का मूल प्रेरक है, वह हमारी कितनी ही सामाजिक प्रथाओं के विरुद्ध तीव्र आक्रमण करता है, इसका मुख्य कारण यह है कि इसके लिए उन्हें साहबों से वाहवाही मिलती है। हमारी कितनी ही प्रथाएं इसलिए दोषपूर्ण हैं कि साहब लोग उन्हें दोषपूर्ण कहते हैं। मुझे ऐसे विचार पसन्द नहीं हैं। अपने बल पर खड़े रहिए–चाहे जीवित रहिए या मरिए। यदि जगत् में कोई पाप है, तो वह है दुर्बलता, दुर्बलता ही मृत्यु है, दुर्बलता ही पाप है। इसलिए सब प्रकार से दुर्बलता का त्याग कीजिए। यह असंतुलित प्राणी अभी तक निश्चित व्यक्तित्व नहीं ग्रहण कर सके हैं, और हम उनको क्या कहें–स्त्री, पुरुष तथा पशु ! प्राचीन पथावलम्बी सभी लोग कट्टर होने पर भी मनुष्य थे। उन सभी लोगों में एक दृढ़ता थी। अब भी इन लोगों में कुछ आदर्श पुरुषों के उदाहरण हैं।"(वही, पृष्ठ 47)

रामकृष्ण परमहंस, सामन्ती दबाव के बावजूद झूठी गवाही न देने वाले उनके पिता पंडित क्षुदीराम और पवहारी बाबा ऐसे ही आदर्श पुरुषों के उदाहरण थे। जबकि देवेन्द्रनाथ ठाकुर, केशवचन्द्र और जस्टिस रामनाड इत्यादि में आधुनिक होते हुए भी इस दृढ़ता का अभाव था। दरअसल ये लोग 'नाम बड़े दर्शन थोड़े' की कहावत चरितार्थ करते थे। इसलिए रामकृष्ण परमहंस ने अपने सुयोग्य शिष्य नरेन्द्र से पहले ही कह दिया था :

"तुम इन लोगों को देखकर अपने मन में हीनता के भाव मत लाओ। इन लोगों का जीवन सौ-सौ वर्ष से अधिक नहीं, जबकि तुम हज़ार वर्ष का जीवन लेकर आए हो।" रामकृष्ण ने विवेकानन्द के चरित्र की दृढ़ता उसी समय देख ली थी।

रामनाड, मैसूर और खेतड़ी के जिन राजाओं ने विवेकानन्द को शिकागो भेजने में सहायता दी थी और जो लौटने पर स्वागत-समारोह में बड़े उत्साह से उनकी गाड़ी में जुते थे, वे भी सूर्यवंशी और चन्द्रवंशी होने के नाते देश के अतीत में गौरव अनुभव करते थे, उनके चरित्र में भी तथाकथित सुधारकों की अपेक्षा अधिक दृढ़ता थी।

मुख्य प्रश्न सुधार का नहीं, देश को विदेशी दासता से मुक्त करने का था। मज़दूर, किसान तथा विद्यार्थी शोषण और दमन के विरुद्ध उठ रहे थे। उभरते हुए राष्ट्रीय पूंजीपति वर्ग और साम्राज्यवाद में वर्ग संघर्ष तेज़तर होता जा रहा था। आनन्द मोहन वसु ने कैम्ब्रिज से लौटकर विद्यार्थी आन्दोलन संगठित किया था और बाद में सुरेन्द्रनाथ बैनर्जी उनके साथ आ मिले थे, जिन्हें विदेशी शासकों ने सिविल सर्विस से अकारण निकाल दिया था। बिपिनचन्द्र पाल का कहना है कि सुरेन्द्रनाथ के जोशीले और देशभक्ति-भरे भाषणों ने विद्यार्थी आन्दोलन में नये प्राण फूंक दिए थे।

उन्नीसवीं सदी के उत्तरार्द्ध में जो राष्ट्रीय चेतना दिन-दिन सबल होती जा रही थी, वह वास्तव में उस समय के साहित्य में व्यक्त हुई। बंकिमचन्द्र के 'आनन्द मठ' आदि ऐतिहासिक उपन्यास राष्ट्रीय भावना से ओतप्रोत थे और उन्होंने अपने

पाठकों को भी सुझाया कि दासता की परिस्थिति में उनके पुरखों को विदेशी सत्ता के विरुद्ध कैसे लोहे से लोहा लड़ाना पड़ा था। बंकिमचन्द्र ने 1873-74 में 'बंग दर्शन' नाम की साहित्यिक पत्रिका भी जारी की थी। बिपिनचन्द्र पाल के अनुसार : "इस पत्रिका ने वही भूमिका अदा की जो फ्रांस के विश्वकोशियों ने यूरोपीय विचार और फ्रांसिसी साहित्य में अदा की थी।" हेमचन्द्र और मधुसूदन दत्त नई चेतना के सशक्त कवि थे। दीनबंधु मित्र ने अपने 'नील दर्पण' नाटक में गोरे ज़मींदारों के द्वारा चम्पारन के किसानों पर ढाए जा रहे अत्याचारों तथा अंधी लूट-खसोट का यथार्थ चित्रण किया था। ब्रिटिश सरकार ने इस नाटक को अवैध घोषित किया और इसका अंग्रेज़ी अनुवाद करने वाले राइट नामी मिशनरी को भारत से निकाल दिया।

यह साहित्यिक चेतना बंगाल तक ही सीमित नहीं थी, उसका प्रभाव देशव्यापी था। उत्तरी भारत में भारतेन्दु हरिश्चन्द्र, मुहम्मद हसन आज़ाद, अल्ताफ हुसैन हाली और भाई पूर्णसिंह उसके प्रतिनिधि थे। बौद्धिक जीवन में ज़बरदस्त हलचल पैदा हुई थी। बिपिनचन्द्र पाल 'मेरे जीवन और समय के संस्मरण' नाम की अपनी पुस्तक में लिखते हैं :

"अंग्रेज़ी पढ़े-लिखे बंगालियों की नई पीढ़ी नये प्रशासन में ज़िम्मेदारी के पदों पर आने लगी थी। कानून और डाक्टरी के पेशों में भी वे गोरों के साथ होड़ ले रहे थे। इन अंग्रेज़ी पढ़े-लिखे बंगालियों की बातचीत और चरित्र में स्वच्छन्दता तथा आत्मविश्वास की नई चेतना व्यक्त होती थी। इन सभी ने देश में जातीय भावना उद्घोषित करना प्रारम्भ कर दिया था। इससे देशभक्ति और राष्ट्रीय गौरव की जो भावना उत्पन्न हुई थी, हेमचन्द्र उसके सशक्त प्रवक्ता थे।" (पृष्ठ 228-29)

इटली की महान क्रान्ति और राष्ट्रीय एकता कोई पचास बरस तक युवकों को प्रेरित करती रही। योगेन्द्रनाथ विद्यासागर ने मेजिनी और गेरीबाल्डी की जीवनियों का बंगला भाषा में अनुवाद किया और पंजाब में लाला लाजपतराय ने भी इन दोनों इतालवी नेताओं की जीवनियां लिखीं, जो 1930-32 तक खूब पढ़ी गईं।

दिन-दिन सबल होती जा रही इस राष्ट्रीय चेतना का दबाव सुधारवादी आन्दोलनों पर भी पड़ा, पड़ना अनिवार्य था। इसी दबाव के कारण विशुद्ध आधुनिकता से काम न चलते देख, केशवचन्द्र अपने ब्रह्मसमाज को मध्यकाल तक ले जाने के लिए बाध्य हुए। इन्हीं परिस्थितियों में 1876 के आस-पास साम्राज्यवादी प्रचार का नया रूप थियोसाफिस्ट आन्दोलन आया। थियोसाफी वाले जिस देश में भी जाते थे उसी देश के रूढ़िवादी धर्म में अपने को ढाल लेते थे। हमारे देश में भी उन्होंने यही ढंग अपनाकर अवतारवाद, रहस्यवाद तथा हिमालय में रहने वाले योगियों की सैकड़ों वर्ष लम्बी आयु और अद्भुत चमत्कारों का प्रचार आरम्भ किया, यह बताने की ज़रूरत नहीं कि विवेकानन्द ने उनकी राष्ट्रविरोधी तथा प्रतिक्रियावादी भूमिका को भली-भांति समझ लिया था।

1875 में स्वामी दयानन्द ने लाहौर में आर्यसमाज की स्थापना की। इससे पहले वे बंगाल आए थे और उन्होंने केशवचन्द्र से बातचीत की थी। पर उनका ब्रह्मसमाज से इसलिए समझौता नहीं हो पाया कि केशवचन्द्र और उनके अनुयायियों ने न संस्कृत पढ़ी थी और न प्राचीन शास्त्रों में उनकी आस्था थी। स्वयं दयानन्द संस्कृत के विद्वान थे और वे वेदों को अपोरुणीय तथा समस्त विद्याओं का स्रोत मानते थे। इसके अतिरिक्त दयानन्द आधुनिक न होकर पुनरुत्थानवादी थे और अतीत की ओर लौट जाने की बात कहते थे। इसके बावजूद आर्यसमाज ने उत्तर भारत में राष्ट्रीय चेतना जगाने में महत्त्वपूर्ण भूमिका अदा की। हर देश का उभरता हुआ पूंजीपति वर्ग अतीत की ओर गर्व से देखता है और अपने राष्ट्रीय आन्दोलन में इतिहास से शास्त्रागार का काम लेता है और वह हमारे देश के उभरते हुए पूंजीपति वर्ग ने भी लिया और लेना स्वाभाविक भी था।

इन सब आघात-प्रतिघातों से नव-जागरण की वह भव्य तरंग उत्पन्न हुई, जिसका उल्लेख विवेकानन्द ने स्वदेश लौटने पर अपने कलकत्ता के भाषण में किया और जिसने दूसरी छोटी-छोटी तरंगों को निगल लिया।

विवेकानन्द नव-जागरण की इस तरंग के उत्कृष्ट प्रतीक और राजा राममोहन राय के सही उत्तराधिकारी थे। उन्होंने राजा राममोहन राय की–वेदान्त, स्वदेश-प्रेम तथा हिन्दू और मुसलमानों से समान प्रीति–तीनों शिक्षाओं को भली-भांति समझा और उन्नीसवीं शताब्दी के अन्त तक की परिस्थिति में उन्हें आगे बढ़ाया।

इसके अलावा विवेकानन्द की तीक्ष्ण दृष्टि ने पूर्वक्षितिज पर अरुणोदय देखा और नये भारत का श्रीगणेश किया और इस बात की प्रतीक्षा में कि आगे बहुत कुछ घटित होने वाला है वे चल बसे।

इस प्रतीक्षा की बात तथा आगे की घटनाओं का विवेचन हम अपनी पुस्तक के अन्तिम परिच्छेद 'बाद की बात' में करेंगे।

# अग्नि-शिखा

**"जीवन समर है। मुझे संघर्षरत ही मरने दो।"**

–विवेकानन्द

1 दिसम्बर, 1900 को कोई डेढ़ साल बाद विवेकानन्द अपनी दूसरी विदेश-यात्रा से कलकत्ता पहुंचे। जैसा कि 'यूरोप-यात्रा के संस्मरण' से प्रकट है, उनकी राजनीतिक भावना जाने से पहले ही बड़ी तीव्र हो गई थी। इस दूसरी यात्रा का महत्त्व यह है कि पाश्चात्य पूंजीवाद ने अब साम्राज्यवाद का जो घृणित रूप धारण कर लिया था उसे उन्होंने भली-भांति समझ लिया था। इस समय उनके मन में जो उथल-पुथल हो रही थी, उसे 30 अक्टूबर, 1899 को रिजले मर्नर से मेरी हेल के नाम लिखे पत्र में यों व्यक्त किया है :

"तुम्हारी चिट्ठी मिली और इसके लिए अनुग्रहीत हूं कि किसी बात ने आशावादी एकान्तवाद को सक्रिय होने के लिए विवश किया है। यों तो तुम्हारे प्रश्नों ने नैराश्य के श्रोत ही को खोल दिया है। आधुनिक भारत में अंग्रेज़ी शासन का केवल एक ही सांत्वनादायक पक्ष है कि एक बार फिर उसने अनजाने ही भारत को विश्व के रंगमंच पर लाकर खड़ा कर दिया है अगर जनता के मंगल के लिए ऐसा किया गया होता तो जैसे परिस्थितियों ने जापान की सहायता की, भारत के लिए इसका परिणाम और भी आश्चर्यजनक होता। जब मुख्य ध्येय खून चूसना हो, कोई कल्याण नहीं हो सकता। मोटे रूप से जनता के लिए पुराना शासन अधिक अच्छा था, क्योंकि जनता से वह सब कुछ नहीं छीनता था और उसमें कुछ न्याय था, कुछ स्वतंत्रता थी।

कुछ सौ आधुनिकृत, अर्ध-शिक्षित एवं राष्ट्रीय चेतना शून्य पुरुष ही वर्तमान अंग्रेज़ी भारत का दिखावा है–और कुछ नहीं।...

भारत को जीतने के लिए अंग्रेज़ों के संघर्ष के मध्य शताब्दियों की अराजकता अंग्रेज़ों द्वारा 1857-58 में किए गए भयावह जनबधों और इससे भी अधिक भयावह अकालों, जो अंग्रेज़ी शासन के अनिवार्य परिणाम बन गए हैं, (देशी राज्यों में कभी अकाल नहीं पड़ता) और उसमें लाखों प्राणियों की मृत्यु के बावजूद जनसंख्या में काफी वृद्धि होती रही है, तब भी जनसंख्या उतनी नहीं है जब देश पूर्ण स्वतन्त्र था–अर्थात् मुस्लिम शासन के पूर्व। भारतीय श्रम एवं उत्पादन से भारत की वर्तमान आबादी की पांच गुनी आबादी का भी आसानी से निर्वाह हो सकता है, यदि भारतीयों

की सारी वस्तुएं उससे छीन न ली जाएं।

यह आज की स्थिति है–शिक्षा को भी अब अधिक नहीं फैलने दिया जाएगा। प्रेस की स्वतन्त्रता का गला पहले ही घोंट दिया गया है, (निरस्त्र तो हम पहले ही से कर दिए गए हैं, और स्वशासन का जो थोड़ा अवसर हमको पहले दिया गया था, शीघ्रता से छीना जा रहा है।[1]) हम इन्तज़ार कर रहे हैं कि अब आगे क्या होगा ! निर्दोष आलोचना में लिखे गए कुछ शब्दों के लिए लोगों को काला पानी की सज़ा दी जाती है, अन्य लोग बिना कोई मुकदमा चलाए जेलों में ठूंसे जा रहे हैं, और किसी को कुछ पता नहीं कि कब उनका सर धड़ से अलग हो जाएगा।

कुछ वर्षों से भारत में आतंकपूर्ण शासन का दौर है। अंग्रेज़ सिपाही हमारे देशवासियों का खून कर रहे हैं, हमारी बहनों को अपमानित कर रहे हैं–हमारे खर्च ही से यात्रा का किराया और पेंशन देकर स्वदेश भेजे जाने के लिए ! हम लोग अंधकार में हैं–ईश्वर कहां है ? मेरी, तुम आशावादिनी हो सकती हो, लेकिन क्या मेरे लिए यह सम्भव है ? मान लो तुम इस पत्र को केवल प्रकाशित भर कर दो–तो उस कानून का सहारा लेकर जो अभी-अभी भारत में पारित हुआ है, अंग्रेज़ सरकार मुझे यहां से भारत घसीट ले जाएगी और बिना किसी कानूनी कार्यवाही के मुझे मार डालेगी। और मुझे यह मालूम है कि तुम्हारी सभी ईसाई सरकारें इस पर खुशियां मनाएंगी, क्योंकि हम गैर-ईसाई हैं। क्या मैं भी सोने चला जा सकता हूं और आशावादी हो सकता हूं ? नीरो सबसे बड़ा आशावादी मनुष्य था। समाचार के रूप में भी वह इन भीषण बातों को प्रकाशित करना नहीं चाहते, अगर कुछ समाचार देना आवश्यक भी हो तो 'रायटर' के सम्वाददाता ठीक उल्टा झूठा समाचार गढ़ कर देते हैं। एक ईसाई के लिए गैर-ईसाई की हत्या भी वैधानिक मनोरंजन है। तुम्हारे मिशनरी ईश्वर का उपदेश करने जाते हैं, लेकिन अंग्रेज़ों के भय से एक शब्द सत्य कह पाने का साहस नहीं कर पाते, क्योंकि अंग्रेज़ उन्हें दूसरे ही दिन लात मारकर निकाल बाहर कर देंगे।

शिक्षा-संचालन के लिए पूर्ववर्ती सरकारों द्वारा अनुदत्त सम्पत्ति एवं ज़मीन को गले के नीचे उतार लिया गया है और वर्तमान सरकार रूस से भी कम शिक्षा पर व्यय करती है। और शिक्षा भी कैसी ?

मौलिकता की किंचित् अभिव्यक्ति भी दबा दी जाती है। मेरी, अगर कोई वास्तव में ऐसा ईश्वर नहीं है जो सबका पिता है, जो निर्बल की रक्षा करने में सबल से भयभीत नहीं है और जिसे रिश्वत नहीं दी जा सकती तो सब कुछ हमारे लिए निराशा ही है। क्या कोई इसी प्रकार का ईश्वर है ? समय बताएगा।

हां तो, मैं ऐसा सोच रहा हूं कि कुछ सप्ताह में शिकागो आ रहा हूं और इन विषयों पर पूर्ण रूप से बात करूंगा। इस समाचार के सूत्र को प्रकट न

1. लार्ड रिपिन ने 1882 में स्वायत्त-शासन के कुछ अधिकार दिए थे, जो वापस ले लिए गए।

करना।" (सप्तम खंड)

वे जब पश्चिम की दूसरी यात्रा पर गए तो भगिनी निवेदिता और स्वामी तुरीयानन्द उनके साथ थे। तुरीयानन्द ने कुछ संस्कृत ग्रंथ साथ ले जाने को कहा तो विवेकानन्द बोले, "पिछली बार उन्होंने एक योद्धा देखा था, इस बार मैं उन्हें एक ब्राह्मण दिखाना चाहता हूं।"

विवेकानन्द का जन्म क्षत्रिय कुल में हुआ था और रामकृष्ण परमहंस को गुरु धारण करके उन्होंने दूसरा जन्म लिया। यों उनके व्यक्तित्व में क्षत्रियत्व और ब्रह्मत्व का समन्वय हुआ था। पहली बार जब वे शिकागो धर्म-महासभा में गए, तब उन्होंने रजोगुण मूलक क्षत्रिय योद्धा की भूमिका अदा की थी। लेकिन अब जब वे पश्चिम की दूसरी यात्रा पर जा रहे थे, तो एशिया जाग उठा था और भारत पर ब्रिटिश साम्राज्यवाद का सांस्कृतिक आक्रमण पराजित हो चुका था। अब उन्हें तर्क-वितर्क नहीं करना था, बल्कि सात्त्विक ब्राह्मण के शान्त और सौम्य रूप में यूरोप वालों को इस विजय का आभास कराना था। ऐतिहासिक संदर्भ बदल जाने से राष्ट्रीय एकता के ध्येय में जो परिवर्तन आया था, उसे उन्होंने शिष्य के साथ 'वार्ता और संलाप' में इस प्रकार व्यक्त किया है :

"जब तक लोग अपने में एक ही प्रकार के ध्येय का अनुभव नहीं करेंगे, तब तक कभी एक सूत्र से आबद्ध नहीं हो सकते। जब तक उनका ध्येय एक न हो, तब तक सभा, समिति और वक्तृता से साधारण लोगों को एक नहीं किया जा सकता। गुरु गोविन्दसिंह ने उस समय क्या हिन्दू क्या मुसलमान सभी को समझा दिया था कि वे सब लोग कैसे घोर अत्याचार तथा अविचार के राज्य में बस रहे हैं। गुरु गोविन्द सिंह ने किसी प्रकार के नये ध्येय की सृष्टि स्वयं नहीं की। केवल सर्वसाधारण जनता का ध्यान इसकी ओर आकर्षित कर दिया था। इसीलिए हिन्दू, मुसलमान सब उनको मानते थे। वे शक्ति के साधक थे। भारत के इतिहास में उनके समान विरला ही दृष्टान्त मिलेगा।' (षष्ठ खंड, पृष्ठ 68)

जिस प्रकार गुरु गोविन्दसिंह के ज़माने में भक्ति आंदोलन ने सशस्त्र संघर्ष का रूप धारण किया था, उसी प्रकार अब होने जा रहा था। हिन्दू और मुसलमान सभी फिरंगी के दमन और अत्याचार के विरुद्ध लड़ने को तैयार थे। स्वामी विवेकानन्द आने वाली घटनाओं को साफ-साफ देख रहे थे और तूफान की आहट सुन रहे थे। लेकिन उनके गुरु-भाइयों तथा शिष्यों के पास न तो बदले हुए ध्येय को समझने वाली बुद्धि थी, न आने वाली घटनाओं को देखने वाली दृष्टि और न ही तूफान की आहट सुनने वाले कान थे। वे अब भी भक्ति-मुक्ति और शास्त्र-पोथी की बात करते और गौण को प्रधान बनाए हुए थे। विवेकानन्द का बड़ा प्रभाव था, गुरु-भाई और शिष्य उनका आदर करते और जैसा वे कहते थे, वैसा ही कर लेते थे। लेकिन उन्हें इस बात का दुःख था कि वे जो देख रहे हैं, गुरु-भाई और शिष्य क्यों नहीं देख पाते

वे जो आहट सुन रहे हैं, उन्हें क्यों सुनाई नहीं पड़ती ? वे क्यों गौण को प्रधान समझे बैठे हैं ?

27 दिसम्बर को वे कलकत्ता से अल्मोड़ा के मायावती आश्रम के लिए रवाना हुए। उसे स्थापित करने वाले सेविअर की मृत्यु उनकी अनुपस्थिति में हो गई थी। वह वहां जाकर श्रीमती सेविअर को सांत्वना देना और आश्रम की व्यवस्था कैसी चल रही है, यह देखना चाहते थे। रास्ते में भयंकर ओले पड़ने और बर्फ गिरने से उन्हें बड़ा कष्ट हुआ। स्वास्थ्य जो पहले ही बिगड़ चुका था, अब और भी बिगड़ गया। उन्होंने बातचीत के दौरान श्रीमती सेविअर से कहा, "वास्तव में मेरा स्वास्थ्य अब टूट गया है, परन्तु मेरा मस्तिष्क अब भी पहले जैसा स्वस्थ व कार्यक्षम है।"

उन्होंने देखा कि संन्यासियों ने आश्रम के एक कमरे में रामकृष्ण परमहंस की मूर्ति स्थापित कर रखी है। और वहां रोज़ पूजा, भोग, भजन आदि होता है। उस सभय तो वे कुछ नहीं बोले; लेकिन शाम को जब सब लोग अग्निकुंड के सम्मुख एकत्रित हुए तो उन्होंने ओजस्वी भाषा में कहा कि यह बाह्य पूजा अद्वैत साधना के विरुद्ध है। तुम्हें यह नहीं देखना कि गुरुदेव के कान कैसे और आंख कैसी थीं। तुम्हें उनके आदर्श को समझना और उसे ही प्रचारित-प्रसारित करना है !

रामकृष्ण परमहंस की मूर्ति दूसरे दिन वहां से उठ गई।

मायावती आश्रम में स्वास्थ्य खराब होते हुए भी विवेकानन्द बड़े व्यस्त रहते थे। हर रोज़ वे अनेक पत्रों का उत्तर लिखते थे। वे लगभग एक महीना वहां ठहरे। इस बीच शास्त्र चर्चा तो चलती ही रही, उन्होंने 'प्रबुद्ध भारत' पत्रिका के लिए 'आर्य और तामिल' 'सामाजिक सम्मेलन भाषण' और 'थियोसाफी पर कुछ स्फुट विचार'–तीन लेख लिखे। ये लेख उनके संघर्ष का हिस्सा थे। वे इतिहास को विकृत करके फैलाई गई भ्रम-भ्रांतियों को और पाखंड को कभी नज़र से ओझल नहीं होने देते थे और उन पर कड़ा प्रहार करते थे।

'प्रार्थना सभा' के नेता गोविन्द रानाडे ने लाहौर के 'समाज सम्मेलन' में अपने अध्यक्षीय भाषण में संन्यासी परम्परा पर कुछ आक्षेप किए थे और उसके लिए वेदों-शास्त्रों के हवाले भी दिए थे। 'सामाजिक-सम्मेलन भाषण' लेख रानाडे के इसी भाषण के उत्तर में लिखा गया था और उसका अंत इन शब्दों पर हुआ है :

"श्री रानाडे और समाज सुधारको, ज़िन्दाबाद ! पर ओ अभागे भारत ! आंग्लीभूत भारत ! भोले बच्चे ! मत भूलो–कि इस समाज में कुछ ऐसी समस्याएं हैं, जिन्हें अभी न तो तुम समझ सकते हो, न तुम्हारे पश्चात्य गुरु ही–उन्हें हल करना तो दूर की बात है !" (नवम खंड, पृष्ठ 292)

जब मिशनरियों का सांस्कृतिक आक्रमण विफल हुआ और ईसाई धर्म की समृद्धि का जादू नहीं चल पाया, तब थियोसाफिस्ट सोसाइटी की रचना हुई। इस 'ट्राजन हार्स' का काम भीतर घुसकर पाखंड फैलाना और उभरती हुई राष्ट्रीय चेतना

को नष्ट करना था। लेख यों शुरू होता है :

"थियोसाफिस्टों का दावा है कि उन्हें इस विश्व का आदिम दिव्य ज्ञान प्राप्त है। हमें यह जानकर प्रसन्नता हुई, यह जानकर और भी अधिक प्रसन्नता हुई है कि वे अपने इस ज्ञान को बड़ी दृढ़ता के साथ एक रहस्य बनाए रखना चाहते हैं। अभाग्य और दुर्दिन होगा हम दीन, मृत्य लोगों का और विशेषकर हिन्दुओं का, यदि यह सारा ज्ञान एक साथ धावा बोल दे ! वर्तमान थियोसाफी का अर्थ है श्रीमती बेसेन्ट ब्लैवेटस्कीवाद और आल्कटवाद तो लगता है पीछे रह गए हैं..."

शरीर चाहे अस्वस्थ था पर दिमाग की स्वस्थता बरकरार थी। व्यंग्य कितना पैना और शैली कितनी सुन्दर है :

'एडवोकेट' में प्रकाशित लेखों के लेखक में इस सबके ज्ञान का आरोप हम नहीं कर सकते, पर लेखक महोदय को अपने थियोसाफिस्ट भाइयों और स्वयं अपने को हिन्दू जाति के साथ एक समझने की भूल नहीं करनी चाहिए, अधिकांश हिन्दू जाति ने प्रारम्भ ही से थियोसाफी के घटनाचक्र को अच्छी तरह समझ लिया था और वह महान स्वामी दयानन्द सरस्वती के नेतृत्व में, जिन्होंने ब्लैवेटस्कीवाद की वास्तविकता पहचान कर ही उसके ऊपर से अपनी छत्र-छाया हटा ली थी, थियोसाफी से दूर ही रही।"

मैडम ब्लैवेटस्की और श्रह आल्काट थियोसाफी के अग्रणी नेता थे। प्रारम्भ में इन लोगों ने स्वामी दयानन्द को अपना नेता बनाया और उनकी आड़ में अपना कार्य शुरू किया, पर स्वामी दयानन्द पुररूत्थानवादी होते हुए भी देशभक्त थे। उन्होंने शीघ्र ही थियोसाफिस्टों की नियत को समझ लिया और उनसे अलग हो गए। विवेकानन्द आगे लिखते हैं :

"पश्चिम के थियोसाफिस्टों द्वारा हिन्दुओं के धर्म को जो एकमात्र सहायता प्राप्त हुई है, वह तैयार खेत मिल जाने जैसी सहायता नहीं है, वरन् उनकी जादूगरी के करतबों द्वारा जनित वर्षों का कठोर परिश्रम ही उनकी देन है। लेखक महोदय को यह ज्ञान होना चाहिए था कि श्री मैक्समूलर जैसे विद्वान और श्री एडविन आर्नल्ड जैसे कवियों का पल्ला पकड़कर और साथ ही इन लोगों पर कीचड़ उछालते हुए–तथा स्वयं अपने आपको विश्व-ज्ञान का एकमात्र पात्र बताते हुए थियोसाफिस्ट लोग पश्चिम के समाज में रेंगकर घुस जाना चाहते थे। और हम तो राहत की सांस लेते हैं कि यह अद्भुत ज्ञान एक रहस्य बनाकर ही रखा जाता है। भारतीय चिंतन, मायावी पाखंड और हाथ पर आम उगानेवाली फकीरी विद्या–यह सब पश्चिम के शिक्षित लोगों के दिमाग में एक ही बन गए थे। थियोसाफिस्टों द्वारा हिन्दू धर्म की सहायता बस केवल इतनी ही है।"

और फिर अन्तिम पैरे की सूक्ष्मता पर विचार कीजिए और व्यंग्य का मज़ा लीजिए :

"थियोसाफी द्वारा हर देश में जो तात्कालिक महान कल्याण हमारी दृष्टि से हुआ, वह यक्ष्मा के रोगी के फेफड़ों में दिए जाने वाले प्रोफेसर कोच के इंजेक्शनों की भांति, स्वस्थ, आध्यात्मिक, कर्मठ और देशभक्त लोगों को पाखंडियों और आध्यात्मिक होने का ढोंग करने वाले पतनशील व्यक्तियों से अलग कर देगा।" (नवम खंड, पृष्ठ 304)

लेकिन विवेकानन्द की इस चेतावनी तथा विरोध के बावजूद एनी बेसेन्ट के थियोसाफिस्ट हमारे देश में पाखंडियों तथा पतनशील व्यक्तियों को आगे बढ़ाने और चेतना को कुंठित करने में काफी हद तक सफल रहे।

चार दिन तक बर्फ और फिसलती चट्टानों पर से उतरते हुए विवेकानन्द 24 जनवरी, 1901 को कलकत्ता के बेलूर मठ में लौट आए।

यहां से वे अपनी माता के साथ पूर्वी बंगाल और असम के तीर्थस्थानों की अन्तिम यात्रा पर निकले। ढाका से उन्होंने कामाख्यापीठ और चंद्रनाथ के दर्शन के लिए यात्रा की। रास्ते में गोआल पाड़ा तथा गोहाटी में कुछ दिन विश्राम किया। लेकिन इस कठिन यात्रा में उनका दमे का रोग क्रमशः बढ़ता चला गया। यह सोचकर कि शिलांग की आबहवा उनके लिए अनुकूल होगी शिष्यगण स्वामी जी को शिलांग ले गए। लेकिन इससे कुछ लाभ नहीं हुआ। उल्टा दमा यहां तक बढ़ गया कि किसी भी समय प्राण त्याग देने का भय पैदा हो गया। इस स्थिति में भी वे शान्त रहे और बड़बड़ाते हुए बोले, "यदि देह त्याग भी हो जाए, फिर भी क्या ? मैंने जगत् को वर्षों तक सोचने योग्य साधन दिए हैं।"

इस यात्रा से वे जब बेलूर मठ लौटे तो दमे के अलावा बहुमूत्रता के रोग से भी काफी कष्ट पा रहे थे और सूजन भी दिखने लगी थी। वैद्य की चिकित्सा होने लगी। उनकी हालत देख सभी लोग चिंतित थे, पर वे अपने हास्य तथा बातचीत द्वारा सदा उन्हें प्रसन्न रखने की चेष्टा करते थे। आने वालों से वार्तालाप उन्होंने कभी बंद नहीं किया। विश्वविद्यालय के छात्रों तथा युवकों को देखकर वे विशेष रूप से प्रसन्न होते थे और उनके साथ देश की दुर्दशा तथा उसके प्रतिकार के उपाय के संबंध में घंटों चर्चा करते थे। स्वामी जी बड़े आनन्द से ओजपूर्ण भाषा में उन्हें सबल तथा शक्तिशाली बनने का उपदेश दिया करते थे। इन चर्चाओं को स्वास्थ्य के लिए हानिकारक समझकर अगर स्वामी जी से उन्हें बन्द करने की प्रार्थना की जाती थी तो वे बहुधा उत्तर देते थे, "रख दे तेरे नियम-फियम। इनमें से यदि एक भी व्यक्ति आदर्श जीवन व्यतीत करने के लिए तैयार हो तो मेरा सारा श्रम सार्थक होगा। दूसरों के कल्याण के लिए होने दो देहपात, क्या आता जाता है इससे ? चुपचाप घर का दरवाज़ा बन्द करके ज़िन्दा रहकर भी क्या लाभ ? ये लोग कितनी दूर से कितना कष्ट सहकर मेरी दो बातें सुनने के लिए आए हैं और यों ही लौट जाएंगे ? तुम लोगों से कुछ बन सके करो, मैं जड़ की तरह चुपचाप न रह सकूंगा।"

भूपेन्द्रनाथ दत्त ने अपनी पुस्तक में एक घटना बयान की है। 1901 में कलकत्ता के देशभक्तों ने 'शिवाजी उत्सव' मनाने की व्यवस्था की ताकि प्रत्येक प्रान्त के देशभक्त नायकों से परिचय प्राप्त किया जाए। पर कोई भी व्यक्ति सरकार के डर से उसकी अध्यक्षता करने को तैयार नहीं था। आखिर वे बेलूर मठ पहुंचे और स्वामी जी से उत्सव की अध्यक्षता के लिए प्रार्थना की। उनकी सारी बात सुनकर स्वामी जी की आंखों में आंसू उमड़ आए, कहा, "मां, बलि चाहती है। 'इंडियन मिरर' के सम्पादक नरेन्द्रनाथ सेन के पास जाकर मेरा नाम लो। अगर वे न माने तो मैं अध्यक्षता करूंगा।"[1]

आने वालों के साथ बातचीत के अलावा विवेकानन्द पढ़ने में व्यस्त रहते थे। अध्ययन उन्होंने आजीवन जारी रखा। उनके शिष्य शरच्चन्द्र चक्रवर्ती ने अपनी पुस्तक 'विवेकानन्द जी के संग' में लिखा है :

"कविराज की औषधियों के कठोर नियमों का पालन करते हुए स्वामी जी का आहार तथा निद्रा छूट चुकी थी। निद्रादेवी ने तो उन्हें बहुत दिनों से एक प्रकार से मानो त्याग ही दिया था। परन्तु इस अनाहार तथा अनिद्रा में भी स्वामी जी को विश्राम नहीं था। कुछ दिनों से मठ में नवीन विश्वकोश 'ब्रिटेनिका' खरीदा गया है। नई चमकने वाली पुस्तकों को देख शिष्य स्वामी जी से बोले, 'इतनी पुस्तकें एक जीवन में पढ़ना कठिन है।' शिष्य उस समय तक नहीं जानते थे कि स्वामी जी ने पुस्तकों में से इसी बीच में दस खंडों का अध्ययन समाप्त कर ग्यारहवें खंड को पढ़ना आरम्भ किया है।

"स्वामी जी बोले–'क्या कहता है। इन दस पुस्तकों में से तेरी जो इच्छा हो मुझसे पूछ ले–सब कह दूंगा।' शिष्य ने विस्मित होकर पूछा–'क्या आपने इन पुस्तकों को पढ़ लिया है ?' स्वामी जी बोले–'क्या बिना पढ़े ही कह रहा हूं ?' इसके बाद स्वामी जी ने उन विषयों का पुस्तक में लिखित मर्म तो बताया ही–उस पर स्थान-स्थान में उस पुस्तक की भाषा तक ज्यों की त्यों बोलने लगे। शिष्य ने उन बड़े-बड़े दस खंडों में प्रत्येक ही में ऐसे एक दो विषयों पर प्रश्न किया और स्वामी जी की असाधारण बुद्धि तथा स्मरणशक्ति को देख विस्मित होकर पुस्तकों को उठाकर रखते हुए कहा, 'यह मनुष्य की शक्ति नहीं है ?" (विवेकानन्द चरित, पृष्ठ 517)

हर साल कुछ संथाल स्त्री-पुरुष मठ की ज़मीन साफ करने आते थे। इस बरस भी आए। विवेकानन्द उठकर उनके पास चले जाते थे, कुछ अपनी कहते और कुछ उनकी सुनते थे। एक दिन जब वे संथालों से हंसी-ठिठोली कर रहे थे कुछ भद्र जन उनसे मिलने आए। स्वामी जी ने उन्हें यह कहकर लौटा दिया, "मैं अब किसी से मिल न सकूंगा, इनके साथ बड़े मज़े में हूं।"

उन्होंने एक दिन इन संथाल मज़दूरों को अपने मठ में भोजन के लिए आमंत्रित

---

1. Swami Vivekanand--Patriotic Prophet, p. 224

किया। स्वामी जी के निर्देश से मठ में उनके लिए पूरी, तरकारी, मिठाई, दही आदि का प्रबन्ध किया गया और वे स्वयं उन्हें खिलाने लगे। केष्टा नाम के एक संथाल से स्वामी जी की विशेष घनिष्ठता थी, वह खाते-खाते बोला, "अरे स्वामी बाप, तुम्हें ऐसी चीज़ें कहां से मिलीं–हमने तो कभी ऐसा नहीं खाया।" उन्हें खूब छकाकर स्वामी जी ने कहा, "तुम लोग तो नारायण हो–आज मेरे नारायण का भोग हुआ।"

जब वे खाकर चले गए तो स्वामी जी ने शिष्यों से कहा, "देखो, ये दीन-हीन निरक्षर जन कितने सरल-हृदय हैं। क्या तुम इनका कष्ट कुछ भी कम न कर सकोगे ? अन्यथा हमारे गेरुआ धारण करने का क्या प्रयोजन होगा ? कभी-कभी मेरा मन कहता है, मठ-फट सब बेचकर इन सब दुःखी दरिद्रनारायणों में बांट दूं। हम वृक्ष की छांह तले बसेरा करने वालों को घर-द्वार की चिंता क्यों हो ? हाय, जब हमारे देशवासी रोटी-कपड़े को तरस रहे हों तो क्या हम अपने मुख का ग्रास देते लज्जित नहीं होते ? मां, क्या इनकी कोई निष्कृति नहीं ? तुम जानते हो, पश्चिम में धर्म प्रचार करने जाने का मेरा एक उद्देश्य अपने देशवासियों के भरण-पोषण के लिए साधन खोजना था। उनका दुःख-दैन्य देखकर मैं कभी-कभी सोचता हूं, फेंक दो सब यह पूजा-पाठ का आडम्बर–शंख फूंकना, घंटी बजाना और दीप लेकर आरती उतारना बन्द करो... निजी मुक्ति की साधना का, शास्त्र के ज्ञान का घमंड छोड़ दो–गांव-गांव घूमकर दरिद्र की सेवा में जीवन अर्पित कर दो–धिक्कार है कि हमारे देश में दलित की, विपन्न की, संतप्त की चिंता कोई नहीं करता। जो राष्ट्र की रीढ़ हैं, जिसके परिश्रम से अन्न उत्पन्न होता है, जिसके एक दिन काम बन्द करते ही महानगर त्राहि-त्रहि कर उठते हैं–उसकी व्यथा समझने वाला कौन है हमारे देश में ? कौन उसका सुख-दुःख बंटाने को तैयार है ? देखो, कैसे हिन्दुओं की सहानुभूति-शून्यता के कारण मद्रास प्रदेश में सहस्रों अछूत ईसाई धर्म-परिवर्तन करने को तैयार हुए हैं। इसलिए हुए हैं कि तुम उन्हें अपनी सम्वेदना नहीं दे सकते। तुम उनसे निरन्तर कहते रहते हो, 'छुओ मत। यह मत छुओ, वह मत छुओ!' इस देश में कहीं कोई दया-धर्म अब बचा है कि नहीं ? या कि केवल 'मुझे छुओ मत' रह गया है ? लात मारकर निकाल बाहर करो इस भ्रष्ट आचरण को समाज से। कितना चाहता हूं कि अस्पृश्यता की दीवारें ढाकर सब ऊंच-नीच को एक में मिलाकर पुकारूं, 'आओ सब दीन-हीन सर्वहारा, पददलित, विपन्नजन, आओ हम श्री रामकृष्ण की छत्र-छाया में एकत्र होंवे।' जब तक यह जन नहीं उठेंगे, भारत माता का उद्धार नहीं होगा।" (विवेकानन्द, पृष्ठ 148-49)

1901 के दिसम्बर महीने के अंत में कलकत्ता में कांग्रेस महासभा का अधिवेशन हुआ। इसमें देश के विभिन्न भागों से प्रतिनिधि आए। उनमें से कितने ही बेलूर मठ में स्वामी जी के दर्शन को आए। सब नेताओं के साथ स्वामी जी ने अंग्रेज़ी की बजाय हिन्दी में बातचीत की। और कलकत्ता में एक वेद-विद्यालय स्थापित

करने की इच्छा व्यक्त की। नेताओं ने झूठा-सच्चा आश्वासन दिया कि वे इस काम में यथा-साध्य सहायता करेंगे।

कांग्रेस दलाल तत्त्वों की संस्था थी। अधिवेशन में आने वाले प्रतिनिधियों के लिए फर्स्ट क्लास और सेकंड क्लास के किराए में सरकार की ओर से रियायतें मिलती थीं। इसके टाई वाले एंग्लीकृत देशभक्तों से विवेकानन्द को कुछ भी आशा नहीं थी। उनका विचार था कि एक वेद-विद्यालय स्थापित करके देश के लिए जीवन अर्पित कर देने वाले आचार्य तथा प्रचारक संन्यासी तैयार किए जाएं। संस्कृत, साहित्य, दर्शन, वेद और उपनिषदों की शिक्षा दी जाए। दूसरे वे गंगातट पर स्वामी रामकृष्ण की विधवा पत्नी के निर्देशन में बेलूर मठ जैसा एक मठ स्त्रियों के लिए स्थापित करना चाहते थे।

जनवरी 1902 में विवेकानन्द बौद्ध गया की यात्रा पर गए और वहां से लौटकर कुछ दिनों काशी में विश्राम किया। मार्च के महीने बेलूर मठ में वापस आए तो स्वास्थ्य बहुत बिगड़ गया था। अब उनके लिए चारपाई से उठना कठिन था। रामकृष्ण के जन्मोत्सव पर कोई तीस हज़ार व्यक्ति मठ में आए। बहुत-से लोग उनसे मिलने और बातचीत करने के इच्छुक थे, पर बीमारी के कारण उनकी साध पूरी न हो सकी।

विवेकानन्द जब भी अपने को थोड़ा-सा स्वस्थ अनुभव करते थे, कोई न कोई काम प्रारम्भ कर देते थे। बिना काम किए उन्हें चैन नहीं पड़ता था। मार्च से जुलाई तक के चार महीनों में भी वे बीमारी के बावजूद बराबर परिश्रम करते रहे। उन्होंने कुछ पुस्तकें लिखने की योजना स्थिर की थीं। थोड़े-से नोट्स अवश्य तैयार किए, पर वे एक भी पुस्तक नहीं लिख पाए।

जून प्रारम्भ होते ही उन्होंने मठ तथा रामकृष्ण मिशन संबंधी बातों में भी दिलचस्पी लेनी बन्द कर दी। गुरु-भाई तथा शिष्य किसी मामले में उनकी सलाह पूछते थे वे कह देते थे–"जैसा तुम्हारी समझ में आए, वैसा करो।"

1902 की चार जुलाई के दिन उनकी तबीयत अकस्मात् सम्भली। वे सुबह-सवेरे उठे और सबके साथ बैठकर प्रसन्न मुख से अतीत की बातें करने लगे। दो-तीन सज्जन बाहर से मिलने आए तो स्वामी जी ने उनके साथ इधर-उधर की बातें कीं और एक साथ चाय पी। इसके बाद वे एकाएक उठे और ठाकुर-घर के भीतर जाकर दरवाज़े और खिड़कियां बन्द कर लीं। इससे सबको आश्चर्य हुआ क्योंकि ऐसा वे पहले कभी नहीं किया करते थे। लगातार तीन घंटे भीतर बन्द रहे और उसके बाद आनन्द में मग्न वे धीरे-धीरे नीचे उतर आए। 'मन, चल निज निकेतन' गुनगुनाते हुए वे आंगन में टहलने लगे–टहलते रहे। सबकी आंखें उन पर लगी हुई थीं। कहते हैं कि स्वामी प्रेमानन्द पास ही खड़े थे। उन्होंने सुना कि विवेकानन्द उच्चतम भावभूमि पर आरूढ़ होकर आप ही आप बड़बड़ा रहे हैं–"यदि इस समय

कोई दूसरा विवेकानन्द होता वह समझ सकता, विवेकानन्द ने क्या किया है। परन्तु समय पर अनेक विवेकानन्द जन्म लेंगे।"

दिन ज्यों-त्यों करके बीता, रात को वे अपने कमरे में जाकर लेटे तो नौ बजे उनका देहान्त हो गया। उस समय उनकी आयु उन्तालीस बरस थी...

**खोल टूट गया और अग्नि बिखर गई।**
**उनके बाद इस अग्नि को किसने धारण किया ?**

# बाद की बात

**''सत्य जितना महान होता है, उतना ही सहज बोध-गम्य होता है–स्वयं अपने अस्तित्व के समान सहज।''**

–विवेकानन्द

विवेकानन्द की मृत्यु के तीन बरस बाद वे घटनाएं घटित होने लगीं, जिनकी प्रतीक्षा में उन्होंने महासंघर्ष का सूत्रपात किया था और नये भारत का स्वप्न देखा था। डॉ० पट्टाभि सीतारामय्या ने अपनी 'कांग्रेस का इतिहास' पुस्तक में लिखा है :

''बीसवीं सदी के पहले पांच साल लार्ड कर्जन के दमनपूर्ण शासन के थे। कलकत्ता कारपोरेशन के अधिकारों में कमी, सरकारी गुप्त समितियों का कानून, विश्वविद्यालयों को सरकारी नियंत्रण में लाना, जिससे शिक्षा महंगी हो गई, भारतीयों के चरित्र को 'असत्यमय' बताना, बारह सुधारों का बजट, तिब्बत आक्रमण (जिसे पीछे से तिब्बत मिशन का नाम दिया गया) और अन्त में बंग-विच्छेद–ये सब लार्ड कर्जन के ऐसे कार्य थे, जिनसे राजभक्त भारत की कमर टूट गई और सारे देश में एक नई 'स्परिट' पैदा हो गई !'' (पृष्ठ 64)

विदेशी शासन के अत्याचारों और लूट-खसोट के विरुद्ध आक्रोश बराबर बढ़ रहा था कि लार्ड कर्जन की बंग-भंग योजना ने जलती पर तेल का काम किया। इस योजना के अनुसार बंगाली भाषा-भाषी जनता को उनकी इच्छा के विरुद्ध दो प्रान्तों में बांट दिया गया था। न सिर्फ बंगाल के हिन्दू और मुसलमानों ने इस योजना का विरोध किया बल्कि, पट्टाभि सीतारामय्या लिखते हैं, ''सम्पूर्ण भारत ने बंगाल के सवाल को अपना सवाल बना लिया। प्रत्येक प्रान्त ने बंगाल के प्रश्न के साथ अपनी समस्याओं को और जोड़कर आन्दोलन को ज़्यादा गहरा रंग दे दिया। 'कैनल कालोनाइजेशन बिल' ने पंजाब के सैनिक प्रदेश में जनता के अन्दर एक नया तूफान खड़ा कर दिया, जिसके सिलसिले में लाला लाजपतराय और सरदार अजीतसिंह को देश निकाले की सज़ा मिली।'' (पृष्ठ 65)

सरकार ने दमन नीति अपनाई तो उसका परिणाम उलटा निकला। जैसे-जैसे दमन-चक्र तेज़ हुआ, वैसे ही संघर्ष उग्ररूप धारण करता चला गया। ''1908 में स्थिति चरम सीमा को पहुंच गई थी। अखबारों पर मुकदमें चलाना एक आम बात

हो गई। 'युगान्तर', 'संध्या' 'बंदेमातरम्', नई जाग्रति के प्रचारक पत्र थे, वे सब बंद कर दिए गए। 'संध्या' के सम्पादक देशभक्त ब्रह्मवांधव उपाध्याय अस्पताल में मर गए।" "महाराष्ट्र में 13 जुलाई, 1908 को लोकमान्य तिलक गिरफ्तार किए गए। उसी दिन आन्ध्र में हरिसर्वोत्तमराव तथा अन्य व्यक्ति पकड़े गए। पांच दिनों की सुनवाई के बाद लोकमान्य तिलक को छः साल की सज़ा मिली। 1897 में छुट्टी हुई छः मास की कैद भी इसमें जोड़ दी गई। आन्ध्र के श्री हरिसर्वोत्तमराव को नौ महीने की सज़ा मिली। सरकार ने इतनी थोड़ी सज़ा के खिलाफ अपील की और हाईकोर्ट ने उनकी सज़ा बढ़ाकर तीन साल कर दी। राजद्रोह के लिए पांच साल सज़ा देना तो उन दिनों मामूली बात थी। इसके बाद जल्दी ही राजद्रोह देश से गायब हो गया। वास्तव में वह अन्दर ही अन्दर अपना काम करने लगा और उनकी जगह बम व पिस्तौल ने ले ली।" "कभी-कभी इक्के-दुक्के राजनैतिक खून भी होने लगे, जिनमें सबसे साहसपूर्ण खून 1907 में लन्दन की एक सभा सेंसर कर्जन बाइली का हुआ था। यह खून मदनलाल ढींगरा ने किया था, जिसे बाद में फांसी दी गई। अभियुक्त को बचाने की कोशिश करने वाले डा० लाल काका नामक एक पारसी सज्जन को भी फांसी की सज़ा दी गई।" (पृष्ठ 66)

'अनुशीलन' नाम का क्रान्तिकारी गुप्त संगठन 1908 में बना। विवेकानन्द की आइरिश शिष्या बहन निवेदिता तथा अरविन्द घोष इसके बुनियादी सदस्यों में से थे। इसी बरस 18 वर्षीय युवक खुदीराम बसु ने फांसी के फंदे को चूमा। उसने मुजफ्फरपुर ज़िला जज किंग्जफोर्ड को मारने के लिए उसकी बग्घी पर दो बम गिराए थे। उसकी तसवीरें सारे देश में घर-घर फैल गईं। विवेकानन्द का छोटा भाई भूपेन्द्रनाथ दत्त क्रांतिकारियों के पत्र 'युगान्तर' का सम्पादक था। हिंसावाद का प्रचार करने के अपराध में उसे लम्बी सज़ा मिली, तो उसकी बूढ़ी माता ने अपने पुत्र की इस देशसेवा पर हर्ष प्रकट किया और बंगाल की 500 महिलाएं उन्हें बधाई देने उनके घर पर गईं। भूपेन्द्रनाथ दत्त ने भी अदालत में बड़े साहस के साथ घोषणा की कि मेरे पीछे अखबार का काम सम्भालने वाले 30 क़रोड़ आदमी मौजूद हैं।

पूर्व बंगाल में गुरखा सेना बुला ली गई, 'राजद्रोही सभा बंदी कानून', 'प्रेस एक्ट' और 'क्रिमिनल लॉ एमेंडमेंट एक्ट' इत्यादि दमनकारी कदम उठाए गए, पर इस सबके बावजूद संघर्ष खुले तथा गुप्त रूप से दिन-दिन आगे बढ़ता रहा। आन्दोलन चाहे बंग-भंग के प्रश्न को लेकर शुरू हुआ था, लेकिन अब उसने देशव्यापी रूप धारण कर लिया था और बहिष्कार, स्वदेशी, राष्ट्रीय शिक्षा तथा स्वराज–चार सूत्री प्रोग्राम उसका आधार था। कलकत्ता का बेलूर मठ क्रान्तिकारियों की गतिविधियों का केन्द्र बन गया था। और सरकार उसे बन्द कर देने पर विचार कर रही थी। विवेकानन्द को इस आन्दोलन का श्रेय देते हुए रोमां रोलां लिखते हैं :

"विवेकानन्द के निधन के तीन वर्ष पश्चात् तिलक और गांधी के महान

आन्दोलन के श्रीगणेश के रूप में जो संगठित जन-आन्दोलन उठे वे सब 'मद्रास के संदेश' में निहित 'आगे बढ़ो' की गुरु-गम्भीर पुकार के कारण हुए, जिसने बहुतों को जगाया है। इस ओजस्वी संदेश का दोहरा अर्थ था–एक देश के लिए और दूसरा विश्व के लिए। अद्वैतवादी विवेकानन्द के मन में उसका व्यापक अभिप्राय ही प्रधान था, परन्तु भारत का पुनरुज्जीवन दूसरे अर्थ ही ने किया। उससे राष्ट्रवाद की वह उत्कृष्ट लालसा तृप्त होती थी, जिससे आज संसार ग्रस्त है, जिसका सांघातिक प्रभाव आज सर्वत्र देखा जा रहा है यों कहें कि आदि ही से उस संदेश में जोखिम भरा था।" (विवेकानन्द, पृष्ठ 116)

इसमें संदेह नहीं कि विवेकानन्द का संदेश सारे देश में फैला और उसके फलस्वरूप वे घटनाएं जिनकी विवेकानन्द ने प्रतीक्षा की थी, न सिर्फ घटित हुईं बल्कि उन्होंने इतने ज़बरदस्त आन्दोलन का रूप धारण किया कि उसके आगे ब्रिटिश सरकार को झुकना पड़ा और उसने अपनी बंग-भंग योजना रद्द कर दी। 1857 के स्वाधीनता-संग्राम के बाद यह पहला संघर्ष था, जिसमें ब्रिटिश साम्राज्यवाद पराजित हुआ और इससे हमारे समूचे राष्ट्र का गौरव बढ़ा। लेकिन इसमें संदेह नहीं कि विवेकानन्द के संदेश में यह जोखिम निहित थी कि राष्ट्रवाद की भावना बढ़ते-बढ़ते अंधराष्ट्रवाद में परिणत हो जाए। विवेकानन्द ने राष्ट्र के सोते सिंह को जगाया और उसमें आत्मविश्वास पैदा किया कि यूनान, मिस्र और रोम मिट गए हैं, लेकिन लगातार विदेशी आक्रमणों के बावजूद हमारा राष्ट्र अब भी जीवित है और जीवित रहेगा। कारण यह कि हमारे इस विशाल देश में महान संस्कृति की एक निरन्तर धारा युग-युग से बह रही है वही राष्ट्र की रीढ़ है, वही उसकी शक्ति है। कोई भी विदेशी शक्ति न उसे मिटा सकती है और न उस राष्ट्र को हमेशा के लिए गुलाम बनाकर रख सकती है। विवेकानन्द के इसी संदेश को 'तराना-ए हिन्दी' (1905) का रूप देकर इकबाल गुनगुनाया :

**सारे जहां से अच्छा हिन्दुस्तां हमारा**
**हम बुलबुले हैं इसकी यह गुलस्तां हमारा**
**यूनान-मिस्रो-रोमा सब मिट गए जहां से**
**बाकी मगर है अब तक नामो-निशां हमारा**

हिन्दुस्तान की महानता, विशालता और सुन्दरता का गुणगान करना ठीक है, इससे राष्ट्रीयता की भावना सुदृढ़ होती है। लेकिन उसे 'सारे जहां से अच्छा' मानने से यही स्वस्थ भावना अंधराष्ट्रवाद में बदल जाती है और वह बदली। इसी से 'विजयी विश्व तिरंगा प्यारा' हमारे पूरे स्वाधीनता-संग्राम में राष्ट्रीयगान बना रहा और लोग इसे बिना समझे-सोचे लहक-लहककर गाते रहे। किसी ने यह सोचने-सुझाने का कष्ट नहीं किया कि विश्व को विजय करना कदाचित हमारा ध्येय नहीं है, हम

सिर्फ अपने देश को विदेशी दासता से मुक्त करना चाहते हैं कि दूसरे पराधीन देश भी मुक्त हों और अपनी-अपनी जगह स्वतंत्र रहें। इस सम्यक् चिंतन के अभाव में राष्ट्रीय भावना विकसित तथा सुदृढ़ होने के बजाय भावुकता-पूर्ण मूर्खता में बदल गई और उससे प्रतिक्रियावाद फूला-फला।

बीसवीं शताब्दी के प्रारम्भ में रोमां रोलां और एच० जी० वेल्स इत्यादि पाश्चात्य चिंतकों ने राष्ट्र-राष्ट्र में द्वेष, युद्ध तथा हिंसावाद का विरोध करते हुए विश्व-बंधुत्व, मानव-प्रेम और विश्व-शान्ति का आदर्श प्रस्तुत किया। अद्वैतवाद का भी चूंकि यही आदर्श है, इसलिए रामकृष्ण परमहंस और विवेकानन्द ने स्वतः रोमां रोलां का ध्यान आकर्षित किया और उन्होंने इन दोनों भारतीय महापुरुषों की जीवनियां लिखकर उनके माध्यम से विश्व-बंधुत्व के आदर्श को प्रचारित-प्रसारित किया। उनका मत था कि जिस प्रकार धर्मांधता विश्व मानव को सम्प्रदायों में विभाजित करती है और वे सम्प्रदाय व्यर्थ ही आपस में लड़ते-झगड़ते हैं उसी प्रकार राष्ट्रवाद भी एक सांघातिक प्रवृत्ति है, जो विश्व मानव को विभिन्न राष्ट्रों की भौगोलिक सीमाओं में बांटती है। इससे एक राष्ट्र दूसरे राष्ट्र पर चढ़ दौड़ती है और इससे प्रेम के बजाय घृणा, द्वेष तथा हिंसा ही अधिक बढ़ती है। यही कारण है कि रोमां रोलां को विवेकानन्द के संदेश में जोखिम दिखाई दी, जिसका स्पष्टीकरण उन्होंने यों किया है :

"यह जोखिम हमारी जानी हुई है–हमने ऐसे बहुत से आदर्शों को, पवित्रतम आदर्शों को, अत्यन्त घृण्य जातीय भावनाओं के पोषण के लिए विकृत किए जाते देखा है। परन्तु विशृंखल भारतीय लोक समाज को बिना अपने राष्ट्र की एकता का अनुभव कराए उसे विश्व मानव की एकता का बोध कराना भी कैसे सम्भव होता ? एक के माध्यम ही से दूसरे तक पहुंचा जा सकता है। हो, किन्तु मैं एक अन्य मार्ग ही उत्तम मानता हूं। वह अपेक्षतया अधिक दुर्गम है, परन्तु अपेक्षतया अधिक सीधा भी है, क्योंकि मैं भली-भांति जानता हूं कि राष्ट्र चेतना से वंचित रह जाते हैं। उनकी श्रद्धा और अनुभूति मार्ग ही में चुक जाती है... जो हो, वह विवेकानन्द का अभीष्ट न था क्योंकि इस विषय में वे गांधी के समान ही मानव-सेवा के प्रयोजन ही से राष्ट्र-जागरण के अभिलाषी थे।" (वही)

मानव एकता सचमुच पवित्रतम आदर्श है, देखने-सुनने में अच्छा लगता है, पर इसमें दोष यह है कि इसका आधार अमूर्त चिंतन है। लेकिन अमूर्त मानव का कहीं कोई अस्तित्व नहीं है। आज के युग में मानव पहले राष्ट्रों में और फिर राष्ट्रों के भीतर वर्गों में बंटा हुआ है। इस स्थिति में मानव एकता के मार्ग को उत्तम बताना वास्तव में उत्पीड़ितों की राष्ट्रीय-चेतना तथा शोषितों की वर्ग-चेतना को कुंठित करना है। इससे जाने-अनजाने साम्राज्यवादियों और शोषकों अर्थात् देशी-विदेशी प्रतिक्रियावादियों ही का हित पोषण होता है। जब तक राष्ट्रों की मुक्ति और

समाजवादी क्रान्ति द्वारा उत्पीड़न तथा शोषण का अन्त नहीं हो जाता और वर्ग-विभाजित समाज के बजाय वर्गहीन समाज अस्तित्व में नहीं आ जाता, तब तक मानव एकता का स्वप्न साकार नहीं हो सकता। जब स्टालिन से एक साक्षात्कार में एच० जी० वेल्स ने बड़े उत्साह में भरकर इस पवित्रतम आदर्श की व्याख्या की तो स्टालिन ने उसे 'कूप-मंडूक' की संज्ञा दी थी।

रोमां रोलां ने अपने इस चिंतन की असंगति के कारण ही विवेकानन्द और गांधी को आपस में गड्डमड्ड कर दिया। उन्होंने न सिर्फ गांधी को बल्कि विवेकानन्द को भी समझने में भूल की। अतएव वे अपने उक्त विश्लेषण को जारी रखते हुए आगे लिखते हैं :

"इस पर भी विवेकानन्द जैसे व्यक्ति ने गांधी जैसे व्यक्ति से अधिक सतर्क होने के कारण राजनीतिक कार्य में धर्म-भावना के प्राधान्य की वह चेष्टा कभी उचित न मानी जो गांधी ने की थी, जैसा कि अमेरिका से आए उनके पत्रों से प्रकट है–वह निरन्तर अपने और राजनीति के मध्य नंगी तलवार रखे रहे–'मुझे छूना नहीं'–राजनीति के प्रलाप से मुझे कोई मतलब नहीं।" (वही, पृष्ठ 166-67)

इसका मतलब है कि रोमां रोलां ने विवेकानन्द के स्वामी वेश अर्थात् धार्मिक पक्ष ही को देखा। उनकी दृष्टि यह देखने में असमर्थ रही कि विवेकानन्द ने धर्म के माध्यम से हमारी राजनीतिक लड़ाई सचेत रूप से लड़ी। यह ठीक है कि रोमां रोला के चिन्तन में जो असंगति थी, वह किसी हद तक विवेकानन्द के चिन्तन में भी थी। हम पहले कह चुके हैं कि विवेकानन्द हमारे देश के उभरते हुए पूंजीवादी वर्ग के प्रवक्ता थे और अपने इस वर्ग स्वभाव ही के कारण उनका चिन्तन धार्मिक अद्वैतवाद से आगे बढ़ पाया–भौतिकवाद के कगार पर आकर रुक गया। उन्होंने यह तो कहा कि पचास बरस तक और सब देवताओं को उठाकर ताक पर रख दो, सिर्फ दरिद्रनारायण की पूजा करो, यही तुम्हारा देवता है। दरिद्र अथवा उत्पीड़ित की पूजा अथवा सेवा एक बात है, पर उन्हें क्रान्ति की शक्ति के रूप में देखना और वर्गाधार पर संगठित करना एकदम दूसरी बात है जो विवेकानन्द सोच नहीं पाए और अपने उक्त वर्ग स्वभाव के कारण उनके लिए सोच पाना सम्भव भी नहीं था। ज़रूरत इस बात की थी कि उनके सिर के बल खड़े सिद्धान्त तो उसी प्रकार पांव के बल सीधा खड़ा किया जाता जिस प्रकार मार्क्स ने हेगल के सिद्धान्त को किया था। यह तभी सम्भव था जब उनके बाद कोई दूसरा विवेकानन्द पैदा हुआ होता, लेकिन नहीं हुआ उनके गुरु-भाई और शिष्य मध्यवर्ग से आए थे। वे विवेकानन्द को उनके जीवन ही में नहीं समझ पाए, बाद में क्या समझते। जिस प्रकार रोमां रोलां ने विवेकानन्द के धार्मिक पक्ष ही को देखा, उसी प्रकार इन लोगों ने भी सिर्फ धार्मिक पक्ष को देखा और राजनीतिक पक्ष की उपेक्षा की और अब भी कर रहे हैं। परिणाम यह कि विवेकानन्द ने जिस धर्मांधता के विरुद्ध आजीवन संघर्ष किया

उनके नाम पर अब वही फैलाई जा रही है। अपने आदर्शवादी चिन्तन के कारण रोमां रोलां ने हमारे राष्ट्रीय संघर्ष के इतिहास को भी समझने में भूल की। बंग-भंग योजना के विरुद्ध जो जन-आन्दोलन उठा था जिसके आगे ब्रिटिश साम्राज्यवाद को घुटने टेकने पड़े थे, उसके नेता बालगंगाधर तिलक, विपिन चन्द्रपाल और लाला लाजपतराय थे और इसी से बाल, पाल, लाल—तीन नाम हिमालय से कन्याकुमारी तक गूंज उठे थे। रोमां रोलां ने तिलक के साथ गांधी का नाम व्यर्थ में जोड़ दिया। गांधी उस समय दक्षिण अफ्रीका में था और ब्रिटिश साम्राज्यवादी उसे नेता बनाकर भारतीय राजनीति के अखाड़े में ला उतारने के लिए एक योजनाबद्ध ढंग से उसका प्रशिक्षण कर रहे थे।

प्रगतिशील और प्रतिक्रियावादी तत्त्वों को वाद और प्रतिवाद को आपस में गड्डमड्ड करने से प्रतिक्रियावाद का हित पोषण होता है। हमारे देश में महाभारत के ज़माने ही से ऐसा होता आ रहा है और राष्ट्रीय संघर्ष के इतिहास में भी ऐसा हुआ। इन दोनों तत्त्वों को जब तक अलग-अलग न कर लिया जाए तब तक विवेकानन्द और गांधी की अथवा तिलक और गांधी की भूमिका को समझ लेना सम्भव नहीं है। और इसे समझ लेना आवश्यक है क्योंकि बिना समझे राष्ट्र-चेतना और वर्ग-चेतना कुंठित तथा विकृत रहेगी।

कांग्रेस की स्थापना 1885 में हुई तो वह दलाल तत्त्वों का संगठन था। इन तत्त्वों ने अतीत से अपना संबंध विच्छेद करके अंग्रेज़ के आगे आत्मसमर्पण कर दिया था। उनकी दृष्टि में पश्चिम की प्रत्येक वस्तु श्रेष्ठ और अपना जो कुछ था वह सब हेय था। उनका विश्वास था कि अंग्रेज़ हम जंगली और असभ्य लोगों को सभ्य बनाने के लिए ही सात समुद्र पार से आए हैं। उनसे सहयोग करना ही हमारे उद्धार तथा उन्नति का एकमात्र मार्ग है। अतएव कांग्रेस अधिवेशनों में राजभक्ति का परिचय देकर पद और स्वायत्त शासन के कुछ अधिकार मांगे जाते थे।

लेकिन बाद में देशभक्त भी कांग्रेस में आए और धीरे-धीरे उनका ज़ोर इतना बढ़ा कि बंग-भंग योजना के विरुद्ध जन-आन्दोलन के दौरान 1907 के सूरत अधिवेशन में उन्होंने इन राजभक्त दलाल तत्त्वों को जिनके नेता गोपालकृष्ण गोखले थे, कांग्रेस से निकाल बाहर किया और तभी आन्दोलन आगे बढ़ पाया। यह एक स्वाभाविक प्रक्रिया थी, क्योंकि देशभक्तों और राजभक्तों में अलगाव के बिना विदेशी शासन के विरुद्ध संघर्ष का सफल होना सम्भव नहीं था।

अब हुआ यह कि तिलक के नेतृत्व में जिन देशभक्त तत्त्वों ने जन-आन्दोलन को आगे बढ़ाया, उन्हें उग्रवादी की और जिन अंग्रेज़-भक्तों को कांग्रेस से निकाला गया उन्हें माडरेट अथवा उदारवादी की संज्ञा दी गई। इसका प्रयोजन देशभक्त और अंग्रेज़-भक्त के बीच के अन्तर को मिटाने अर्थात् प्रगतिशील और प्रतिक्रियावादी तत्त्वों को आपस में गड्डमड्ड करने और दोनों को देशभक्त सिद्ध करने के अतिरिक्त

और कुछ नहीं था। परिणाम यह कि घृणा के पात्रों को भी आदर तथा श्रद्धा के पात्र बना दिया गया।

हमारा स्वाधीनता-संग्राम जब गुप्त रूप से और खुले रूप से आगे बढ़ रहा था और जब युद्ध की परिस्थितियां राष्ट्र-चेतना और वर्ग-चेतना को तीव्र बना रही थीं तो ब्रिटिश शासकों ने जनवरी, 1915 में गांधी को दक्षिण अफ्रीका से लाकर भारतीय राजनीति के अखाड़े में उतार दिया। अंग्रेज़ का गौरव-गान करने और पाश्चात्य जीवन-पद्धति को श्रेष्ठ मानने का युग अब बीत चुका था। गांधी को बताया गया कि भारत की अपढ़ जनता अपनी प्राचीन परम्परा के अनुसार अवतार पुरुष अथवा राजपुरुष को सहज में नेता मान लेती है, इसलिए उसने लंगोटी पहनकर महात्माई का रूप धरा और भारतीय संस्कृति से झूठा संबंध जोड़ा। हुआ यह कि सूरत अधिवेशन में जिन अंग्रेज़-भक्तों को निकाला गया अब गांधी की अगुवाई में कांग्रेस की बागडोर फिर उन्हीं के हाथ में आ गई।

विवेकानन्द के काम को भीतर से नष्ट करने के लिए एनी बेसेन्ट और सी० एफ० एंड्रयूज़ सरीखे लोगों को गांधी का सहयोगी बनाया गया। हुआ यह कि विचार की दृष्टि से उन्नीसवीं सदी के अन्त तक विवेकानन्द ने देश को जहां पहुंचा दिया था, गांधी वहां से ढाई सौ बरस पीछे ले गया।

तिलक भी विवेकानन्द की तरह भारतीय संस्कृति को समझने और उस पर गर्व करने वाले जनवादी नेता थे। उन्होंने 'गीता-रहस्य' नौजवानों को क्रांति की प्रेरणा देने के उद्देश्य से लिखा था। इसके विपरीत गांधी ने 'गीता माता' नाम से गीता की जो व्याख्या की उसका उद्देश्य निश्चित रूप से प्रतिक्रियावादी है, क्योंकि वह संघर्ष को अन्तर्मुखी बनाती है। मन्मथनाथ गुप्त ने 'वे अमर क्रान्तिकारी' पुस्तक की भूमिका में उसकी आलोचना यों की है :

"यह आश्चर्य की बात है कि जब गांधी जी ने राष्ट्रीय आन्दोलन को क्रान्तिकारी मोड़ से हटाकर दूसरा मोड़ देना चाहा तो उन्होंने गीता पर 'अनासक्ति योग' नाम से एक व्याख्या लिखी। इसमें उन्होंने गीता द्वारा अहिंसा का समर्थन किया और यों कहा कि कुरुक्षेत्र का युद्ध असल में कोई युद्ध नहीं था, यह तो मन और-इद्रियों का युद्ध मात्र था।" (पृष्ठ 6)

गांधी द्वारा कांग्रेस और खिलाफत के समझौते को बहुत बड़ी राष्ट्रीय एकता का नाम दिया जाता है। वास्तव में यह हिन्दू पुनरुत्थानवाद का मुस्लिम पुनरुत्थानवाद के साथ सिद्धान्तहीन तथा अवसरवादी समझौता था। इसका उद्देश्य तिलक से कांग्रेस का नेतृत्व हथियाना था। चौरा-चौरी की घटना के बहाने गांधी ने जब आन्दोलन वापस लिया तो बालू-रेत की नींव पर खड़ा राष्ट्रीय एकता का यह महल भी ढह गया। राष्ट्रीय एकता अन्तर्विरोधों के समुचित समाधान द्वारा ही सम्भव है उन्हें टालने-टहलाने का भयंकर परिणाम हम देश के बंटवारे के रूप में भुगत चुके हैं और भुगत रहे हैं।

गांधी ने गीता और वेदान्त दर्शन की अहिंसावादी व्याख्या करके संघर्षरत जनता को मानसिक रूप से निःशस्त्र किया। 1929 में वाइसराय की ट्रेन को बम से उड़ाने की घटना के बाद गांधी ने 'यंग इंडिया' में 'कल्ट आफ दि बम' (बम का सिद्धान्त) नाम से जो लेख लिखा और नमक सत्याग्रह शुरू करने से पहले वाइसराय के नाम जो पत्र लिखा उससे स्पष्ट है कि उसकी लड़ाई ब्रिटिश साम्राज्यवाद की संगठित प्रतिक्रियावादी हिंसा के विरुद्ध नहीं, बल्कि हमारे राष्ट्र की क्रान्तिकारी हिंसा के विरुद्ध थी। भगतसिंह और उनके साथियों ने गांधी की इस क्रान्ति-विरोधी और राष्ट्र-विरोधी भूमिका को भली-भांति समझ लिया था। 'कल्ट आफ दि बम' के उत्तर में उन्होंने 'फिलासफी आफ दि बम' पैम्पलेट प्रकाशित किया जो 30 जनवरी, 1930 को गुप्त रूप से देश-भर में बांटा गया था। वह यों शुरू होता है :

"हाल ही की घटनाओं से जिनमें वाइसराय की ट्रेन को बम से उड़ाने की कोशिश पर कांग्रेस का प्रस्ताव और बाद में 'यंग इंडिया' में गांधी जी का लेख विशेष रूप से उल्लेखनीय है, जाहिर है कि इंडियन नेशनल कांग्रेस ने गांधी के साथ मिलकर क्रान्तिकारियों के खिलाफ युद्ध शुरू कर दिया है।"

फिर यह समझाने के बाद कि दमन और अन्याय के लिए बल प्रयोग हिंसा है, पर अपने अधिकारों की प्राप्ति के लिए बल-प्रयोग कदाचित हिंसा नहीं, अपने उद्देश्य की व्याख्या इन शब्दों में की थी :

"क्रान्तिकारियों का विश्वास है कि देश की मुक्ति का एकमात्र मार्ग क्रान्ति है। वे जिस क्रान्ति के लिए दिन-रात काम कर रहे हैं उसका परिणाम विदेशी सरकार और उसके पिट्ठुओं तथा जनता के सशस्त्र संघर्ष के रूप ही में प्रकट नहीं होगा, बल्कि वह देश में एक नया समाज स्थापित करने का कारण बनेगा। ऐसी क्रान्ति पूंजीवादी व्यवस्था, विषमता तथा विशेषाधिकारों को हमेशा के लिए दफना देगी। यह आपके लिए प्रसन्नता और उन करोड़ों मनुष्यों के लिए जो विदेशी साम्राज्यवादियों तथा भारतीय पूंजीपतियों की लूट-खसोट का शिकार बने हुए हैं, समृद्धि का संदेश लाएगी। इससे देश का वास्तविक रूप संसार के सामने आएगा और वह एक नये राज्य तथा नये समाज को जन्म देगा।श्रमिक वर्ग देश की बागडोर अपने हाथ में लेगा। जनता का अधिनायकत्व स्थापित होगा, जनता का खून चूसने वाले वर्गों को हमेशा के लिए राजनीतिक सत्ता से वंचित कर देगा। क्रान्तिकारियों को नौजवानों के असंतोष में इस आगामी क्रान्ति के चिह्न दिखाई दे रहे हैं। वे उस धार्मिक रुढ़िवाद तथा मानसिक दासता को चकनाचूर करने के लिए अधीर हो उठे हैं, जो क्रान्ति की राह में रुकावट बनी हुई हैं। ज्यों-ज्यों वे क्रान्तिकारी विचारधारा को आत्मसात् करते जाएंगे उनके मन में देश की गुलामी का एहसास बढ़ता जाएगा और यह एहसास उनके मन में आज़ादी की ऐसी प्यास पैदा कर देगा, जो दासता की ज़ंजीरों को तोड़े बिना नहीं बुझ पाएगी। यह प्यास निरन्तर बढ़ती चली जाएगी। गुलामी के एहसास और आज़ादी की तड़प से उनका ख़ून खौलेगा और वे आतताइयों को मौत के घाट

उतारने के लिए मैदान में निकल आएंगे। देश में आतंकवादी आन्दोलन की शुरुआत इसी प्रकार हुई है। यह आंदोलन क्रान्ति का एक आवश्यक तथा अनिवार्य चरण है। न आतंकवाद पूर्ण क्रान्ति है और न ही आतंकवाद के बिना क्रान्ति सम्पन्न हो सकती है। आज तक संसार में जितनी क्रान्तियां हुई हैं, उनसे हमारे इस दृष्टिकोण की पुष्टि होती है। आतंक आततायियों के मन में भय उत्पन्न करता है। इससे यह सिद्ध हो जाता है कि जनता अपनी वर्तमान स्थिति से संतुष्ट नहीं है और वह इसे बदल देने के लिए तड़प रही है। दूसरे देशों में भी यह आन्दोलन बढ़ते-बढ़ते क्रान्ति का रूप धारण कर लेगा, एक ऐसी क्रान्ति का जो देश में सामाजिक, राजनीतिक और आर्थिक स्वाधीनता लाने का कारण बनेगी। क्रान्तियों के दृष्टिकोण की व्याख्या ऊपर कर दी गई है। देश के लिए वे जो कुछ करना चाहते हैं वह इससे स्पष्ट है। दुनिया-भर में मज़दूरों-किसानों और शासक वर्गों के दरम्यान जो संघर्ष चल रहा है, वे उससे रहनुमाई हासिल करते हैं। उन्हें विश्वास है कि उन्होंने अपने ध्येय की पूर्ति के लिए जो ढंग अपनाया है, वह आज तक कभी असफल नहीं हुआ !"

अगर कांग्रेस के खद्दरधारी दलाल तत्त्वों द्वारा ब्रिटिश साम्राज्यवाद की सहायता न की जाती तो सरकार का कोई भी दमन इस आन्दोलन को असफल बनाने में निश्चित रूप से असफल रहता। इसका मतलब यह हुआ कि विवेकानन्द ने जिस नये भारत का स्वप्न देखा और क्रान्तिकारियों ने जिसे अपने खून से सींचा, गांधी-दर्शन उसकी भ्रूण-हत्या का निकृष्टतम षड्यन्त्र था। इसे अहिंसा क्यों कहा जाए, यह तो देशी-विदेशी निहित स्वार्थों की निर्मम हिंसा थी! क्रान्ति को विफल बनाने अथवा स्थगित करने का भयंकर परिणाम हमारे सामने है। सत्य और अहिंसा के नाम पर धोखा-धड़ी, लूट-खसोट और भ्रष्टाचार का बाज़ार गर्म है। प्रत्येक राज्य में दर्जनों ढोंगी और पाखंडी 'अवतार' पैदा हो गए हैं। साल के अन्त में विश्व-बंधुत्व तथा मानव सम्मेलनों की बाढ़-सी आ जाती है। बड़े-बड़े जुलूस निकलते हैं, बड़े-बड़े जलसे होते हैं। और इन तथाकथित अवतारों को बड़े-बड़े नेताओं तथा राजपुरुषों का सहयोग सहज प्राप्त हो जाता है। देशी-विदेशी निहित स्वार्थ इन सम्मेलनों और जलसे-जुलूसों पर अपना काला धन दिल खोलकर खर्च करते हैं। पर जब देश की भूखी जनता रोटी मांगती है तो उस पर गोलियां दागी जाती हैं।

भगतसिंह और चन्द्रशेखर आज़ाद ने हिन्दुस्तान 'सोशलिस्ट रिपब्लिकन आर्मी' नाम से जब अपना दल संगठित किया तो आतंकवाद सामूहिक क्रान्ति के चरण में प्रवेश कर रहा था और इस दल का मार्क्स की क्रान्तिकारी विचारधारा सेसंबंध जुड़ गया था। मार्क्सवाद से संबंध जुड़ जाना हमारे राष्ट्रीय आन्दोलन के विकास की एक स्वाभाविक प्रक्रिया थी। कारण यह कि अक्टूबर, 1917 की रूसी क्रान्ति के बाद समाजवादी क्रान्ति को क्या मार्क्सवादी विचारधारा और कम्युनिस्ट पार्टी के नेतृत्व के बिना किसी जनवादी क्रान्ति का भी सफल होना सम्भव नहीं रह गया था।

पर देश का दुर्भागय यह है कि 1930 के बाद चौथे दशक में जब मार्क्सवादी

विचारधारा ने जोर पकड़ा और जन-आंदोलन ने मज़दूर यूनियनों और किसान सभाओं का रूप धारण किया तो उसका नेतृत्व भी अंग्रेज-भक्त दलाल तत्त्वों ने हथिया लिया। जिस तरह गीता तथा वेदान्त के दौर में गांधी ने महात्माई का बहुरूप भरा था उसी तरह अब जवाहरलाल नेहरू ने समाजवाद का बहुरूप भरा और इन दोनों ने जनता के साथ जो छल किया, उस छल का भंडाफोड़ करना कम्युनिस्ट पार्टी का काम था लेकिन कम्युनिस्ट पार्टी अपनी यह ऐतिहासिक भूमिका अदा करने में इसलिए असमर्थ रही कि उसके नेता भी मैकॉले की शिक्षा प्रणाली में पले-ढले अपनी राष्ट्रीय परम्परा से अब भिन्न उच्चवर्ग तथा मध्यवर्ग के अवसरवादी बुद्धिजीवी थे। उनमें से अधिकांश की शिक्षा इंग्लैंड में हुई थी। वास्तव में वे मार्क्सवादी न होकर संशोधनवादी थे। संशोधनवाद श्रमजीवी वर्ग की नहीं शोषक-वर्ग की विचारधारा है। अतएव इन संशोधनवादी नेताओं ने गांधी और नेहरू के छल का भंडाफोड़ तो क्या करना था, उल्टा कम्युनिस्ट पार्टी को कांग्रेस हाई कमान का पिछलग्गू बनाकर क्रान्ति को विफल बनाने में उसका साथ दिया। आज के हालात में इन तथाकथित मार्क्सवादी नेताओं का अवसरवाद अपने नग्न रूप में हमारे सामने है। अधिक टीका-टिप्पणी की आवश्यकता नहीं।

सोचने-समझने की बात यह है कि नेतृत्व गांधी के हाथ में आने से पूंजीवादी नव-जागरण की प्रक्रिया अधूरी रह गई और समाजवादी नव-जागरण का सूत्रपात ही नहीं हुआ। गांधी का विरोध सुभाष ने किया और इसी कारण तिलक के बाद जनता में उनका आदर कांग्रेस के किसी भी नेता से अधिक है। लेकिन सुभाष मार्क्सवादी नहीं थे, इसलिए वे राष्ट्रीय और अन्तर्राष्ट्रीय स्थिति का सही मूल्यांकन नहीं कर पाए। 1929 के लाहौर अधिवेशन में मुकम्मिल आज़ादी का प्रस्ताव पास हो जाने के बाद उन्होंने मज़दूरों, किसानों तथा नौजवानों को संगठित करने और समानान्तर सरकार बनाने का प्रस्ताव तो रखा, पर इस प्रस्ताव के रद्द हो जाने के बाद स्वयं उन्होंने भी इस दिशा में कोई कदम नहीं उठाया। हिन्दुस्तान 'सोशलिस्ट रिपब्लिकन आर्मी' के गुप्त संगठन और सशस्त्र संघर्ष की परम्परा को 'फारवर्ड ब्लाक', कम्युनिस्ट पार्टी अथवा किसी भी पार्टी ने आगे नहीं बढ़ाया। परिणाम यह कि दूसरे विश्व युद्ध के बाद 1946 में जब क्रान्ति का जबरदस्त उभार आया तो कोई भी पार्टी उसका नेतृत्व करने में सक्षम नहीं थी। परिणाम यह कि कांग्रेस तथा मुस्लिम लीग के दलाल नेतृत्वों ने क्रान्ति की पीठ में छुरा घोंपकर ब्रिटिश साम्राज्यवाद से समझौता कर लिया।

क्रान्ति एक रचनात्मक ऐतिहासिक शक्ति है। उसमें राष्ट्र के उत्कृष्ट तत्त्व उभरकर ऊपर आते हैं, गले-सड़े विकृष्ट तत्त्व झड़ जाते हैं और विचार का स्वस्थ विकास होता है। हमारे देश में क्रान्ति को चूंकि निरन्तर टाला–बरबस स्थगित किया गया, परिणाम यह कि विचार एक स्थान पर आकर रुक गया। इससे साहित्य और संस्कृति का ह्रास हुआ और चिंतन को सही दिशा न मिलने से हम ह्रास ही को प्रगति

तथा उन्नति समझ बैठे। इकबाल का जिक्र पहले आया है और अपनी बात को स्पष्ट करने के लिए हम अब फिर इकबाल का उदाहरण देना चाहेंगे। यह उदाहरण इसलिए भी उचित है कि इकबाल ने जहां शुरू में 'सारे जहां से अच्छा हिन्दोस्तां' लिखकर प्रसिद्धि पाई वहां चौथे दशक में 'उठो, मेरी दुनिया के गरीबों को जगा दो' लिखकर बामपक्षियों में विशेष महत्त्व प्राप्त किया। लेकिन इकबाल अब दुनिया ही की बात करते थे और इस्लामी भ्रातृत्व (Pan Islamism) की बात करते थे। वतन की–देश की बात करना गुनाह समझते थे। उनकी एक कविता 'वतनीय्यत' (राष्ट्रवाद) है। वे कहते हैं :

**इन ताजा खुदाओं में बड़ा सबसे वतन है**
**जो पैरहन उसका है वह मज़हब का कफ़न है।**

अर्थात् पूंजीवादी युग ने जो नये देवता निर्माण किए हैं उनमें सबसे बड़ा देवता देश है और उसका जो परिधान है वह धर्म का कफ़न है।

यह अमूर्त चिन्तन है, जिसका आधार रोमां रोलां तथा एच. जी. वेल्स इत्यादि आदर्शवादी विचारकों का 'पवित्रतम आदर्श' है। अब देखना यह है कि यह अमूर्त चिन्तन इकबाल को कहां ले गया।

विवेकानन्द द्वारा भारतीय राष्ट्र के सोते सिंह को जगाने के उद्‌घोष से प्रभावित होकर जिस इकबाल ने 'बाकी मगर है अब तक नामो-निशां हमारा' का स्वर अलापा था, वहीं अब सिसली द्वीप पर खड़े इस्लाम के सोए सिंह को जगाते दीख पड़ते हैं। वे कहते हैं :

**मैं तिरा तोहफा सू-ए-हिन्दुस्तां ले जाऊंगा।**
**खुद यहां रोता हूं, औरों को वहां रुलाऊंगा।**

परिणाम यह कि हमारा इतिहास बंट गया, परम्परा बंट गई और नायक बंट गए। हम आपस में लड़ मरे और अब तक लड़ रहे हैं। मानव एकता तो क्या स्थापित होनी थी, राष्ट्रीय एकता भी खंडित हो गई।

कम्युनिज़्म अंतर्राष्ट्रीय आंदोलन है और कम्युनिस्ट घोषणा पत्र में मार्क्स और एंग्लस का उद्‌घोष है–'दुनिया-भर के मज़दूरो एक हो जाओ !' जैसा कि हम पहले कह चुके हैं कि मार्क्सवाद असल में भौतिक अद्वैतवाद है। अपने इतिहास और संस्कृति से अनभिज्ञ मैकॉले की शिक्षा पद्धति में ढले हुए 'बामपक्षी' नेताओं तथा 'प्रगतिशील' लेखकों ने इस उद्‌घोष का भी गलत अर्थ लगाया और राष्ट्रीयता को नकारकर अमूर्त चिन्तन ही को बढ़ावा दिया। हाल ही में कश्मीर के उग्र बामपंथी रामप्यारे सराफ की पुस्तक 'प्रज़ेन्ट इंडियन सोसाइटी' (आज का भारतीय समाज) नज़र से गुज़री। भूमिका में पुस्तक लिखने का उद्देश्य क्रान्ति की शक्तियों को दृढ़ बनाना बताया गया है। इस पुस्तक के लेखक ने पाकिस्तान बनने का पहला कारण यह बताया

हैं कि गांधी वेदों और उपनिषदों का नाम लेता था, दूसरा कारण यह बताया है कि संसद के इतने प्रतिशत सदस्य संस्कृत को राष्ट्रीय भाषा बनाने की बात कहते हैं और तीसरा कारण यह बताया कि कांग्रेस के प्रतिक्रियावादी नेताओं ने 'वंदेमातरम्' को राष्ट्रीयगान का दर्जा दिया।

औपनिवेशिक शिक्षा प्रणाली ने ऐसे त्रिशंकुओं को एक बड़ी तायदाद पैदा कर दी है, जिनके पांव देश की धरती पर नहीं हैं, जो भारत को अपना देश नहीं समझते और भारत की जनता से जिनका कोई तादात्म्य नहीं है। ऐसी पुस्तकें ऐसे ही लोगों के लिए लिखी जाती हैं और वही उन्हें पढ़ते हैं। इन तथाकथित वामपक्षियों के पास न भाषा है और न विचार है। परिणाम यह कि पिछले सत्तर वर्ष के आन्दोलन में हमारे इतिहास, दर्शन संस्कृति में उनका कोई स्थान नहीं है।

मार्क्सवाद एक वैज्ञानिक सिद्धान्त है। उसे सिर्फ पढ़ने और उद्धृत करने से काम नहीं चलेगा। उसे भारत की ठोस परिस्थितियों पर लागू करके यह जानना होगा कि भारत आज क्या है, कल क्या था, सौ बरस पहले क्या था और हज़ार बरस पहले क्या था। अतीत को समझ लेने के बाद ही वर्तमान का निर्माण सम्भव है। इसके लिए अपने इतिहास और दर्शन का ज्ञान आवश्यक है, वेद-उपनिषद, रामायण, महाभारत, कपिल, कणाद, गौतम, चाणक्य, शंकराचार्य, रामानुज, चैतन्य, कबीर, नानक, रामकृष्ण परमहंस और विवेकानन्द–सब हमारे हैं। हमें उनकी ऐतिहासिक भौतिकवादी दृष्टि से व्याख्या करनी है। वह व्याख्या ही मार्क्सवाद का मूर्त रूप होगी। मार्क्सवाद के इस मूर्त रूप को हमारी जनता सहज में ग्रहण करेगी। और उसे क्रान्तिकारी भौतिक शक्ति में बदल देगी। लेनिन ने ऐसा किया और वे सफल हुए। माओत्से तुंग और होची मिह्न ने ऐसा किया तो उन्हें भी सफलता मिली। सांस्कृतिक परम्परा से जुड़कर ही लोग क्रान्तिकारी बनते हैं। माओत्से तुंग ने तो यहां तक कह दिया है–"संस्कृति-विहीन सेना जड़बुद्धि सेना है, वह शत्रु को पराजित नहीं कर सकती।"

गंगा युग-युग से अविरल गति के साथ इस धरती पर बह रही है उसकी धारा को किसी एक विशेष स्थान की धारा से अलग नहीं किया जा सकता।

अपने विशिष्ट उद्गम और विशिष्ट मार्ग से बहने के कारण गंगा के जल में जो एक विशिष्ट गुण है, वह दजला, वोल्गा अथवा यांग्सी के जल में नहीं। और वोल्गा और यांग्सी के पानी में जो विशिष्ट गुण है वह गंगा के पानी में नहीं। इसके इस विशिष्ट गुण को नकारकर सबके पानी को समान बना देना सम्भव नहीं, बल्कि जल के इस विशिष्ट गुण को समझ लेना ही, जिस पर वह बहता है, उस धरती संबंधी सम्यक् ज्ञान है।

गंगा की धारा ही की तरह हमारे देश में विचार की धारा भी युग-युग से अविरल गति के साथ बहती चली आ रही है। इस धारा को किसी भी स्थान पर बीच में काट देना सम्भव नहीं है। विशिष्ट भौगोलिक, ऐतिहासिक और सामाजिक

परिस्थितियों के कारण इसके विकास की भी एक विशिष्ट प्रक्रिया है। हमें इस विशिष्टता को समझना होगा और अपने चिंतन का सूत्र इस विचारधारा से जोड़कर, विवेकानन्द उसे जहां लाकर छोड़ गए हैं, उससे आगे बढ़ाना होगा। निरा मार्क्सवाद बघारने से कोई प्रयोजन सिद्ध नहीं होता। निस्संदेह आज के युग में मार्क्सवाद, लेनिनवाद और माओत्से तुंग विचारधारा का ज्ञान आवश्यक है, लेकिन अपनी सांस्कृतिक परम्परा को समझना और उससे जुड़ना और भी आवश्यक है। विवेकानन्द को प्रतिक्रियावादी कहने वाले आंग्लीकृत सुधारक न सिर्फ यह कि राष्ट्रीय संघर्ष से अलग रहे बल्कि उनमें से बहुतों ने राष्ट्र-विरोधी और जन-विरोधी भूमिका अदा की। 1930 के बाद समाजवाद और प्रगतिवादी नेताओं तथा लेखकों की भूमिका भी आज किसी से छिपी नहीं। दरअसल राष्ट्र को नकारकर अंतर्राष्ट्रीय बनने वाले इन तथाकथित बामपक्षियों ने अतीत की हर शै को हेय समझने वाली परम्परा विरोधी और समाज-विरोधी प्रवृत्ति ही को अधिक बढ़ाया-फैलाया। इससे दलाल-तत्त्वों ही का पोषण हुआ।

आज देश में क्रान्ति की परिस्थिति पहले की अपेक्षा कहीं अधिक परिपक्व है। जनता क्रान्ति के लिए तैयार है। पर उसकी रहनुमाई करने वाली क्रान्तिकारी पार्टी अभी सामने नहीं। राष्ट्रीयता को नकारना ही इस अभाव का मुख्य कारण है। हमारी अपढ़ और दरिद्र जनता सदियों के अनुभव को अपनी झोली में प्राणपन से सम्भाले हुए हैं। उसके हाथ चाहे खुरदरे और घायल हैं, क्योंकि कठिन श्रम किया है और उन पर क्रूर प्रहार होते रहे हैं, पर वह झोली को मज़बूती से पकड़े और थामे हुए हैं। यह अपढ़ और दरिद्र जनता क्रान्ति का नेतृत्व उसी पार्टी को सौंपेगी, जो उसकी झोली के अनुभव को आदर से देखे-परखेगी। दरअसल वह पार्टी भी क्रान्तिकारी तभी बन पाएगी और तभी जनता से उनका तादात्म्य स्थापित होगा। यह मुमकिन नहीं कि अतीत तो प्रतिक्रियावादियों के लिए छोड़ दिया जाए और भविष्य के मालिक क्रान्तिकारी बनें। समग्र भारत को लेना या छोड़ना होगा। जनता में क्रान्तिकारी शक्ति का अभाव नहीं। कठोपनिषद् का यह उद्‌घोष–'उठो, जागो और तब तक आगे बढ़ते चलो जब तक कि अपने ध्येय को प्राप्त न कर लो'–हमेशा उसके खून को गरमाता रहा है।

मज़दूर, किसान, विद्यार्थी तथा देश की समूची मेहनतकश जनता अब जाग उठी है और पिछले चालीस-पैंतालीस बरस के अनुभव से उसने भली-भांति समझ लिया है कि सशस्त्र क्रान्ति के बिना नये भारत का स्वप्न साकार नहीं होगा। और उनका नेतृत्व करने वालों को भी समझ लेना होगा कि पार्टी जनता से बड़ी नहीं, बल्कि जनता पार्टी से बड़ी है और इस समझ को व्यावहारिक रूप देना होगा।

# भाषा, साहित्य और कला पर विवेकानंद के विचार

**"कला सौंदर्य की अभिव्यक्ति है। प्रत्येक वस्तु कला पूर्ण होनी चाहिए।"**

–विवेकानंद

विवेकानंद को सौंदर्य-भावना अपने कलाप्रेमी वंश से विरासत में मिली थी। वे एक निपुण संगीतकार थे और बचपन में उन्होंने चित्र कला भी सीखी थी। बाद में उन्होंने धर्म के माध्यम से जो राजनीतिक संघर्ष किया, उससे ज्यों-ज्यों उनके व्यक्तित्व का विकास हुआ, त्यों-त्यों सौंदर्य भावना भी विकसित हुई। गद्य के अलावा उन्होंने बंगला, संस्कृत और अंग्रेजी भाषा में कविताएं लिखीं। अमेरिका और इंग्लैंड के विद्वानों और अखबारों ने अंग्रेजी पर उनके अधिकार और विद्वत्ता की बड़ी तारीफ की। लेकिन इस तारीफ के बावजूद उन्होंने अपनी अंग्रेजी पर कभी गर्व नहीं किया। 29 जुलाई, 1897 को वे अल्मोड़ा से स्वामी रामकृष्ण को लिखते हैं :

"कल यहां पर अंग्रेज लोगों के बीच एक व्याख्यान हुआ, उससे सब लोग अत्यन्त आनंदित हुए हैं। किन्तु उससे पूर्व दिवस हिन्दी में मेरा भाषण हुआ, उससे मैं अत्यन्त आनंदित हूं--मुझे पहले ऐसी धारणा नहीं थी कि हिंदी में भी मैं वक्तृता दे सकूंगा।" अगले दिन 30 जुलाई को स्वामी अखंडानंद के नाम फिर लिखते हैं, "यहां पर साहबों के बीच मैंने एक अंग्रेजी भाषण तथा भारतीयों के लिए एक भाषण हिंदी में दिया था। हिंदी में यह मेरा प्रथम भाषण था–किन्तु सभी ने बहुत पसंद किया। साहब लोग तो जैसे हैं वैसे ही हैं, चारों ओर यह सुनाई दिया 'काला आदमी', भाई, बहुत आश्चर्य की बात है।" (षष्ठ खंड, पृष्ठ 63-64)

विदेशियों की तारीफ का विवेकानंद की दृष्टि में कुछ भी मूल्य नहीं था। वे इस तथ्य को भली-भांति समझते थे कि विदेशी भाषा में चाहे कोई कितनी ही जान खपाये, कितनी ही विद्वत्ता प्राप्त कर ले, उसमें उच्च कोटि की उत्कृष्ट रचना सम्भव नहीं है। मौलिकता और प्रतिभा का विकास अपनी मातृभाषा ही में सम्भव है और हृदयगत भावनाओं की सहज अभिव्यक्ति उसी में सम्भव है।

लार्ड मैकाले द्वारा हम पर अंग्रेजी आरोपित करना हमारी राष्ट्रीयता को नष्ट करने का समझा-सोचा षडयंत्र है। मद्रास में 'भारत का भविष्य' नाम के अपने भाषण में वे कहते हैं :

"किसी भी दूसरे देश की अपेक्षा भारत की समस्याएं अधिक जटिल और गुरुतर

हैं। जाति-धर्म, भाषा, शासन प्रणाली–यही एक साथ मिलकर एक राष्ट्र की सृष्टि करते हैं। यदि एक-एक जाति को लेकर हमारे राष्ट्र से तुलना की जाये तो हम देखेंगे कि जिन उपादानों से संसार के दूसरे राष्ट्र संगठित हुए हैं, वे संख्या में यहां के उपादानों से कम हैं। यहां आर्य हैं, द्रविड़ हैं, तातार हैं, तुर्क हैं, मुगल हैं, यूरोपीय हैं,–मानो संसार की सभी जातियां इस भूमि में अपना-अपना खून मिला रही हैं। भाषा का यहां एक विचित्र ढंग का जमावड़ा है, आचार-व्यवहारों के संबंध में दो भारतीय जातियों में जितना अंतर है, उतना पूर्वी और यूरोपीय जातियों में नहीं।" (पंचम खंड, पृष्ठ 180)

लेकिन भाषाओं के विचित्र जमावडे और आचार-व्यवहार में अंतर के बावजूद हम एक महान संस्कृति के उत्तराधिकारी हैं। यह संस्कृति ही राष्ट्रीय एकता के लिए सीमेंट का काम करती है। यह संस्कृति जिस भाषा में सुरक्षित है, वह संस्कृत है। अतएव हमारे राष्ट्रीय जीवन में संस्कृत का जो महत्त्व है उसे विवेकानंद ने समझा और देशवासियों को समझाने का प्रयत्न किया। वह अपने उक्त भाषण में कहते हैं :

"मेरा विचार है, पहले हमारे शास्त्र ग्रंथों में भरे पड़े आध्यात्मिकता के रत्नों को जो कुछ ही मनुष्यों के अधिकार में मठों और अरण्यों में छिपे हुए हैं, बाहर लाना है। जिन लोगों के अधिकार में यह छिपे हुए हैं, केवल उन्हीं से इस ज्ञान का उद्धार करना नहीं, वरन् उससे भी दुष्ठों दुभु दुर्भेद्य पटिका अर्थात् जिस भाषा में यह सुरक्षित है, उन शताब्दियों के पर्त खायें हुए संस्कृत शब्दों से उन्हें निकालना होगा। तात्पर्य यह है कि मैं उन्हें सबके लिए सुलभ कर देना चाहता हूं, मैं इन रत्नों को निकाल कर सबकी, भारत के प्रत्येक मनुष्य की, सामान्य सम्पत्ति बनाना चाहता हूं चाहे वह संस्कृत जानता हो या नहीं। इस मार्ग की बहुत बड़ी कठिनाई हमारी गौरवशाली भाषा संस्कृत ही है, यह कठिनाई तब तक दूर नहीं हो सकती, जब तक यदि सम्भव हो तो हमारी जाति के सभी मनुष्य संस्कृत के अच्छे विद्वान न हो जायें। यह कठिनाई तुम्हारी समझ में आ जायेगी, जब मैं कहूंगा कि आजीवन इस संस्कृत भाषा का अध्ययन करने पर भी जब मैं इसकी कोई नई पुस्तक उठाता हूं तब वह मुझे बिलकुल नई जान पड़ती है। अब सोचो कि जिन लोगों ने कभी विशेष रूप से इस भाषा का अध्ययन करने का समय नहीं पाया, उनके लिए यह भाषा कितनी अधिक क्लिष्ट होगी। अतः मनुष्यों की बोल-चाल की भाषा में उन विचारों की शिक्षा देनी होगी। साथ ही संस्कृत क़ी शिक्षा भी अवश्य होती रहनी चाहिए, क्योंकि संस्कृत शब्दों की ध्वनि मात्र ही से जाति को एक प्रकार का गौरव, शक्ति और बल प्राप्त हो जाता है। महान रामानुज, चैतन्य और कबीर ने भारत की नीची जातियों को उठाने का जो प्रयत्न किया था, उसमें उन महान धर्माचार्यों को अपने ही जीवन काल में अद्भुत सफलता मिली थी। किन्तु फिर उनके बाद उस कार्य का जो शोचनीय परिणाम हुआ,

पाली बंगला से बहुत कुछ मिलती-जुलती है। पर बंगला में पारिभाषिक शब्दों को बनाने अथवा उनका अनुवाद करने में संस्कृत शब्दों का व्यवहार उचित है। नए शब्दों के गढ़ने का भी प्रयत्न होना चाहिए, इसके लिए यदि संस्कृत के कोश से पारिभाषिक शब्दों का संग्रह किया जाये तो उससे बंगला भाषा के निर्माण में बड़ी सहायता मिलेगी।" (दशम खंड, पृष्ठ 42)

क्रान्ति की हर तरंग के साथ नई भावनाओं, नए विचारों की उत्पत्ति होती है, उन्हें अभिव्यक्ति प्रदान करने के लिए युग के प्रतिनिधि कवि और लेखक भाषा तथा शैली में परिवर्तन लाते हैं। लेकिन प्रतिक्रियावादी हर क्षेत्र में मौलिकता और परिवर्तन का विरोध करते हैं क्योंकि उन्हें अपने निहित स्वार्थ खतरे में दिखाई देते हैं। मायकेल मधुसूदन दत्त ने अपने 'मेघनाद-वध' काव्य में नए विचार अभिव्यक्त करते हुए भाषा में भी मौलिक प्रयोग किया। प्रतिक्रियावादियों ने इसकी हंसी उड़ाते हुए 'छछूंदर-वध' लिखा है। शिष्य के साथ वार्ता एवं संलाप में विवेकानंद कहते हैं, "वे एक अपूर्व मनस्वी व्यक्ति तुम्हारे देश में पैदा हुए थे। 'मेघनाद-वध' की तरह का दूसरा काव्य बंगला भाषा में तो है ही नहीं, समस्त यूरोप में भी वैसा कोई काव्य आजकल मिलना कठिन है।"

शिष्य ने कहा, "परन्तु महाराज, मायकेल को शायद शब्दाडम्बर बहुत प्रिय है।"

स्वामी जी—"तुम्हारे देश में कोई कुछ नई बात करे तो तुम लोग उसके पीछे पड़ जाते हो। पहले अच्छी तरह देखो कि वह आदमी क्या कह रहा है। पर ऐसा न करके ज्योंही किसी में कोई नई बात दिखाई दी कि लोग उसके पीछे पड़ गये, वह 'मेघनाद-वध', जो तुम्हारी बंगला भाषा का मुक्त मणि है, उसे नीचा दिखाने के लिए एक 'छछूंदर-वध' काव्य लिख गया। पर इससे हुआ क्या ? करता रहे जो कोई जो कुछ चाहे। वही 'मेघनाद-वध' काव्य अब हिमालय की तरह अटल होकर खड़ा है, परन्तु उसमें दोष निकालने में जो लोग व्यस्त थे, उन सब समालोचकों के मत और लेख अब न जाने कहां बह गये ? मायकेल नवीन छंद और ओजपूर्ण भाषा में जिस काव्य की रचना कर गये, उसे साधारण लोग क्या समझेंगे ? इसी प्रकार यदि जो जी० सी० आजकल नए छंदों में अनेकानेक उत्कृष्ट पुस्तकें लिख रहा है, उनकी भी तो तुम्हारे बुद्धिमान पंडितगण कितनी समालोचना कर रहे हैं, दोष निकाल रहे हैं। पर क्या जी० सी० उसकी परवा करता है ? समय आने पर ही सब लोग उन पुस्तकों का मूल्य समझेंगे।

फिर उन्होंने लायब्रेरी से 'मेघनाद-वध' काव्य मंगवाया और उसके सर्वोत्कृष्ट अंश की व्याख्या करते हुए कहा, "जहां पर इंद्रजीत युद्ध में निहित हुआ है—मंदोदरी शोक से कातर होकर रावण को युद्ध में जाने से रोक रही है, परन्तु पुत्र-शोक को मन से जबरदस्ती हटाकर महावीर की तरह युद्ध में जाने का निश्चय कर प्रतिहिंसा

और क्रोध की आग में स्त्री-पुत्र सब भूलकर वह युद्ध के लिए बाहर जाने को तैयार है–वहीं है काव्य की श्रेष्ठ कल्पना। चाहे जो हो, पर मैं अपना कर्त्तव्य नहीं भूल सकता, फिर दुनिया रहे या जाये–यही है महावीर का वाक्य। मायकेल ने इसी भाव से अणुप्राणित होकर काव्य के उस अंश को लिखा था।" (पृष्ठ खंड, पृष्ठ 190-91)

स्वामीजी खुद भी नए विचारों और नई भावनाओं के प्रतिनिधि थे। उन्होंने भी बंगला भाषा में नया प्रयोग किया तो उनका भी विरोध हुआ, शिष्यों तक ने आपत्ति की। इसी 'वार्ता एवं संलाप' में उन्होंने अपने दृष्टिकोण की जो व्याख्या की, उससे भाषा और विचार का, शैली और परिवर्तन का द्वन्द्वात्मक सम्बन्ध भली-भांति समझ में आ जायेगा।

स्वामीजी ने कहा–"उस दिन मैंने 'हिन्दू धर्म क्या है" ? इस विषय पर बंगला भाषा में एक लेख लिखा तो तुम्हीं में से किसी ने कहा कि इसकी भाषा तो प्रांजल नहीं। मेरा अनुमान है कि सब वस्तुओं की तरह कुछ समय के बाद भाषा और भाव भी फीके पड़ जाते हैं। आजकल इस देश में यही हुआ है, ऐसा जान पड़ता है। श्री गुरुदेव के आगमन से भाव और भाषा में नवीन प्रवाह आ गया है। अब सबको नवीन सांचे में ढालना है, नवीन प्रतिभा की मुहर लगाकर सब विषयों का प्रचार करना पड़ेगा। देखो न, संन्यासियों की प्राचीन चाल-ढाल टूटकर अब क्रमशः कैसी नवीन परिपाटी बन रही है। इसके विरुद्ध समाज में भी बहुत कुछ प्रतिवाद हो रहा है, परन्तु इससे क्या ? क्या हम उससे डरें ? आजकल इन संन्यासियों को प्रचार-कार्य के निमित्त दूर-दूर जाना है। यदि प्राचीन संन्यासियों का वेश धारण कर अर्थात् भस्म लगाकर और अर्द्धनग्न होकर वे कहीं विदेश को जाना चाहें तो पहले तो जहाज ही पर उनको सवार नहीं होने देंगे। और यदि किसी प्रकार विदेश पहुंच जायें तो उनको कारागृह में निवास करना होगा। देश, सभ्यता और समयोपयोगी कुछ-कुछ परिवर्तन सभी विषयों में कर लेना पड़ेगा। अब मैं बंगला भाषा में लेख लिखने की सोच रहा हूं–सम्भव है कि साहित्य सेवी उनको पढ़कर निंदा करें। करने दो–मैं बंगला भाषा को नए सांचे में ढालने का प्रयत्न अवश्य करूंगा। आजकल लेखक जब लिखने बैठते हैं, तब क्रियापद का प्रयोग करते हैं। इससे भाषा में शक्ति नहीं आती। विशेषण द्वारा क्रियापदों का भाव प्रकट करने से भाषा में ओज अधिक बढ़ता है। आगे तुम लोग इस प्रकार लिखने की चेष्टा करो तो 'उद्बोधन' में ऐसी ही भाषा में लेख लिखने का प्रयत्न करना। भाषा में क्रियापद प्रयोग करने का क्या तात्पर्य है ? जानते हो ? इस प्रकार भावों को विराम मिलता है। इसलिए अधिक क्रियापदों का प्रयोग करना जल्दी-जल्दी श्वास लेने के समान दुर्बलता का चिह्न मात्र है। यही कारण है कि बंगला भाषा में अच्छी वक्तृता नहीं दी जा सकती। जिनका किसी भाषा पर अच्छा अधिकार है, वे भावाभिव्यक्ति रोककर नहीं चलते। दाल-भात का भोजन

करके तुम लोगों का शरीर जैसा दुर्बल हो गया है भाषा भी ठीक वैसी ही हो गई है। खान-पान, चाल-चलन, भाव-भाषा सबमें तेजस्विता लानी होगी। चारों ओर प्राण का संचार करना होगा, नस-नस में रक्त, का प्रवाह तेजे करना होगा, जिससे सब विषयों में प्राणों का स्पंदन अनुभव हो, तभी इस घोर जीवन-संग्राम में देश के लोग बचे रह सकेंगे। नहीं तो शीघ्र ही इस देश और जाति को मृत्यु की छाया ढक लेगी। (पृष्ठ 95)

'उद्बोधन' स्वामी जी की अपनी पत्रिका थी। इसमें उन्होंने कविताएं भी लिखीं, निबंध भी लिखे और बंगला भाषा तथा साहित्य को समृद्ध बनाया पहले हम उनकी कविताओं पर विचार करेंगे। उदारहंण के लिए 'संन्यासी का गीत' नाम की कविता लीजिए जो जुलाई 1895 में न्यूयार्क के थाऊजेंड आईलैंड पार्क में लिखी गई थी

तोड़ो सब शृंखला, उन्हें निज जीवन बंधन जान,
हों, उज्ज्वल कांचन के अथवा क्षुद्र धातु के मलान,
प्रेम-घृणा, सह-असह सभी ये द्वन्द्वों से संघात,
दास सदा ही दास, समादृत व ताडित-परतंत्र
स्वर्ण निगड़ होने से क्या वे सुदृढ़ न बंधन यंत्र,
अतः उन्हें संन्यासी तोड़ो, छिन्न करो, गया यह मंत्र,
ओम तत्सत् !
अंधकार हो दूर-ज्योति-छल जल-बुझ बारम्बार,
दृष्टि भ्रमित करता, तह पर तह मोह तमस विस्तार !
मिटे अजस, तृषा जीवन की, जो आवागमन द्वार,
विश्वजयी वह आत्मजयी जो, मानो इसे प्रमाण,
ओम तत्सत् ओम !
'बोओगे, पाओगे, निश्चित कार्य-कारण-विधान !
कहते 'शुभ का शुभ औ' अशुभ का फल, श्रीमान्
दुर्निवार यह नियम, जीव के नाम-रूप परिधान
बंधन है, सब है, पर दोनों नाम रूप के पार
नित्य मुक्त आत्मा करती है बंधनहीन विहार।
तुम वह आत्मा को संन्यासी, बोलो वीर उदार,
ओम सत्सत् ओम।।

स्वामीजी उन दिनों अपने अमेरिकी शिष्यों को वेदान्त पढ़ा रहे थे और वही वेदान्त दर्शन इस कविता का आधार है। कवि आत्मा से कह रहा है कि जंजीर लोहे की हो, सोने की हो अथवा किसी और धातु की, आखिर जंजीर है। आत्मा उसे तोड़कर अपने को माया बंधन से मुक्त करे और नामरूप से परे चली जाये। यही

उसकी स्वाधीनता है।

वे वेदान्त दर्शन के जिस सिद्धांत को मानते थे, उसे व्यवहार में भी लाते थे। 'भारतीय जीवन में वेदान्त का प्रभाव' भाषण में इस सिद्धांत द्वारा साहित्य की आलोचना इस प्रकार की है :

"उदाहरण स्वरूप मिल्टन, दान्ते, होमर अथवा अन्य किसी पाश्चात्य कवि को लिया जा सकता है। उनके काव्यों में स्थान-स्थान पर उदात्त भावव्यंजक अपूर्वस्थल है, किन्तु उनमें सर्वत्र ही बाह्य प्रकृति की अनन्तता को इंद्रियों के माध्यम से ग्रहण करने की चेष्टा है, देश की अनन्तता के आदर्श को प्राप्त करने का प्रयत्न है। हम वेदों के संहिता भाग में भी यही श्रेष्ठ चेष्टा देखते हैं। कुछ अपूर्व ऋचाओं में जहां सृष्टि का वर्णन है, बाह्य प्रकृति के विस्तार का उदात्त भाव देश का अनन्तत्त्व, अभिव्यक्ति की उच्चतम भूमिका उपलब्ध कर सका है। किन्तु इन्होंने शीघ्र ही जान लिया कि इन उपायों से अनन्त को प्राप्त नहीं किया जा सकता, उन्होंने समझ लिया कि अपने मन के जिन सकल भावों को वे भाषा में व्यक्त करने की चेष्टा कर रहे थे, वे अनन्त देश, अनन्त विस्तार और अनन्त बाह्य प्रकृति प्रकाशित करने में असमर्थ हैं। तब उन्होंने जगत-समस्या की व्याख्या के लिए अन्य मार्गों का अवलम्बन किया। उपनिषदों की भाषा ने नया रूप धारण किया, उपनिषदों की भाषा एक प्रकार से 'नेति' वाचक है, स्थान-स्थान पर अस्फुट है, मानो तुम्हें अतींद्रिय राज्य में ले जाने की चेष्टा करती है, केवल तुम्हें एक ऐसी वस्तु दिखा देती है, जिसे तुम ग्रहण नहीं कर सकते, जिसका तुम इंद्रियों से बोध नहीं कर पाते, फिर भी उस वस्तु के संबंध में तुमको साथ ही यह निश्चय भी है कि उसका अस्तित्व है।" (पंचम खंड, पृष्ठ 130)

फिर लिखा है, "वेदान्त का प्रभाव यूरोप के काव्य और दर्शन-शास्त्र में बहुत है। सभी अच्छे कवि वेदान्ती हैं। दार्शनिक तत्त्व लिखने चले कि घूम-फिर कर वेदान्त। परन्तु हां, कोई-कोई स्वीकार नहीं करना चाहते। अपनी मौलिकता बहाल रखना चाहते हैं–जैसे हर्बर्ट स्पेन्सर आदि। परन्तु अधिकांश लोग स्पष्ट रूप से स्वीकार करते हैं। और बिना किये जायें भी कहां–इस तार, रेलवे और अखबारों के जमाने में।" (अष्टम खंड, पृष्ठ 203)

जो लोग 'वादों' से ऊपर उठने की बात करते हैं, वे यह समझ रखें कि बिना दार्शनिक आधार के अच्छे काव्य और अच्छे साहित्य की सृष्टि सम्भव नहीं। सिद्धांत चूंकि व्यक्तियों के नहीं वर्गों के होते हैं, इसलिए साहित्य और कला का भी वर्ग-चरित्र होता है।

और उनकी एक कविता है 'जागृत देवता' इसमें भी वेदान्त दर्शन ओत-प्रोत है। पूरी की पूरी कविता इस प्रकार है :

वह, जो तुममें है और तुमसे परे भी,
जो सबके हाथों में बैठकर काम करता है,
जो सबके पैरों में समाया हुआ चलता है,
जो तुम सबके घट में व्याप्त है,
उसकी आराधना करो और
अन्य प्रतिमाओं को तोड़ दो !
जो एक साथ ऊंचे पर नीचे भी है,
पापी और महात्मा, ईश्वर और निकृष्ट कीट,
एक साथ ही है,
उसी का पूजन करो–
जो दृश्यमान है,
ज्ञेय है,
सत्य है,
सर्वव्यापी है,
अन्य सभी प्रतिमाओं को तोड़ दो।
ओ विमूढ़ ! जाग्रत देवता की उपेक्षा मत करो,
उसके अनन्त प्रतिबिम्बों ही से यह विश्वपूर्ण है।
काल्पनिक छायाओं के पीछे मत भागो,
जो तुम्हें विग्रह में डालती है।
उस परम प्रभु की उपासना करो,
जिसे सामने देख रहे हो,
अन्य सभी प्रतिमाएं तोड़ दो।

यह वेदान्त दर्शन का 'यत्रजीव तत्र शिव रूप है, जिसे रामकृष्ण परमहंस ने विकसित किया और जिसे विवेकानन्द ने समझा और वे वेदान्त को जंगल से नगर में लाये, उसे व्यवहार में ढाला और कहा कि सदियों से पिसते आ रहे भारत के श्रमजीवी ही तुम्हारे देवता हैं, इन्हीं की पूजा करो। और सब देवताओं को पचास साल के लिए ताक पर रख दो। बस, यह दरिद्र नारायण ही तुम्हारा उपास्य है।

अमेरिका ने 1776 में इंग्लैंड से स्वाधीनता प्राप्त की, तभी से 4 जुलाई को स्वाधीनता जयन्ती मनाई जाती है। 4 जुलाई, 1898 को विवेकानंद कुछ अमेरिकी शिष्यों के साथ कश्मीर में थे। वहां उन्होंने 4 जुलाई के प्रति 'मुक्ति' शीर्षक कविता लिखी :

वह देखो, वे घने बादल छंट रहे हैं
जिन्होंने रात को, धरती को अशुभ छाया से

ढक लिया था।
किन्तु तुम्हारा चमत्कार-पूर्ण स्पर्श पाते ही
विश्व जाग रहा है।
पक्षियों ने सहगान गाये हैं,
फूलों ने, तारों की भांति चमकते ओस कणों का मुकुट पहनकर
झूम-झूमकर तुम्हारा सुंदर स्वागत किया है।
झीलों ने प्यार भरा हृदय तुम्हारे लिए खोला है
और अपने सहस-सहस कमल नेत्रों के द्वारा
मन की गहराई से
निहारा है तुम्हें।
हे प्रकाश के देवता।
सभी तुम्हारे स्वागत में संलग्न हैं।
आज तुम्हारा नव स्वागत है।
हे सूर्य, तुम आज मुक्ति ज्योति फैलाते हो।।

स्वाधीनता का आगमन है, इसलिए कवि ने उजाले और उल्लास का वातावरण उत्पन्न किया है और स्वाधीनता को प्रकाश पुंज सूर्य से उपमा दी है। फिर लिखा है :

तुम्हीं सोचो, संसार ने तुम्हारी कितनी प्रतीक्षा की
कितना खोजा तुम्हें,
युग-युग तक, देश देश घूम कर कितना खोजा गया।
कुछ ने घर छोड़े, मित्रों का प्यार खोया,
स्वयं को निर्वासित किया,
निर्जन महा सागरों, सुनसान जंगलों में कितना भटके,
एक एक कदम पर मौत और जिंदगी का सवाल आ गया,
लेकिन, वह दिन भी आया, जब संघर्ष फले,
पूजा, श्रद्धा और बलिदान पूर्ण हुए,
अंगीकृत हुए–तुमने अनुग्रह किया
और समस्त मानवता पर स्वातंत्र्य-प्रकाश विकीर्ण किया
ओ देवता, निर्बाध बहो, अपने पथ पर,
तब तक,
जब तक कि यह सूर्य आकाश के मध्य में न आ जाये–
जब तक तुम्हारा आलोक विश्व में प्रत्येक देश में प्रतिफलित न हो,
जब तक नारी और पुरुष सभी उन्नत मस्तक यह नहीं देखें

**कि उनकी जंजीरें टूट गयीं।**
**और नवीन सुखों के बसंत में (उन्हें) नवजीवन मिला।**

स्वाधीनता की तड़प, उसके लिए संघर्ष और बलिदान। फिर किसी एक राष्ट्र, किसी एक देश की स्वाधीनता नहीं, विश्व के सभी देशों की स्वाधीनता, नर-नारी सभी की जंजीरें टूट जायें और सभी उन्नत मस्तक हों। इसके लिए सुनाई पड़ता है कठोपनिषद का उद्घोष-उत्तिष्ठत जागृत प्राप्य वरान निवोधत–'उठो, जागो और जब तक तुम अपने अंतिम ध्येय तक नहीं पहुंच जाते, तब तक चैन न लो।"

एक छोटी-सी कविता देखिए :

**शिव-संगीत**
**(कर्नाटी–एक ताल)**
**ताथैया ताथैया नाचे भोला,**
**बम बम बाजे गान।**
**डिमिडिमि डमरू बाजे डोलती, कमाल-माल।**
**गरजे गंगा जटा मांझे, उगले अनल त्रिशूल राजे,**
**धक् धक् धक् मौलिबंध ज्वले शशंक भाल।**

व्याख्या की आवश्यकता नहीं। क्रान्ति का स्वागत-तांडवन नाच शब्दों से व्यक्त है ! इसी प्रकार 'काली माता' में कहा है :

**"साहसी, जो चाहता है**
**दुख, मिल जाना मरण से,**
**नाश की गति नाचता है**
**मां उसी के पास आई।"**

1899 में लिखे गये 'नवभारत' निबंध का उल्लेख हम पहले कर आये हैं। फिर इन्हीं दिनों दूसरी बार विदेश जाते हुए उन्होंने यूरोप यात्रा के संस्मरण लिखे, जो पहले 'उद्बोधन' में और फिर पुस्तिका रूप में प्रकाशित हुए। लोगों का कहना था कि विवेकानंद ने ये संस्मरण लिखकर अपनी योग्यता की धाक जमाई। लेकिन धाक जमाना उनका अभिप्राय कभी नहीं रहा। उनके सम्मुख आगे आने वाला महान संघर्ष था और वे एकनिष्ठा से समूचे राष्ट्र को उसके लिए तैयार कर रहे थे। अब वे, जैसा कि पहले कहा जा चुका है, वेदान्त के विराम चिह्न को लांघ चुके थे। उनकी दृष्टि बहुत स्पष्ट थी और उनका विश्लेषण ऐतिहासिक भौतिकवाद के निकट आ गया था। 'हमारी वर्तमान समस्या' 'ज्ञानार्जन' 'भारत का ऐतिहासिक क्रम-विकास' 'चिंतनीय बातें' तथा 'प्राच्य और पाश्चात्य' उनकी उत्कृष्ट रचनाएं हैं। 'प्राच्य और

पाश्चात्य' एक लम्बा निबंध है, जो पुस्तक रूप में छपा था, पूर्व और पश्चिम के तुलनात्मक अध्ययन का परिणाम है और विवेकानंद की सूक्ष्म दृष्टि का परिचायक है। इसमें खोराक, पोशाक, आचार-व्यवहार, रीति-रिवाज, साहित्य-कला और उत्थान-पतन सभी की चर्चा है और सुन्दर तथा ज्ञान-वर्धक चर्चा है। वानगी के कुछ नमूने देखिए और शैली की दाद दीजिए :

"चीनियों का भोजन सचमुच एक कसरत है। हमारे देश में जैसे पानवाली लोहे के पतर के दो टुकड़ों से पान तराशती है, उसी प्रकार चीनी दाहिने हाथ में लकड़ी के दो टुकड़े अपनी हथेली और अंगुलियों के बीच में चिमटे की तरह पकड़ते हैं और उसी से तरकारी आदि खाते हैं। फिर दोनों को एकत्र कर एक कटोरी भात मुंह के पास लाकर उन्हीं दोनों के सहारे उस भात को ठेल-ठेल कर मुंह में डालते हैं।"

"सभी जातियों के आदिम पुरुष जो पाते थे, वही खाते थे। किसी जानवर को मारकर उसे एक महीने तक खाते थे, सड़ जाने पर भी नहीं छोड़ते थे। धीरे-धीरे लोग सभ्य हो गये। खेती-बाड़ी होने लगी। जंगली जानवरों की तरह एक दिन खूब खाकर चार-पांच दिन भूखें रहने की प्रथा उठ गई। रोज़ भोजन मिलने लगा, फिर भी बासी और सड़ी वस्तुओं का खाना नहीं छूटा। पहले सड़ी-गली चीजें आवश्यक भोजन थीं, पर अब वे चटनी अचार के रूप में नैमित्तिक भोजन हो गयी हैं।" (दशम खंड, पृष्ठ 82)

'आहार संबंधी विधि-निषेध का तात्पर्य' शीर्षक तले लिखा है :

"हिन्दुओं की तरह यहूदी भी व्यर्थ ही मांस नहीं खाते। जैसे बंगाल और पंजाब में मांस को महाप्रसाद कहते हैं, उसी तरह यहूदी लोग नियमानुसार बलिदान न होने से मांस नहीं खाते हैं। हिन्दुओं की तरह यहूदियों को भी जिस-तिस दुकान से मांस खरीदने का अधिकार नहीं है। मुसलमान भी यहूदियों के अनेक नियम मानते हैं, पर इतना परहेज नहीं है। बस दूध, मांस और मछली एकसाथ नहीं खाते। छुआछूत होने ही से सर्वनाश हो जाता है, इसे वे नहीं मानते। हिन्दुओं और यहूदियों में भोजन संबंधी बहुत सादृश्य है। किन्तु यहूदी जंगली सूअर भी नहीं खाते, पर हिन्दू खाते हैं। पंजाब के हिन्दू मुसलमानों में भयंकर वैमनस्य रहने के कारण जंगली सूअर पुनः हिन्दुओं का आवश्यक खाद्य हो गया है। राजपूतों में जंगली सूअर का शिकार करके खाना एक धर्म माना जाता है। दक्षिण में ब्राह्मण को छोड़कर दूसरी जातियों में मामूली सूअर का खाना भी जायज़ है। हिन्दू जंगली मुर्गा-मुर्गी खाते हैं, पालतू मुर्गा-मुर्गी नहीं खाते। बंगाल से लेकर नेपाल और काश्मीर-हिमालय तक एक ही प्रथा है। मनुष्य की बताई हुई खाने की प्रथा आज तक उस आंचल में किसी न किसी रूप में विद्यमान है। (वही, पृष्ठ 83-84)

मांस खाने, न खाने के विवाद पर अपनी राय व्यक्त करते हुए उन्होंने लिखा है, "जिनका उद्देश्य धार्मिक जीवन है, उनके लिए निरामिष भोजन अच्छा है और जिसे रात-दिन परिश्रम करके प्रतिद्वंद्विता के बीच में जीवन नौका खेनी है, उसे मांस खाना ही होगा। जितने दिन बलवान की जय का भाव मानव-समाज में रहेगा, उतने दिन मांस खाना ही पड़ेगा। अथवा किसी दूसरे प्रकार की मांस जैसी उपयोगी चीज खाने के लिए ढूंढ निकालनी होगी। नहीं तो बलवानों के पैर के नीचे बलहीन पिस जायेंगे।" (पृष्ठ 76)

मानव-समाज के विकास के साथ-साथ भोजन तथा कपड़े संबंधी मनुष्य के आचार-व्यवहार कैसे बदले हैं और विभिन्न देशों तथा विभिन्न जातियों में उनके क्या-क्या रूप हैं, उन्होंने यह सब दिखाया है। अंत में आर्थिक उन्नति तथा समृद्धि का सौंदर्य-भावना और संस्कृति से जो संबंध हैं, उस पर यों प्रकाश डाला है :

पाश्चात्य देशों में इस समय एक साथ ही लक्ष्मी और सरस्वती दोनों की कृपा हो गई है। केवल भोग की चीजों ही को एकत्र करके वे शांत नहीं होते, वरन् सभी कामों में सुंदरता देखना चाहते हैं। खान-पान, घर-द्वार सभी में सुंदरता की खोज है। जब धन था, तो हमारे देश में भी एक दिन यही भाव था। इस समय एक ओर दरिद्रता है, दूसरी ओर हम लोग इतो नष्टस्ततो भ्रष्टः होते जा रहे हैं। जाति के... जो गुण थे वे मिटते चले जा रहे हैं और पाश्चात्य देश से भी कुछ नहीं पा रहे हैं।... यहां सबसे अधिक दुर्दशा कलाओं की हुई है। पहले सभी वृद्धाएं दीवालों को रंग-बिरंगी रंगती थीं, आंगन को फूल-पत्ते के चित्रों से सजाती थीं, खाने-पीने की चीजों को भी कलात्मक ढंग से सजाती थीं, यह सब या तो चूल्हे में चला गया या शीघ्र ही जा रहा है। नई चीजें अवश्य ही सीखनी होंगी और करनी भी होंगी, पर पुरानी चीजों को जल में डुबाकर ? नई बातें तुमने खाक सीखी हैं, केवल बकवाद करना जानते हो। काम की विद्या तुमने कौन-सी सीखी है ? आज भी दूर के गांवों में लकड़ी के और ईंटों के पुराने काम देख आओ। कलकत्ते के बढ़ई एक जोड़ा तक नहीं तैयार कर सकते हैं। दरवाजा क्या–सिटकनी तक नहीं बना सकते। वह बढ़ईपन तो अब केवल अंग्रेजी औजारों को खरीदने ही में रह गया है।"

"जिसके पास धन है, उनका घर देखने की चीज होता है–रात-दिन सब झकझक रहता है। इसके बाद देश-विदेशों की नाना प्रकार की कारीगरी की चीजों को एकत्र कर रखा है।" (पृष्ठ 114-115)

कला पर अपने विचार व्यक्त करते हुए विवेकानंद ने लिखा है, "कला में ध्यान प्रधान वस्तु पर केंद्रित होना चाहिए। नाटक सब कलाओं में कठिनतम है। उसमें दो चीजों को संतुष्ट करना पड़ता है–पहले कान, दूसरे आंख।" और कहा है, "वास्तविक कला की उपमा लिली से दी जा सकती है, जो पृथ्वी से उत्पन्न होती

है, उसी से अपना खाद्यय पदार्थ ग्रहण करती है, उसके संस्पर्श में रहती है, किन्तु फिर भी उससे ऊपर ही उठी रहती है। इसी प्रकार कला का भी प्रकृति से सम्पर्क होना चाहिए, क्योंकि यह सम्पर्क न रहने पर कला का अधःपतन हो जाता है ?" (यही, 43)

भावरिक्त कला, कला नहीं है। वे लिखते हैं, "वास्तु और साधारण इमारत में अंतर यह है कि प्रथम एक भाव व्यक्त करता है, जबकि दूसरी आर्थिक सिद्धांतों पर निर्मित एक इमारत मात्र है। जड़ पदार्थ का महत्त्व भावों को व्यक्त कर सकने की उसकी क्षमता ही पर निर्भर है।" (पृष्ठ 43)

भोपेंद्रनाथ दत्त हमें बताते हैं कि भारत-भ्रमण के दिनों में वास्तु-कला संबंधी वस्तुओं का संग्रह तथा अध्ययन विवेकानंद की हॉबी था। 1874 में जब उनके पिता रामपुर में थे तो उनके एक संबंधी रामदादा ने एक पारिवारिक नाटक-मंडली संगठित की थी। इस नाटक मंडली द्वारा रामदादा के लिखे हुए तीन नाटक (1) क्या यही महन्ती है ? (2) शराबी की मां का विलाप और (3) बाल्य विवाह खेले गये। इन नाटकों में विवेकानंद गाना गाते और अभिनय तो करते ही थे। इसके अलावा वे नाटकों के दृश्य पर्दों पर चित्रित करते थे। चित्र-कला का अभ्यास तो उन्होंने बाद में जारी नहीं रखा, पर वे इसके पारखी तथा आलोचक थे। अतएव वे लिखते हैं

"यूनानी कला का रहस्य है प्रकृति के सूक्ष्म ब्योरों तक का अनुकरण करना, पर भारतीय कला का रहस्य है आदर्श की अभिव्यक्ति करना। यूनानी चित्रकार की समस्त शक्ति मांस के एक टुकड़े ही को चित्रित करने में व्यय हो जाती है और वह उसमें इतना सफल होता है कि यदि कुत्ता उसे देख ले तो उसे सचमुच का मांस समझकर खाने दौड़ा आये। किन्तु इस प्रकार प्रकृति के अनुकरण में क्या गौरव है ? कुत्ते के सामने यथार्थ मांस का एक टुकड़ा ही क्यों न डाल दिया जाय ?" (वही, पृष्ठ 43)

जब वे दूसरी विदेश यात्रा से लौट आये थे तो शिष्य के साथ 'वार्ता एवं संलाप' में वे कहते हैं :

स्वामीजी–आज एक मजेदार बात हुई है। मैं एक मित्र के घर गया था। उन्होंने एक चित्र बनवाया था–विषय था कुरुक्षेत्र में अर्जुन-कृष्ण संवाद। श्रीकृष्ण रथ में खड़े हैं। हाथ में रास है और अर्जुन को गीता का उपदेश कर रहे हैं। उन्होंने मुझे चित्र दिखाकर मेरी सम्मति मांगी। मैंने कहा, ठीक है। किन्तु जब वे न माने, तो उन्हें मुझे अपना सच्चा मत बताना पड़ा कि उस चित्र में मुझे प्रशंसा योग्य कुछ नहीं दिखाई पड़ा। प्रथम तो श्रीकृष्ण के युग का रथ आज के स्तूपाकार वाहनों के समान नहीं होता था और दूसरे श्रीकृष्ण की आकृति में भावाभिव्यक्ति का नितान्त अभाव है।

प्रश्न—क्या उस युग के रथ स्तूपाकर नहीं होते थे ?

स्वामीजी—क्या तुम नहीं जानते कि बौद्ध युग के बाद इस देश की हर बात में एक प्रकार की अव्यवस्था-सी आ गई। प्राचीन राजागण रथों में कभी युद्ध नहीं करते थे। राजस्थान में आज भी कुछ रथ हैं, जो उन प्राचीन रथों से मिलते-जुलते हैं। यूनान की पौराणिक कथाओं में वर्णित रथों के चित्र तुमने देखे हैं ? उनमें दो चाक होते हैं और उन पर पीछे से चढ़ा जाता है। हमारे रथ भी ऐसे ही थे। यदि चित्र के इन गौण अंगों ही का अंकन सही नहीं हुआ, तो चित्र बनाने से क्या लाभ ? ऐतिहासिक चित्र तभी उच्च कोटि का होगा, जब उचित अध्ययन तथा गवेषणा के बाद, वस्तु का वैसा ही चित्रण किया जाये, जैसी वह उस युग में थी। यदि चित्र में यथार्थता नहीं है, तो उसका कोई मूल्य नहीं। आजकल, हमारे जो युवक चित्र-कला के क्षेत्र में प्रवेश करते हैं, साधारणतः वे ऐसे होते हैं, जिन्हें घर वाले भी निकम्मा समझ कर निराश हो गये हैं। इन व्यक्तियों से आप कैसे कला-कृतियों की आशा कर सकते हैं ? सुंदर चित्र बनाने के लिए भी उतनी ही प्रतिभा लगती है, जितनी एक श्रेष्ठ साहित्यिक कृति में।

प्रश्न—तो फिर इस चित्र में श्रीकृष्ण का चित्रण कैसा होना चाहिए था ?

स्वामीजी—श्रीकृष्ण का चित्रण वैसा ही होना चाहिए, जैसे वे थे—गीता के मूर्त-स्वरूप। उस समय वे किंकर्तव्यविमूढ़ मोहग्रस्त और कापुण्यदोषोपहत अर्जुन को धर्म का उपदेश कर रहे थे, इसलिए कृष्ण की छवि से गीता का मूलतत्त्व अभिव्यक्त होना चाहिए।" (अष्टम खंड, पृष्ठ 237-38)

और इससे पहले देखिए। शिष्य कहता है :

"मैंने कहा—महाराज, मैंने कुछ जापानी चित्रकला के नमूने देखे हैं, और कला की प्रशंसा किये बिना नहीं रहा जाता और उनकी प्रेरणा का स्रोत उनकी अपनी संस्कृति है (वह अनुकरण से परे है)। स्वामीजी—बिल्कुल ठीक है। आज जापान एक महान राष्ट्र है, और इसका कारण है उनकी कला। देखते नहीं, हमारे सामने वे भी एशियावासी है और यद्यपि आज हम अपना सर्वस्व खो बैठे हैं, फिर भी हमारे पास जो कुछ अवशेष है, वही विश्व को चकित कर देने के लिए काफी है। एशिया की आत्मा ही कलात्मक है—एशिया का हृदय चिरकाल से कला की क्रीड़ास्थली रहा है। एशियावासी कलाशून्य वस्तु का कभी प्रयोग नहीं करता—उसके उपयोग की हर वस्तु कला से शोभित है। तुम नहीं जानते, हमारे यहां कला उपयोग की हर वस्तु कला से शोभित है। तुम नहीं जानते, हमारे यहां कला हमारे धार्मिक जीवन का एक अंग बन गई है ? हमारे देश में कोई युवती तीज त्यौहार, पर्व-उत्सव के दिन यदि घर के आंगन और भीतर पर चावल के पीठा से सुंदर चित्र बनाना जानती है, तो उसकी

कितनी प्रशंसा होती है, श्री रामकृष्ण स्वयं कितने महान कलाकार थे !

प्रश्न–अंग्रेजों की कला भी अच्छी है, क्या नहीं है ?

स्वामीजी–तुम कितने जड़ मूर्ख हो ! पर तुम्हें दोष देने से क्या लाभ ?

जबकि सर्व-साधारण की यही धारणा है ? अफसोस ! आज देश की यह दशा हो गई है ! आज हम अपने सोने को तो पीतल समझ बैठे हैं, और दूसरों का पीतल हमारे लिए सोना बन गया है। यह हमारी आधुनिक शिक्षा का जादू है ! देखो, यूरोपीय जब से एशिया के सम्पर्क में आये हैं, तब से कहीं उन्होंने अपने जीवन को कलामय बनाने का प्रयत्न किया है :

मैं–महाराज, यदि कोई आपकी बात सुनेगा तो कहेगा कि आप निराशावादी हो रहे हैं।

स्वामीजी–स्वाभाविक है ! जो जड़ हो गये हैं, वे और क्या सोच सकेंगे ? उफ़ ! कोई मेरी आंखों से देखे ! उनकी इमारतें देखो, वे कितनी साधारण, कितनी अर्थ शून्य है ! इन विशाल सरकारी इमारतों को देखो, क्या इनका बाह्य स्वरूप देखकर कुछ अनुमान लगाया जा सकता है ? यह किस भाव, किस आदर्श का प्रतीक है ? नहीं, क्योंकि ये सब प्रतीक शून्य हैं। पाश्चात्यों का यह पहनावा ही लो–उनके तंग कोट, सीधे पैंट, शरीर पर इतने तंग और चिपके होते हैं कि बिलकुल भद्दे मालूम देते हैं, नहीं ? पर हम लोग, पता नहीं, उसमें क्या सुंदरता देखते हैं ? जिसे देखो, कोट-पतलून डांटे है। इस देश का भ्रमण तो करो, और यदि देखने के लिए आंखें और समझने के लिए बुद्धि है तो देखो–इस देश के प्राचीन भग्नावशेषों को देखो–उनके देखने भर ही से मालूम होता है, उनमें कितने भाव भरे हैं, कितनी कला भरी है। उनका जलपात्र है–कांच का गिलास, पर हमारा धातु निर्मित लोटा–दोनों में कौन कलापूर्ण है ? तुमने देहातों में किसानों के घर देखे हैं ?

मैं–जी हां, अवश्य।

स्वामीजी–उनमें क्या देखा ?

मेरी समझ में नहीं आया क्या कहूं ? फिर भी मैंने उत्तर दिया–"महाराज। वे अत्यन्त साफ-सुथरे होते हैं और रोज़ उनका आंगन लीपा-पोता जाता है।

स्वामीजी–क्या तुमने उनके अन्न-भंडार देखे हैं ? उनमें कितनी कला है। उनकी मिट्टी की दीवालों पर भी कितने प्रकार के चित्र बने हैं। और जरा पाश्चात्य देशों में जाकर देखो, निम्न वर्ग के लोग किस तरह रहते हैं। तब तुम्हें मालूम होगा कि दोनों में कितना महान अंतर है। उनका आदर्श है उपयोगिता, हमारा है कला। पश्चिम का वासी हर एक वस्तु में उपयोगिता ढूंढ़ता है और हम कला। पाश्चात्य शिक्षा प्राप्त कर हमने कलापूर्ण लोटा तो फेंक दिया और उसके स्थान में हमारे घर में विदेशी ताम चीनी के गिलास विराजमान हो गये हैं। हमने इस उपयोगितावाद

के आदर्श को इस सीमा तक अपना लिया है कि अब वह हास्यास्पद लगता है ! अब हमें उपयोगिता और कला के समन्वय की आवश्यकता है। जापान यह समन्वय लाने में जल्दी सफल हो गया और उसने अभूतपूर्व प्रगति कर ली। अब जापान पाश्चात्य देशों को भी सिखाने की क्षमता रखता है।" (पृष्ठ 235-36)

हम देख चुके हैं कि स्वामी जी की बुद्धि एकपक्षीय नहीं थी। वे पश्चिम के दोष को दोष और गुण को गुण कहते थे। पाश्चात्य संगीत के बारे में पूछने पर उन्होंने कहा :

"स्वामीजी–पाश्चात्य संगीत बहुत उत्कृष्ट है। उसमें गीत माधुरी, लय उस चरम सीमा को प्राप्त हो चुकी है, जो हमारे संगीत में नहीं है। यह और बात है कि हमारे अनाभ्यस्त कानों को पाश्चात्य संगीत रुचिकर प्रतीत नहीं होता और हम सोचते हैं कि वे सयारों के समान चिल्लाते हैं। पहले मेरा भी यही ख्याल था; पर जब मैंने उसके संगीत को ध्यानपूर्वक सुनना शुरू किया और उस शास्त्र का अध्ययन किया, तो प्रशंसा किये बग़ैर न रह सका। सभी कलाओं का यही हाल है। किसी उत्कृष्ट चित्र पर एक दृष्टि डालकर हम यह नहीं समझ सकते कि उसका सौंदर्य कहां छिपा है। जब तक चित्र कला में निपुणता प्राप्त न हो, तब तक किसी कला-कृति का मर्म समझना कठिन है। हमारा संगीत केवल कीर्तन और ध्रुपद ही में शुद्ध रूप में जीवित है। शेष सब इस्लामी संगीत-कला के अनुकरण से दूषित हो गया है। क्या आप सोचते हैं कि टप्पा को नाक में गाते हुए बिजली के समान एक स्वर से दूसरे स्वर में दौड़ाना कोई उत्कृष्ट संगीत है ? नहीं, जब तक प्रत्येक स्वर-हर एक स्तर पर पूरा नहीं गाया जाता, उत्कृष्ट संगीत की सृष्टि नहीं हो सकती।" (पृष्ठ 246)

विवेकानंद जब दूसरी विदेश-यात्रा पर गये थे तो उन्होंने पेरिस की धर्मेतिहास सभा में पाश्चात्य विद्वानों की इस मिथ्या धारणा का खंडन किया कि भारत नाटक चित्र तथा गणित इत्यादि विद्याओं में यूनान से प्रभावित है। उनके ये विचार 'पेरिस प्रदर्शनी' लेख में संग्रहीत हैं, जिसका सारांश यह है कि भारत और यूनान में सांस्कृतिक आदान-प्रदान होता रहा है, और दोनों ने एक-दूसरे से बहुत कुछ सीखा है। सिर्फ भारत पर यूनान का प्रभाव दिखाना एकतरफा और एकदम गलत है।

●●●

# हमारे अन्य श्रेष्ठ प्रकाशन

## चर्चित पुस्तकें

**आवारा मसीहा**, विष्णु प्रभाकर, **अदम्य साहस** डॉ. अब्दुल कलाम, **प्रेरणात्मक विचार** डॉ. अब्दुल कलाम, **मेरी आपबीती** बेनज़ीर भुट्टो, **मेरे सपनों का भारत** महात्मा गांधी, **सत्य के प्रयोग** महात्मा गांधी, **परिवर्तन और राजनीति** एन.के. सिंह, **भारतीय अर्थतंत्र, इतिहास और संस्कृति** अमर्त्य सेन, **आर्थिक विकास और स्वातन्त्र्य** अमर्त्य सेन, **आर्थिक विषमताएं** अमर्त्य सेन, **गरीबी और अकाल** अमर्त्य सेन, **भारत विकास की दिशाएं** अमर्त्य सेन, **भारतीय राज्यों का विकास** अमर्त्य सेन, **हिंसा और अस्मिता का संकट** अमर्त्य सेन, **भारतीय दर्शन** डॉ. राधाकृष्णन्, **जिन्ना : भारत-विभाजन के आइने में** जसवंत सिंह

## शब्दकोश : कोश : शिक्षा

**राजपाल बृहत् हिन्दी-अंग्रेजी शब्दकोश** डॉ. हरदेव बाहरी, **राजपाल बृहत् अंग्रेजी-हिन्दी शब्दकोश** डॉ. हरदेव बाहरी, **राजपाल हिन्दी शब्दकोश** डॉ. हरदेव बाहरी, **शिक्षार्थी हिन्दी-अंग्रेज़ी शब्दकोश** डॉ. हरदेव बाहरी, **राजपाल अंग्रेज़ी-हिन्दी शब्दकोश** डॉ. हरदेव बाहरी, **राजपाल अंग्रेज़ी-हिन्दी पारिभाषिक शब्दकोश** डॉ. हरदेव बाहरी, **राजपाल हिन्दी-अंग्रेज़ी थेसॉरस** गोपीनाथ श्रीवास्तव, **राजपाल अंग्रेजी-हिन्दी राजभाषा प्रयोगकोश** गोपीनाथ श्रीवास्तव, **राजपाल लोकोक्ति कोश** हरिवंश राय शर्मा, **राजपाल साहित्यिक मुहावरा कोश** हरिवंश राय शर्मा, **राजपाल साहित्यिक सुभाषित कोश** हरिवंश राय शर्मा, **विद्यार्थी हिन्दी शब्दकोश** डॉ. ओमप्रकाश, **शब्दार्थ-विचार कोश** आचार्य रामचन्द्र वर्मा, **शब्द-परिवार कोश** डॉ. बदरीनाथ कपूर, **व्यावहारिक उर्दू-हिन्दी शब्दकोश** डॉ. सैयद असद अली, **कहावत कोश** समर सिंह

## विश्वकोश : संदर्भ-ग्रंथ

**विश्वकोश-I** (पृथ्वी-आकाश-खनिज) डॉ. बालकृष्ण, **विश्वकोश-II** (आविष्कार-खोज) डॉ. बालकृष्ण, **विश्वकोश-III** (जीव-जंतु : पेड़-पौधे) डॉ. बालकृष्ण, **विश्वकोश-IV** (विज्ञान-वैज्ञानिक) डॉ. बालकृष्ण, **भारतीय संस्कृति कोश** लीलाधर शर्मा पर्वतीय, **भारतीय चरित कोश** लीलाधर शर्मा पर्वतीय, **अंतरराष्ट्रीय व्यक्ति कोश** विश्वमित्र शर्मा, **भारत रत्न** विश्वमित्र शर्मा, **20वीं सदी के सौ प्रसिद्ध भारतीय** विश्वमित्र शर्मा, **नोबेल पुरस्कार कोश** विश्वमित्र शर्मा, **नोबेल पुरस्कार सम्मानित भारतीय** विश्वमित्र शर्मा, **भारत के राष्ट्रपति** भगवतीशरण मिश्र, **भारत के प्रधानमंत्री** भगवतीशरण मिश्र, **नोबेल पुरस्कार विजेता साहित्यकार** राजबहादुर सिंह, **विश्व के महान वैज्ञानिक** फिलिप केन, **विश्व की महिला अंतरिक्ष यात्री** कालीशंकर, **भारतीय भाषाओं के पुरस्कृत साहित्यकार** डॉ. आरसू, **50 क्रांतिकारी** राजेन्द्र पटोरिया, **100 प्रसिद्ध भारतीय खिलाड़ी** चित्रा गर्ग

## उपन्यास

**मानस का हंस** (पुरस्कृत) अमृतलाल नागर, **नाच्यौ बहुत गोपाल** अमृतलाल नागर, **खंजन नयन** अमृतलाल नागर, **बिखरे तिनके** अमृतलाल नागर, **पीढ़ियां** अमृतलाल नागर, **करवट** अमृतलाल नागर **सेठ बांकेमल** अमृतलाल नागर, **भूख** अमृतलाल नागर, **सात घूंघट वाला मुखड़ा**